*Für das Beste, was uns je passiert ist:
unsere Kinder*

1

SENTA
Januar 1992

Nebenan fiel eine Tür ins Schloss. Hallende Schritte durchquerten den Flur. Ich kniff die Augen zusammen, hielt den Atem an und biss mir fest auf die Lippen. Mit eiskalten Händen krallte ich mich an Markus.

Jetzt würde sich alles entscheiden: Würde ich Mutter werden? Würde mein größter Lebenstraum endlich in Erfüllung gehen?

»Komm, Senta, das wird schon«, murmelte Markus, genauso nervös wie ich.

Wir hockten Seite an Seite da wie zwei Schüler, die gleich gesagt bekommen, ob sie versetzt werden oder nicht, als die Tür zum Sprechzimmer der Kinderwunschpraxis auflog. Unwillkürlich zog ich den Kopf ein. Der Gott in Weiß, auf den wir seit drei Jahren alle unsere Hoffnung setzten, kam mit wehenden Kittelschößen herein. Ein Blick auf seine ernste Miene, auf seinen mahlenden Kiefer, und alle Hoffnung war dahin. Ich würde nicht Mutter werden. Niemals.

»Es tut mir leid, aber nach Durchsicht der Befunde ist es so gut wie ausgeschlossen, dass Sie jemals schwanger werden können.«

Dr. Brechts Blick war ernst. In seinen Brillengläsern spiegelte sich mein verzweifeltes Gesicht – mein halb offener Mund und meine weit aufgerissenen Augen, die sich mit Tränen füllten.

Ich fühlte mich schlaff und schwer wie ein Sandsack, und meine Kehle war wie ausgedörrt. Irgendwie hatte ich es immer noch nicht begriffen.

»Können Sie ... Wie – endgültig ist das jetzt?«

»Nach der Biopsie der Gebärmutterschleimhaut kann ich mit ziemlicher Sicherheit sagen, dass sich aufgrund der Laborbefunde keine Eizelle einnisten wird.«

Ein riesiger Kloß saß mir im Hals. Die endgültige Gewissheit überrollte mich wie eine eisige Welle. Ich war wie erstarrt.

Markus und ich waren seit vier Jahren zusammen. Er hatte sein Musikstudium beendet, war inzwischen Mitglied im Rundfunksinfonieorchester, und wir hatten ein Haus gebaut. Ein Haus mit drei Kinderzimmern! Denn ich wollte nie etwas anderes als Mutter werden, Mutter sein! Das war der Sinn meines Lebens – einen kleinen Menschen auszubrüten, ihn wachsen und gedeihen zu sehen, ihn zu lieben und zu behüten und ihm die Welt zu erklären. Gab es ein größeres Glück auf Erden? Und nicht nur ein Menschlein wollte ich ins Leben begleiten, sondern gleich mehrere. In meinem Herzen war so viel Platz!

Wir, Markus und ich, wir hatten ein Nest! Ein warmes, heimeliges, kuscheliges Fachwerkhaus am Stadtrand von Köln, inmitten von bewaldeten Hügeln, Wiesen und Kuhweiden, wo sich Fuchs und Hase Gute Nacht sagten und man trotzdem die Domtürme von ferne am Horizont sehen konnte. Und nun wollten wir es mit Küken füllen!

Ich war dreißig, die biologische Uhr tickte erbarmungslos.

»Aus medizinischer Sicht sind Sie bereits eine Spätgebärende!« Der Arzt schüttelte bedauernd den Kopf. »Sie sollten sich keine weitere Tortur mehr antun.«

Wir hatten verdammt noch mal vier Behandlungszyklen hinter uns, in denen meine Eierstöcke dermaßen mit Hormonen überstimuliert worden waren, dass sich bis zu sechzehn befruchtungsfähige Eier entwickelt hatten. Ich konnte vor Schmerzen kaum noch laufen, mir war ständig übel, und ich kämpfte mit Schwindelattacken. Wir hatten lange, zähe Monate des Hoffens und Bangens hinter uns. Mein Markus war angetanzt, wenn das Thermometer es für gut befunden hatte. Wir hatten »es« diszipliniert durchgezogen wie eine militärische Übung. Doch jedes Mal hatten sich wieder verräterische rote Tropfen in meine Slipeinlage gestohlen, und ich hatte heiße, bittere Tränen geweint.

Was ich auch jetzt tat.

Sie kullerten über meine Wangen, sammelten sich an meinem Hals und ergossen sich in meinen Schoß wie ein Murenabgang im Hochgebirge. Wütend und beschämt wischte ich sie mit dem Handrücken weg. Der Arzt schob mir diskret die Packung mit den Papiertaschentüchern hin.

Diesmal gab es keine Hoffnung mehr. Wir würden keinen neuen Behandlungszyklus mehr beginnen, in der Hoffnung, dass es vielleicht diesmal doch noch klappen würde. Es war aus. Endgültig aus.

»Es tut mir so leid für Sie beide.«

Dr. Brecht sah uns mitfühlend an. »Ich weiß, dass Sie mit dieser Nachricht erst mal fertigwerden müssen.« Er machte eine Pause und ließ mich weinen. Seine Fingerspitzen trommelten aufeinander, während ich von Schluchzern geschüttelt wurde. Ich wusste gar nicht mehr, wohin mit meiner verzweifelten Trauer. Markus tätschelte mir unbeholfen das Knie und reichte mir mit der anderen Hand ein Papiertuch nach dem anderen, in dem Versuch, eine Überschwemmung zu vermeiden.

Meine Tränenflut reichte, um die ganze Praxis feucht auszuwischen.

»Aber das bedeutet nicht, dass Sie keine Kinder HABEN

können.« Der Arzt beendete seinen Trommelwirbel und faltete die Hände wie in der Kirche.

»Wie?« Ich hob den Blick und starrte ihn an. Hatte der Gynäkologe doch noch ein Ass im Ärmel? Immerhin war er Spezialist für Frauen mit unerfülltem Kinderwunsch.

»Für ein Kind würde ich alles tun! Auch Kreide fressen oder mir noch ungetestete Medikamente spritzen lassen!«

Tausend kleine Fältchen bildeten sich um Dr. Brechts Augen. Ein winziges Lächeln stahl sich auf seine Lippen. »Na, na, na, es gibt auch andere Möglichkeiten. Eine Adoption zum Beispiel. Denken Sie mal darüber nach.«

2

SONJA
Januar 1992

»Soll ich?«

»Wenn du meinst …«

»Ich bin drei Tage drüber, Paul! Das war ich noch nie! Ich hab seit LETZTEM Jahr meine Tage nicht mehr gekriegt!«

»Ja, dann mach mal. Aber pinkel nicht daneben.«

»Und du wartest hier?«

»Nee, ich heirate inzwischen eine andere.«

»Ach, Blödmann!« Lachend schlug ich mit der Serviette nach meinem Liebsten. Aber so schelmisch, wie er mich ansah, konnte ich ihm kein bisschen böse sein.

Wir hatten den Jahreswechsel auf Sylt verbracht und saßen dort nun in unserer heimeligen Ferienwohnung, bereit für wundervolle Neuigkeiten. Es war ein Kopf-an-Kopf-Rennen mit meiner Zwillingsschwester Senta. Wir beide versuchten seit drei Jahren verzweifelt, endlich schwanger zu werden, waren beide in der nicht gerade preiswerten Behandlung bei Dr. Brecht in Köln-Hoffnungsthal, der beliebten Kinderwunschpraxis.

Unsere Männer standen nicht nur finanziell Gewehr bei Fuß, sondern auch sonst. Und nun sollte ich, Sonja Wegener, das Rennen machen? Senta würde sich jedenfalls neidlos freuen.

»Diesmal hat es geklappt!«

»Vielleicht liegt es ja an der frischen Seeluft ...?«, versuchte mein Mann mich zu ermuntern.

»Was? Dass ich vielleicht schwanger bin? Paul, Schatz, ich würde sagen, du hast in Biologie nicht aufgepasst.«

Kopfschüttelnd ließ ich ihn am Frühstückstisch sitzen und verschanzte mich im Bad. Wir hatten das Frühstück extralange hinausgezögert, und ich hatte in Wahrheit kaum einen Bissen hinuntergekommen. Da konnte ich noch so lange auf dem letzten Brötchenkrümel herumkauen und in mich reinhorchen, ob da womöglich schon ein Embryo rumkrabbelte, der ein Schild mit der Aufschrift »Gewonnen!« schwenkte: Irgendwann musste ich Farbe bekennen. Nein, falsch. Dieser Streifen musste Farbe bekennen, auf den ich soeben gepinkelt hatte.

Mann, was zitterten mir die Finger! Hoffentlich hatte ich auch getroffen. Aber diesmal täuschte ich mich nicht! Oder doch? Der Schwangerschaftstest, den ich seit Tagen in der Handtasche mit mir herumgetragen hatte wie eine Waffe gegen das Schicksal der Unfruchtbarkeit, würde gleich Klarheit in unser weiteres Leben bringen. Ich war dreißig und mein Liebster sogar schon vierzig. Paul hatte aus erster Ehe bereits einen fast erwachsenen Sohn. Er war ein wundervoller Vater. Mit ihm wollte ich einen ganzen Stall voller Kinder haben! Wir besaßen ein gemütliches Stadthaus in einer stillgelegten Spielstraße am Kölner Stadtwald, direkt am Tiergehege, wo täglich kleine Menschlein die Ziegen und Ponys streichelten. Mit viel Glück würde ich im nächsten Jahr mit einem Kinderwagen dabei sein. Und im Jahr darauf vielleicht schon mit einem Bollerwagen UND einem Kinderwagen ...

Ich holte tief Luft und atmete einmal ganz tief in den Bauch. So, Embryo. Melde dich.

Jetzt oder nie. Los, dein Auftritt!

Mit zusammengekniffenen Augen starrte ich auf den Teststreifen. Ein roter Balken hatte sich schon mal gebildet. Das bedeutete, dass ich sehr wohl getroffen hatte.

Zehn Minuten warten, hieß es im Beipackzettel. Wenn sich dann ein zweiter roter Streifen gebildet haben würde, würde ich Mutter werden! Mein Herz schlug jetzt schon Purzelbäume vor Freude.

»Liebes? Alles in Ordnung bei dir da drin?« Paul klopfte sanft an die Tür. O Gott. Waren die zehn Minuten etwa schon rum?

»Ja! Alles bestens! Ich komme gleich!« WIR kommen gleich, hätte ich beinahe gerufen. Nur Geduld. Diesmal würde es klappen! Ich war mir ganz sicher. So oft wie Paul und ich uns in letzter Zeit geliebt hatten, müssten es eigentlich Vierlinge oder Fünflinge werden. Ich hörte Paul in der Küche rumoren. Bestimmt hielt er bereits die eisgekühlte Flasche Sekt in der Hand, die noch von Silvester übrig war, um sie zu köpfen.

Ich starrte in den Spiegel. Eine blonde Frau mit kecken Ponyfransen und wachen blauen Augen sah mir entgegen. Hätte Senta nicht den kleinen Leberfleck über der Oberlippe, könnten wir uns selbst kaum unterscheiden. Wir strotzten vor Lebensfreude, Übermut und Optimismus. Wir liebten einander und hielten zusammen wie Pech und Schwefel. Geht nicht, gab's nicht. Das hatten wir vermutlich in unserer unbehüteten Kindheit gelernt. Wir waren der fleischgewordene Überlebenswille! Wie konnte es dann sein, dass sowohl Senta als auch ich seit Jahren vergeblich auf ein Baby warteten? Paul hatte eine eigene gut gehende Werbeagentur, in der auch wir Mädels arbeiteten. Sentas Markus, der Geiger, verdiente ebenfalls gutes Geld. Die beiden waren zwar nicht verheiratet, aber auch ein perfektes Paar. Bessere Voraussetzungen für eine gemeinsame Großfamilie waren eigentlich kaum denkbar.

»Schatz?« Paul trommelte gegen die Klotür. »Du sollst nicht neun Monate da drin bleiben! Lies die Packungsbeilage noch mal genau durch!«

»Jetzt warte doch, verdammt!«

Nicht der Anschein eines zweiten rosa Streifens wollte sich einstellen. Ich hob den Teststreifen und hielt ihn gegen das Licht, ging damit zum Fenster. Riss die Gardine auf. Vielleicht bei Tageslicht? Hielt ihn gegen die Sonne. Schüttelte ihn wie ein Fieberthermometer.

Bitte, lieber Gott. Bitte mach, dass der Test positiv ist! Bitte! Ich will endlich ein Baby! Das ist doch nicht zu viel verlangt!

Der Teststreifen verhöhnte mich mit seiner Einstreifigkeit. Er dachte gar nicht daran, seine vornehme Blässe zu verändern.

Mir schossen Tränen in die Augen. Warum denn ausgerechnet ich! Wie viele Frauen beten darum, endlich ihre Tage zu kriegen! Sogar das Weihnachtsoratorium war zur Hymne solchermaßen erleichterter Frauen geworden: »Jauchzet, frohlocket, auf, preiset die Tage!« Diese Frauen sehnten die erlösenden roten Tropfen herbei, damit sie sich selbst verwirklichen konnten, die Karriereleiter raufklettern, reisen, frei sein, Spaß haben! Weil sie nicht mit dem richtigen Mann geschlafen hatten oder weil sie einfach noch nicht reif für ein Kind waren.

Aber ich hatte den richtigen Mann, das richtige Alter, war finanziell abgesichert, gesund, jung, intelligent und voller positiver Energie!

Warum bekamen solche Frauen Kinder?

Und ich nicht?

Wir nicht? Senta und ich?

WIR nicht? Paul und ich? Ein heftiges Schluchzen brach aus mir heraus.

»Liebes, ich bin hier.« Ich hörte, wie Paul dezent den Kühlschrank öffnete und die ungeöffnete Sektflasche zurückstellte.

»Du bist nicht allein.« Seine Stimme war ganz sanft. »Komm raus, Süße.«

Schweigend ließ ich mich in Pauls ausgebreitete Arme fallen und vergrub mein tränenüberströmtes Gesicht an seinem Hals.

Zum Glück sprach er nicht weiter. Paul ließ mich einfach nur weinen und strich mir dabei tröstend über den Rücken. Nie wieder würde ich meinen Körper einer schmerzhaften Hormonbehandlung aussetzen. Nie wieder meine Psyche in dieses Wechselbad der Gefühle tauchen. Es sollte nicht sein. Ich fühlte mich leer. Von innen ausgehöhlt. Um meine weibliche Bestimmung gebracht. Meine Eingeweide zogen sich schmerzhaft zusammen, ballten sich wie eine wütende Faust.

Es war vorbei. Es war endgültig vorbei.

3

SENTA

Januar 1992

Ein letztes Mal schritten wir die Stufen der Kinderwunschpraxis hinunter. Meine Finger glitten haltsuchend über das Geländer, auf dem Eiskristalle in der Wintersonne glänzten. Sie tanzten vor meinen Augen wie ein Tischfeuerwerk. Als wollten sie mich verspotten. Markus reichte mir etwas unbeholfen die Hand, aber ich wollte die schmerzende Kälte dieses Geländers fühlen. Wahrscheinlich um zu testen, ob ich überhaupt noch etwas fühlen konnte. Außer dieser Leere in mir. Markus schien zwar auch enttäuscht zu sein, aber offensichtlich traf mich die Härte der Diagnose mit voller Wucht, während sie für ihn nur so etwas wie ein Streifschuss war. Er hatte sein Orchester, seine Reisen, seine Schüler ... Ich hatte nichts. Nein, schimpfte ich innerlich mit mir.

Ich hatte meine Schwester Sonja, der es genauso ging wie mir. Natürlich. Das war ein großes Geschenk. Auch die Arbeit in der Firma meines Schwagers Paul am Friesenplatz, mitten im Herzen von Köln, machte uns viel Spaß. Das war schon sehr viel. Aber mein Lebenstraum von einer eigenen Familie würde sich nicht erfüllen.

Schweigend fuhren wir in die Innenstadt. Was sollten wir mit diesem sonnigen Wintertag noch anfangen?

Markus hatte die ganze Zeit noch kein Wort gesagt und ich, ganz entgegen meiner sonstigen Veranlagung, auch nicht. Sonja und ich litten normalerweise nicht an Sprachlosigkeit oder Wortfindungsstörungen – wir waren zwei rheinische Frohnaturen, um nicht zu sagen sprudelnde Quasselstrippen, deren Mitteilungsdrang und Ideenreichtum unerschöpflich waren. Die Sonne schien für uns auch, wenn sich schwarze Wolkenberge türmten.

Aber jetzt war ich stumm wie ein Fisch.

Sonja und Paul, die Menschen, die mir am nächsten standen, waren auf Sylt, und ich wollte sie mit meinen schlechten Nachrichten und meinem Weltschmerz nicht aus ihrer Winterferienlaune reißen. Die beiden arbeiteten hart und hatten ihre Auszeit wirklich verdient. Und vielleicht hatte es ja bei Sonja inzwischen geklappt?

Ich ertappte mich dabei, dass ich es mir sehnlich für sie wünschte. Wenigstens Tante konnte ich ja noch werden.

»Ähm ... Wollen wir noch einen Spaziergang am Rhein machen?«, fragte Markus vorsichtig.

»Mir egal.«

Wir saßen schweigend da und betrachteten die kleinen Wellen, die der Wind auf dem Rhein tanzen ließ.

»Ach, Senta. Es bleibt uns nichts anderes übrig, als nach vorne zu schauen!«

»Dir vielleicht.«

»He!« Er knuffte mich zärtlich. »So kenne ich dich ja gar nicht!«

»Dann wird es aber Zeit.« Ich setzte mich intuitiv auf meine Hände, damit er aufhörte, danach zu greifen. Komisch, aber im Moment konnte ich seine Berührungen nicht ertragen. Ich ließ den Blick über den grauen Fluss gleiten und dachte an das sich darüber und darunter tummelnde Leben. Nur in mir tummelte sich kein Leben! Niemals würde geschehen, worauf ich seit Jahren so inbrünstig hoffte. In meinem Kopf war nichts als Trostlosigkeit, gepaart mit Zorn über die Ungerechtigkeit, dass ausgerechnet ich – also, natürlich wir, kein Baby haben würden. Und alle anderen Leute schon. Ich sah in die vorbeifahrenden Autos hinein, in denen Familien hockten, als wäre das alles vollkommen selbstverständlich. Waren diese Ignoranten sich ihres Glücks überhaupt bewusst? Wieder traten mir Tränen in die Augen. Wütend wischte ich mir mit dem Ärmel über die Nase.

Markus warf mir einen besorgten Seitenblick zu. Entschlossen setzte er den Blinker und fuhr die Rheinpromenade entlang.

»Zoo?«

Ich presste die Lippen aufeinander. Wirklich, sehr einfühlsam!

»Damit wir lauter glücklichen Familien mit kleinen Kindern begegnen?!«, giftete ich ihn an.

»Oh, sorry. Vermintes Gelände. Natürlich kein Zoo.«

Mit verschränkten Armen beobachtete ich sein Einparkmanöver an der Bastei.

Er lief um den Wagen herum und half mir heraus – ich wehrte seine Hände ab und kam mir scheußlich gemein und zickig vor. Störrisch und stumm lief ich neben ihm her, in Richtung Dom. Mit schräg gelegtem Kopf musterte mich Markus von der Seite und versuchte auf seine rührende Art, mich aus der Reserve zu locken. Normalerweise fing ich dann sofort an zu kichern, aber jetzt brauchte ich meine Zeit.

Der Dom ragte majestätisch hinter der Zoobrücke empor, als wollte er mir signalisieren, dass er schon ganz andere Probleme und Sorgen überstanden hatte. Die kalte klare Luft und der Anblick des zufrieden vor sich hin glucksenden Rheins weckten meine Lebensgeister wieder. Trotz all meines Kummers empfand ich dieses Bild als wunderschön. Zwei kleine Blondschöpfe rannten schreiend im Kreis herum, ein dick eingepacktes Mädchen im roten Anorak und ein etwas kleinerer Junge, der einen Stock trug, über den er bestimmt gleich stolpern würde. Ich schluckte und zog die Nase hoch.

»Es tut mir leid, Markus. Ich musste gerade erst mal mit meiner Trauer und dem Schock fertigwerden.«

»Ist schon okay, Süße. Ich bin auch traurig.« Er legte mir den Arm um die Schultern und stupste mir mit seiner kalten Nase ans Ohr, bis ich lächelte. Jetzt hatte er mich so weit, und ich war dankbar, dass er mich aus meiner Erstarrung geholt hatte.

Wieder griff Markus nach meiner Hand, und diesmal ließ ich es geschehen.

»Von mir aus können wir ruhig über eine Adoption nachdenken«, sagte Markus und steckte meine Hand in seine Manteltasche. Augenblicklich fühlte ich mich gewärmt und beschützt. Ganz plötzlich wurde mir bewusst, dass ich nicht alleine dastand mit meiner inneren Leere. Wir waren zu zweit. Und wir konnten einander immer noch ausfüllen und wärmen. Unser nächster Sex würde keine Pflichtnummer mehr sein. Sondern endlich wieder entspannt und liebevoll.

»Meinst du das ernst?«

Er zögerte einen Augenblick. Doch dann verkündete er enthusiastisch: »Natürlich. Dr. Brecht hat total recht! Wir können immer noch eine Familie gründen, wenn es dein innigster Wunsch ist.«

»Und deiner?« Skeptisch sah ich ihn von der Seite an. Die Frage war mir wie von selbst über die Lippen gekommen, so schnell ließ ich nicht locker. Markus sah mich aufrichtig an, und seine Augen bekamen einen warmen Glanz.

»Ich will nichts lieber als Kinder mit dir haben, Senta. Du wärst die Traummutter für jedes Kind.«

Mit einem Schlag war meine Traurigkeit wie weggeblasen.

Das wäre immerhin eine Möglichkeit! Warum eigentlich nicht? Wie viele elternlose Kinder lebten in Heimen und warteten nur darauf, ein liebevolles Elternhaus zu bekommen? Am liebsten wäre ich sofort in ein Kinderheim gefahren und hätte mir die einsamen Seelen dort angeschaut. Um dann gleich drei von ihnen mitzunehmen.

Aber das ging natürlich nicht. Ich ahnte, dass eine Adoption ein langwieriger Prozess werden würde. Aber wir hatten wieder ein Ziel vor Augen!

Der gemeinsame Gehrhythmus einte uns, und unsere Atemwölkchen vermischten sich.

»Du könntest dir das also wirklich vorstellen?«

»Natürlich«, sagte Markus. »Ich will nur, dass du glücklich bist.«

Plötzlich war ich meinem Freund und Lebensgefährten wieder ganz nah.

Wie oft hatte er in den letzten Jahren pünktlich auf der Matte gestanden, passend zur Fruchtbarkeitskurve – meist zwischen Probe und Konzert. Hatte er sich jemals beschwert und gesagt, dass er keine Lust mehr hatte?

Und nun schaute er schneller wieder nach vorn als ich selbst: ein Mann zum Festhalten.

»Wir kriegen bestimmt kein Kind«, wandte ich ein und sah ihn von der Seite an: Er war wirklich ein gut aussehender Mann mit seinen dunklen vollen Haaren, seiner sportlichen Figur und seinen sanften braunen Augen. Von seiner Musikalität ganz zu schweigen. Wenn er Geige spielte, schmolz die Welt. Wie schade, dass sich sein Erbgut nun nicht mehr durchsetzen würde!

»Dann beantragen wir eines.«

»Nein, ich meine, wir kriegen bestimmt kein Kind, weil wir nicht verheiratet sind.«

»So was hat meine katholische Tante Lilli allen Ernstes auch geglaubt.«

Jetzt lachte Markus und blitzte mich übermütig von der Seite an.

»Wir kriegen kein Kind, wenn wir nicht verheiratet sind«, beharrte ich trotzig. »Das sind die Spielregeln, Markus. Vom Jugendamt. Das weiß ich von meiner Kollegin Tanja, ihre Cousine hat doch letztes Jahr einen kleinen Jungen adoptiert. Und die musste deswegen ihren Freund heiraten.«

»Ach so! Jetzt kapier ich es. Aber meine liebste Senta, dann wirst du eben Frau Schilling. Lass uns heiraten!«

»Wie? Heiraten fanden wir doch immer total spießig und überhaupt nicht notwendig für eine glückliche Partnerschaft.«

»Wir lieben uns, wir haben zusammen ein Haus gebaut, wir wollen Kinder ...«

Und ehe ich michs versah, fiel Markus vor mir auf die Knie. Fast wäre ich über ihn gestolpert. Er spielte auf einer imaginären Geige und sah mich unverwandt an.

»Markus, was soll das? Die Leute gucken ja schon ...«

»Willst du meine Frau werden?«

Mir verschlug es die Sprache. Verlegen knetete ich auf meinem vollgeweinten nassen Taschentuch herum, das ich immer noch in Händen hielt.

»Markus, du musst mich jetzt nicht aus lauter Mitleid ... Ich meine, nur um meine Laune wieder zu heben ... Ich komm schon klar, wir kriegen das schon hin ...«

»Pssst!« Markus legte mir seinen Zeigefinger auf die Lippen. »Sei ausnahmsweise mal einsilbig.«

Einige Spaziergänger lachten und blieben abwartend stehen.

»Das sah nicht nur wie ein Heiratsantrag aus, das war auch einer«, rief eine Frau entzückt.

Hinter ihr hopsten ein paar Rheinmöwen herum und schlugen aufgeregt mit den Flügeln, wie um ja nichts zu verpassen.

»Was, Karl-Heinz? Ich HAPPES gesacht! Der Mann macht ihr einen Heiratsantrag!«

»Die SIND aber auch ein schönes Paar.«

Karl-Heinz zückte sogar seinen Fotoapparat. »Wie romantisch«, hörte ich ihn sagen. »Sagen Sie Ja, junge Frau! Das kann ja nur eine glückliche Ehe werden!«

Ich hielt die Luft an.

Markus. Ja, natürlich, Markus. Wer denn sonst!

Wir hatten zwar nie heiraten wollen, aber jetzt schien es die Voraussetzung für unser weiteres Glück zu sein.

Für unser Kinderglück.

Ich wollte unbedingt eine Familie. Natürlich mit Markus. Mit meinem musikalischen, sensiblen, wundervollen Markus, dem das Publikum jeden Abend zu Füßen lag.

In meinen Ohren rauschte das Blut.

Was für ein schicksalsschwerer Tag!

Wie auf Knopfdruck begannen die Domglocken zu läuten. Tröstlich, zuversichtlich. Die Sonne schob sich ganz langsam hinter der Zoobrücke hervor und tauchte die zwei schweren Türme in ein fast kitschiges Rot.

»Ja, lass uns heiraten und dann einen Adoptionsantrag stellen!«, sprudelte es nur so aus mir heraus. Ich zog Markus auf die Füße und fiel ihm halb lachend, halb weinend um den Hals. Mein Optimismus hatte mich wieder.

Die Leute applaudierten. Die Möwen applaudierten auch und flatterten davon.

»Habe ich nicht soeben was von EINSILBIG gesagt?«, flüsterte Markus.

»Was willst du denn! Ich habe Ja gesagt!«, flüsterte ich zurück.

»Okay, dann schaffen wir eventuell sogar noch die Sportschau?« Markus strahlte mich an. »Heute hat der 1. FC Köln gespielt!«

»An mir soll's diesmal nicht scheitern«, sagte ich tapfer.

Und dann rannten wir Hand in Hand zum Auto zurück.

4

SONJA

Mitte Februar 1992

»O Gott. Was wollen die denn alle hier!«

Auf dem Informationsabend des Kölner Jugendamts für Adoptionswillige war es brechend voll. Nervös stand ich am

Eingang und schaute auf die Uhr. Ohne Paul würde ich hier einen ziemlich unvollständigen Eindruck machen! Mein Blick glitt über die vielen Paare, die hier zusammengedrängt auf den schmucklosen Holzstühlen hockten, Mantel an Mantel, Kapuze an Kapuze. Ein leises Raunen erfüllte den Saal. Alle waren nervös, alle schauten sich verstohlen nach den anderen um. Mein Herz raste wie vor einer Theateraufführung, bei der ich nicht nur zuschauen, sondern mitspielen sollte. Nein, ich wollte sogar eine Hauptrolle ergattern!

Mein Gott. So viele Leute wünschten sich alle vergeblich ein Kind?

Ich schluckte trocken. Bei DER Konkurrenz würden wir wohl kaum eine Chance haben!

Am liebsten wäre ich auf die Bühne gesprungen und hätte Pauls und meine Vorzüge angepriesen! Wir sind das perfekte Paar! Wir sind beruflich erfolgreich, gebildet, sportlich, liebevoll, humorvoll, stark und zuverlässig. Wer bietet mehr? Ob wir je so auf einem Elternabend sitzen würden? Ich würde mich auch freiwillig als Elternbeiratsvorsitzende melden! Meinetwegen für neun Jahre! Und Protokoll führen, Kuchen backen, Laternen basteln, beim Sankt-Martins-Umzug einmal um den Kölner Dom laufen und hinter dem Pferd die Köttel aufsammeln!

»Da bist du ja!« Endlich tauchte mein Liebster auf, mit wehendem Schal, den er sich noch im Laufen vom Hals riss.

»Im ganzen Severinsviertel wieder mal kein Parkplatz!« Er küsste mich flüchtig auf den Mund. »Ach du Schreck! Was wollen die denn alle?«

»Das hab ich mich eben auch gefragt!«

Eilig huschten wir auf zwei freie Plätze in der vorletzten Reihe.

Es roch ziemlich muffig, nach nassen Mänteln, Nervosität und Schweiß.

Soeben betrat Frau Hohlweide-Dellbrück das Podium. Eine farblose Mittfünfzigerin im graugrünen Strickwestenensemble über lila Bluse mit Schlüpp, die ihre Haare struppig aufgesteckt trug. Ihre strammen Beine steckten in soliden Schnürschuhen. In rheinischem Singsang begrüßte sie uns als »Elternanwärter« und machte uns erst mal mit den Spielregeln vertraut. Und die waren nicht ohne.

»Um Ihnen dat Verfahren der Adoption zu erläutern«, begann sie mit resoluter Stimme, »muss isch Ihnen als Erstes mitteilen, dass auf jedes zur Adoption freijejebene Kleinkind vier interessierte Adoptivelternpaare warten.«

Fast hätte sie »lauern« gesagt, so schien es mir, wenn ich mich hier im Saal umsah. Vielleicht hatten einige gedacht, die zur Auswahl stehenden Babys und Kleinkinder stünden hier zum Abholen bereit?

»Im Anschluss an diese Veranstaltung können diejenjen unter Ihnen, die dann immer noch Interesse ham, die Adoptionsantragsformulare mitnehmen«, stellte sie uns in Aussicht. »Aber damit geht der janze Papierkram erst los! Se müssen alle erssma 'nen ausführlichen Lebenslauf schreiben, natürlich mit der Hand, und bitte vier Fotos von Ihnen dazulegen. Dann jehense alle zu Ihrem Hausarzt und lassen einen gründlichen Gesundheitscheck machen, das vom Arzt abjestempelte Jesundheitszeuchnis brauchen wa ebenfalls.«

Alle schrieben eifrig mit.

»Dat müssen normal Schwangere doch auch nicht!«, ließ sich eine schräg hinter mir vernehmen. Sämtlichen Frauen sah man ihre Hormonschleuder-Vergangenheit an. Die armen Gatten hatten bestimmt schwere Zeiten hinter sich.

»Jedenfalls nicht die Männer«, bekräftigte ihr Begleiter im grob gestrickten Pullover. »Die ham normalerweise noch Spaß beim Kinderbestellen.«

Hahaha!, dachte ich genervt. Hol doch den Storch, du Eierloch.

»Hamse dat?«, fragte Frau Hohlweide-Dellbrück ungerührt. »Dann lassense sich vonna Behörde ein erweitertes Führungszeugnis ausstellen.«

»Alles, was über fünfzehn Punkte in Flensburg hat, kann gleich wieder gehen«, versuchte ein Neunmalkluger vorn rechts einen Scherz. Inzwischen wurde hinter vorgehaltener Hand leise gestöhnt.

»Dat is doch total ungerecht, is dat!«, schimpfte mein linker Nebenmann, der ziemlich streng nach nassem Hund roch, und seine dazugehörige Gattin nickte betroffen in ihren Juterucksack hinein.

»Die biologischen Eltern brauchen den janzen Kram doch auch nicht!«

»Sollten sie mal besser«, mischte sich einer aus der ersten Reihe ein. »Dann jäbet nit so viele verwahrloste Kinder!«

Das fand ich zwar auch, enthielt mich aber jeden Kommentars.

»Dann kommt natürlich 'ne Sozialarbeiterin bei Ihnen vorbei und schaut mal nach dem Rechten«, fuhr Frau Hohlweide-Dellbrück unbeeindruckt fort. »Sie sollten also drauf achten, datse besser keine Alkoholbatterien rumstehen haben, auch überquellende Aschenbecher werden nicht jern jesehen. Und wennse überall Spinnweben haben und dat unjespülte Jeschirr sich türmt, dann hamse auch keine juten Schangsen.«

Sie zwinkerte uns zu: »Kleiner Scherz am Rande.«

»Pornos wechräumen«, rief ein Witzbold aus der letzten Reihe. »Brauchen wir ja nun nicht mehr!«

Paul und ich wechselten einen vielsagenden Blick. Das nannte ich Galgenhumor!

Inzwischen lachte das ganze Auditorium. Wir auch. Was sollten wir auch sonst machen?

»Wenn alles so weit jut abjelaufen ist, werden Sie ein paar

Mal hier ins Jugendamt einjeladen, für persönliche Gespräche mit verschiedenen Mitarbeitern. Wenn Ihre Unterlagen vollständig sind, reichen Sie die bei uns ein und erhalten einen Termin für weitere persönliche Gespräche. Letztlich entscheiden wir dann als Jugendamt, ob wir Ihnen eine Unbedenklichkeitsbescheinijung ausstellen.«

»Eine was?«, fragte der Mann mit dem Pferdeschwanz, der zwei Reihen vor uns saß.

»Eine Unbedenklichkeitsbescheinijung bringt Sie offiziell für zwei Jahre in den Bewerberpool des Kölner Jugendamts. Sie berechtigt Sie dazu, ein Kind zu adoptieren.«

»Was heißt das genau?«, hakte der Pferdeschwanz nach. Ich empfahl ihm im Stillen, ein Schuppenshampoo zu benutzen, bevor er sich in den Bewerberpool stürzte.

»Das heißt, dass Sie ab dem Zeitpunkt zu den möglichen Eltern zählen, ich sage MÖGLICHEN«, betonte die resolute Jugendamt-Dame mit dem köstlichen Doppelnamen. »Wennse in diesen zwei Jahren kein Kind vermittelt bekommen, sindse automatisch wieder draußen.«

»Warum dat denn!« Der graue Pferdeschwanz schüttelte den Kopf, dass die Schuppen nur so flogen.

»Mein Gott«, entfuhr es mir, und ich verdrehte die Augen.

»Weil es sonst einfach zu viele Bewerber werden.« Frau Hohlweide-Dellbrück stemmte die Hände in die Hüften. »Et jeht ausschließlich um dat Wohl der Kinder, die uns anvertraut sind. – Hat noch jemand Fragen?!«

O ja, die hatten wir! Tausende! Aber ich wollte erst mal nicht unangenehm auffallen.

Eine dicke Teilnehmerin in Großgeblümt, die ihre rosenumrankten Massen erstaunlich platzsparend auf dem Holzstuhl verteilt hatte, winkte heftig mit dem Arm. Der Arm als solcher winkte in seinen Einzelteilen gleich mit.

»Können wir mit dieser Unbeweglichkeitsbescheinigung ...«

»Unbedenklichkeitsbescheinigung.«

»Ja, genau. Können wir uns mit diesem – äh – Schrieb auch noch bei anderen Jugendämtern bewerben? Oder geht das nur bei Ihnen?«

»Das würde ich Ihnen sogar dringend raten!« Frau Hohlweide-Dellbrück lächelte ermutigend. »In diesen zwei Jahren nach Erhalt der Unbedenklichkeitsbescheinijung isset sogar sehr anjezeicht, bei allen deutschen Jugendämtern einen Adoptionsantrag zu stellen. Denkense auch an die neuen deutschen Bundesländer! Am besten, Sie legen sich einen eigenen Fotokopierer zu, denn sämtlichen Anträgen müssen wieder alle jenannten Unterlagen beiliegen.«

Paul und ich lächelten uns zuversichtlich an. Wenn wir etwas hatten, dann einen schönen, großen Fotokopierer. Sogar in Farbe.

»Isch hätte da noch mal 'ne Frage!« Die Dicke ließ sich nicht aus der Ruhe bringen. »Muss es ein Neugeborenes sein, oder kann dat auch schon wat älter sein? Ich meine, erhöhen sich da unsere Chancen, wenn et schon wat älter ist?«

»Genau«, sagte Frau Hohlweide-Dellbrück nun schon ein wenig freundlicher. »Die meisten Adoptiveltern möchten natürlich ein Neujeborenes oder einen Säugling. Dat is nicht immer möglich. Meistens ist dat Kind schon im Kleinkindalter, es gibt auch Kinder im Vorschulalter, die sind immer schwerer vermittelbar.«

»Und wat is mit Ausländerkindern?«

»Auch hier gibt es Unterschiede in der Erwartungshaltung der Adoptiveltern«, erläuterte Frau Hohlweide-Dellbrück. »Manche wollen auf jeden Fall ein Kind mit ihrer eijenen Hautfarbe, vielleicht auch, um dem Kind vor dem achtzehnten

Lebensjahr gar nicht die Wahrheit über seine Herkunft sagen zu müssen.«

Paul und ich wechselten einen verständnisinnigen Blick. Wir selbst würden jedes Kind nehmen, egal welchen Alters oder welcher Hautfarbe, das war für uns selbstverständlich. Und wir würden das Kind auch so bald wie möglich über seine Herkunft aufklären, es von Anfang an mit der Wahrheit halten.

»Nun wünsche ich Ihnen allen jutes Jelingen«, verabschiedete uns Frau Hohlweide-Dellbrück, und ihre energisch gerufenen Abschiedsworte gingen im allgemeinen Stühlerücken unter. »Wappnen Sie sich vor allem mit einem: mit GEDULD!«

Und die hatten Paul und ich ja schon hinreichend bewiesen. Drei Jahre lang hatten wir alles getan, um ein LEIBLICHES Kind zu bekommen. Jetzt würden wir alles tun, um ein KIND zu bekommen.

5

SENTA
Mai 1992

»Du siehst aus wie ausgekotzt«, sagte meine Zwillingsschwester zwei Tage vor meiner Hochzeit. Ich hatte gerade das Traumkleid anprobiert und führte es Sonja in meinem kleinen Bügelzimmer stolz vor.

»Vielen Dank. Mein Magen fühlt sich an wie zugeschnürt!«

»Wenn ich es nicht besser wüsste, würde ich sagen, du bist schwanger.«

»Leider nein. Aber ich hab richtig fiesen Ausschlag, guck mal hier!«

Ich zog meinen Ausschnitt etwas herunter.

»Ach du Scheiße!« Sonja schlug die Hände vor den Mund. »Das musst du unserer Hautärztin zeigen!«

Mein ganzer Körper war mit Quaddeln bedeckt. So als würde mein Körper sich dagegen wehren, in ein Hochzeitskleid gesteckt zu werden. Schnell zog ich mich wieder um.

Obwohl schon die ersten Hochzeitsgäste angereist waren und ich mich eigentlich um sie hätte kümmern müssen, bugsierte mich Sonja energisch an ihnen vorbei. »Wir müssen noch kurz was besorgen!«

»Etwas Altes, etwas Neues, etwas Blaues und – was war das noch?«, fragte meine zukünftige Schwiegermutter.

»Etwas Geliehenes«, rief Sonja und schleuste mich in ihr Auto.

Die Hautärztin warf einen kurzen Blick auf meine Quaddeln und schien sofort Bescheid zu wissen.

»Ziehen Sie sich bitte wieder an und setzen Sie sich zu mir.«
»Darf ich bleiben?«, fragte Sonja.
»Darf sie?«
»Ja, natürlich!«

Ich legte den Arm um mein unverquaddeltes Ebenbild, das so glücklich verheiratet war, wie ich es hoffentlich auch bald sein würde.

»Kann es sein, dass Sie etwas bedrückt?«
»Ähm ... Wie meinen Sie das?«
»Das scheint mir psychosomatisch zu sein!«
»Ach so, und was soll das heißen?« Gedankenverloren kratzte ich mir im Ausschnitt herum, der mehr Ähnlichkeit mit einem Kirschstreuselkuchen hatte als der echte Kirschstreuselkuchen, den meine zukünftige Schwiegermutter für den bevorstehenden Anlass gebacken hatte.

»Sind Sie sicher, dass Sie übermorgen heiraten wollen?«

»Ja, natürlich!« Ich kratzte heftiger. »Im Wonnemonat Mai, was ist denn da dabei?«

»Nicht, Liebchen, lass das. Du versaust dir noch deine Unterwäsche.«

»Und Sie heiraten auch den Richtigen?«

»Ja, natürlich!« Fragend sah ich von einer zur anderen. »Oder was denkt ihr?«

»Was WIR denken, ist eigentlich ziemlich egal, Süße.« Sonja strich mir eine Haarsträhne hinters Ohr, die sich aus meiner mühsam errichteten Probe-Hochzeitsfrisur gestohlen hatte wie eine Braut, die sich nicht traut.

»Also, ich finde, das ist hier weder der richtige Zeitpunkt noch der richtige Ort, um das jetzt zu diskutieren oder infrage zu stellen«, sagte ich gereizt.

Aus dem gegenüberliegenden Schloss, in dem ich in zwei Tagen heiraten würde, schallten schon die ersten Klänge der probenden Streichquartettkollegen herüber: Mendelssohn, der Hochzeitsmarsch.

Plötzlich fühlte ich eine sengende Hitze in mir aufsteigen. Die Röte schoss mir ins Gesicht wie bei einer allergischen Reaktion.

»Ich liebe Markus, er ist der Richtige«, zischte ich Sonja an. »Wir sind seit vier Jahren glücklich, haben ein Haus mit drei Kinderzimmern und wünschen uns eine Zukunft als Familie!«

Sonja tätschelte mir die Hand. »Du sollst dir nur sicher sein, Senta. Das ist alles.«

Die Ärztin nickte und schloss fürsorglich die Fenster, sodass der Hochzeitsmarsch verstummte.

»Verschreiben Sie mir was?« Flehentlich sah ich sie an. »Irgendein Anti-Kratz?«

»Nimm lieber ein Beruhigungsmittel«, schlug Sonja vor.

»Warum nicht gleich Valium?«, giftete ich.

»Gegen die innere Stimme ist kein Kraut gewachsen.« Die Ärztin zuckte mit den Schultern.

»Ich heirate übermorgen.« Entschlossen stand ich auf. »Komm, Schwesterherz. Es gibt noch wahnsinnig viel zu tun.«

»Natürlich. Ich wünsche Ihnen alles Glück der Welt.« Die Hautärztin schüttelte mir beherzt die Hand und sah mir tief in die Augen. »Sie werden sehen: Wenn es vorbei ist, gehen die Beschwerden sofort zurück!«

Und sie sollte recht behalten. Kaum hatten Markus und ich geheiratet, waren die Quaddeln wie weggeblasen. Wir hatten trotzdem eine traumschöne Hochzeit, umringt von unseren Freunden, und meine Brautjungfern schworen alle, auch einen Profimusiker zu heiraten, denn sie beneideten mich glühend. Markus' Kollegen zeigten sich flexibel: Nach dem Klassikprogramm rockten sie voll ab! Wir tanzten die ganze Nacht wie frisch verliebt.

»Ich freue mich so auf die Zukunft«, flüsterte ich Markus ins Ohr, und er strahlte mich an: »Ich werde dich glücklich machen, das verspreche ich dir!«

Der Sommer zog ins Land. Paul, Sonja und ich hatten in der Werbeagentur viel zu tun, und Markus bestand nach harten Kämpfen mit dem Orchestervorstand sein Probejahr. Er hatte schrecklich unter Druck gestanden, vor aller Ohren bestehen zu müssen, und manchmal machte ich mir Vorwürfe, dass ich ihn mit meinem dringenden Kinderwunsch so nervte. Aber nun würde sich alles entspannen. Markus war festes Mitglied des Kölner Rundfunksinfonieorchesters und unterrichtete außerdem an der Kölner Musikhochschule. Einige Male war er sogar auf Konzerttourneen im Ausland. Und so fanden wir zu meiner großen Ungeduld erst kurz vor Weihnachten die Möglichkeit, uns beim Jugendamt vorzustellen. Ich konnte den für mich alles entscheidenden Termin kaum erwarten. Mit all unseren Unterlagen fühlten wir uns bestens gerüstet. Wir hatten ja von Sonja und Paul schon erfahren, was man mitbringen musste.

»Hauptsache, ihr macht einen entspannten, fröhlichen Eindruck«, hatten die beiden gemeint. »Die Verkrampften und Verbitterten haben keine Chance.«

Ich nutzte die Gelegenheit, um mir vom Kippekausener Starfriseur Willi Dösgen die Haare schön machen zu lassen, denn wie sagte unsere Mutter immer? Auf den ersten Eindruck kommt es an! Um Punkt drei stand ich mit leuchtenden Augen und ganz schön aufgeregt vor Zimmer 221 im zweiten Stock. In meiner Lieblingsjeans mit geputzten Stiefeln, Bluse, Jackett und einer dezenten Handtasche, in der die kostbaren Papiere steckten, die uns unserem Wunschkind einen großen Schritt näher bringen würden.

Markus kam direkt aus dem Funkgebäude am Dom, wo er den ganzen Vormittag Aufnahmen gehabt hatte.

»Da bist du ja endlich!« Ich ertappte mich dabei, dass ich genauso nervös an seiner Krawatte herumfummelte wie meine Schwiegermutter kurz vor unserer Hochzeit.

»Es gab wie immer einen Stau auf der Zoobrücke«, murmelte Markus entschuldigend. »Wie seh ich aus?« Er fuhr sich mit beiden Händen durch die üppige Mähne.

»Großartig.« Und das war nicht gelogen: In seinem eleganten Anzug wirkte er noch männlicher und seriöser als ohnehin schon.

Oder war das vielleicht ein bisschen overdressed? Auf einmal kamen mir Zweifel. Ganz natürlich hatte ich erscheinen wollen. Ganz normal. Aber für Markus war dieser Aufzug normal.

Noch nie hatte ich mich so unsicher und gleichzeitig so nah am Ziel gefühlt.

»Hoffentlich hält sie das da nicht für einen Knutschfleck.« Kichernd versuchte ich, sein Geigermal am Hals mit meinem Abdeckstift zu übertünchen, und kam mir dabei vor wie eine Glucke, die ihrem Sohn mit Spucke einen Fleck vom Hals rubbelt.

»Lass das, sonst beschmierst du noch den Kragen.«

»Mist. Das wollte ich nicht.«

Markus nahm meine Hände und hielt sie fest.

»Schatz, alles wird gut. Wir sind ein tolles Paar. Die sollen froh sein, dass sie uns kriegen.«

Ich wollte etwas erwidern, brachte aber keinen Ton heraus. Währenddessen klopfte Markus selbstbewusst an die Tür, neben der das Schild »Kunz, Adoptionsvermittlung« prangte.

So brav, wie wir guckten, hätten wir gut und gern als »Herr und Frau Mustermann« durchgehen können. Fehlte nur noch das Mustermann-Kind! Aber deshalb waren wir ja hier.

Frau Kunz, eine auffallend ungestylte, ungeschminkte Person mit grauem Haar, schmaler Brille und etwas Grauem, das wohl ein Hosenanzug sein sollte, begrüßte uns höflich, aber wenig engagiert. Als ich ihre Hand schüttelte, war sie so schlaff wie ein toter Fisch.

Erster Eindruck: Wir werden keine innigen Freundinnen werden. Zweiter Eindruck: Ich hätte auch in einem Jutesack hier aufkreuzen können. Dritter Eindruck: Markus ist so gar nicht ihr Typ. Vielleicht steht sie nicht auf Männer? Sie gibt uns so oder so kein Mustermann-Kind. Alles für die Katz. Im Grunde können wir gleich wieder gehen. Doch dann wurde der Terrier in mir wach.

»Wir möchten gern unsere Unterlagen für einen Adoptionsantrag bei Ihnen einreichen.« Ich räusperte mich und drückte das Kreuz durch, dass es knackte.

Die graue Maus legte ihre Stirn in Falten und sah uns abschätzig an.

Passt Ihnen irgendetwas nicht?, wollte ich sie schon anblaffen.

Markus drückte sein Knie mahnend an meines. Als wollte er mich daran hindern, Misstöne einzubringen. Sein Blick sagte warnend: Abwarten und Klappe halten!

Ich beherrschte mich, dachte aber wütend: Ahnt sie eigentlich, was in diesem Moment in uns vorgeht? Genießt sie es vielleicht, innerlich zerknitterte und äußerlich gebügelte Paare vor sich zu haben, deren Lebenstraum, ein Kind zu bekommen, sie ein für alle Mal einen Riegel vorschieben kann, wenn sie nur will? Ist sie sich ihrer Macht bewusst?

»In diesem Jahr können wir gar nichts mehr für Sie tun«, sagte sie emotionslos.

»Ja, aber Sie haben uns doch herbestellt, hier steht es, Herr und Frau Schilling!« Ich wedelte empört mit ihrer Einladung, die ganz zuoberst in meiner Handtasche steckte.

»Um Sie kennenzulernen, ja.«

Ich breitete die Arme aus und zwang mich zu einem strahlenden Lächeln. »Bitte. Da wären wir. Fragen Sie, wir haben keine Geheimnisse! Was wollen Sie wissen?«

Markus räusperte sich erneut und lockerte seinen Krawattenknoten. »Wir wollen nur einen Adoptionsantrag stellen. Dann lassen wir Sie wieder in Ruhe.«

»Wie gesagt, zum Jahresende nehmen wir grundsätzlich keine Anträge mehr an.« Frau Kunz blätterte in ihrem Klappkalender, als wäre ihr völlig neu, dass das Jahr noch genau elf Tage hatte.

»Moment. Wir dürfen noch nicht mal unsere Unterlagen hierlassen? Die wir extra für diesen Termin vorbereitet haben?«

Fassungslos starrte ich sie an.

»Wir befürchten nicht ganz zu Unrecht, dass Adoptionsanträge nur im Hinblick auf das bevorstehende Weihnachtsfest gestellt werden.«

Empört verschränkte ich die Arme vor der Brust. »Sie meinen, so wie bei Dackelwelpen, die man erst süß findet und dann nach Weihnachten an der Autobahnraststätte aussetzt?«

»Das wäre nicht das erste Mal.«

»Wie bitte? Solch kaltherzige Leute gibt es wirklich? Aber WIR doch nicht, ich meine, wir adoptieren doch kein Kind, um es dann gleich wieder zurückzugeben ...«

Markus sandte mir einen flehenden Blick. »Okay. Dann melden wir uns einfach Anfang nächsten Jahres wieder?!«

»Das ist doch total albern! Wir wollen ernsthaft ein Kind, das ist doch keine Laune! Und davor haben wir vier Jahre lang alles medizinisch Mögliche versucht, um eines zu bekommen!«

»Von mir werden Sie sowieso kein Kind aus unserer Region bekommen.«

»Sondern? Eines aus Timbuktu vielleicht?« Langsam wurde mir diese Unterhaltung echt zu blöd. Was machten wir eigentlich hier?

»Ich weiß, dass das andere Kollegen anders handhaben, aber ich persönlich will unbedingt vermeiden, dass es später zu Begegnungen mit der Herkunftsfamilie kommt und sich Komplikationen ergeben.«

Zum ersten Mal leuchtete mir ein, was diese graue Frau sagte. Ich hatte auch keine Lust, mein Mustermann-Kind durch den Aldi in Bensberg zu schieben und an der Kasse hinter seiner leiblichen Mutter in der Schlange zu stehen. Sie würde es erkennen und mir aus dem Wagen reißen, ihm Süßigkeiten geben, die ich nie erlauben würde ... Meine Fantasie ging schon mit mir durch.

»Okay«, versuchte ich der ganzen Debatte ein Ende zu bereiten. »Dann hätten wir jetzt gern einen Folgetermin bei Ihnen, gleich im Januar.«

»Bitte. Wie Sie wünschen.« Die graue Maus wühlte sich durch den nächsten Kalender. »Wie passt Ihnen der 16. Januar um neun Uhr morgens?«

»Um zehn Uhr proben wir Schostakowitsch ...« Markus checkte seinen Dienstplan. »Obwohl, die zweiten Geigen sind erst um elf dran ...«

»Großartig«, unterbrach ich ihn. »Und wird der Antrag dann von Ihrem Jugendamt bearbeitet, oder müssen wir uns später woanders um ein Kind bewerben?«

»Sollten Sie im nächsten Jahr immer noch Interesse haben, müssen Sie das übliche Prozedere durchlaufen, also Besuche von Mitarbeiterinnen des Jugendamts bei Ihnen zu Hause ...«

Frau Kunz reichte uns wieder ihre schlaffe Hand, wünschte uns ein frohes Fest und stellte uns in Aussicht, uns mit der Pflegeerlaubnis, die wir im besten Fall nach Prüfung sämtlicher Unterlagen von ihr erhalten würden, bei jedem Jugendamt Deutschlands bewerben zu können.

Und ich hatte bis zuletzt gehofft, sie würde ins Nebenzimmer gehen, einen süßen schlafenden Säugling hervorholen und ihn uns strahlend in die Arme drücken. Na ja, nicht wirklich. Aber unverrichteter Dinge wieder abziehen zu müssen ...

»Die soll mich kennenlernen«, murmelte ich, als wir die weihnachtlich beleuchteten Stufen des Rathauses hinunterschritten. Wieder ignorierte ich Markus' helfende Hand. Wieder wollte ich die Kälte des Geländers spüren.

In letzter Zeit waren wir wirklich eine Menge Stufen gemeinsam hinuntergeschritten. Aber irgendwann würde es auch wieder aufwärtsgehen, da war ich mir sicher.

6

SONJA
Juni 1994

»Wieder nichts?«

»Wieder nichts.«

Enttäuscht warf ich die Post auf den hellen runden Tisch unserer Werbeagentur. Paul nahm mich einfach nur in den Arm und schwieg. Was hätte er auch sagen sollen? Wir waren das Warten gewöhnt, wir waren den Frust gewöhnt, wir waren Absagen gewöhnt. Wieder waren anderthalb Jahre vergangen, in denen ich mir schon selbst auf die Nerven ging, weil ich mit gleichbleibender, pissfreundlicher Penetranz im Kölner Jugendamt anrief, um mich nach dem Stand der Dinge zu erkundigen. Ich kam mir vor wie eine lästige Tante von der Lotterie-Telefongesellschaft. Dabei wollte ich uns nur freundlich in Erinnerung bringen.

Und mit gleichbleibender, pissfreundlicher Penetranz bekam ich von Frau Hohlweide-Dellbrück oder einer ihrer Mitarbeiterinnen zu hören: »Danke, Frau Wegener, wir erinnern uns an Sie. Es gibt jedoch nichts Neues!«

Und in der Post waren nur Absagen der anderen Jugendämter, von Leipzig bis Hamburg, von Buxtehude bis Rosenheim. Auch Terres des Hommes und andere Vermittlungsstellen von Kindern ausländischer Herkunft schmetterten uns ab.

Also KEIN Kind.

Ich konnte es nicht fassen! Es gab doch so viele elternlose Kinder, die in Heimen vor sich hin vegetierten und kein Zuhause hatten! Was hatten wir denn so Unsympathisches an uns, dass man uns keines anvertrauen wollte? Die Zeit arbeitete gegen uns! In einem halben Jahr würden wir automatisch aus dem Bewerberpool fliegen! Der Gedanke schnürte mir die Kehle zu. Das Warten zermürbte mich ebenso wie die Jahre, in denen ich versucht hatte, schwanger zu werden. Das Warten auf den erlösenden Brief, der wieder nicht gekommen war.

»Gehen wir später zusammen essen?« Ich wischte mir tapfer über die Augen. »Wenn ich dieses Projekt hier fertig habe?«

In dem Moment klingelte in Pauls Büro das Telefon.

»Kann ich dich jetzt allein lassen, Sonja?« Er war schon an der Tür.

»Natürlich.« Ich rang mir ein strahlendes Lächeln ab. »Geh ruhig dran. Bis später.«

Keine zwei Minuten später stand Paul in meinem Zimmer.

»Du wirst es nicht glauben, aber das war das Jugendamt Köln.«

»Nein!« Ich wich einen Schritt zurück und schlug mir die Hand vor den Mund.

»Und was ...« Ich schluckte trocken, so überrascht war ich. »Und was wollen sie?«

»Na, das wird das Übliche sein. Sie wollen uns kennenlernen.«

»Aber sie kennen uns doch schon.« Enttäuscht ließ ich die Schultern sinken. »Fehlen ihnen vielleicht noch irgendwelche Informationen? Wollen sie uns deshalb sprechen?« Mehr durfte ich mir zu diesem Zeitpunkt nicht erhoffen, sonst wäre die Enttäuschung anschließend einfach zu groß. Ich seufzte. »Hast du schon einen Termin gemacht?«

»Sie hat den 12. Juli vorgeschlagen. Neun Uhr.«

»Na klar.« Ich atmete tief aus. »Der letzte Pflichttermin vor den Sommerferien. Damit sie anschließend beruhigt in Urlaub fahren kann.«

»Aber wir gehen hin«, sagte Paul.

»Natürlich.« Seufzend konzentrierte ich mich wieder auf die Datei, an der ich gerade arbeitete. Arbeit war die beste Ablenkung.

Frau Hohlweide-Dellbrück war in ihren vier Wänden genauso unverbindlich und resolut wie damals bei ihrem Vortrag. Sie bat uns in ihr Büro und zeigte auf die zwei Stühle gegenüber ihrem Schreibtisch.

Zuerst der Small Talk über das Wetter und dann der Griff in die Handtasche, um die hundertste Version unserer perfekt aktualisierten Unterlagen auf den Schreibtisch zu legen …

Moment. Da lagen ja schon Unterlagen.

Unsere Unterlagen. Und daneben ein Aktenordner mit der Aufschrift »Normen«.

Ich machte einen langen Hals. Auf einmal begann meine Haut zu prickeln.

»Wie jeht et Ihnen denn?«, fragte Frau Hohlweide-Dellbrück und stützte die Ellbogen auf den Schreibtisch. Eine rote Kunstperlenkette rutschte in ihren Busenritz, und ich starrte fasziniert darauf. Sie faltete die Hände und schaute uns freundlich interessiert an.

»Ähm … Wunderbar.«

»Sehr gut«, bestätigte Paul.

»Hamse denn schon Pläne für den Sommer?«

»Nichts Bestimmtes«, beeilten wir uns zu sagen. Längst wussten wir, dass wir uns eher die Zunge abbeißen würden, als über langfristige Reisepläne zu plaudern. Wir hatten auf Stand-by zu sein. Das wurde gern gesehen und brachte sicherlich Fleißpunkte ein.

»Sie arbeiten nach wie vor in der Firma Ihres Mannes?« Frau Hohlweide-Dellbrück lächelte mich auf eine Weise an, die ich nicht einordnen konnte. War das nun gut oder schlecht?

Wenn ich Nein sagte, deutete sie das vielleicht als persönliches Versagen. Oder als Faulheit: »Nein, ich sonne mich den ganzen Tag im Garten und verbummele meine Nachmittage auf der Shoppingmeile.« Keine guten Voraussetzungen, ein Baby zu bekommen.

»Bis auf Weiteres ja – ich meine, natürlich bin ich total flexibel und vertraglich nicht gebunden …« Ich spielte mit meinem Ehering. »Also natürlich schon gebunden an meinen Mann, aber als Chef ist er da total locker …«

Paul grinste. »Ich würde sie sofort freistellen, wenn sie Mutter würde.«

Peng! Das war der richtige Satz. Paul nun wieder, hundert Punkte auf der Eignungsskala!

Frau Hohlweide-Dellbrück schob ihren Stuhl zurück, sah uns vielsagend an und klappte den Ordner auf.

»Et jeht hier um einen kleinen Jungen«, hörte ich sie sagen. Sie klang, als wäre sie unter Wasser, denn in meinem Innenohr begann es zu rauschen.

»Er ist neun Monate alt, heißt Normen und ist seit vier Wochen im Kinderheim Flickendorf.«

Ich schluckte. In Flickendorf war doch der Knast, oder nicht?

»Seine Mutter hat schon fünf Kinder von anderen Männern, die se alle wechgegeben hat. Sie ist Alkoholikerin und saß schon wegen verschiedener Delikte im Jefängnis.«

Bingo!, schoss es mir durch den Kopf. Sofort sah ich dieses hässliche Vorstadtviertel vor meinen Augen. Sozialer Brennpunkt, aber vom Feinsten!

»Sie hat den kleinen Normen gleich nach der Geburt einer Freundin gegeben, weil sie ihn nicht bei sich behalten konnte. Die Freundin stammt selbst aus sozial schwierigem Milieu, und nur dem Umstand, dat se beim Sozialamt Kinderjeld für Normen beantragt hat, ist es zu verdanken, dat wir auf seine

Wohn- und Lebensumstände aufmerksam geworden sind. Die Freundin ist weder emotional noch sozial in der Lage, ein Kind aufzuziehen. Sie hätte das Kindergeld ... nun ja ...« Frau Hohlweide-Dellbrück sah uns verlegen an und spielte mit ihren roten Kunstperlen im Dekolleté. »In Alkohol und Drogen investiert.«

Uff. Wir schwiegen erschüttert.

Sachen gab's! Aber was hatten wir damit zu tun? Plötzlich setzte mein Herz einen Schlag aus. Sie wollte doch nicht UNS ... Sie meinte doch nicht, WIR ...

Ich schluckte. Plötzlich tanzten lauter kleine weiße Punkte vor meinen Augen.

Sie wollte doch nicht damit sagen, dass WIR jetzt ELTERN würden? Dass mein Lebenstraum doch noch in Erfüllung gehen würde? Jetzt? Normen? Sie würde UNS – Normen geben?

Mit offenem Mund starrte ich sie an. Paul war auf die vorderste Kante seines Stuhles gerückt und betrachtete das Foto des kleinen Burschen, der einen bezaubernden und gleichzeitig verwahrlosten Eindruck machte. Ein kleiner Knirps mit braunen feinen Härchen und dunkelbraunen Kulleraugen, die ebenso verloren wie einsam in die Welt starrten.

Das würde doch nicht – UNSER Kind werden? Ich zwang mich, mich nicht zu früh zu freuen. Vielleicht wollte sie nur unsere Meinung hören.

»Wollense dat Kind kennenlernen?« Zum ersten Mal wurden die Augen von Frau Hohlweide-Dellbrück warm und lebendig.

»Ja, natürlich!«, entfuhr es mir. »Wann können wir den Kleinen sehen?« Das würde sicherlich wieder vier bis sechs Wochen dauern. Wenn sie uns nicht noch vorher absagen würden. Ich zwang mich, nicht vor lauter Ungeduld in mein Handgelenk zu beißen.

»Ich dachte mir, dass Sie ihn gleich sehen wollen.« Frau Hohlweide-Dellbrück stand auf und legte das Foto in die Akte zurück. »Sie werden um zehn Uhr in der Eisenbahnstraße erwartet. Bitte sagen Sie niemandem dort Ihren Namen.«

»Wir ... Ich meine, wir dürfen – jetzt gleich ...?« Fassungslos sprang ich auf und drehte mich wie eine aufgezogene Puppe um mich selbst. Das hier war alles andere als das Routine-Theaterstück, das mir schon zum Hals heraushing. Wir würden jetzt NICHT unverrichteter Dinge wieder zur Tür hinausgeschoben werden, mit den Worten »Sie hören von uns!«? Paul legte beruhigend den Arm um mich.

»Et handelt sich um eine Inkognito-Adoption.« Frau Hohlweide-Dellbrück sprach nun eindringlich mit meinem Mann, da sie mich offensichtlich im Moment für nicht zurechnungsfähig hielt. »Das bedeutet, dass leibliche und annehmende Eltern sich nicht kennenlernen.«

Sie reichte uns ein Schreiben, das uns als Normens Adoptiveltern auswies, mit Stempel und Siegel des Jugendamts Köln. Och. So einfach war das. Auf einmal hatte sich die Tür geöffnet, vor der wir über ein Jahr lang gewartet hatten.

»Alles klar«, sagte ich, obwohl natürlich nichts klar war.

Frau Hohlweide-Dellbrück gab uns die Hand und konnte sich einen merkwürdigen Rat nicht verkneifen:

»Vielleicht schauen Sie sich den kleinen Jungen erst mal unverbindlich an«, sagte sie, als ob es sich um einen Gebrauchtwagen handelte. »Wenn Sie glauben, dass er für Sie nicht infrage kommt, rufen Sie mich einfach an. Ich bin bis 12 Uhr 30 im Büro und dann zu Tisch.«

Kopflos rannten wir zum Auto. »Spinnt die?«, keuchte ich. »Wir sollen ihn erst mal unverbindlich anschauen? Und wenn er uns nicht gefällt, lassen wir ihn liegen wie einen abgelaufenen Joghurt oder ein Brot von gestern?«

»Reg dich nicht auf«, sagte Paul. »Sie hat es bestimmt nur gut gemeint.«

»Werden die Frauen im Kreißsaal das auch gefragt?«, erregte ich mich weiter. »Wenn er Ihnen nicht gefällt, rufen Sie mich einfach an? Ich bin bis 12 Uhr 30 im Krankenhaus und dann zu Tisch!«, äffte ich empört Frau Hohlweide-Dellbrück nach.

»Liebling, beruhige dich!« Paul gab Gas und fuhr stadtauswärts. Auf den Straßenbahnschienen kamen wir ins Schlingern.

»Hilfe, ich weiß doch gar nicht, wie man mit einem Baby umgeht!« Nervös trommelte ich mit den Fingern gegen den Türgriff. »So fahr doch, Paul, grüner wird's nicht!«

Als wir den schäbigen Parkplatz des grauen schmucklosen Gebäudes erreichten, in dem UNSER Kind auf uns wartete, wusste ich, dass unser Leben von nun an nie mehr so sein würde wie bisher.

7

SENTA
Juni 1994

»Nett haben Sie es hier, Frau Schilling!«

Frau Dissen vom Jugendamt Bensberg und ihre Kollegin Frau Jahnke, beide Kolleginnen von Frau Kunz, ließen ihre Blicke prüfend über unser gemütliches Zuhause gleiten. Frau Dissen war eher üppig gebaut, und bei diesen heißen Temperaturen konnte man ihre Krampfadern sehen, die unter einem geblümten Baumwollkleid hervormäanderten, bevor sie in Gesundheitssandalen mündeten. Frau Jahnke war knabenhaft schlank und trug ihre langen Haare in einem locker geflochtenen Zopf. Sie steckte in weiten Pumphosen und einem ärmellosen Blüschen, das ihre stark hervortretenden Schlüsselbeine betonte. Sie begutachteten gönnerhaft das Klavier, die Geige, den Notenständer, das riesige Bücherregal aus hellem Holz, die weichen Teppiche und die Spiegel, die unser Fachwerkhäuschen mit den Holzbalken optisch vergrößerten und meiner Meinung nach noch wohnlicher machten.

Ich hatte drei Tage lang geputzt und Betten gemacht wie Frau Holle, und in jedem Zimmer standen frische Blumen. Drei Kinderzimmer standen zur Verfügung, aber natürlich noch ohne Gitterbettchen mit sich im Sommerwind bewegenden Mobiles, auch wenn ich das vor meinem inneren Auge alles längst sah. Noch dienten sie als Übezimmer für Markus, als Bügelzimmer für mich und als Arbeitszimmer für uns beide. Trotzdem waren sie hell tapeziert, und ihre Fenster gingen zum sonnigen Garten hinaus.

»Was machen Sie noch mal beruflich?« Frau Dissen musterte mich erwartungsvoll.

»Ich arbeite in der Firma meines Schwagers. Zusammen mit meiner Zwillingsschwester Sonja. Wir sind Kundenberaterinnen.«

»Ach ja, natürlich. Das steht ja in Ihrer Akte.«

Die beiden Jugendamt-Tanten setzten sich gnädig zu Tee und Kuchen in unsere freundliche Wohnküche.

»Könnten wir nicht auf die Terrasse ...?«, schlug die Dünnere vor. »Wir sitzen ja sonst den ganzen Tag im Büro, und Sie haben es so sonnig hier!«

»Selbstverständlich.« Sofort deckte ich draußen neu ein. »Ich hatte nur gedacht, wegen der Wespen?« Mein Gott, ich surrte selbst wie eine Wespe ziellos herum. War der Rasen auch gut gemäht? Das Unkraut zwischen den Steinplatten verschwunden? Die Blumenpracht im Beet auch ungiftig? Keine Vogelbeeren oder Vogelkacke in Krabbelweite? Kein gefährlicher Kellerschacht in Sicht? Ich versuchte, meine häusliche Idylle mit den kritischen Blicken der Jugendamt-Inspektorinnen zu sehen.

»Selbst gemacht?« Frau Dissen kaute bereits mit vollen Backen.

»Natürlich!« Nie im Leben hätte ich es gewagt, eine profane Fertigbackmischung zu benutzen. Vielleicht würden sie gleich heimlich in den Küchenabfalleimer unter der Spüle spähen, bevor sie ihren Tee im Gästeklo entsorgten? Na, wie auch immer. Ich war für jeden Härtefall gerüstet: Das Gästeklo war nicht nur sauber, sondern rein. Es roch nach Lavendel. Die Gästehandtücher waren Kante auf Kante gefaltet, und kleine Probe-Flakons standen wie die Zinnsoldaten auf der Ablage.

»Und Ihr Mann? Ist der auch da?«

»Leider nein.« Ich zupfte nervös an meinem rosa Blusenärmel. O Gott. Ich kam mir wirklich vor wie so ein Vorzeigehausweibchen aus dem Katalog. Frau Mustermann eben.

»Mein Musterm… Äh, mein Mann ist auf Konzerttournee in Japan.«

»Oh. Dann ist er also nicht oft zu Hause?« Frau Dissen legte ihre Stirn in Falten und stellte den Selbstgebackenen zurück auf das geklöppelte Leinendeckchen. Mein GOTT, ich hatte geklöppelte Leinendeckchen gestärkt und gebügelt, nur für diesen bühnenreifen Auftritt hier in meinen eigenen vier Wänden!

»Doch, schon.« Ich pustete mir eine Strähne aus dem Gesicht. Meine Achselhöhlen hatten Schweißränder in der Größe eines Wagenrades, und ich verfluchte die Wahl der rosa Bluse. »Er hat täglich von zehn bis vierzehn Uhr Dienst im Funkhaus und dann meist abends ein Konzert in der Philharmonie. Nachmittags ist er normalerweise zu Hause.«

Wo er dann seinen Mittagsschlaf machte und seine Schüler

unterrichtete, wenn er nicht stundenlang in seinem Zimmer übte oder die Sportschau sah. Mir war schon klar, dass die ganze Arbeit mit dem Kind mehr oder weniger allein an mir hängen bleiben würde.

Aber das war irgendwie ein stilles Abkommen zwischen uns: Markus würde das Geld nach Hause bringen, denn wenn ein Kind kam, würde ich erst mal nicht mehr in die Agentur gehen.

»Da könnte man sicher mal über Ihren Mann Karten bekommen«, sagte Frau Jahnke kauend.

»Wie?«

Frau Dissen warf der Kollegin einen warnenden Blick zu. Und sagte: »Sie ist ein großer Klassik-Fan. Sie liebt Opern und Symphoniekonzerte.«

»Aber die Karten sind ja so unerschwinglich!« Frau Jahnke seufzte.

»Tja ...« Ich lächelte gequält. Wollte sie mir jetzt einen Deal anbieten? Ein Jahresabo gegen ein Kind?

»Wir sollten vielleicht zur Sache kommen«, sagte Frau Dissen streng. »Haben Sie Süßstoff?«

»Ja, natürlich.« Hastig sprang ich auf und rannte in die Vorratskammer. »Süßstoff, Süßstoff, Süßstoff«, murmelte ich wie in Trance. Das hier war sicherlich alles eine Prüfung. Ohne Süßstoff war ich unorganisiert und eine schlampige Hausfrau. Oder war es gut, KEINEN Süßstoff zu haben, wegen der giftigen Chemikalien und süchtig machenden Zusatzstoffe? Brauner Zucker war sicher die perfekte Alternative. Oder vielleicht Honig? Natürlich nur naturbelassener, selbst geschleuderter, bienenfreundlicher, figurschonender Bio-Honig aus dem Reformhaus.

Frau Dissen hatte mich aber nur weggeschickt, um die Kollegin wegen ihrer Kartenhabgier zu rügen. Den Rest ihres Gesprächs bekam ich gerade noch mit.

»… geht GAR nicht!«

»Aber ich wollte doch nur …«

»Still. Sie kommt.«

»Wie würden Sie denn damit klarkommen, wenn es mit der Adoption nicht klappt?«, fragte Frau Dissen plötzlich unerwartet.

Da stand ich mit meinem bescheuerten braun geschleuderten Naturhonig und klappte den Mund auf und wieder zu.

»Ist es, weil ich keinen Süßstoff habe?«

»Wie?«

Diesmal war es an Frau Jahnke, über Frau Dissen verärgert den Kopf zu schütteln.

»Das ist eine reine Routinefrage. Sie haben überhaupt nichts falsch gemacht.«

Ich holte tief Luft, blies die Backen auf und sprudelte wild drauflos: »Ich weiß genau, dass wir ein Kind bekommen werden. Für mich … Ich kann nicht für meinen Mann sprechen, der gerade in Japan die zweite Mahler geigt – aber für mich steht es außer Frage, dass es klappen wird. Wir sind jung genug, haben einen guten Hintergrund, genügend Platz, sind finanziell abgesichert und können dem Kind Bildung, Kultur und Herzenswärme mit auf den Weg geben.« Ich pustete die Restluft aus. »Ja, Herzenswärme gibt es hier im Überfluss.«

»Dann wollen wir mal wieder«, sagte Frau Dissen und stupste Frau Jahnke an.

»Vielen Dank für den Kuchen, Frau Schilling. Sie können hervorragend backen.«

8

SONJA
Juni 1994

Wir klingelten neben einem verrosteten Rolltor, und nach einem Summton öffnete sich die Tür. Krankenhausgeruch schlug uns entgegen – eine Mischung aus Bohnerwachs und abgestandenem Essen. So roch es auch im Altersheim, in dem wir früher unseren Opa besucht hatten.

Beklommen stiegen Paul und ich das dunkle muffige Treppenhaus hinauf. Oben auf dem Treppenabsatz stand im Halbdunkel eine kompakte junge Frau mit krausem schwarzen Haar, das sie durch eine Spange zu bändigen versuchte. Sie trug eine Latzhose und Turnschuhe.

»Entschuldigung, wir sind die Adoptiveltern von Normen«, sagte ich keuchend, um jedes Missverständnis im Keim zu ersticken. »Das Jugendamt hat uns bereits angekündigt. Wir würden ihn gern besuchen.«

Die Latzhose warf wortlos einen kurzen Blick auf unser Schreiben vom Jugendamt und bedeutete uns, ihr zu folgen.

Wir liefen durch ellenlange Gänge, die wirklich an den Knast von Flickendorf erinnerten. Hier und da stand eine Zellentür, Verzeihung, Zimmertür offen, und wir konnten einen Blick auf mehrere Gitterbettchen werfen, in denen entweder ein Bündel Mensch lag oder auch nicht. Vielleicht war es auch nur ein Bündel Bettwäsche oder ein Berg Windeln.

Jämmerliches Weinen, verzweifeltes Schreien und einsames Vor-sich-hin-Wimmern erfüllten die Luft. Augenblicklich zog sich mir schmerzhaft das Herz zusammen. Pauls Kiefer mahlten. Wir nehmen sie alle, dachte ich.

Warum lagerte man diese armen Würmer hier zwischen,

wenn es, wie wir nun oft genug gehört hatten, so viele adoptionswillige Eltern gab? Auf jedes Kind VIER PAARE! Ja, wie konnte denn so etwas angehen?

Schon wollte ich der Latzhose von hinten auf die Schulter tippen, um eine Grundsatzdiskussion mit ihr anzufangen, konnte mich aber gerade noch beherrschen. Das war jetzt einfach nicht der richtige Zeitpunkt dafür. Und ihre Antwort konnte ich mir eh schon denken: »Ich mach hier auch nur meinen Job.« Klar. Danach ging die zu Tisch.

Die Latzhose öffnete die Tür zu einem Raum am Ende des Ganges, der mit einer blauen Gummimatte ausgelegt war. Mein Herz raste wie nach einem Tausendmeter-Sprint: Dies war also der Moment, in dem wir unseren Sohn kennenlernen würden. Um ihn nie wieder herzugeben. So viel stand fest. Mein Blick irrte über die Matte: Da tummelten sich ein halbes Dutzend Kleinkinder zwischen lieblos herumliegendem Spielzeug, einige krabbelten, andere saßen teilnahmslos herum, wieder andere lagen einfach nur da und starrten an die Decke. Es roch nach Bäuerchen und ziemlich vollen Windeln. Und einem ganz besonders verloren wirkenden Kind lief die Nase. Das war er. Der und kein anderer.

Ich wusste sofort, dass es Normen war.

Der Schmächtigste, Kleinste und Dünnste von allen.

Wie schon auf dem Foto in der Akte von Frau Hohlweide-Dellbrück sah man ihm das Heimkind an. Auch den Alkoholkonsum seiner Mutter, denn er hatte jetzt schon tiefe Ringe unter den Augen.

Trotzdem schaltete alles in mir sofort auf »Muttermodus« um. Überwältigt ging ich auf die Knie und berührte ihn leicht am Händchen.

»He, du! Mama und Papa sind hier!«

Leeren Blickes schaute er durch mich hindurch.

»Dat is en janz Passiver«, sagte die Latzhose. »Der entwickelt wenig Eigeninitiative.«

Ja, wie denn auch!, wollte ich sie schon anschreien. Nur Pauls entzücktes Gesicht hielt mich davon ab.

»Hallo, kleiner Mann«, begrüßte er seinen neuen Sprössling. In seiner Stimme lagen alle Wärme und Zärtlichkeit dieser Welt.

»Hallo, Normen«, hörte ich mich krächzen. Dieser Name hörte sich seltsam fremd an aus meinem Mund.

»Den müssense nich Normen nennen, wenn Ihnen der Name nich jefällt«, mischte sich wieder die Latzhose ein, als könnte sie Gedanken lesen.

Okay. Könnense den jetz als Geschenk einpacken und 'ne rote Schleife drummachen?, hätte ich am liebsten in ihrem schnoddrigen Dialekt erwidert. Ich hätte ihn so gerne sofort für mich gehabt, ihn zu Hause vorsichtig ausgepackt und gebadet, ihn schon heute Nacht zwischen uns im Bett schlafen gelegt, gefüttert, gewickelt und freudestrahlend meiner Zwillingsschwester Senta gezeigt! Aber ich wusste, so ging das nicht – leider!

Nach einem vorsichtigen Kennenlernen, bei dem Normen sich nicht gegen unsere zärtlichen Berührungen wehrte, sondern uns eher zurückhaltend musterte, fragte ich die Latzhose, ob wir mit ihm in den Park dürften. Immerhin war ein strahlender Sommertag, und unten im Hausflur standen schmuddelige Buggys.

Wir durften. Natürlich hielt Paul seinen Sohn die ganze Zeit in den Armen, während ich sein kleines zartes Händchen drückte. Verzückt betrachtete ich dieses kleine Wunderwerk Mensch. Ständig musste ich meine Nase in seinem Haar vergraben und seinen Duft inhalieren.

»Wie nennen wir ihn?«, fragte ich Paul, der schwer an seiner süßen Last trug.

Dem kleinen Mann fielen mehr und mehr die Augen zu. Er lehnte an Pauls Schulter wie ein angespültes Seehundbaby.

»Sag du! Du bist die Mutter.«

»Wie findest du Moritz?«

»Das klingt sehr vernünftig.«

Paul und Moritz. Meine beiden Lebensmänner. Ja, das passte! Glücklich betrachtete ich meine neue kleine Familie, und wir sanken zusammen auf einen Baumstamm, um unseren schlafenden Sohn andächtig zu betrachten. Mein Herz weitete sich vor Liebe und Dankbarkeit, saugte sich wie ein ausgetrockneter Schwamm mit Muttergefühlen und Hormonen voll.

In diesem Moment waren wir einfach nur glücklich.

9

SENTA

Januar 1995

»Verdammt, diese Schlaglöcher!« Markus hieb wütend auf das Lenkrad unseres Leihwagens ein, den wir uns extra wegen des Allradantriebs von Sixt geholt hatten.

»Vorsicht, Markus, die Straßen hier sind nicht gestreut!«

»Das weiß ich auch, Senta! Guck lieber auf der Karte, wie weit dieses verdammte Chemnitz noch ist!«

Ich hielt vorsorglich die Klappe und starrte in den Straßenatlas. Noch etwa vierzig Kilometer, das würde bei diesen Schneeverhältnissen ungefähr eine Stunde dauern. Es war noch nicht mal hell.

Ein hektischer Blick auf die Auto-Uhr unter der beschlagenen Windschutzscheibe, auf der die Scheibenwischer gegen die Schneeflocken ankämpften: kurz nach acht. Um neun war der Termin.

»Mach mal die Verkehrsdurchsage an.«

Ich drehte mit eiskalten Fingern am Radio.

Wir hatten einen Termin! Beim Jugendamt! In Chemnitz!

Von achtzig Adoptionsanträgen war einer beantwortet worden!! EINER!

»Wegen der Schläschtwädderlage muss mit Schneeverwähungen und Glatteis auf allen Straßen geräschnet werden«, sächselte der Sprecher.

Ja. Das sahen wir auch.

»Markus, wir schaffen das!« Nervös schraubte ich die Thermoskanne auf und goss meinem fahrenden Gatten etwas Kaffee in den Becher. »Hier, das weckt die Lebensgeister.«

»Lass mich, ich muss mich konzentrieren!« Heftig wehrte Markus den dampfenden Becher ab, und zack, hatte er ein paar Kaffeespritzer auf dem Hemd.

»Ach, Scheiße, Senta!«

»Entschuldige, Schatz, das war keine Absicht.«

»Ja, aber ein Schussel bist du DOCH! Du kannst mir doch nicht auf diesen holprigen Straßen Kaffee anbieten!«

Nein, verdammt. Ich hatte ihm doch nur das Gefühl geben wollen, dass ich für ihn da war!

Wegen des frühen Termins in Chemnitz waren wir schon in aller Herrgottsfrühe losgefahren. Markus hatte noch bis 23 Uhr in der Philharmonie ein Konzert gehabt, sich dann seinen Frack vom Leib gerissen, um ein paar Stunden zu schlafen. Um vier Uhr morgens waren wir schon auf der Autobahn gewesen. Dieser Termin war schließlich die Chance unseres Lebens! Also für MICH auf jeden Fall.

Die Straßen waren wirklich spiegelglatt. Wir rutschten quasi durch die erwachende Stadt Chemnitz. Beklommen sah ich mich um. Die DDR saß den Häusern und Straßen noch in allen Ritzen. Alles wirkte düster und traurig auf mich. Und hier sollte vielleicht unser Kind sein? Sonja hatte es inzwischen geschafft: Sie war Mutter des süßen kleinen Moritz geworden! Und als ihre Zwillingsschwester war ich mir ganz sicher, dass es jetzt auch für mich – halt, für UNS so weit sein würde.

Schweigend sah ich auf dem Rest der Fahrt zu, wie die weißen Flocken von den Scheibenwischern quietschend zu grauem Brei verarbeitet wurden.

Um Punkt neun schlitterten wir auf den Parkplatz des Jugendamts. Der Wagen war noch nicht zum Stillstand gekommen, als ich auch schon die Beifahrertür aufriss und über das nasse Kopfsteinpflaster auf das trostlose Gebäude zurannte. Ich geriet ins Stolpern, rutschte aus und schlug der Länge nach hin. Mitten in eine Eispfütze, auf der Ölschlieren schwammen. Verdammt! Der Schmerz schoss mir in alle Knochen. Jetzt waren auch meine Klamotten im Eimer. Egal.

»So komm doch, es ist fünf nach neun!«

Wild gestikulierend rannte ich in das finstere Gebäude und entzifferte die verblichene Schrift auf den schmutzigen Kacheln: Jugendamt, Adoptionsvermittlungsstelle, vierter Stock.

Natürlich gab es keinen Aufzug.

Wir galoppierten die abgewetzten Treppenstufen hinauf.
»Hier!«

»Nein, das ist 4 A, wir müssen nach 4 B!«

»Was haben die denn für ein bescheuertes System!«

Also wieder zurück, über Linoleumfußboden, der unter unseren schmutzigen Schuhen quietschte.

»Hier!« Markus atmete laut aus, zog seine Hosenbeine glatt und strich seine glänzend schwarzen Haare nach hinten. »So. Wie seh ich aus?«

»Wie immer großartig.« Ich zupfte vorsichtig die nasse Hose von meinem blutenden Knie und rieb mir mit einem feuchten Tempo den Dreck von der Wange. Sie brannte wie Feuer. Das würde ein richtiges Veilchen geben, haha. Ein Fall fürs Jugendamt. Jetzt sahen wir genauso aus wie die Leute, die hier wahrscheinlich täglich verkehrten.

Zehn nach neun.

Wir klopften.

Niemand reagierte.

»Scheiße, ist die etwa schon weg?«

»Die weiß, dass ich bis 23 Uhr Dienst hatte, und hat uns auf neun bestellt?«

»Die will wissen, wie ernst wir es meinen!« Ich nickte wissend und klopfte noch mal. Zaghaft, aber schon energischer.

»Der volle Härtetest oder was!« Markus ließ sich gegen die Wand sinken.

»Pssst! Hier haben die Wände Ohren!« Ich ordnete meine wirren Haare und zog mir mit Spucke die Augenbrauen nach.

»Die können mich mal gernhaben!« Energisch riss Markus die Tür auf. »Wer bin ich denn!«

Drinnen im fensterlosen Büro saß – niemand. Noch nicht mal das Bild vom Genossen Honecker hing noch an der Wand. Nur eine einsame Glühbirne baumelte von der Decke. Mir lief es eiskalt den Rücken runter.

»Glaubst du, sie hat uns – vergessen?«

»Also alles, was recht ist.« Markus stapfte wütend zur nächsten Tür. »Aber das lass ich mir nicht bieten.« Er klopfte. Mit der Faust.

»Ja, bidde?« Eine kleine verhutzelte Frau mit Dutt trat in den dunklen Flur. »Wie gannisch hälwn?«

»Frau Hartmann hat uns bestellt.«

»Ach, die is inner Gandine!«

Die Verhutzelte huschte in ihre Höhle zurück und telefonierte. »Gommt glaisch.« Sie winkte freundlich.

Kurze Zeit später erschien Frau Hartmann höchstpersönlich. Sie entschuldigte sich auf Sächsisch, dass sie uns glatt vergessen hätte! Hahaha! Das gonnte ja mal bassiorn!

Ich sah Markus' Gesichtszüge entgleisen und beeilte mich zu sagen: »Aber natürlich kann das mal passieren, liebe Frau Hartmann! Wo doch der Winter dieses Jahr so streng ist!« Letzteres konnte ich mir einfach nicht verkneifen.

Und? Vorsichtig sah ich mich um. Lag etwa eine Akte auf ihrem Schreibtisch? Wie bei meiner lieben Schwester Sonja? Bei ihr und Paul hatte es auch so angefangen.

Erst eine Einladung zu einem Routinebesuch, ein bisschen Small Talk, und dann – zack!

Ein KIND.

Meine Hände waren feucht. Mein Mund war trocken. Mein Auge zuckte. Und mein Herz raste.

»Wie geht es Ihnen denn so?« Frau Hartmann lächelte schelmisch. Ihr Acryloutfit war nicht mein Fall, aber sie war zugegeben jung und hübsch und hatte traumhaft schöne Locken.

»Es geht uns WUNDERBAR!« Ich stieß Markus mit dem blutenden Knie an. Autsch, verdammt! »Nicht wahr, Markus?«

»Na ja, lange Fahrt und schlechte Straßenverhältnisse«, fasste Markus seine Gemütslage zusammen. »Ich hatte bis elf noch Dienst.«

Falsches Stichwort!, signalisierte ich zähnefletschend und strahlte Frau Hartmann an.

Wir haben nie Dienst! Wir sind vierundzwanzig Stunden zu Hause und freuen uns aufs Win-deln-wech-seln …

»Aber jetzt sind wir ja da! Schön, dieses Chemnitz, wir haben schon einige renovierte Häuser gesehen, und wie ich höre, investieren viele Prominente in Ostimmobilien …« O Gott, falsches

Thema? »In zwanzig Jahren merkt man keinen Unterschied mehr zum Westen«, redete ich mich um Kopf und Kragen.

Markus verdrehte die Augen. »Sie ist in eine Pfütze gefallen«, erklärte er mein Auftreten.

»Nu! Dann will ich Sie auch nicht länger aufhalten. Nicht, dass Sie sich ergältn!« Frau Hartmann erhob sich und reichte uns die Hand. »War subor, Sie gennzulern. Gute Fahrt zurück nach Göln.«

»Wie?« Ich starrte auf den Sperrholzschreibtisch, auf dem immer noch kein Aktenordner lag.

Und unser Baby? Wo holen wir DAS jetzt ab? Meine Beine wurden schwer wie Blei.

»Isch wollde ja immer schon mal nach Göln, da is doch der weltberühmte Dom, und im Sommer hab isch Urlaub, und dann foa isch da mal hin!«

»Ja, ja, aber wir sind doch hier noch nicht fertig?« Markus sah mich perplex an.

»Doch!« Sie lächelte freundlich. »Das war's schon und hat auch gar nicht wehgetan!«

»Aber – das Kind?«

»Därzeit habe isch leider gein Gind zur Vermittlung«, sagte Frau Hartmann, während sie uns zur Tür rausschob. »Also geins, das für Sie infrage gomm würde.«

»Wir nehmen auch eines, das NICHT für uns infrage kommt«, stammelte ich, während Markus mich schon wütend hinauszog.

»Ich meine, wenn es sächselt, dann lieben wir es trotzdem ...«

Meine Beteuerungen prallten ungehört an den gekachelten Wänden des Jugendamts ab.

Um halb zehn saßen wir wieder im Auto.

Ich heulte während der gesamten Rückfahrt.

SONJA und SENTA
Juni 1995

»Vorsicht! Er schläft!«

»Oh, bitte, darf ich ihn mal halten?«

»Ja, aber bitte zerbrich ihn nicht!«

»Gott, ist der SÜÜÜÜSS!«

»Jetzt hast du ihn geweckt!«

»Oh, wie der GÄHNT! Da sieht man das Gaumensegel flattern!«

»Senta, mein Moritz ist KEIN SPIELZEUG!«

»Das weiß ich ja! Reg dich ab! Ich lasse ihn schon nicht fallen!«

»Okay, komm auf die Terrasse. Aber VORSICHTIG. Pass auf! Hier ist eine Stufe!«

»Meinst du, ich WÜSSTE nicht, wo bei dir eine Stufe ist?«

»Du legst dich vor dem Jugendamt in eine Pfütze, dir ist alles zuzutrauen.«

»Da war es Januar und scheißglatt!«

»Ich kann dir nur Wasser anbieten, alles andere zieht die Wespen an.«

»Ich trinke GAR NICHTS! Ich will ihn doch nur angucken!«

»Zieh ihm mal die Söckchen aus, aber VORSICHTIG. Guck dir mal diese ZEHEN an!«

»Ich FASS es nicht! Sind das echt zehn? Aber so mini!«

»Seine Reflexe funktionieren, guck mal!«

»Oh, wie süüüß! Oh, das hat ihn gekitzelt. Guck mal, er LACHT! – Wieso sollten seine Reflexe nicht funktionieren?«

»Weil er ... Du weißt schon. Er ist ein bisschen entwicklungsverzögert.«

»Ja, aber behindert ist er nicht!«

»Nein, Schwesterherz. Den kriegen wir schon hin. Ich werde ihn mit Liebe und Fürsorge vollstopfen, bis er seine Herkunft vergessen hat.«

»Meinst du, das klappt?«

»Ich bin mir ganz sicher. Das Einzige, was ein Kind braucht, ist Liebe, Zeit und Zuwendung. Wie ein verdorrtes Pflänzchen. Irgendwann blüht es auf.«

»Ich wünsche es dir so, Sonja. Du hast es echt verdient.«

»Und du auch, Senta. Wie geht es dir eigentlich?«

»Danke, dass du fragst, Süße. Ehrlich gesagt hatte ich nach der Sache mit Chemnitz die Faxen dicke. Und Markus auch. Wir haben ja über nichts anderes mehr geredet als über die Adoption. Das wurde schon zur Manie.«

»Und? Schlaft ihr wieder miteinander?«

»Ja, aber nicht mehr so oft wie früher. Erst der ganze Befruchtungsstress und jetzt die verzweifelten Adoptionsversuche ... Da kann einem schon mal die Lust vergehen. Markus ist in letzter Zeit ziemlich oft – abweisend.«

»Aber du liebst ihn noch.«

»Klar liebe ich ihn noch! Ich habe ihn geheiratet, Sonja. Er ist der Mann fürs Leben.«

»Dann ist es ja gut.«

»Guck mal, jetzt LACHT er wieder! Diese Grübchen! Ich könnte ihn fressen! Aber was soll ich noch machen, Sonja? Wir haben uns jetzt drei Monate Ruhe verordnet. Markus sagt, wenn er noch einmal das Wort Adoption hört, zieht er ins Funkhaus.«

»Das bringt nichts, Süße. Man kann es nicht erzwingen.«

»Aber wenn DU es geschafft hast, wieso dann nicht ICH?«

»Wir haben schon im Jugendamt Köln ein gutes Wort für dich eingelegt. Aber vergiss die anderen Jugendämter nicht.

Bewerben, bewerben, bewerben. Nicht aufgeben. Und alle vier Wochen anrufen. Bis dir der Fussel am Munde hängt.«

»Schwanger sein ist leichter, oder?«

»Keine Ahnung, ich war es noch nie. Du?«

»Schnauze. – Aber süß ist er schon, dein Moritz.«

»Ich weiß. Und du hast auch bald so 'n kleinen Esel.«

»Danke für die aufmunternden Worte, Sonja. Ich glaub, jetzt pack ich's wieder.«

»Grüß Markus schön. Und geht noch mal ganz romantisch essen. Damit kann es echt schnell vorbei sein.«

»Wir wollen sogar eine Kreuzfahrt machen!«

»ECHT? Das ist ja der Wahnsinn! Wohin?«

»In die Karibik! Markus ist dort mit seinem Streichquartett engagiert und darf mich als Begleitperson mitnehmen!«

»Ach Senta, das ist doch jetzt genau das Richtige! Da kommt ihr euch wieder näher!«

»Hoffentlich …«

»Freust du dich denn nicht auf so eine tolle Reise?«

»Doch, natürlich, aber …«

»Aber was?«

»Ich will ein Baby, Sonja! Alles andere ist mir egal.«

11

SENTA
Oktober 1995

»Du kannst von Glück reden, dass so ein goldener Herbst ist!«

Markus saß wieder am Steuer, diesmal fuhren wir mit dem

eigenen Wagen. Die Luft war lau, die Nacht mild, und es dämmerte bereits am Horizont. Schon sah die ehemalige DDR deutlich netter aus.

Aus dem Autoradio erschallte Wagners Walkürenritt.

Hoya to hohoooo ho! Hoya tohooooo!

Das bombastische Gedudel ging mir zwar auf die Nerven, aber es hielt Markus bei Laune. Und das war jetzt das Wichtigste.

Um drei Uhr nachts waren wir losgefahren. Wir hatten einen Termin in Dresden! Beim Jugendamt! Bei der Adoptionsvermittlungsstelle! Bei einer Frau Stumpf! War das nicht ein wunderschöner Name? Er klang wie Musik in meinen Ohren! Leider wieder um neun, aber das war bei denen wohl Pflicht.

»Die Ossis sind doch nicht ganz dicht«, hatte Markus geschimpft. »Die wissen doch, dass wir aus Köln kommen!«

Zwei Stunden hatte er sich aufs Ohr gelegt und gepennt, wie das nur Männer können, dann hatte ich ihn gnadenlos aus dem Bett gerissen.

»Aber sie wird da sein«, versicherte ich meinem zürnenden Gatten. »Ich habe Frau Stumpf extra noch mal angerufen und sie an unseren Termin erinnert.«

»Diese Jugendamt-Tanten sind doch alle gleich«, brummte Markus genervt. »Die kannst du alle in einen Sack stecken, zuschnüren und draufhauen.«

»Markus! Das will ich nicht hören!« Die Jugendamt-Tanten waren NICHT alle gleich! Es gab bestimmt auch ganz nette, verständnisvolle, verantwortungsbewusste!

Diesmal kamen wir pünktlich an. Das Jugendamt war gut ausgeschildert, und wir hatten sogar noch Zeit, in einem Stehcafé zu frühstücken. Kinder spielten an einem Brunnen vor der Eisdiele, und ihre Mütter saßen auf dem Mäuerchen in der Sonne.

Wir schritten hoffnungsfroh über den beeindruckenden Stadtplatz zum Rathaus.

Frau Stumpf bat uns in eine Sitzecke, die mit modernen roten Ledersofas ausgestattet war. Sie trug eine witzige Kurzhaarfrisur und ein weißes Leinenkleid mit schwarzem Gürtel, das ihre sportliche Figur gut zur Geltung brachte. Ihre gepflegten Füße steckten in roten Riemchensandaletten. Ich warf Markus einen triumphierenden Blick zu: Jugendamt-Tanten waren NICHT alle gleich! Diese hier war ganz bezaubernd und entzückend.

Frau Stumpf spannte uns auch gar nicht lange mit Small Talk auf die Folter.

»Isch habe Sie aus dem färnen Göln härbestellt, weil isch Äldern suche, die rescht weit weg von Tresden wohnen«, begann sie das Gespräch. Sofort fing mein Herz an zu hüpfen. Jetzt! Jetzt war es endlich so weit! »Isch hab nämlisch hin und wieder Vermittlungen von Gindorn, bei denen es im Krunde bässor wäre, wennse möglischt unauffindbor von den leiblischn Äldern aufwachsn gönntn.«

Jep. Verstanden. Alles klar. Wo ist es? Ich bibberte vor innerer Anspannung. Diesmal hütete ich mich, auch nur ein überflüssiges Wort zu sagen. Auch Markus hatte sich vorgebeugt und knetete seine Hände. Ich sah seine Schläfenader pulsieren. Ja, mein Lieber! Jetzt wird es ernst!

»Ja, und?«, fragte ich. »Was bedeutet das jetzt?«

Die hübsche Frau Stumpf betrachtete uns lange. Sie war doch hoffentlich genauso begeistert von uns wie wir von ihr? Kindersitz, schoss es mir durch den Kopf. Den müssen wir hier in Dresden als Erstes kaufen. Hoffentlich kann Markus den montieren.

»Frau Schilling?«

»Äh ... Ja?« Ich straffte mich und sah ihr ins Gesicht. »Verzeihung, hatte ich nicht aufgepasst?«

»Wie gommse denn inzwischen mit Ihrer eigenen Ginderlosischkeit zuräscht?«

Ich schluckte. Das stand doch schon lange nicht mehr zur Debatte! Das ging sie doch auch gar nichts an! Das war doch Schnee von gestern!

»Gut«, antwortete ich einsilbig. Meine Begeisterung für Frau Stumpf war wie weggeblasen.

»Das freut misch für Sie.« Die Frau stand auf. »Dann bedange isch misch für Ihren Besuch und wünsche Ihnen eine angenehme Rückfahrt.«

»Ja, wie …« Ich wirbelte herum und versuchte die Tränen wegzublinzeln. »War das jetzt alles?«

Auch Markus stieß ein fassungsloses Schnauben aus. Wütend pfefferte er seine leere Plastikflasche, die er vorher aus einem Automaten gezogen hatte, in einen Papierkorb.

»Ach, eine Frage noch …« Frau Stumpf hielt inne und tat so, als wäre ihr gerade noch etwas Wichtiges eingefallen.

»Haben Sie eigentlisch in nächster Zeit vor, in Urlaub zu fahren?«

»Nein!«, bellte ich, während Markus laut und vernehmlich »Ja« rief.

»Nu?« Frau Stumpf schaute fragend von einem zum anderen.

»Ich bin über Weihnachten mit meinem Streichquartett für eine Kreuzfahrt engagiert und nehme Senta mit«, stellte Markus klar.

Ich zog den Kopf zwischen die Schultern und schaute auf den frisch gekachelten Fußboden. »Oder sollten wir nicht?«

Frau Stumpf lächelte entspannt. »Selbstverständlisch«, sagte sie aufmunternd. »Genießen Sie ihn noch mal so richtig. Und melden Sie sisch, sobald Sie wiedor da sind.«

Augenblicklich kam die Hoffnung auf ein Baby wieder aus ihrem Loch, in das sie sich gerade verzogen hatte.

Aufgedreht verließen wir das Jugendamt und hoppelten wieder über den Platz mit dem Brunnen, an dem die Kinder spielten.

»Sie hat eines für uns im Auge«, beschwor ich Markus, als wir wieder im Auto saßen. »Es gibt schon eines. Vielleicht wird es ja gerade geboren!« Ich fühlte mich regelrecht schwanger.

»Wir fahren jedenfalls in Urlaub«, sagte Markus bestimmt. »Ich hab jetzt echt die Faxen dicke.«

Acht Wochen später stand ich in unserem Schlafzimmer und fragte: »Nimmst du deine Geige mit ins Handgepäck?«

»Welche Frage! Natürlich!« Kopfschüttelnd sah mir Markus beim Kofferpacken zu. »Das Telefon klingelt. Willst du nicht drangehen?«

»Welche Frage! Natürlich!« Nun war ich dran mit Kopfschütteln.

Frau Stumpf war dran. Sofort war meine Kehle so ausgetrocknet, als käme ich nicht vom Kofferpacken im Schlafzimmer, sondern von einem Marsch durch die Wüste Gobi.

»Gut, dass ich Sie noch erwische«, sagte Frau Stumpf aufgeräumt. »Wann wollen Sie denn fahren?«

»Ähm ...« Gar nicht!, hätte ich am liebsten geantwortet, aber angesichts von Markus, der sich abwartend im Türrahmen aufgebaut hatte, sagte ich wahrheitsgemäß: »Morgen. Also natürlich nur, wenn Sie keine Neuigkeiten für uns haben?« Ich biss mir in die Faust.

»Morgen!«, beharrte Markus lautstark.

Am anderen Ende der Leitung entstand eine Pause. Eine ratlose Pause? Eine traurige Pause? Eine empörte Pause?« Strich sie jetzt unsere Namen stinksauer mit dem Kuli durch?

»Frau Stumpf?«, rief ich bange. »Sind Sie noch dran?«

Ich hörte Frau Stumpf tief Luft holen.

»Es geht um ein kleines Mädschn«, sagte sie ernst. »Elf Monade alt. Sie ist seit sechs Wochen im Heim. Ihre Muddi hat morgen früh um zehn Uhr einen Termin beim Notar hier in Tresden, um in die Adoption einzuwillischn.«

Mit zitternden Fingern versuchte ich das Telefon auf laut zu stellen, hatte aber panische Angst, aus Versehen auf Auflegen zu drücken. Also hielt ich Markus den Hörer ans Ohr.

»Sollte die Muddi den Termin wahrnehmen, gönnse noch morschn nach Tresden gomm, um das kleine Mädschn abzuholen.«

Ich schloss die Augen. Ein Töchterchen. Ein elf Monate altes kleines Mädchen. Ich würde endlich Mutter sein. Mein Glück war nur noch eine Unterschrift entfernt.

»Und wenn nicht?«, stammelte ich. Ich sah, wie das Blut in Markus' Schläfen pochte. Auch sein Leben würde sich jetzt schlagartig ändern.

»Wenn sie nicht beim Notartermin erscheint, gönnse erst mal beruhischt in Urlaub fahren. Wie lange bleiben Sie denn?«

»Drei Wochen?« Die Kreuzfahrt erschien mir auf einmal so banal, so lächerlich! Was war denn eine Bootstour in die Karibik gegen den Traum, MEIN KIND abholen zu dürfen?

Markus seufzte laut. »Das müsste ich jetzt aber schon genau wissen«, brummte er unwillig. »Wenn wir die Reise nicht machen, muss ich einen Ersatz stellen! Und zwar pronto!«

Ich machte ihm mit einer unmissverständlichen Handbewegung klar, dass er die Klappe halten sollte.

»Wann – ähm – erfahren wir denn, ob die ... die Dame den Notartermin wahrgenommen hat oder nicht?«

»Wann geht denn Ihr Flug?«

»Morgen Abend ab Frankfurt.«

»Nu! Dann gönn Sie ja mal morgen früh gegen kurz nach

zehn am Telefon warten. Isch mälde misch, sobald der Notar mir Bescheid gesagt hat.«

»Können Sie ... Können Sie denn jetzt schon etwas über das Mädchen sagen?« Ich versuchte, sie so lange wie möglich am Telefon zu halten. Während sie mir die Informationen gab, schrieb ich eilig mit einem Bleistiftstummel mit – auf die Rückseite des Reisekatalogs, weil ich gerade nichts anderes zur Hand hatte.

»Die Muddor ist gerade neunzn, der Vador einunzwanzsch. Er macht eine Gochlähre und is dafür in 'n Westen gezochen. Die junge Muddi muss orbeidn und gann sisch nischt um das Gind gümmorn. Eischentlisch sollde se moggn beim Notar einwillischn, denn das is in ihrem eigenen Indoresse. Andererseits macht sie ...« Frau Stumpf räusperte sich und suchte nach den richtigen Worten. »Also, sie macht mir gein besonders zuverlässischn Eindruck.«

Meine Gefühle fuhren Achterbahn. Ich wollte am liebsten sofort losfahren und das kleine Mädchen aus dem Heim holen. Ich wollte Windeln kaufen, ein Babybettchen und die kleine Spieluhr, von der ich träumte. Und Sonja anrufen, in meiner überbordenden Freude! Und wenn Markus lieber auf seine Kreuzfahrt gehen wollte, dann bitte schön! Ich kam auch ohne ihn klar. Sonja würde bestimmt mit mir nach Dresden fahren.

Aber die wollten uns als Paar sehen. Als Vaddi und Muddi.

»Frau Schilling, machen Sie sich geine Sorschn«, unterbrach Frau Stumpf meine Gedankenflut. »Entweder ich rufe Sie morgen früh an, um Ihnen zu sagen, dass Sie das kleine Mädchen abholen gönn, oder um Ihnen einen schönen Urlaub zu wünschen.«

Das Letzte kannst du knicken!, dachte ich. Ich fahre doch nicht in Urlaub, wenn mein kleines Töchterchen in einem Dresdner Kinderheim auf seine Mama wartet.

Doch Markus war absolut nicht in der Stimmung, sein Engagement abzutreten.

»Wenn wir das Kind so oder so kriegen, können wir auch vorher noch in Urlaub fahren«, argumentierte er. Er lehnte am Fenster und hatte die Hände in den Hosentaschen vergraben. »Wir haben ihn beide bitter nötig, Senta.«

»Markus, ich FASS es nicht ...« Befremdet starrte ich ihn an. »Du willst das Kind doch auch, oder etwa nicht? Oder habe ich mich die ganze Zeit in dir geirrt?«

»Natürlich will ich das Kind! Komm mal her!« Markus zog mich an seine Brust, und ich ließ mich widerwillig in die Arme nehmen. »Aber du darfst nicht immer gleich so hysterisch werden, Senta! Et kütt, wie et kütt, das Kölner Glaubensbekenntnis hat uns noch immer weitergeholfen! Sonst wären wir lange durchgedreht!«

»Und wenn sie morgen unterschreibt?«

Markus ließ meine Fäuste sinken, mit denen ich am liebsten gegen seine Brust getrommelt hätte. »Dann fahren wir natürlich nach Dresden«, sagte er versöhnlich.

»Echt?«

»Ja, klar! Meinst du, ich lasse unser Kind eine Minute länger im Heim als nötig?«

In diesem Moment liebte ich ihn wie nie zuvor.

Klingle. Klingle, los!

Um Punkt zehn raste mein Herz so sehr, dass ich fürchtete, es würde mir aus dem Mund springen. Ich starrte auf das stumme Telefon und hypnotisierte es.

Okay, ruhig bleiben, ermahnte ich mich selbst. Tief durchatmen. Et kütt, wie et kütt. Wir kriegen das kleine Mädchen so oder so. Hat Frau Stumpf angedeutet. Es ist nur noch die Frage, wo wir Weihnachten verbringen werden: zu

Hause als Familie – oder auf dem Kreuzfahrtschiff in der Karibik.

Zu Hause als Familie!, schrie mein Herz so laut, dass mir die Ohren dröhnten. Seit Jahren träumten wir von nichts anderem!

Jetzt ist die junge Mutter beim Notar, redete ich beschwörend auf mich ein. Jetzt geht sie die Stufen hinauf ... Ich gönnte ihr dafür zwei Minuten. Jetzt steht sie in der Anmeldung, betritt das Notarzimmer. Händeschütteln, Platznehmen. Noch mal dreißig Sekunden. Jetzt breitet der gute Mann vor ihr die Unterlagen aus. Sie muss die alle nicht mehr durchlesen. Sie weiß ja, was da drinsteht. Sie hat sich ja dafür entschieden. Er belehrt sie jetzt. Das ist seine Pflicht. Sie nickt. Alles klar. Sie weiß, was sie tut. So. Jetzt kramt sie nach einem Kugelschreiber. Nein, er reicht ihr einen. Kann sie lesen und schreiben? Ja, bestimmt. Ihren Namen wird sie wohl hinkriegen.

So. Zehn nach zehn. Jetzt kommt aber mal zu Potte da in Dresden! Mama hat auch nicht den ganzen Tag Zeit.

Ich hüpfte auf der Stelle wie ein Gummiball und hätte mir fast die Lippe blutig gebissen.

Markus war zur Probe ins Funkhaus gefahren, war aber auf dem Handy erreichbar. Wenn ich ihn ansimste, würde er sofort kommen. Wir hatten noch gestern wunderschön miteinander geschlafen und hinterher kichernd festgestellt, dass es sicherlich das letzte Mal ungestörter Sex gewesen war.

Es sei denn, wir gingen noch auf das Kreuzfahrtschiff. Meine Lust dazu war bei null.

Ich wollte nichts als dieses kleine Mädchen.

Ich kontrollierte, ob der Telefonstecker richtig drin war.

Es war halb elf.

Um nicht durchzudrehen, schaltete ich den Fernseher ein. Eine Tiersendung. Giraffen wanderten langhalsig durch die

Savanne und knabberten an Baumkronen. Dann nahmen sie einen kräftigen Schluck Wasser in einer Oase.

Ob ich es wagen konnte, mir auch einen Schluck Wasser aus der Küche zu holen? Lieber nicht.

Ein Nashorn trampelte über die Mattscheibe. Ein Affe hangelte sich von Ast zu Ast. Ein Löwe gähnte in die Kamera. Ich wurde noch wahnsinnig!

In diesem Moment klingelte das Telefon. Ich riss den Hörer an mich wie eine Ertrinkende.

Es war Frau Stumpf. Ihre Stimme klang sehr sachlich, fast kühl. Und sie sprach Hochdeutsch.

»Die Mutter des Kindes hat den Notartermin nicht wahrgenommen.«

Ich sank auf die Sofakante und spürte erst einmal gar nichts.

»Frau Schilling, das ist jetzt aber nicht das Ende der Welt. Wir setzen die Mutter jetzt schriftlich davon in Kenntnis, dass sie noch genau drei Wochen Zeit hat, ihre Einwilligung zu geben. Andernfalls macht das der Familienrichter. Die Adoption ist beschlossene Sache.«

Ich schwieg. Mein Herz zappelte hilflos. Wenn es doch beschlossen war, warum durften wir unser kleines Mädchen dann nicht holen?

»Jetzt fahren Sie erst mal ganz entspannt in Urlaub«, sagte Frau Stumpf. »Wann kommen Sie genau wieder?«

»In drei Wochen.« Ich schluckte trocken. Drei endlos lange Wochen!

»Wie schön. Dann hören Sie von mir.«

Das Schiff war ein Traum in Weiß-Blau. Die Kreuzfahrtdirektorin, eine exotische, mandeläugige Schönheit mit blauschwarz glänzenden Haaren über der weißen Uniform, begrüßte die vier Musiker und deren Ehefrauen persönlich.

Sie hatte auf dem kleinen Dienstweg dafür gesorgt, dass wir alle eine besonders schöne Suite bekamen, mit eigener Terrasse. Nach dem langen Flug und der schlaflosen Nacht davor sank ich überwältigt ins riesige Kingsize-Bett und verschlief die ersten beiden Seetage. Das Meer war spiegelglatt, und der Ozeanriese glitt durch sternklare Nächte und sonnige Tage. Ich fühlte mich so sanft geschaukelt wie im Mutterleib. Markus hatte recht gehabt: Dieser Urlaub war noch einmal ganz wichtig für uns, um Energie zu tanken. Nie wieder würde ich in den nächsten zwanzig Jahren so entspannt nur an mich denken können.

Als ich nach zwei Tagen wieder am gesellschaftlichen Leben teilnahm, hatten sich die anderen Musikerpärchen schon angefreundet. Ich gesellte mich zu der lustigen Clique auf das Sonnendeck. Drinks wurden gereicht, das Büfett war bunt und reichlich, wir genossen den Pool und ließen es uns so richtig gut gehen. Während unsere vier Männer probten, lagen wir Mädels entspannt in unseren Liegestühlen und erzählten uns was.

»Wurde aber auch Zeit, dass du dich mal wieder um deinen Markus kümmerst«, neckte mich Claudia, die Frau des Cellisten.

»Wieso? Hab ich was verpasst?«

»Ach, halt doch die Klappe, Claudi!«

»Nichts, ich sag ja nur!«

»Er hat sich in letzter Zeit viel mit Tina unterhalten, das ist alles.«

»Wer ist Tina?«

»Die Kreuzfahrtdirektorin.«

»Ach, seid ihr schon per du mit der?« Am Anfang hatten wir uns noch alle förmlich gesiezt.

»Ja, das hat sich so ergeben. Nach dem Konzert haben wir alle noch in der Sky-Bar gefeiert, und die beiden waren eben beide solo an dem Abend.«

»Abend ist gut! Die haben abgetanzt bis vier Uhr früh.«
»Klappe, Claudi! Was soll denn das!«
»Ist ja schon gut!«

Bei mir schrillten sämtliche Alarmglocken. Markus war werdender Vater. Der würde doch jetzt nicht eine bildschöne Exotin angraben? Nach allem, was wir zusammen durchgemacht hatten?

Andererseits stand mein Markus nicht auf Asiatinnen. Sondern auf eine blonde Mutter in spe. Das hatte er mir immer wieder gesagt. Also, keine Gefahr. Blödsinn, Markus doch nicht! Diese Claudia war ja nur neidisch, weil ihr Cello spielender Wolfgang einen Bauch hatte und fast eine Glatze. Wahrscheinlich hätte sie selbst gern ein bisschen mit Markus geflirtet. Aber Markus gehörte MIR! Und wir hatten eine wunderbare Zeit. Der ganze Stress um das Kinderkriegen war von uns abgefallen. Wir genossen die Reise wie das Pärchen aus dem Werbeprospekt, das Champagner trinkend an der Reling lehnt und sich gegenseitig auf den Sonnenuntergang aufmerksam macht. Herr und Frau Mustermann eben.

Unser Schiff lief jeden Tag eine andere karibische Insel an, und wir erkundeten Land und Leute, mieteten uns Jeeps oder wurden im Gruppentaxi über die Insel geschaukelt. Das Meer war badewannenwarm und türkisblau, und ich ließ mich hineingleiten und sanft davontragen. Zum Sonnenuntergang lief Reggae-Musik, und die dunkelhäutigen Männer mit den Rastalocken machten uns blonden Mädels aus Köln schöne Augen. Übermütig flirtete ich zurück. Da war doch nichts dabei!

Als Markus am letzten Abend nach dem Abschlusskonzert noch mit der Asiatin an der Bar stand, während ich ins Bett gehen wollte, war ich ein bisschen verärgert. He, das war unser letzter Abend! Ab morgen würde der Alltagsstress wieder losgehen, und wer weiß, wann wir unsere kleine Maus abholen würden! Konnte er den Abend nicht allein mit mir auf unserem Balkon verbringen, mit Blick auf den überwältigenden Sternenhimmel? Ich hatte extra eine Flasche Champagner kalt gestellt.

Doch Markus kam erst um vier Uhr früh ins Bett. Auf dem Rückflug war er verkatert und einsilbig. Ich wollte ihm keine Szene machen und fragte nur kurz, ob das unbedingt nötig gewesen sei.

»Die Frau schreibt Bewertungen über uns Künstler und leitet die an die Reederei weiter«, gab Markus gähnend zurück. »Außerdem waren die anderen auch noch alle da. Ich kann doch meine Mannschaft nicht im Stich lassen!«

»Du hast recht«, räumte ich großzügig ein. »Seine Mannschaft lässt man nicht im Stich.«

Todmüde schlossen wir nach dem zwölfstündigen Nachtflug die Haustür auf. Der Temperaturunterschied von über dreißig Grad saß uns in den Knochen. Es war Januar, der Vorgarten tief verschneit und die Post im Hausflur hartgefroren. Es war bitterkalt und morgens um sechs natürlich noch stockdunkel. Weil wir keine dicken Mäntel dabeihatten, froren wir seit dem Zwischenstopp in Frankfurt wie die Schneider. Jetzt wollten wir nichts als ein warmes Bad und dann erst mal schlafen.

Doch keine zwei Stunden später klingelte das Telefon. Ich musste in eine Art Koma gefallen sein, denn ich brauchte ein paar Sekunden, um mich zu erinnern, wer und wo ich war. Ah, wir waren ja wieder zu Hause! Zitternd wankte ich wie betäubt ins Wohnzimmer. Markus bekam nicht das Geringste davon mit. Er hatte sich im Flugzeug ein Fläschchen Whiskey genehmigt und schlief nun seinen Rausch aus.

»Guten Moggn, Jugendamt Tresden. Hier ist die Frau Stumpf.«

Sofort war ich hellwach.

»Haben Sie heute schon was vor?«

»Ähm ...« Ich kratzte mich am Kopf. »Heute? Der Wievielte ist heute?«

»Der zwölfte Januar 1996.«

»Oh! Ja, klar! Wir haben natürlich nichts vor!«

Außer schlafen, Koffer auspacken, Wäsche waschen, Post bearbeiten und irgendwie wieder zu ansprechbaren Menschen werden.

»Nu, dann sätzn Sie sisch mal ins Audo und gomm Ihre Tochter abholen!«

Frau Stumpf schien ihren Überraschungsanruf zu genießen. Ich hörte sie am anderen Ende fröhlich glucksen.

Ich stieß einen schrillen Schrei aus und brach in Tränen aus. Heute? HEUTE sollte ich endlich Mutter werden? Eine Woge der Glückseligkeit durchflutete mich. Gleichzeitig hatte ich richtige Unterleibskrämpfe, so als hätten die Wehen eingesetzt.

»Was ist denn los?« Markus kam mit nacktem Oberkörper angewankt und kratzte sich in seiner Unterhose.

»Du bist VATER GEWORDEN!«, rief ich unter Tränen aus.

»Wie? Ausgerechnet heute? Nee, ne?« Er strahlte übers ganze Gesicht.

Frau Stumpf verabschiedete sich rücksichtsvoll aus der Leitung. Sie würde so lange auf uns warten, bis wir eingetrudelt wären. »Bitte fahrnse vorsichtisch«, sächselte sie ins Telefon. »Die Straßen sind klatt!«

Alle Müdigkeit war wie weggeblasen. Ich wurde hektisch. In weniger als acht Stunden würden wir unsere Tochter kennenlernen und nach Hause holen!

Händeringend drehte ich mich um die eigene Achse. »O Gott, jetzt brauchen wir ein Bettchen! Windeln, Wickelkommode,

Fläschchen, Breichen, Schnuller, Popocreme und das alles! Wenn wir mit ihr wiederkommen, muss doch alles fertig sein!«

Da Markus mit dem Kratzen seines Haupt- und Sackhaares beschäftigt war, rief ich Sonja an.

Diese jubelte und kreischte genauso laut wie ich und versprach, im Laufe des Vormittags mit Moritz zu kommen und alles so weit vorzubereiten. Wir sollten uns schleunigst auf den Weg nach Dresden machen.

»Damit Frau Stumpf rechtzeitig Feierabend machen kann«, ulkte sie gut gelaunt.

»Ich leg dir den Haustürschlüssel unter die Matte!«, schrie ich überglücklich. Noch immer waren meine Freudentränen nicht versiegt.

Wie mein scheintoter und mit Sicherheit nicht ganz nüchterner Markus die Fahrt überleben sollte, war mir egal. Ich war hellwach und übernahm erst mal das Steuer.

Während der gesamten Fahrt quasselte ich ununterbrochen: »Sonja soll auch noch Lebensmittel einkaufen, ein Fläschchenwärmer wäre auch ideal und vielleicht ein Laufstall? Die kleine Maus haut mir ja sonst ab! Da fällt mir ein, wir brauchen Steckdosensicherungen, die hat sie für Moritz bei sich zu Hause auch, und die Stufen zum Keller müssen wir unbedingt mit einem Gitter absichern! Wie ich Paul kenne, kommt der nach der Firma bestimmt noch vorbei und macht die Wohnung kindersicher. Wie sollen wir sie eigentlich nennen, unsere kleine Maus?«

Ich sah Markus kurz von der Seite an. Er machte einen entspannten Eindruck und hatte den Kopf zur Seite geneigt. »Wenn sie dunkelhaarig ist, könnte sie Felicitas heißen. Felicitas, das Glück. UNSER Glück! Was meinst du?«

Markus antwortete mit einem leisen Schnarchen.

»Und wenn sie blond ist, dann soll sie Susanna heißen. Wie aus ›Die Hochzeit des Figaro‹.«

Grunz.

»Hoffentlich sächselt sie noch nicht, aber nein, sie ist ja erst ein Jahr alt! Aber vielleicht kann sie schon laufen? Oder zumindest stehen? Mit Sicherheit kann sie schon krabbeln! O Gott, wir müssen deine kostbaren Geigen wegschließen! Oh, ich freue mich schon so! Wie sich Moritz und seine kleine Cousine wohl verstehen werden?«

Ich sah auf den schlafenden Markus. Ob er von der Asiatin träumte? Wehe! Fast wäre ich mit Absicht durch ein fieses Schlagloch gefahren, damit er sich ordentlich die Matschbirne anhaute.

»Das ist Chantal Dillschneider, Ihre Tochter.« Frau Stumpf war noch nicht zu Tisch und reichte uns ohne langes Begrüßungszeremoniell ein Foto. »Ihre Mutter heißt Annette, ist gerade neunzn gewoddn und gommt aus schwierigen Verhältnissen. Ihr Vater heißt Pascal Schmalfuß und ist einundzwanzsch Jahre alt. Frau Dillschneider hat selbst eine Heimkarriere hindor sisch. Wir vormudn, dass sie im Milieu orbeidet, aber wir wissen es nicht genau.«

Was für ein Milieu?, dachte ich. Aber das war jetzt alles unwichtig.

Markus und ich starrten auf das Foto, auf dem eine süße Knutschkugel in einem blau-weißen Matrosenanzug auf einem pinkfarbenen Plastikstühlchen saß, mit einem Matrosenmützchen auf den dunklen feinen Härchen. Sie strahlte mit großen braunen Augen direkt in die Kamera. Mit dem einen Händchen krallte sie sich an der Plastikstuhllehne fest, mit dem anderen schien sie uns zuzuwinken.

Sofort war ich schockverliebt.

»Ist die süß!« Verzückt kniff ich Markus ins Bein. Jetzt war klar: Ihr Name würde Felicitas sein.

Während Frau Stumpf weiter wie ein Wasserfall von Chantal/Felicitas und ihrer Herkunft erzählte, riss ich geistesgegenwärtig ein paar Zettel von ihrem Block und schrieb alles mit. Markus hingegen bat um ein Glas Wasser und fragte, wo der Kaffeeautomat sei.

»Jetläg«, freute sich Frau Stumpf diebisch. »Nu!« Sie kicherte verständnisvoll.

»Ja, und ... Gibt es auch ein Foto von dieser – Annette Dillschneider und ihrem – ähm – Pascal Schmalfuß?«

O ja, das gab es. Frau Stumpf blätterte in ihrem Aktenordner und hielt uns einen zerknitterten Schnappschuss hin. Auf einer schäbigen braunen Cordcouch saßen zwei Teenager und schauten ausdruckslos in die Kamera: Annette hatte graublaue Augen, blond gefärbte Haare mit rausgewachsenen Strähnen und ein mädchenhaft rundes Gesicht. Sie trug ein schrill gemustertes Männerhemd. Sie rauchte. Am Handgelenk hatte sie eine Tätowierung und in der Nase und in der linken Augenbraue ein Piercing. Ihre Fingernägel waren abgekaut, wie ich bei näherer Betrachtung feststellte. Pascal Schmalfuß hatte kurze dunkle Haare, ein Goldkettchen um den Hals und einen Blick, dem man anmerkte, dass der junge Kerl schon so einiges gesehen hatte. Für seine einundzwanzig Jahre sah er ziemlich verlebt aus. Er hielt die Zigarette in der Linken und eine Bierdose in der Rechten. Alles in allem: ein hübsches Familienfoto. Das reinste Idyll.

»Dann können wir jetzt?« Mich hielt nichts mehr auf meinem Stuhl.

»Natürlich. Man erwartet uns bereits.«

Wir luden die redselige Frau Stumpf, die nun alles über unsere Kreuzfahrt wissen wollte, in unser Auto und ließen uns zum Kinderheim dirigieren. Inzwischen fuhr Markus, der es sich nicht nehmen ließ, vor Frau Stumpf den ausgeschlafenen Chauffeur zu mimen. Nach zwanzig Minuten hielten wir vor einer baufälligen Baracke. Mir sank das Herz in die Hose. Hier hatte unsere kleine Felicitas ausgeharrt, während wir auf Kreuzfahrt waren? Ich wollte gar nicht darüber nachdenken. Wir umrundeten Pfützen und Unrat. Drinnen sah es auch nicht besser aus: abgetretene Böden, klapprige, zusammengewürfelte Möbel und kaltes, blaues Neonlicht.

Hier konnten sich doch keine Kinderseelen entfalten! Die Heimleiterin, eine Frau mit rausgewachsener Dauerwelle, kam uns entgegen und begrüßte uns freundlich.

»Die kleine Chantal ist gerade mit der Cindy draußen, sie werden jeden Moment zurückerwartet«, schrie sie uns laut, aber herzlich an. Wahrscheinlich hatte sie das Sprechen in normaler Lautstärke verlernt, weil sie immer gegen diesen Krach hier anschreien musste. Neugierig umtobten uns Kinder aller Altersgruppen und versuchten uns zu berühren. Den vierzehn-, fünfzehnjährigen Heimkindern sah ich die innere Wut an, als sie angeberisch das Treppengeländer hinunterrutschten und uns neugierig musterten. Die kleineren Kinder sprachen uns alle mit Muddi und Vadi an. Mir brach das Herz. Am liebsten hätte ich jedes Kind mitgenommen.

Ich zerfloss vor Mitleid, als ein kleiner Knuffel im Laufstall herzzerreißend weinte und kein Mensch auf ihn reagierte.

»Da ist sie! Kommen Sie bitte mit!« Die Heimleiterin pflückte sämtliche Kinder von uns ab, die uns den Weg versperrten, und eilte auf eine junge Frau zu, die sich gerade mit einer sperrigen Karre Eintritt zu verschaffen suchte.

In der Karre lag sie und schlief wie ein Engel: unsere kleine Felicitas!

»Hallo, Chantal«, schrie die Heimleiterin das schlafende

Kleinkind an. »Willste nu der Mama und dem Papa wingn und hallo sogn?« Und dann uns: »Sie wird in drei Daachn ein Johr alt! Deswegen wollten wa ooch, dass Sie sie heude noch holn, dann gönnse noch zu Hause Geburtsdaach feiern!«

Ich ging vor der Karre in die Knie und brach unkontrolliert in Tränen aus. Ich war einfach überwältigt! Dieses unschuldig schlafende Wesen war meine Tochter! Und sie wartete seit einem Jahr auf mich, genau wie ich auf sie!

Auch Markus liefen Tränen über die unrasierten Wangen.

Unser Töchterchen erwachte und schaute uns an. Wir lachten, und sie lachte sofort zurück. Das Eis war gebrochen! Markus und ich hielten je ein warmes, weiches Händchen.

»Darf ich?«

»Abor sischor! Es ist Ihre Tochter!«

Ich nahm das kleine Bündel aus dem Wagen und drückte es an mich. Sie roch so wunderbar warm, irgendwie vertraut. Als hätte ich sie schon immer bei mir gehabt. Sie war mir nicht eine Sekunde fremd!

»Gommen Sie! Hier hamse bisschen Ruhe! Nu! Gönnse sisch beschnubborn!« Die Heimleiterin dirigierte uns in eine Art Spielzimmer und ließ uns allein.

Wir zogen Felicitas vorsichtig das Jäckchen und Mützchen aus und bestaunten sie andächtig wie ein kostbares Bild. Ihre kleine Stupsnase, ihren süßen Mund mit den vollen Lippen und das drollige Kinn mit dem kleinen Grübchen. Ihre Patschhändchen, die vertrauensvoll nach uns griffen.

»Wollen wir spielen, kleine Felicitas?«

»Was machen wir mit ihr?«, fragte Markus hilflos. »Worauf steht so 'n Wurm?«

»Keine Ahnung ... Hoppe, hoppe, Reiter?«

Das gefiel Felicitas. Sie lachte und jauchzte, griff uns in die Haare und klammerte sich an Markus' Hemdbrust fest, kullerte uns immer wieder glucksend vor Wonne in den Schoß. Dann bauten wir andächtig Holzklotztürme für sie, die sie mit einem tollpatschigen Stoß wieder zerstörte. Markus warf sich jedes Mal in gespieltem Entsetzen auf die Erde und hielt sich die Augen zu, woraufhin unsere Felicitas jubelte. Wir mussten lachen, und sie tat es uns nach. Bis ihr Lachen in ein überdrehtes Weinen überzugehen drohte.

So viel Aufmerksamkeit hatte sie noch nie erhalten.

»Überfordern wir sie nicht.«

Die Heimleiterin erschien mit einem Tablett, das sie auf ein niedriges Tischchen knallte.

»Abendessenszeit«, schrie sie fröhlich. »Bevor Se foarn, sollde die gleene Chantal noch mal rischtisch reinhaun. Dann schaffense die Fahrt vielleischt ohne Pause! Nu!«

Erstaunt registrierte ich, womit meine Felicitas hier gefüttert wurde: Es gab lauwarme Linsensuppe aus dem Plastiknapf mit Plastiklöffel, Schokopudding und Orangensaft im Plastikbecher.

»Kein Milchfläschchen?«

»Nä, das hamwa ihr beizeiten abgewöhnt«, schrie die Heimleiterin stolz. »Das dauert zu lange, bis so 'n Würmschn die läärgezuzelt hat! Nich wohr, Chantal?«

Chantal antwortete nicht, sondern sperrte nur hungrig ihr Schnäbelchen auf, was mich unglaublich rührte. Zu Hause würde ich sie stundenlang mit dem Milchfläschchen im Arm halten, denn so ein Kind brauchte doch Geborgenheit und Körperkontakt!

Währenddessen holte Markus das Köfferchen mit dem Outfit, das wir unterwegs noch an der Autobahnausfahrt bei einem Toys»R«Us gekauft hatten: Unterwäsche, Pulli, Minijeans, einen roten Anorak mit kuschelig gefütterter Kapuze und Schühchen. Dazu einen Schnuller an der Kette – dazu war uns dringend geraten worden, da Kinder das tröstende Gummiteil gern in die Gegend spuckten und es dann unauffindbar war. Und natürlich den TÜV-geprüften Kindersitz.

Als ich sie wickelte, stellte ich voller Entsetzen fest, dass ihr kleiner Po wund war.

Natürlich, bei so viel Orangensaft! Zu Hause würde meine kleine Felicitas frisch gekochte Kartoffeln, Möhren und Tee bekommen.

»Wennse wolln, gönnse jetzt gern nach Hause fahren. Sonst krieg isch meine Rasselbande hier nisch mehr gebändischt.«

Das ließen wir uns nicht zweimal sagen.

Die Plastiktüte mit Felicitas' Heimkleidung, die uns noch pflichtgemäß übergeben worden war, ließen wir unauffällig in der Abfalltonne im Hof verschwinden.

Gegen neunzehn Uhr verließen wir Dresden als frischgebackene Eltern. Felicitas hockte zufrieden nuckelnd auf ihrem Kindersitz und war schon eingeschlafen, bevor wir die Autobahn erreicht hatten.

Gegen zwei Uhr nachts trafen wir völlig gerädert, aber unfassbar glücklich im rechtsrheinischen Kippekausen ein. Wir hatten uns stündlich mit dem Fahren abgewechselt, weil wir beide kaum noch geradeaus schauen konnten vor Müdigkeit. Sonja und Paul schliefen mit ihrem Moritz bei uns im Haus. Als sie uns hörten, kamen sie sofort angerannt. »Und? Habt ihr sie dabei?«

Bei dampfender Kälte standen sie barfuß in der Haustür und spähten in den verschneiten Vorgarten. Ich fiel meiner Schwester Sonja glücklich in die Arme.

»Ihr Süßen! Danke, dass ihr da seid!«

»So einen Glücksmoment will man doch teilen!«

Andächtig trug Markus sein schlafendes Töchterchen ins Haus.

»Ist die süüüß!«, zwitscherte Sonja, und auch Paul musterte seine neue Nichte mit feuchten Augen. »Die sieht ja aus wie ein Monchichi!«

»Und jetzt?«, fragte ich ratlos. Ich wollte nur noch pennen, aber das ging jetzt kaum.

Sonja zog mich strahlend ins neue Kinderzimmer: Bettchen mitsamt Mobile und Spieluhr, Wickeltisch, Kommode, Windeln, Feuchttücher, Milchpulver, Flasche, Brei, alles war da, Ikea sei Dank! Ich fiel ihr um den Hals und drückte sie ganz fest. Auch Schwager Paul bekam eine hormonschwangere Umarmung.

»Danke, ihr Wundervollen!«

»Keine Ursache.« Paul lächelte bescheiden.

Felicitas rieb sich die Augen und sah sich verwundert um.

»Da!«, sagte sie überrascht.

»Tja. Jetzt bist du da. Willkommen zu Hause.«

Das warme Licht, die kuscheligen Teppiche, all das musste auf das Heimkind wirken wie ein ferner Traum.

Sonja half mir mit geübten Griffen, unsere kleine Maus zu füttern und zu wickeln.

»Bei dir geht das ja schon ruckizucki«, sagte ich bewundernd.

»Das lernst du ganz schnell.« Sonja machte kein langes Gewese. »Lass sie gleich weiterschlafen.«

»Das geht ja einfach«, murmelte ich, vor Müdigkeit halluzinierend.

»Vielleicht ist sie ja pflegeleicht«, lächelte Sonja.

Im Gegensatz zu ihrem Moritz, dachte ich insgeheim. Der war nämlich alles andere als pflegeleicht. Der schlief nicht eine Nacht durch und hatte Sonja schon reichlich Nerven gekostet. Aber sie ließ sich das nicht anmerken.

Während sich die Männer in der Küche ein Bier aufmachten

und Markus die Aufregungen des Tages schilderte, kroch ich ins warme Bett und schlief sofort ein.

Gefühlte fünf Minuten später spürte ich, wie jemand meinen Arm streichelte.

»Mami! Aufstehen! Dein Kind weint!« Es war Sonja, die mich sanft rüttelte.

Ich war komplett im Koma und hatte jedes Zeitgefühl verloren.

Ein Blick auf den Radiowecker sagte mir, dass es Viertel nach sieben war. Für eine Millisekunde musste ich mich sammeln.

»Welches Kind?«

Doch dann sprang ich wie von der Tarantel gestochen auf und rannte ins Kinderzimmer, aus dem herzzerreißendes Weinen kam.

Felicitas stand in ihrem Schlafsack im Gitterbettchen und schrie. Es klang verlassen und verzweifelt.

Schlaftrunken nahm ich sie hoch. Ach Gott, der ganze Schlafsack war nass! Wir hatten sie doch korrekt gewickelt, oder nicht? Ich zog sie komplett aus, wusch sie liebevoll, rubbelte sie trocken und wechselte ihre Kleidung und Bettwäsche. Mein Rücken wollte schier durchbrechen, und in meinem Kopf rauschte es. Doch immerhin hatte sich Felicitas beruhigt und saugte zufrieden eine ganze Milchflasche leer.

Als sie wieder eingeschlafen war, dämmerte es bereits, und unsere Männer saßen mit einer munteren Sonja samt Moritz im Kinderstuhl am Küchentisch. Sonja hatte Frühstück gemacht.

»Na, Mama? Wie fühlst du dich?«

»Großartig.« Ich strahlte meine Familie an. »Ich wusste gar nicht, dass man so glücklich sein kann.«

12

SONJA
Sommer 1997

»Nicht so durch die Pfützen toben, Moritz!«

»He, Ihr Junge spitzt uns ja völlig nass!«

»Das ist ja unerhört, wie der Bengel sich aufführt! Passen Sie gefälligst besser auf Ihr Kind auf!«

Senta und ich wechselten einen genervten Blick. Während ihre Felicitas artig die Zwergkaninchen fütterte, war Moritz kaum zu bändigen. Er konnte einfach nicht stillsitzen, sich auf kein Spielzeug konzentrieren, nachts nicht durchschlafen und … ja. Er hatte einfach jede Menge überschüssige Energie. Im Restaurant verrührte er seinen Apfelsaft mit zehn Stück Zucker, wenn wir nicht aufpassten. Beim Kinderarzt wollte er nicht artig den Mund aufmachen, sondern das Zimmer erkunden. Und im Supermarkt blieb er nicht lieb im Einkaufswagen sitzen, sondern räumte die Regale aus.

Den Vorwurf vom »unerzogenen Bengel« musste ich mir jeden Tag zehnmal anhören. Dabei liebte ich meinen vierjährigen »Michel aus Lönneberga« heiß. Ich wusste ja, warum er so außer Rand und Band war, schließlich hatte der Kinderarzt ADHS bei ihm diagnostiziert, die gefürchtete Aufmerksamkeits-Defizit-Hyperaktivitäts-Störung.

»Ist ja gut«, beruhigte Senta die anderen Mütter, die ihre Kinder bereits vor Moritz in Sicherheit brachten.

Hastig bogen wir mit unseren Dreirädern am Stiel in eine Seitengasse ein.

»Warum ziehst du nicht einfach zu mir aufs Land?«, fragte Senta. »Die ganzen Wohlstandsweiber hier im Zahnärzte- und Architekten-Viertel würden mir echt auf die Nerven gehen.«

»Paul und ich haben auch schon daran gedacht.« Nachdenklich nahm ich Moritz einen schmutzigen Stein aus der Hand. »Nicht werfen, Süßer.«

Felicitas ließ sich allerliebst geradeaus schieben, während Moritz inzwischen auf Enten zielte.

Allerdings konnte Sentas entzückendes Töchterchen auch schon mal einen Tobsuchtsanfall bekommen. Es war nicht so, dass immer nur mein Moritz unangenehm auffiel. Zum Glück kamen wir fast nie auf die Idee, unsere Rangen miteinander zu vergleichen, sondern liebten und nahmen sie so, wie sie waren. Wenn eine von uns dem Nervenzusammenbruch näher war als die andere, baute die Stärkere sie wieder auf.

»Bei euch in Kippekausen kann man die Kinder wirklich noch draußen rumtoben lassen, ohne dass eine Rechtsanwaltsgattin wegen ihres zertrampelten Vorgartens mit Klage droht.«

Immer öfter durchforsteten Paul und ich den Kölner Stadtanzeiger nach passenden Landhäusern im Rechtsrheinischen. Dabei waren wir auf eine kuriose Anzeige gestoßen: »Zerlegtes Fachwerkhaus zu verkaufen!«

Am Wochenende fuhren wir mit unserem lebhaften Moritz zu einem Bauern aufs Land. Der Ort im Bergischen hieß Much und der Bauer Gottfried Dicke. Hier lagerten die Balken eines denkmalgeschützten Fachwerkhauses auf einer Wiese. Sein eigenes Haus war ebenfalls zweihundert Jahre alt und urgemütlich. Es stand beim Dorfbrunnen und einer tausend Jahre alten Linde, ganz so als hätte sich die Welt nicht weitergedreht. Ein Hort der Ruhe und Geborgenheit. Paul und ich waren auf Anhieb begeistert. Genau so wollten wir mit Moritz und möglichst noch weiteren Geschwistern leben! Frau Dicke, die unseren Moritz liebevoll mit Himbeersaft versorgte, schien mir wie eine Großmutter zu sein: durch nichts aus der Ruhe zu bringen, verständnisvoll und herzensgut. Bei ihr war Moritz handzahm wie ein Vögelchen und ließ sich mit alten Kinderreimen und Fingerspielen bespaßen.

Mithilfe von Senta und Markus fanden wir in Kippekausen, nicht weit von ihrem Haus, ein Baugrundstück ganz am Ende einer ruhigen Spielstraße. Das Abenteuer begann. Mit Unterstützung des gutmütigen, fachlich versierten Herrn Dicke und den Babysitter-Diensten seiner Frau bauten wir nach und nach unter Inanspruchnahme einer professionellen Zimmerei das uralte Fachwerkhaus auf unserem eigenen Grundstück auf. Es dauerte fast ein Jahr, bis das Traumhaus stand, aber dann war es ein wahres Prachtstück. Nun konnten Senta und ich uns aus dem Schlafzimmerfenster zuwinken und die Kinder sich gegenseitig problemlos besuchen.

Das Haus war groß – und mindestens genauso groß war mein Wunsch, dem bald fünfjährigen Moritz ein Geschwisterchen zu schenken. Schon vor zwei Jahren hatte ich beim Kölner Jugendamt einen Antrag auf ein zweites Kind gestellt. Doch nichts passierte. Ich hatte die Hoffnung fast aufgegeben, als der ersehnte Anruf vom Jugendamt kam:

»Frau Wegener, wir haben ein kleines Mädchen für Sie. Es ist zwei Wochen alt und würde gut zu Ihnen passen.«

Mein Herz stand still, und ich musste mir auf die Lippen beißen, um nicht laut loszuquietschen vor Freude. Das konnte doch nicht wahr sein! Ich würde ... WIR würden ... Und das nach über zweijähriger Wartezeit! Sie hatten uns nicht vergessen! Ich biss mir in die Fäuste, zwang mich, nicht mit dem Hörer in der Hand durchs Haus zu tanzen.

Ich drehte fast durch vor Glück! Ein so winziges Baby vertrauten sie mir an! Ein Mädchen! Jetzt würde unsere Familie perfekt sein!

»Frau Wegener? Sind Sie noch dran?«

»Ja … Ich bin nur gerade – einfach fassungslos vor Freude! Bitte erzählen Sie mir ein wenig über das Kind«, bettelte ich.

»Die Mutter ist noch sehr jung und manisch depressiv. Sie lebt in einer psychiatrischen Einrichtung und hat das Kind bereits zur Adoption freigegeben.«

Das konnte ich fast nicht glauben. Auf einmal sollte alles so schnell gehen?

»Oh, fantastisch – großartig«, stammelte ich, während mir die Freudentränen aus den Augen quollen. »Wann können wir das Baby sehen? Ich meine, darf man es schon besuchen?«

Großer Gott, es war der perfekte Zeitpunkt! Ich drehte mich um meine eigene Achse und kniff die Augen zusammen.

»Sie können sofort kommen, Frau Wegener. Leider ist die zuständige Sachbearbeiterin, Frau Hohlweide-Dellbrück, in Urlaub, sodass Sie das Kind zunächst eine Woche im Heim besuchen müssen. Aber dem steht erst mal nichts im Wege.«

Ich lauschte dem Freudengepolter meines Herzens. Wir hatten uns bewährt! Wir hatten uns für Moritz entschieden, trotz seiner Defizite.

»Und der Vater des Kindes?«

»Der Vater stammt aus dem Iran.« Ich hörte, wie die Dame vom Jugendamt in ihren Papieren blätterte. »Die beiden haben sich aber getrennt, und allem Anschein nach ist der Vater bereits wieder in den Iran zurückgegangen. Er hat hier ein Semester studiert, aber seine Aufenthaltsbewilligung ist abgelaufen.«

Ich schwebte im siebten Himmel. »Oh, Moritz!« Ich fiel über meinen kleinen Banditen her und wälzte mich lachend und weinend mit ihm auf dem Teppich, den er gerade mit Nutella verschmiert hatte. »Du bekommst ein Schwesterchen!«

Moritz grinste mich mit seinen schokoladeverschmierten Milchzähnchen an und lispelte begeistert: »Kann iss mit der auch Fußball spieln?!«

Wie er sich das genau vorstellte, wollte ich mir lieber nicht ausmalen.

Zitternd rief ich Paul in der Firma an und erreichte ihn zum Glück sofort.

»Paul, ich kann nicht glauben, was ich gerade vom Jugendamt Köln erfahren habe: Sie haben ein kleines Mädchen für uns!«

Paul war ebenso begeistert und aus dem Häuschen wie ich.

»Pack unseren Moritz in den Kindersitz und komm! In einer Stunde erwarte ich dich auf dem Firmenparkplatz!«

»Oh Paul, ich kann es nicht fassen ...«

»Nicht heulen, Süße!«

»Doch, ich heule vor Glück!«

»Fahr vorsichtig, hörst du! Kannst du fahren, oder soll ich dich holen?!«

»Ich schaff das, Paul!« Ich würde fliegen!

Keine zwei Stunden später hielten wir das winzige, schwarzhaarige Mädchen in den Armen. Sie hieß Katja. Wie zerbrechlich und filigran sie war! Ihre schwarzen Knopfaugen sahen uns an. Andächtig gab ich ihr das Fläschchen, das sie mit ihren Fingern umklammerte. Sie sah aus wie ein kleines Äffchen. Ich war völlig überwältigt.

Zu meinem Entzücken war auch unser Rabauke Moritz ganz sanft und lieb zu ihr. Zärtlich streichelte er ihr übers dichte Haar, und seine Stimme wurde ganz hell, wenn er mit ihr sprach.

Das Schwesterchen würde ihm guttun, es würde Beschützerinstinkte und ein Verantwortungsgefühl in ihm wecken. Paul und ich waren selig. Jeden Nachmittag fuhr ich nun mit meinem Moritz in das Kinderheim. Noch immer schockierte mich die kalte Atmosphäre in den zellenartigen Räumen, noch immer zog sich in mir alles schmerzhaft zusammen, wenn ich die Kinder weinen hörte. So schnell wie möglich wollte ich Katja mit nach Hause nehmen! Doch solange Frau Hohlweide-Dellbrück in Urlaub war, ging da nichts. Es war zum Haareausraufen! Aber die paar Tage würden wir auch noch rumkriegen.

Moritz und ich übten das Füttern, Wickeln und Anziehen wie bei einer zerbrechlichen Puppe. Dann legten wir die Kleine in den Kinderwagen und schoben sie in den nahe gelegenen Park. Schon jetzt genoss ich das Gefühl, zweifache Mutter zu sein. Während mein Moritz im Sandkasten spielte und mit einem Stock aufs Unterholz eindrosch, schaukelte ich den Kinderwagen und ließ mir die Herbstsonne ins Gesicht scheinen. So fühlte sich Glück an! Nun hatte ich einen Sohn und eine Tochter! Weihnachten würden wir zu viert sein!

Als Moritz und ich am letzten Besuchstag nach Hause kamen, stand Paul bereits in der Küche.

»Oh! Du bist schon da? Wir hätten doch zusammen fahren können, dann hättest du unseren kleinen Schatz auch noch mal gesehen. Sie hat heute schon gelächelt, Paul, und ich glaube …« Ich verstummte. So wie Paul mich ansah, war irgendwas nicht in Ordnung.

Aber was? Wir hatten an alles gedacht! Das Kinderzimmer für Katja war fertig eingerichtet, das Babybettchen stand unter einem selbst gemalten hellblauen Wolkenhimmel, und vom winzigen rosa Schühchen bis hin zum Beißring lag alles ordentlich eingeräumt in der nagelneuen Wickelkommode. Montagfrüh hatten wir den ersten Kinderarzttermin.

»Was ist?« Ich hielt in meiner freudigen Umarmung inne und trat einen Schritt zurück. »Paul? Alles in Ordnung?«

»Ich habe leider keine guten Nachrichten, Liebes.« In seinen Augen stand grenzenloses Mitleid.

»Wieso ... Ist was passiert?« Augenblicklich wurden mir die Knie weich. Widerstandslos ließ ich mich von Paul zu einem Stuhl führen und sank darauf wie ein nasser Sack. Moritz kippte inzwischen die Zuckerdose aus, aber ich ließ ihn gewähren.

»Frau Hohlweide-Dellbrück ist wieder da.«

»Ja. Und?«

»Sie hat mich in der Firma angerufen, während du auf dem Rückweg warst.«

Ich starrte ihn mit riesengroßen Augen an.

»Es tut mir wahnsinnig leid, Süße ...« Paul knetete die Hände und wandte sich ab. In seinen Augen glänzten Tränen.

»WAS tut dir leid?«, krächzte ich tonlos. Meine Hand war nicht in der Lage, Moritz vom Tisch wegzuziehen, von dem er gerade den Zucker leckte.

»Wir können Katja morgen nicht abholen.«

Fröstelnd rieb ich mir die Arme.

»Sondern ... Wann dann?«

»Wir können Katja überhaupt nicht abholen.«

Das traf mich wie ein Fausthieb. Mit brennenden Augen starrte ich meinen Mann an.

»Das begreife ich nicht, Paul, das muss doch ein Irrtum sein. Die Stellvertreterin hat doch gesagt ...«

»Die Stellvertreterin war nicht ganz auf dem Laufenden. Sie hat geglaubt, der Vater wäre in den Iran zurückgekehrt.«

»Ja, das hat sie gesagt. Er hat keine Aufenthaltsgenehmigung mehr. Das hat sie doch schwarz auf weiß?«

»Er wird erst noch in den Iran zurückkehren.« Paul sank vor mir auf die Knie, um mich ganz fest zu umarmen: »Aber mit Katja. Er ist der Vater. Er hat ein Recht darauf! Es wird keine Adoption geben, Sonja.«

Weiter kam er nicht mehr.

»Nein, Paul, nein!« Ich hämmerte mit den Fäusten gegen seine Brust und schluchzte, schrie und weinte dermaßen, dass unser kleiner Moritz mich erschrocken anstarrte.

Paul hielt meine Hände fest, zog mich an sich und ließ mich weinen.

Die nächsten Tage erlebte ich wie in Trance. Ich würde kein Töchterchen haben. Ich würde mein kleines Mädchen nie wiedersehen. Es war, als wäre unser Baby am plötzlichen Kindstod gestorben. Mechanisch räumte ich die Babysachen wieder weg. Mit Sentas Hilfe baute ich das Bettchen wieder ab, und wir schleppten alles in Kisten auf den Dachboden. Eine trügerische Hoffnung, nichts weiter war es gewesen! Der Schmerz darüber war schlimmer als alle Enttäuschungen, die ich zuvor erlebt hatte.

Sich nach einem Kind sehnen, das man noch nicht kennt, ist schlimm. Aber ein Kind verlieren, das man schon in den Armen gehalten hat, ist unvergleichlich schlimmer. Es war, als hätte man mir einen Körperteil amputiert.

Frau Hohlweide-Dellbrück rief in den nächsten Wochen mehrmals an, um sich nach meinem Befinden zu erkundigen. So etwas war ihr in ihrer ganzen Karriere noch nicht vorgekommen. Sie beteuerte immer wieder, wie außerordentlich leid ihr dieser Vorfall tue.

Senta wich in dieser Zeit nicht von meiner Seite. Gemeinsam versuchten wir nach vorn zu schauen.

»Schau, du hast den süßen Moritz«, munterte meine Schwester mich auf. Wir saßen mit unseren kleinen Spatzen auf dem Spielplatz. Moritz wühlte im nassen Laub, während Felicitas verzückt Kastanien sammelte. »Andere haben überhaupt kein Kind. Du musst jetzt stark sein. Wie geht es Moritz eigentlich im Kindergarten? Hat er sich eingelebt?«

»Oh«, seufzte ich. »Die Kindergärtnerin hat mir gerade erst

nahegelegt, ihn einer Psychologin vorzustellen. Er will sich nicht eingliedern, spielt kein Spiel mit, kann sich nicht konzentrieren und hält sich nicht an die Regeln.«

»Genau DARUM hat er sich DICH als Mutter ausgesucht.« Senta legte die Hand auf meinen Unterarm. »Weil DU so stark bist und dich nicht hängen lässt.«

»Ach, Schwesterherz!«

In dem Moment pfefferte mir Felicitas eine Kastanie an den Kopf. »He! Du verwechselst uns! Ziel auf deine eigene Mutter!«

»Siehst du, es ist nicht immer nur Moritz. Felicitas ist auch mit allen Wassern gewaschen!«

Wir lachten und weinten abwechselnd.

»Tschüs, mein Schatz! Fahr vorsichtig! Der Schnee hier im Bergischen Land ist tückisch!«

Seit dem schrecklichen Vorfall waren sieben Wochen vergangen. Der Alltag hatte uns wieder. Ich stand im Vorgarten, versuchte, meinen Zappelphilipp zu bändigen, der sich noch im Schlafanzug im frisch gefallenen Schnee wälzen wollte, und winkte meinem Paul nach. Die morgendlichen Nebelschwaden waberten über den Wäldern, und es roch erdig und schwer. In der Stadt roch es immer ganz anders, alles war in Laternenlicht getaucht, und die Luft war auch viel milder. An diese Dunkelheit und Kälte mussten wir uns erst noch gewöhnen. Paul fuhr nun morgens immer eine Dreiviertelstunde länger in die Firma, aber für unser Familienidyll auf dem Land tat er alles. Er spürte auch, wie gut Moritz die neu gewonnene Freiheit tat.

»Komm, Moritz. Lass den Blödsinn. Wir ziehen uns erst mal an, ja?«

Moritz wollte jetzt unbedingt einen Schneemann bauen, und

ich ließ ihn gewähren, da gerade das Telefon klingelte. Morgens um halb acht, wie ich mit einem erstaunten Blick auf meine Armbanduhr feststellte. Aber hier konnte ihm nichts passieren, und ein bisschen Bewegung an frischer Luft würde ihn nur abhärten.

»Wegener?«

»Hohlweide-Dellbrück hier, guten Morgen, Frau Wegener. Wie jeht et Ihnen?«

Wollte sie mich immer noch trösten? Und das so früh am Morgen? Ein Funken Hoffnung glomm in mir auf, als ich tapfer antwortete: »Mir geht es gut, Frau Hohlweide-Dellbrück. Das Leben geht weiter.«

»Frau Wegener, wir hätten einen kleinen Jungen für Sie.«

Ich ließ den Anorak fallen, den ich gerade Moritz hatte bringen wollen.

Der schüchterne Hoffnungsfunke wurde zu einer strahlenden Sonne, und ich musste die Augen schließen. Hatte ich das jetzt nur geträumt?

»Wie bitte?«

»Ich weiß, dat Sie noch sehr aufjewühlt sind, Frau Wegener. Aber et stimmt. Der kleine Junge ist sieben Wochen alt. Wollen Sie ihn sich anschauen?«

Immer noch die gute alte Frau Hohlweide-Dellbrück. Ich wartete förmlich darauf, dass sie hinzufügte: Wenn er Ihnen nicht gefällt, rufen Sie mich an. Ich gehe um eins zu Tisch.

»Ähm ... Ja, natürlich!« Ich träumte nicht, ich war hellwach. »Ich komme sofort. Nach Flickendorf wie immer?« Meine Stimme bebte, und ich wusste nicht, ob sie in Weinen oder Jubeln umschlagen würde. »MORITZ! Komm von dem Trecker weg!«

»Ja, Frau Wegener. Bitte bleibense janz ruhig. Da ist nur eine kleine Sache ...«

Nein, bitte nicht schon wieder.

»Er liecht im selben Zimmer wie damals die kleine Katja. Könnense dat emotional verkraften?«

Ich schluckte.

»Und er ist – wirklich zur Adoption freigegeben?«, fragte ich vorsichtig nach.

Frau Hohlweide-Dellbrück entfuhr ein kleines Lachen. »Bitte glauben Sie mir, dass wir das in IHREM Fall dreimal jeprüft haben, damit uns so eine – Sache nicht noch mal passiert.«

Jetzt konnte ich mich vor Aufregung und Freude kaum noch beherrschen. Auf einmal schwebte ich im siebten Himmel.

»Ja, dann mach ich mich mal auf den Weg ...« Ich legte den Hörer auf und stieß einen irren Freudenschrei aus. Juhu! Wahnsinn! So schnell! Nun sollte ich doch ein Baby bekommen! Wir würden das Bettchen wieder vom Dachboden holen und an Weihnachten doch zu viert sein!

Ich schnappte mir meinen Moritz, der sich inzwischen schon selbst angezogen hatte und mit dem Schrubber das Nachbarauto hilfsbereit von Schnee befreite.

Mein Herz schlug einen Purzelbaum vor Dankbarkeit und Freude. Nur sieben Wochen nach Katja gaben sie mir ein neues Kind! Einen kleinen Bruder für Moritz!

»Paul«, schrie ich ins Telefon, »fahr mal rechts ran!«

»Was ist passiert?!«

»Wir kriegen einen kleinen Jungen!«

Ich hörte Bremsen quietschen, dann den Motor aufheulen. Anscheinend hatte er sofort kehrtgemacht.

Keine fünfzehn Minuten später preschte Paul in die Einfahrt, dass der Schneematsch stob. »Ich habe alle Termine abgesagt! Komm, wir fahren sofort nach Flickendorf!«

»Oh, Paul, du bist der beste, wunderbarste, liebste Mann

und Vater und Formel 1-Fahrer …! Moritz, NICHT aufs Dach klettern!«

»Ja, meinst du denn, ich lasse dich dort allein hinfahren? Moritz, komm, wir gucken uns deinen Bruder an!«

Unser kleiner Justus war ein zuckersüßer, wunderhübscher Säugling mit glänzenden Äuglein und Vollglatze. Er steckte in einem grob gestrickten Monstersack, in dem ich keine Kartoffeln eingewintert hätte. Die Mutter konnte offensichtlich weder stricken noch Kinder erziehen. Sie hatte bereits drei Kinder, die wegen ihrer »Erziehungsunfähigkeit«, die man ihr schriftlich bescheinigt hatte, bereits in drei verschiedenen Pflegefamilien lebten. Außerdem war sie Alkoholikerin und starke Raucherin. Als Justus geboren wurde, so Frau Hohlweide-Dellbrück betroffen, war er viel zu klein und zitterte am ganzen Körper, so einen Nikotin-Entzug hatte er.

Aber sie schien wirklich an uns zu glauben: Diesmal ließ man uns nicht lange zu wiederholten Pflichtbesuchen antreten. Frau Hohlweide-Dellbrück sorgte dafür, dass wir Justus schon am nächsten Tag nach Hause holen konnten. Auf einmal waren wir doch eine vollständige Familie: Papa, Mama und zwei Kinder! Ich konnte mein Glück kaum fassen!

Selbstverständlich war es Senta, die mal eben rüberkam und das Kinderzimmer mit mir im Nu wieder einrichtete. Okay, jetzt hatte Justus zwar rote Schühchen und rosa Strampler und eine Bettdecke mit roten Verzierungen, aber das war alles noch stylisch im Vergleich zu dem groben Kartoffelsack in Braungrau und Schmutzigweiß.

Ich schwebte im siebten Himmel! Justus entpuppte sich als tiefenentspanntes, unkompliziertes Baby. Er schlief von vornherein durch und weinte so gut wie nie. Stattdessen strahlte er mich jeden Morgen dankbar an, wenn ich in sein Zimmer kam. Er wedelte mit den Händchen und gluckste vor Vergnügen, wenn Moritz, der Rabauke, an seiner Spieluhr zog. Kurz darauf feierten wir unser erstes Weihnachtsfest zu viert.

13

SENTA
1998

»Hast du heute wieder eine Doppelschicht?«

Ich hörte, wie mein Mann die Treppe hinunterstapfte und den Autoschlüssel vom Haken nahm. Markus schaute mit seinem typischen »Wie sehe ich aus«-Blick in den Flurspiegel und wandte sich zum Gehen.

»Ja, warte nicht mit dem Essen auf mich! Tschüs, Felicitas!« Er steckte seinen Kopf noch mal durch die Küchentür. »Kann spät werden.«

»Aber – du bist doch sonst immer mittags nach Hause gekommen. Felicitas, wir essen NICHT mit den Fingern.«

»Wir proben jetzt mittags immer noch mit Nachwuchsmusikern! Du weißt doch! Am Wochenende ist wieder ein wichtiges Vorspielen.«

Okay. Wenn er auch am Wochenende nicht ansprechbar sein würde, dann eben jetzt!

Ich schob die Dinge nichts, gern auf die lange Bank. Erst recht keine Grundsatzdiskussionen.

»Markus, setz dich noch mal eine Sekunde. Bitte.«

Ich wies mit dem Kinn auf seinen Platz am Küchentisch, auf dem die zerlesene Zeitung neben seinen Brötchenkrümeln lag.

Felicitas nutzte die Gunst des Augenblicks, um ihr Kinderbesteck quer durch die Küche zu pfeffern. Löffel und Gabel klirrten gegen den Kühlschrank und fielen scheppernd auf die Küchenfliesen. Sie war jetzt drei und ein richtiges Trotzkind.

Markus setzte sich, ohne sich nach den Sachen zu bücken, und tippte auf seine Rolex.

»Was ist denn? Ich muss los! Um zehn fällt die erste Eins!«

Das war so ein beliebter Musikerspruch. Die erste Eins war der erste Schlag des Dirigenten. Wer zu spät kam, den bestrafte der Orchestervorstand.

»Ich weiß nicht, wann ich es dir sonst sagen soll, Markus. Aber ich würde gern wieder arbeiten.«

Markus stutzte, dann entfuhr ihm ein verdutztes Lachen.

»Und dieses verwöhnte Fräulein hier?« Er nahm Felicitas auf den Schoß, die bei der Gelegenheit nach dem Kuli grabschte, der neben der Einkaufsliste lag, und sich anschickte, die Tapete zu bemalen.

»Felicitas kann mit Moritz in den Kindergarten.« Ich verschränkte die Arme vor der Brust. »Vielleicht habe ich sie wirklich zu sehr verwöhnt, Markus. Seit weit über zwei Jahren dreht sich alles nur um sie. Ich möchte Mama sein, aber auch ein Vorbild. Ich möchte ja mit ihr singen und spielen, ihr alles geben, was mir möglich ist. Aber ich glaube, der Schuss geht gerade nach hinten los. Ich bemühe mich nach Kräften, einen harmonischen Tagesablauf zu gestalten. Doch schon beim morgendlichen Zähneputzen scheitere ich: Wildes Geschrei, sie schlägt nach mir und wirft mir Gegenstände an den Kopf. Haarekämmen, Waschen, Anziehen – alles ist ein Machtkampf. So anstrengend habe ich mir Muttersein nicht vorgestellt.«

Meine Augen hatten sich mit Tränen gefüllt. Als ich aufblickte, sah ich, dass Felicitas ihr Müsli genüsslich mit den Fingern aß.

»Bitte, Felicitas! Wir benutzen Besteck!«

Felicitas sah triumphierend zu Markus auf und grub ihre Finger wieder in die Müslischale.

»Felicitas, das reicht!«

Zum Glück war Markus auf meiner Seite und ließ sie von seinem Schoß gleiten.

»So geht das nicht, kleines Fräulein. Wenn du dich bei Tisch nicht benehmen willst, musst du eben in deinem Zimmer essen!«

Felicitas trommelte gegen ihre Tür, und Markus und ich starrten uns gestresst an.

»Ich habe das Gefühl, dass du mich mit der Erziehung komplett alleinlässt!«

»Und ICH habe das Gefühl, dass du genau DIESES Leben wolltest!«

Markus musterte mich gereizt.

»Sie ist nicht gerade pflegeleicht, weißt du ...«

»Vielleicht haben das Heimkinder nun mal so an sich.«

»Du bist nie zu Hause, wenn ich dich brauche ...«

»Einer von uns muss ja das Geld verdienen!«

»Deshalb will ich auch wieder jobben, Markus! Dann könntest du vielleicht öfter zu Hause sein!«

»Hast du schon mal was von Dienstplänen gehört? Meinst du, das interessiert meinen Arbeitgeber? Das Kölner Rundfunksinfonieorchester ist kein Ponyhof und auch kein Kindergeburtstag, Senta! Ich hab da jetzt eine feste Stelle und eine Professur ...«

Gerade als ich Luft geholt hatte, um ihn zu unterbrechen, riss Felicitas ihre Zimmertür auf und warf die Müslischüssel in den Flur. Zehn Sekunden später flog das Besteck hinterher. O Gott!, dachte ich. Wir dürfen uns vor dem Kind nicht streiten. Das ist das Allerletzte, was wir tun sollten.

Markus hatte genug von der häuslichen Szene. »Ich bin ja kein Unmensch«, sagte er, während er sich erhob. »Meinetwegen kannst du ruhig einmal die Woche arbeiten gehen. Hauptsache, der Haushalt leidet nicht darunter.«

Ich lachte schrill. »Du redest ja schon genauso wie deine spießigen Eltern!«

Im Vorgarten drehte sich Markus noch einmal um: »DU wolltest Mutter sein, Senta.«

Er richtete den Zeigefinger auf mich wie eine Waffe. Und ließ mich mit meinem Frust allein.

Paul bot mir sofort an, wieder einen Tag die Woche in seiner Firma am Friesenplatz einzusteigen. Genau das hatte ich gebraucht! Es war ein wundervolles Gefühl, wieder unter meinen vertrauten Kollegen zu sein. Ich genoss es, mich morgens schick zu machen – endlich mal raus aus Jeans und Turnschuhen und rein in ein hübsches Kostüm! Und während der Mittagspause durch die Kölner Innenstadt zu schlendern, endlich mal wieder erwachsenen Menschen zu begegnen.

Sonja, die nach der Adoption von Justus nicht mehr in die Agentur ging, brachte meine Felicitas mit Moritz in den Kindergarten und würde sie auch wieder abholen. Trotzdem rief ich sie an meinem ersten Nachmittag stündlich vom Büro aus an, weil ich mir Sorgen machte.

»Ist dir das auch nicht zu stressig, Schwesterherz? Schließlich hast du jetzt zwei Söhne!«

»Im Gegenteil!« Sonja lachte. »Wenn Felicitas und Moritz zusammen spielen, kann ich mich in Ruhe Justus widmen.«

»Und sie hauen sich nicht die Köpfe ein?«

»Aber nein! Sie sind wie Michel aus Lönneberga und die Kinder aus Bullerbü!«

»Ach, Schwester, ich liebe dich!«

»Ich dich auch! Und gib Paul einen dicken Schmatzer von mir!«

»Und du den Kindern!«

Sie küsste ins Telefon, und ich küsste zurück. Ohne bemerkt zu haben, dass gerade jemand in den Raum gekommen war. Ich wirbelte herum. Ein gut aussehender Mann, der den Türrahmen fast ausfüllte, betrachtete mich amüsiert. Schlank, Mitte dreißig mit blonder Kurzhaarfrisur und einem spitzbübischen Lausbubenlächeln.

Verlegen unterbrach ich die Verbindung. Wow. Ein neuer Kollege?

»Darf ich mitküssen?« Der Mann flog förmlich auf mich zu und küsste mich rechts und links auf die Wange. Ein Hauch von Rasierwasser umnebelte mein Gehirn. Wer war das? Und warum küsste der mich?

»Welch Freude, dich hier zu sehen!« Er drehte mich einmal um die eigene Achse und strahlte mich an: »Du wirst immer schöner, Sonja! Das Muttersein steht dir gut!«

In diesem Moment stieg ein warmes Gefühl in mir auf, das mich ganz ausfüllte.

»Also ...«, stieß ich hervor und wich einen Schritt zurück, bis ich schmerzhaft an die Heizung stieß. Ups, wohin jetzt flüchten? Ich tat so, als hätte ich nichts anderes vorgehabt, als mich auf die Fensterbank zu schwingen.

»Was treibt dich in die Stadt?«, fragte der Fremde. »Hast du Lust auf einen Kaffee?«

Sofort fing mein Herz an wie verrückt zu pochen. Das Blut rauschte mir in den Ohren.

»Ich glaube, Sie verwechseln mich.«

Er zog fragend die Schultern hoch. »Siezen wir uns jetzt wieder?«

Ich war wie betäubt von dem Schmerz in meinem Knöchel und dem Rauschen in meinen Ohren.

Er sah aus wie ein Marathonläufer. Durchtrainiert, männlich, aber völlig uneitel. Eine seltene Mischung.

Er betrachtete mich ratlos, trat einen Schritt zurück, blinzelte, näherte sich erneut und bemerkte den kleinen Leberfleck über meiner Oberlippe, den Sonja nicht hatte, stutzte und erstarrte. Auf dem Gesicht des attraktiven Kollegen wechselten sich Freude, Staunen und Scham in Sekundenschnelle ab.

»Sie ... Entschuldigen Sie bitte. Sie SIND nicht Sonja.«

Augenblicklich errötete er bis unter die Haarwurzeln. Seine Stimme war rau wie Sandpapier. In meinem Kopf herrschte Schneegestöber.

»Und, wäre das so schlimm?«, platzte ich heraus und spürte, dass ich damit alles nur noch schlimmer machte. Ich musste mich zusammenreißen, cool bleiben.

In diesem Moment ertönten die selbstbewussten Schritte Pauls auf dem Gang, und nach einem kurzen Höflichkeitsklopfen trat er ein.

»Ah! Ihr habt euch also bereits kennengelernt«, sagte er, und dann, als er unsere Verwirrung bemerkte: »Senta, das ist Steffen, unser neuer Werbeverkaufsleiter. Steffen, das ist Senta, meine Schwägerin. Sie wird von nun an immer mittwochs wieder als Kundenberaterin bei uns arbeiten.«

Ich versuchte, einen Willkommensgruß herauszubringen, wobei meine Stimme unwillkürlich zitterte. Förmlich gab ich ihm die Hand.

Der neue Kollege zuckte zusammen und schlug sich mit der flachen Hand vor die Stirn. Ich musste kichern vor Nervosität und Erleichterung. Die Verlegenheit stand ihm ins Gesicht geschrieben.

»Jetzt hab ich im ersten Moment gedacht, das ist deine Frau.«

Er sah mich mit flackerndem Blick an, und ich bemerkte seine schönen braunen Augen.

»Nein. Das ist die Zwillingsschwester meiner Frau.«

»Die Ähnlichkeit ist wirklich verblüffend!« Steffen trat wieder näher und starrte mich an.

Ich lachte laut, und die Atmosphäre entspannte sich.

»Es tut mir wahnsinnig leid«, entfuhr es ihm. »Das ist mir jetzt wirklich peinlich ...«

»Das muss es nicht!« Ich winkte schmunzelnd ab. »Wir wurden schon häufig verwechselt!«

»Sie hat einen Leberfleck über der Oberlippe«, sagte Paul. »Den hat Sonja nicht.«

Der attraktive Steffen bestaunte mich wie einen seltenen Schmetterling, und seine Augen bekamen einen ganz merkwürdigen Glanz.

»Stimmt«, sagte er bedächtig. »Den hat Sonja nicht.«

Es wurde Weihnachten – unser drittes Weihnachten mit Kind! Felicitas, inzwischen mit entzückender Prinz-Eisenherz-Frisur, wurde von Markus' Eltern mit Geschenken überhäuft.

Glückstrahlend zog unsere nun vierjährige Tochter mit ihrem Puppenwagen und der echt aussehenden Babypuppe darin durch unser Haus. Ihr rundes Kindergesicht strahlte vor Glück, was sie geflissentlich zu verbergen versuchte, sobald sie sich beobachtet fühlte. Und das taten Markus' Eltern ständig – nicht ohne kritisch auf die nicht vorhandenen Ähnlichkeiten zu ihrem Sohn hinzuweisen.

Zu ihnen hatte ich ein eher reserviertes Verhältnis, denn sie gaben mir das Gefühl, als leibliche Mutter versagt zu haben. Immer wieder ließen sie ihre Enttäuschung darüber subtil ins Gespräch einfließen: »An unserem Jungen lag es ja nicht!«

Ich bewahrte die Contenance und tat so, als hätten sie nichts gesagt.

Für dieses Familienfest hatte ich alles auf Hochglanz gebracht, liebevoll den Baum geschmückt und ein köstliches Menü gezaubert.

Markus kam erst spätabends aus seiner Christmette und konnte die kleine Familie nicht lange genießen. Er bemühte sich zwar, der Vaterrolle gerecht zu werden, doch ich merkte, dass er nicht ganz bei der Sache war. Bestimmt war er in Gedanken noch bei seinem Konzert. Das kannte ich inzwischen: Als Musiker brauchte er immer eine Weile, bis er wieder »runtergekommen« war.

Wir verbrachten noch eine gemeinsame Stunde mit seinen Eltern, dann fuhr er sie nach Hause.

Ich begann aufzuräumen, und als ich aus der Küche kam, bemerkte ich, wie Markus, der gerade zur Tür hereinstapfte, hastig sein Handy ausschaltete und es in seiner Jackentasche verschwinden ließ. Normalerweise hätte ich mir nichts dabei gedacht, aber er sah so betont unschuldig drein wie Moritz, wenn er wieder was angestellt hatte.

»Alles in Ordnung?«

»Ja, natürlich.« Markus half mir, die leeren Geschenkverpackungen aufzuräumen. »Ich bin halt saumüde nach der Christmette, und meine Eltern haben auch wieder Stress gemacht.« Er streifte die Schuhe von den Füßen und pfefferte sie in den Flur.

»Wieso denn?«

»Ach, Senta, ich will dir nicht wehtun.« Seufzend ließ er sich aufs Sofa fallen, nicht ohne leise fluchend spitzes Spielzeug unter seinem Hintern wegzuziehen.

»Du meinst, weil ich keine leiblichen Kinder kriegen kann?«

»Ja, sie fangen halt immer wieder mit diesem Thema an.«

»Aber wir sind nun mal verheiratet, Markus!«

Wollten seine Eltern allen Ernstes, dass er sich von mir scheiden ließ, nur um mit einer anderen leibliche Kinder zu bekommen?

»Manchmal habe ich einfach das Gefühl, dass alle an mir zerren. Meine Eltern, der Rundfunk, Felicitas und du ... Ich will es wirklich allen recht machen, Senta.«

»Kann ich verstehen.« Ich setzte mich neben ihn und sah ihn von der Seite an.

Für mich war das alles auch nicht immer einfach. Einerseits war ich an einem idyllischen Ort gelandet, in diesem Fachwerkhaus in Kippekausen. Ich führte ein Leben, wie ich es in meiner Kindheit nie gekannt, mir aber schon immer erträumt hatte. Andererseits hatte die heile Fassade bereits nach sechs Ehejahren deutliche Risse bekommen. Liebte er mich eigentlich noch?

Sein Weihnachtsgeschenk war ein Gutschein für einen Trainingsanzug gewesen. Ging es eigentlich noch fantasieloser? Ich räusperte mich unbehaglich.

»Du, Markus?«

»Ja?« Sein Blick war merkwürdig leer. Hatte er nur zu viel gearbeitet? Oder war ihm die Familie zu anstrengend?

Ich drückte das Kreuz durch und wagte einen Vorstoß.

»Als ich heute unsere Felicitas so glücklich mit dem Puppenwagen gesehen habe, ist mir klar geworden, dass ich mir noch ein Kind wünsche. Wenn ich ehrlich bin, schaue ich schon seit Monaten in jeden Kinderwagen.«

Markus richtete sich abrupt auf. »Ups. Das überrascht mich jetzt. Ich dachte, du bist froh, dass du wieder arbeiten kannst?« Er zog die Augenbrauen hoch.

»Ja, aber noch viel lieber möchte ich ein zweites Kind.«

So, nun war es heraus. Abwartend betrachtete ich die tanzenden Tannenzweigschatten an der Wand.

»Dafür müssen wir ja noch nicht mal miteinander schlafen«, entfuhr es Markus eine Spur zu bitter. Wieder so eine Demütigung. Ich spürte, wie ich bis unter die Haarwurzeln errötete.

Doch wann hatten wir wirklich das letzte Mal ...

Wenn ich ehrlich war, schon lange nicht mehr. Wir lebten fast wie Bruder und Schwester nebeneinanderher. Lag es an mir? War ich ein farbloses Hausmuttchen geworden, das nur noch in Joggingklamotten rumlief? Wenn er spätabends nach Hause kam, hatte er jedenfalls kaum noch Lust auf Romantik. Und morgens gab es – Felicitas.

In letzter Zeit hatte ich mich bewusst um ihn gekümmert und mich besonders hübsch gemacht. Nicht zuletzt, weil mir dieser neue Kollege in Pauls Werbeagentur besser gefiel, als ich wahrhaben wollte. Mein Mittwochs-Mann. Meine Insel, meine Auszeit, mein Balsam fürs angeknackste Selbstbewusstsein. Ein Mann, der mich offensichtlich noch als Frau wahrnahm und nicht nur als Dienstleisterin: Steffen.

Wenn ich mich für Steffen schick machte, rief ich mich selbst zur Ordnung, würde ich mich für Markus erst recht schick machen. Mein angeborener Gerechtigkeitssinn? Ein Hauch von Selbstbetrug? Oder mein aufrichtiges Bemühen, unserer Ehe wieder einen Frischekick zu geben?

»Markus, ist bei uns noch alles in Ordnung?« Zärtlich strich ich ihm über den Arm.

Er räusperte sich unwillig.

»Was soll das jetzt, Senta! Ich bin saumüde und muss morgen um zehn im Dom das Hochamt spielen.«

»Tut mir leid, Markus! Ich habe nur solche Angst, dass irgendwas aus dem Ruder läuft!«

»Senta, es ist alles in Ordnung. Bitte setz dich zu mir und entspann dich, ja?«

Ich konnte mich aber nicht entspannen. Warum ging er immer häufiger auch am Wochenende arbeiten? Warum hatte er seinen letzten Kurzurlaub mit Musikerfreunden verbracht und nicht etwa mit uns? Ich konnte es nicht lassen, ihm genau das unter die Nase zu reiben.

»Jetzt verdirb mir bitte nicht den restlichen Abend, ja? Du hast wirklich ein Talent dafür, immer dann mit Grundsatzdiskussionen anzufangen, wenn es gerade gemütlich wird.« Markus nahm sich ein Glas Bier und trank es auf einen Zug leer. »Die Kleine kann nun mal nicht still im Konzertsaal sitzen, außerdem war das nun mal 'ne Männerpartie, ein Treffen mit alten Kommilitonen. Ansonsten bin ich doch immer für euch da!«

»Ich will ja nur wissen, ob du wirklich zur Familie stehst. Ob du dir mit mir noch ein zweites Kind vorstellen kannst.« Am liebsten hätte ich mir die Zunge abgebissen. Aber wie so oft hatte sich diese Diskussion verselbstständigt, und ich konnte das Ruder nicht mehr herumreißen.

»Du willst also auf einmal nicht mehr arbeiten gehen?«

»Nein. Wenn wir einen zweiten Adoptionsantrag stellen, eine Chance auf ein zweites Kind haben, höre ich sofort wieder damit auf.«

Bei der Vorstellung gab es mir einen Stich ins Herz. Das würde bedeuten, dass ich Steffen nicht mehr sehen würde. Aber genau das war für alle Beteiligten das Beste!

»Markus, ich liebe dich und möchte so gern eine richtige Familie mit dir, mit einem Geschwisterchen für Felicitas.«

Markus verschränkte die Arme vor der Brust. »Meinetwegen stelle ich den Antrag. Aber du musst dir darüber im Klaren sein, dass ich bei meiner beruflichen Belastung nicht wesentlich zur Kindererziehung beitragen kann.«

Ich sah ihn flehend an: »Und wenn es ein Junge wird?«

Seine Eltern hatten noch heute von einem »Stammhalter« gesprochen. Wir wussten beide, wie viel ihnen das bedeuten würde.

Markus' Gesichtszüge entspannten sich. »Zum Glück kann man weder beim lieben Gott noch beim Jugendamt Kinder nach dem Geschlecht bestellen.« Lächelnd zog er mich an sich. »Können wir jetzt bitte von etwas anderem sprechen?«

Mehrere Monate arbeitete ich jetzt schon wieder in Pauls Firma, und nach wie vor war der Mittwoch ein besonderer Tag, auf den ich mich heimlich freute wie ein Teenager. Nicht zuletzt wegen Steffen: Er war unaufdringlich präsent, immer hilfsbereit, stets gut gelaunt, konnte wunderbar zuhören. In den Mittagspausen gingen wir wie selbstverständlich zu unserem Lieblingsitaliener an der Ecke und plauderten über Gott und die Welt.

Steffen war verheiratet und hatte eine kleine Tochter. Dass wir momentan beide in einer Ehekrise steckten, war aus unseren Alltagsbeschreibungen herauszuhören. Wir munterten uns gegenseitig auf und gaben uns gute Ratschläge – er aus männlicher Sicht und ich aus weiblicher. Das schweißte uns immer mehr zusammen. Dass da was zwischen uns schwelte, wussten wir beide. Aber ich hatte mich für Markus entschieden und für ein zweites Kind.

Ich war gerade zu Hause und räumte auf, als das Telefon klingelte. Nichtsahnend ging ich dran.

»Frau Schilling, hier ist die Frau Stumpf vom Jugendamt Tresden«, sächselte es mir entgegen.

Augenblicklich geriet ich in Aufregung. Das Blut pulsierte mir in den Ohren. Mir wurde heiß und kalt, und eine Gänsehaut überzog mich vom Scheitel bis zur Sohle.

»Es soll ein kleiner Junge vermiddelt wärdn«, drang auch

schon die frohe Botschaft an mein Ohr, und das Rauschen schwoll an wie ein tosender Fluss.

Ein Junge! Markus würde durchdrehen vor Freude!

»Moment, Frau Stumpf, Sekunde...« Rasch angelte ich nach Papier und Stift.

»Hören Se misch noch?«

»Ja! Ich bin nur so aufgeregt...«

»Er wudde am 3. Oktober 1998 geboren. Seine Muddi ist 17 Jahre alt, schwer drogensüschtisch und in der räschten Szene undorwegs. Der gleene Robin ist von der Muddor unversoggt in der Wohnung zurückgelassen worddn. Vorher ist sie mit dem Säugling randalierend durch die Kneipen gezogen, da hatte das Jugendamt ihr schon Hilfe angeboten, doch die hat sie rundweg abgelehnt. Jetzt wurde ihr das Sorgeräscht entzogen.«

Meine Güte, nicht so schnell, nicht so schnell ... Ich schrieb fieberhaft mit, um nur ja keine kostbare Information zu verpassen.

Ich blies mir eine Strähne aus dem Gesicht. »Und da haben Sie an uns gedacht?«

»Das ist der Grund meines Anrufs, Frau Schilling. Wir haben tatsäschlisch an Sie gedacht. Für die gleene Felicitas wär das ja 'n passendes Prüderschn.«

»Können wir dann kleisch gomm?«, rutschte es mir sächselnd heraus.

»Isch bin leider morgen nisch im Amt, abor am Montag wieder. Wäre das für Sie in Oddnung?«

»Das heißt, wir können ihn am Montag abholen?«

Meine Finger zitterten so sehr, dass ich fast den Hörer fallen ließ.

»Montag basst brima.«

»Frau Stumpf, Sie erleben mich völlig aufgelöst vor Glück! Und mein Mann wird sich ebenfalls wahnsinnig freuen.«

Sie lachte glucksend. »Ja, Frau Schilling, gennengelernt ham wir Sie ja schon. Und grüßen Sie Ihren Mann ganz herzlisch von mir.«

Genau das hatte ich vor, kaum dass wir aufgelegt hatten. Da Markus während seiner Rundfunkaufnahme nicht ans Handy gehen konnte, rief ich in meiner überbordenden Freude den Inspizienten des WDR unter der Notfallnummer an und ließ Markus direkt aus dem Sendesaal holen.

Seine Stimme zitterte, als er sich meldete. Er hatte schon gefürchtet, Felicitas sei etwas passiert, doch ich konnte ihn beruhigen: »Markus, du wirst wieder Vater! Wir kriegen einen kleinen Jungen!« Inzwischen heulte ich Rotz und Wasser vor Glück.

Im Hintergrund hörte ich es fiedeln, pauken und trompeten. Das ganze Orchester schien unserem neuen Sohn einen Willkommensgruß zu senden.

»Das ist ja ... Dass es diesmal so schnell geklappt hat ...« Fassungslosigkeit schwang in Markus' Stimme mit.

»Ja, unglaublich, was?«, sprudelte es aus mir hervor.

»Mensch, Senta, ich komm, so schnell ich kann, aber ich muss hier noch den Beethoven zu Ende fiedeln!«

»Ich bin auch völlig überwältigt, Markus ... Nimm dir für Montag frei!«

»Freude, schöner Götterfunken«, jubelte der Kölner Rundfunkchor im Hintergrund.

»Sollen wir ihn Ludwig nennen?«, scherzte ich aufgekratzt, als Markus abends von der Aufnahme kam. Felicitas schlief bereits, und ich fiel Markus schon im Flur um den Hals.

»O Gott, wir müssen noch so viel besorgen! Er kann Felicitas' Gitterbett haben, das steht auf dem Dachboden, und den alten Kinderwagen kriegen wir auch noch mal flott! Und auf die Schnelle gibt mir Sonja bestimmt Windeln und Strampler von Justus, die sind ja fast gleich alt, die süßen Schnuckel ...« Dann erzählte ich meinem Mann alles, was Frau Stumpf mir über den kleinen Robin gesagt hatte.

Markus erstarrte und pflückte mich von sich ab.

»Ist er auf Aids getestet?«

»Wie?« Ich sah ihn entgeistert an.

»Na, wenn seine Mutter drogensüchtig ist und sich herumtreibt, ist es nicht unwahrscheinlich, dass sie HIV-positiv ist. Und der Kleine auch.«

»Oh, Markus, darüber habe ich noch gar nicht nachgedacht ...« Kraftlos ließ ich mich auf den Küchenstuhl sinken.

»Wir können kein Kind aufnehmen, das vielleicht Aids hat.« Markus sah mich ernst an. »Du weißt, wie sehr ich deinen Wunsch unterstütze. Aber da hört bei mir der Spaß auf.«

Sein Gesicht sprach Bände. Er würde kein HIV-positives Kind adoptieren. Natürlich nicht. Vergeblich versuchte ich nicht zu schluchzen. Trotzig wie ein kleines Kind schüttelte ich den Kopf. Die erste Träne tropfte heiß auf meine Wange, und ich hatte das Gefühl, den Boden unter den Füßen zu verlieren.

»Klär das, und danach sehen wir weiter.« Markus warf sich müde vor den Fernseher und legte die Beine auf den Tisch. Sein Verhalten beschämte mich, aber ich konnte ihn auch verstehen: Er blieb lieber reserviert, bevor er seine Liebe verströmte. Sonjas und Pauls Schock über die gescheiterte Adoption der kleinen Katja hatten wir beide hautnah miterlebt.

Ich brachte ihm ein kaltes Kölsch und stellte es wortlos auf den Tisch. Ich hätte ihm in diesem Moment eine Menge erklären können, zum Beispiel, dass Aids nicht ansteckend sein muss, dass wir alle damit leben lernen könnten, dass gar nicht gesagt war, dass der Kleine irgendwann sterben würde, aber dazu fehlte mir die Kraft. Meine Freude zerplatzte wie eine

Seifenblase, die noch eben vor meinen Augen getanzt und geschillert hatte. Ich liebte den kleinen Kerl doch jetzt schon, ohne ihn je gesehen zu haben! Er war doch für uns bestimmt!

Die ganze Nacht lag ich wach und warf mich von einer Seite auf die andere.

Am nächsten Morgen hing ich schon um halb acht am Telefon, um Frau Stumpf mit Fragen zu löchern. Nervös trommelte ich mit den Fingern auf die Schreibtischplatte. Geh ran, geh ran, geh ran!

Aber Frau Stumpf hatte ja gesagt, dass sie am Freitag nicht im Büro sein würde. Erst am Montag wieder! Sie war auf einer Fortbildung oder so, das hatte ich in dem ganzen Stress vollkommen vergessen.

Ich wählte die Nummer der Zentrale und wurde zu ihrer Kollegin durchgestellt. Diese hatte keine Ahnung, ob der kleine Robin auf Aids getestet worden war. Davon stand nichts in seinen Unterlagen.

Um halb neun war mein Kopf leer und mein Herz schwer wie Blei.

Robin! Kleiner Robin! Wirst du ab Montag unser neuer Sonnenschein sein, oder wirst du im Heim versauern? Wie kann ich dir nur helfen, kleiner Spatz? Du sollst doch zu unserer Familie gehören! Ich zermarterte mir das Hirn. Was konnte ich denn jetzt tun?

Sonja anrufen, natürlich! Wen sonst.

Gestern hatte ich sie schon mit der Freudenbotschaft überfallen, nun überbrachte ich ihr stammelnd die Hiobsbotschaft vom Aids-Verdacht. Wieder brach ich in Tränen aus.

»Liebchen, bleib jetzt ganz cool. Panik hilft uns auch nicht weiter.« Sonja behielt die Nerven. »Pass auf, ich bringe Moritz und deine Felicitas wie immer in den Kindergarten und komm danach mit Justus zu dir. Ich hab eine Idee!«

»Nämlich?« Zitternd atmete ich tief ein.

»Du fängst jetzt an, sämtliche Krankenhäuser von Dresden und Umgebung abzutelefonieren, und fragst, ob bei ihnen am 3. Oktober ein Robin geboren worden ist, von einer drogenabhängigen Mutter. Und ob bei Mutter und Kind ein Aidstest gemacht worden ist.«

»Meinst du, die geben mir Auskunft?«

»Wenn du es nicht versuchst, bestimmt nicht.«

Sie hatte recht. Alles war besser, als untätig herumzusitzen und mich von meinen Befürchtungen um den Verstand bringen zu lassen. Also wählte ich mir die Finger wund und sagte mein Sprüchlein auf.

»Hallo, ich bin Senta Schilling aus Köln, und ich möchte den kleinen Robin adoptieren, der am 3. Oktober in Dresden geboren wurde. Er wurde mir gestern vom Jugendamt zugesprochen. Dazu bräuchte ich Ihre Hilfe.«

Allerdings war am 3. Oktober weder in Dresden noch um Dresden herum ein Robin geboren worden, weder von einer drogensüchtigen Mutter noch von irgendeiner anderen.

Ich fragte geistesgegenwärtig, ob denn generell bei drogensüchtigen Müttern ein Aidstest gemacht werde. Nein, war die Antwort. Nisch, wenn die Muddis das nisch wolln.

Ja, Mensch, welche Mutti will das denn, verdammte Kacke!

Ich raufte mir die Haare und drehte mich auf Markus' Bürostuhl um meine eigene Achse. Für längere Telefonate verzog ich mich immer in sein Arbeitszimmer, weil ich da einfach ungestörter war.

Jemand klopfte munter an das Fenster zum Garten. Sonja stand mit Justus im Kinderwagen davor.

»Na?«

»Nüscht.« Jetzt sächselte ich schon wieder!

»Weißt du was? Jetzt rufst du in der Kölner Uniklinik an.

Die haben mit Sicherheit eine Kinder-Aids-Station. Sag ihnen, was du auf dem Herzen hast.« Sonja marschierte tatendurstig zur Terrassentür hinein und ließ den schlafenden Justus im Kinderwagen in der Frühlingssonne stehen. »Das kriegen wir hin! Geht nicht gibt's nicht, Senta.«

Die hilfsbereite Stationsschwester Carola verband mich mit dem Chefarzt, nachdem ich ihr meine Situation geschildert hatte. Professor Dr. Peter Haluczek, ein gebürtiger Pole, gab mir sehr freundlich Auskunft.

»Ich glaube, ich kann Sie beruhigen, Frau Schilling. Die Wahrscheinlichkeit, dass das HIV-Virus während der Schwangerschaft übertragen wird, ist sehr gering. Ich würde Ihnen raten, den Kleinen am Montag unbesorgt abzuholen und ihn sofort hier in der Kinderklinik vorzustellen. Wir machen dann einen 24-Stunden-Schnelltest.«

»Das ist sehr freundlich von Ihnen, Herr Professor ...«

»Ich gehe mal davon aus, dass er HIV-negativ ist.«

»Und wenn er positiv ist?« Sonja und ich kauten synchron auf unseren Fäusten. Ich hatte das Gefühl, in den Spiegel zu schauen.

»Dann gibt es immer noch zwei Möglichkeiten«, sagte der freundliche Professor. »Entweder Sie lassen den Kleinen hier bei uns behandeln, oder ...«

Ich ließ ihn gar nicht erst ausreden. »Oder Sie bringen ihn zurück« war für mich mittlerweile keine Option mehr. Das Hohlweide-Dellbrück'sche Argument »erst mal angucken, ob er gefällt« war indiskutabel. Das stand schließlich auch für eine Schwangere nicht zur Debatte.

Ich bedankte mich mit höflichem Redeschwall bei dem freundlichen Haluczek und starrte meine Schwester gespannt an.

»Nehmen wir ihn?«

»Wir nehmen ihn. Keine Frage.«

»Das Einzige, was wir nicht nehmen, ist sein bescheuerter Name.« Wir stießen uns in die Rippen und kicherten uns den Stress der vergangenen Stunden von der Seele.

»Wie findest du Finn?«

»Zu finnisch. Was ist mit Ben?«

»Damit wäre unser Lausbubenstall komplett.«

»Ein Aidstest?« Frau Stumpf blätterte irritiert in ihren Unterlagen. »Da bin isch jetz überfraacht.« Mit einem Schlag war das Lächeln aus ihrem Gesicht verschwunden.

»Wo hat denn die Mutter den kleinen Robin geboren?« Ich stützte beide Ellbogen auf ihren Schreibtisch und durchbohrte sie förmlich mit meinen Blicken.

»In einer Einrischtung für alleinstehende, sozial schwache junge Frauen.«

Aha. Da konnte ich lang herumtelefonieren. Auf die Idee war ich nicht gekommen.

»Isch kann Ihnen nur vorsischern, dass Robin erst kürzlisch von einem Kinderarzt undorsucht woddn ist. Und der wor sehr zufrieden.«

»Na, das ist ja schon mal was.« Markus stand seufzend auf. Die nächtliche Fahrt nach Dresden nagte sichtbar an ihm. Aber ich merkte an der Erleichterung in seinem Gesicht, wie nahe ihm das Wohl des kleinen Robin ging.

»Dies ist die Muddi.« Frau Stumpf zeigte uns ein Bild, und wir betrachteten es mit einer Mischung aus aufrichtigem Interesse und Abscheu.

Die Muddi war eine dicke junge Frau in schwarzen Klamotten, Kampfstiefeln und mit kahl rasiertem Kopf. Ihre Nasenlöcher zierte allerhand schwarzes Eisen, das auch stählerner Popel hätte sein können. Ihr Blick war aggressiv und kalt.

Beklommen legten wir das Bild zur Seite. Ein Grund mehr, den kleinen Robin zu nehmen, zu lieben und nie wieder loszulassen! Frau Stumpf legte schweigend ein weiteres Foto auf den Schreibtisch, und wir griffen mit zitternden Fingern danach.

Sofort weitete sich mein Herz vor lauter Liebe: ein winziger, blasser Kerl, ebenfalls mit kahlem Köpfchen. Immerhin hatte man ihm noch kein Hakenkreuz auf die Stirn tätowiert.

Den würden wir aus der rechten Szene retten!

Auch Markus war sichtlich bewegt, als er seinen kleinen Sohn das erste Mal auf dem Foto sah. Zärtlich fuhren seine Finger die Konturen seines winzigen Gesichts nach.

»Wenn Sie wollen, dann können wir jetzt...?« Frau Stumpf mahnte zum Aufbruch.

Kurz darauf fanden wir uns in demselben Kinderheim wieder, aus dem wir schon Felicitas geholt hatten. Mir war, als wäre das erst gestern gewesen. Wieder kam die Heimleiterin herbeigeschossen und schrie erfreut, wir könnten in einem Besucherzimmer warten.

Wir versanken in einem abgewetzten Sofa und sahen uns schweigend an. Cindy, die junge Pflegerin, kam herein und legte uns einen leichenblassen Säugling in die Arme, der komplett leblos wirkte. Er hatte einen scheußlichen lila Strampler aus den Siebzigerjahren an und rührte sich kaum.

»Lebt der noch?«, fragte Markus irritiert.

»Isch denge schon«, stammelte die Mitarbeiterin des Kinderheims errötend. »Eben hatter noch jelebt, isch happn ja noch jefüddort.« Schleunigst suchte Cindy das Weite.

Ich streichelte vorsichtig seine aschfahle Wange, und der Kleine schlug die Augen auf und betrachtete uns neugierig. Es zuckte um seine Mundwinkel.

Die Kinderärztin kam herein. »Na? Hamse sich schon angefreundet mit 'm gleen Robin?«

»Wir wollen wissen, ob er Aids hat«, stellte Markus klar.

»Wie gommse denn da trauf!«

»Die Mutter ist drogensüchtig?!«

Mein Gesicht brannte, gleichzeitig konnte ich nicht die Augen von dem zarten Wesen in meinen Armen lassen.

»Eine Übertraaschung des HIV-Virus von der Muddor auf das Kind is äußorst selden«, dozierte sie und bestätigte damit, was mir schon der Kölner Aids-Spezialist gesagt hatte. Sie kniff meinen kleinen, blassen Wurm beherzt in die Wange und leuchtete ihm in die Ohren. »Der ist kerngesund!«

»Na dann.« Markus wollte nur noch von hier weg.

»Kann ich ein Fläschchen haben?«, fragte ich schnell. »Damit er vor der Fahrt noch einmal satt ist.«

»Der kriegt fünf Fläschchen am Tag«, entgegnete Cindy, die an der Tür gewartet hatte. »Das nächste ist erst in zwei Stunden dran.«

»Das nächste ist JETZT dran«, beharrte ich. »Ich bin die Mutter, und ich werde mein Kind jetzt füttern.«

Das saß. Das Mädel sputete sich und brachte das gewünschte Fläschchen.

Auf dem Rückweg gab Markus Vollgas, und ich verrenkte mich, um nach hinten zu schauen und das Händchen des schlafenden Robin zu halten, aus Angst, er könnte irgendwann aufhören zu atmen.

Natürlich wartete die ganze Großfamilie auf den Familienzuwachs, als wir schließlich gegen zwanzig Uhr in Kippekausen vorfuhren: Paul, Sonja, der sechsjährige Moritz, Baby Justus im Kinderwagen und das vierjährige Schwesterchen Felicitas.

Alle bestaunten das neue Familienmitglied mit neugierigem Entzücken.

Als wir uns kurz darauf in der Küche um den Tisch versammelt hatten, den blassen Säugling im Wipper zwischen uns, fragte Sonja gespannt, auf welchen Namen wir uns denn geeinigt hätten.

Wir sahen uns fragend an. Markus und ich hatten nicht viel gesprochen auf der Rückfahrt.

Wir waren uns alle einig.

»Ben Schilling. Sehr cool.«

Markus' Gesicht hellte sich auf. Zum ersten Mal schien er sich richtig über seinen kleinen Sohn zu freuen. Ich würde ihn schon aufpäppeln.

14

SONJA
Mai 1999

»Findest du es vermessen, wenn ich mir noch ein Kind wünsche?« Paul und ich schritten Arm in Arm hinter unseren Jungs her: Moritz preschte auf seinem Fahrrad vor uns her, während Justus vor uns hertrippelte.

In meinem Herzen war noch so viel Platz. Ich ging vollkommen auf in meiner Mutterrolle.

»Drei Kinder, Sonja? Davor hätte ich einen Riesenrespekt.«

»Ich weiß!« Nachdenklich kratzte ich mich an der Nase. »Ich kenne kaum eine Freundin, die drei Kinder hat. Zwei sind irgendwie Standard. Aber ich wünsche mir so sehr ein Mädchen!« So, nun war es heraus. »Senta hat zwar oft Stress mit Felicitas, aber es ist so was ... Inniges«, versuchte ich eine Erklärung. »Die beiden liefern sich heiße Kämpfe, aber wenn ich sie in einer zärtlichen Umarmung sehe, zieht sich mir das Herz zusammen.«

Paul brauchte einen Moment, bevor er antwortete.

»Die Mutter-Tochter-Beziehung ist bestimmt etwas ganz Besonderes. Aber da kann ich leider nicht mitreden. Zu deinen Rabauken hast du doch auch eine innige Beziehung? Moritz, nicht in den Bach brettern!«

»Natürlich liebe ich die beiden Bengels über alles ...« Ich bewahrte Moritz in letzter Sekunde davor, sich die Böschung hinunterzustürzen. »... aber denen kann ich keine Zöpfchen flechten!« Ich grinste über mein kindisches Argument. »Geschweige denn schöne Kleidchen anziehen.«

Wir hoben den brüllenden Moritz aus den Brennnesseln, woraufhin Justus ebenfalls zur Heulboje wurde.

»Hast du keine Angst, dich mit drei Kleinkindern zu überfordern?« Paul half Moritz, erneut das Rad zu besteigen, während ich Gummibärchen aus meiner alles umfassenden Mutter-Handtasche zauberte und meine Jungs damit zum Schweigen brachte.

Ich genoss die plötzliche Stille. Paul und ich ließen uns auf eine Bank sinken, am Wiesenrand unter einer schweren Kastanie, und genossen den Duft der weißen Blüten und das selige Schmatzen zweier Kindermünder.

»Traust du dir das zu, Sonja?« Paul musterte mich von der Seite, und ich hob das Kinn.

»Der Wunsch nach einem Töchterchen ist größer als jede Angst.«

»Ich verstehe dich, Liebste.« Paul drückte meine Hand. »Wenn es eine mit drei Kindern aufnehmen kann, dann du! Hör einfach auf dein Herz.«

Und so rief ich am nächsten Morgen mit bangem Herzklopfen wieder mal beim Kölner Jugendamt an. Ich kam mir schon reichlich vermessen vor, aber die Natur schenkte manchen Frauen ja auch ein drittes Kind – warum also nicht anfragen!

Frau Hohlweide-Dellbrück freute sich, von mir zu hören. Nach einigem Small Talk kam ich zur Sache.

»Frau Hohlweide-Dellbrück, ob Sie es glauben oder nicht, aber wir würden gern noch mal Eltern werden.« Das Herz schlug mir bis zum Hals, aber nun hatte ich es gesagt.

Schweigen in der Leitung.

»Frau Hohlweide-Dellbrück?«

»Ja, ich bin nur überrascht! Sie trauen sich wat«, sang sie im Kölner Dialekt. »Dat haben wir hier nicht oft, und Sie haben doch schon zwei Rabauken.«

»Ja, und es geht ihnen prächtig! Wir sind so glücklich mit ihnen.«

»Aber?«

»Kein Aber. Frau Hohlweide-Dellbrück, ich wünsche mir ein Mädchen!«

»Dat kann ich verstehen, Frau Wegener.«

Ich konnte sie am Telefon lächeln hören.

»Also, nur zu, schickense formlos den Antrag, Sie kennen dat Jedöns ja schon.«

Mein Herz machte einen Freudensprung. Aus der anfänglich so sauren Zitrone war eine weiche Aprikose geworden. Ich war stolz und glücklich, dass das Kölner Jugendamt so viel Vertrauen in uns setzte! Trotzdem konnte so ein Vorgang Monate dauern, wenn nicht Jahre.

Andererseits bemühte sich das Jugendamt, die natürliche Geschwisterfolge nachzuahmen, sodass wir guten Mutes sein durften.

Es war Sommer, der Kindergarten schloss für sechs Wochen, und so fuhren Paul, Moritz, Justus und ich erst mal ganz entspannt in den Sommerurlaub nach Italien.

Wir saßen gerade am Strand, und ich cremte die weißen Jungenkörper üppig mit Sonnenmilch ein, als Pauls Handy klingelte.

»Frau Hohlweide-Dellbrück!«, signalisierte mir Paul. Seine Kiefer mahlten, und seine Miene konnte sich nicht entscheiden, eine eindeutige Richtung einzuschlagen, während er ihrem Singsang lauschte.

Bestimmt hatte sie noch eine Rückfrage, wegen irgendeiner Formsache, aber eine süße Ahnung stieg in mir auf, und auch in Pauls Blick schlich sich so etwas wie Weihnachtsstimmung, mitten im Sommerurlaub. Doch nicht etwa jetzt schon? Zwei Wochen nach meinem Anruf?

Zitternd griff ich nach dem Hörer, aber Paul bedeutete mir, ich hätte Sonnencreme an den Fingern. So hielt ich mein Ohr ganz dicht an Pauls Handy und schmiegte mich an ihn.

Moritz entwand sich mir sofort und wälzte sich im Sand, was ich normalerweise nie hätte durchgehen lassen, aber jetzt war ich vor Aufregung wie gelähmt.

»Wir haben ein kleines Mädchen für Sie«, sagte Frau Hohlweide-Dellbrück mit zuckersüßer Stimme.

Ich krallte mich in Pauls Arm.

»Es ist zwei Wochen alt. Die Mutter ist schon älter, Anfang vierzig. Sie lebt in einer intakten Familie, ist verheiratet und hat drei heranwachsende Töchter.«

»Aber?« Ich traute meinen Ohren nicht. Wo war jetzt der Drogenhintergrund, die Heimkarriere, das sozial kaputte Umfeld?

»Sie hat dieses Mädchen wahrscheinlich aus einem – nun, sagen wir außerehelichen Abenteuer. Die Details schildert sie nicht. Ich vermute, dass sie es tatsächlich geschafft hat, die Schwangerschaft vor ihrem Ehemann und ihren drei Töchtern zu verheimlichen.«

»Wie denn das?«, fragte ich baff.

Inzwischen konnte ich meine Jungs nicht mehr bändigen. Moritz wälzte sich im Sand, bis er aussah wie ein paniertes

Schnitzel, während Paul versuchte, den kleinen Justus in einem Handtuch gefangen zu halten.

»Sie ist von Beruf Modedesignerin«, verriet Frau Hohlweide-Dellbrück. »Sie betreibt ein Geschäft für Übergrößen. Vielleicht kennen Sie es, an der Rückseite der Oper.«

Ich musste mir ein hysterisches Lachen verbeißen. Nein, ICH kannte es nicht, aber bestimmt Frau Hohlweide-Dellbrück!

»Und, wann können wir das kleine Mädchen abholen?«, fragte ich überrumpelt und gleichzeitig völlig hysterisch vor Freude.

»Jederzeit«, sagte Frau Hohlweide-Dellbrück. »Ich gehe um 18 Uhr zu Tisch.«

Die Sonnencreme war noch nicht ganz eingezogen, da saßen wir schon wieder im Flugzeug.

Wir waren sofort wie von der Tarantel gestochen aufgesprungen, hatten die überraschten Kinder eingesammelt und waren jauchzend vor Glück zum Hotel zurückgerannt. Während Paul an der Rezeption Himmel und Hölle in Bewegung setzte, um auf der Stelle einen Rückflug nach Köln zu bekommen, hatte ich die Jungs im Hotelzimmer in die Badewanne gesteckt, unsere Sachen gepackt und innerhalb von einer Stunde das Zimmer geräumt. Wir stolperten mitsamt unseren Rollkoffern, Rucksäcken und Kuscheltieren über den Gang, und mein Gesicht war übersät von hektischen Flecken.

Die Kinder verstanden zwar nicht ganz, wie ihnen geschah, aber sie empfanden unseren überstürzten Aufbruch als lustiges Abenteuer, da ihre Eltern strahlten und speziell ihre Mutter in Freudentränen ausgebrochen war und das gesamte Hotelpersonal nervte:

»Wir müssen sofort abreisen! Wir haben eine kleine Tochter bekommen!«

»Wie?« Fragender, irritierter Blick auf meinen nicht vorhandenen Bauch.

»Rufen Sie uns einfach ein Taxi! Schnell, zum Flughafen!«

Paul musste tief in die Tasche greifen, aber er schaffte es, dass wir vier Plätze in einer kleinen Propellermaschine bekamen, die über Mailand nach Köln schwirrte.

Kurz darauf saßen wir im Taxi. In letzter Sekunde rasten wir übers Rollfeld zu dem kleinen Flieger hin, dessen Propeller sich schon drehten.

»Das war die kürzeste Schwangerschaft aller Zeiten!« Tränen rannen mir aus den Augen, und Paul drückte meine Hand.

»Ich bin so dankbar, Paul, ich habe keine Worte ...«

Dafür hatten die Kinder viele Worte und plapperten unentwegt vor sich hin.

In dem engen Flieger pressten wir die Kinder an uns: Wir würden eine kleine Tochter haben! Wir würden sie noch heute in unsere Arme schließen können! Das Mädchen sollte keine einzige Nacht im Heim verbringen müssen. Es kostete uns unsere gesamte Urlaubskasse, aber das war uns egal.

Ich würde dreifache Mutter sein!

Noch vor Feierabend stürmten wir das Jugendamt und ließen uns von einer sichtlich bewegten Frau Hohlweide-Dellbrück alles Wichtige über unser Töchterchen erzählen. Das winzige Bündel in den Armen, konnte ich den Blick nicht von ihr wenden! Sie trug einen winzigen weißen Strampler mit selbst gestrickten gelben Schühchen und schlief tief und fest. Sie hatte schwarzbraunen Flaum auf dem Köpfchen und ganz weiche winzige Lippen, die so zarte Atemgeräusche von sich gaben, dass ich mein Ohr dicht daran halten musste. Sie roch wunderbar, nach Babycreme und – Muttermilch? War sie eben noch gestillt worden? Das war etwas ganz anderes als bei unseren Heimkindern, die schon eine trostlose und einsame Zeit hinter sich hatten! Dieses

Mädchen kam direkt aus den Armen seiner Mutter. Sie war vielleicht das verheimlichte Ergebnis einer außerehelichen Beziehung. Möglicherweise hatten weder ihr Mann noch ihre drei halbwüchsigen Töchter eine Ahnung von der Existenz dieses kleinen Schätzeleins! Was auch immer der Mutter passiert war – das Baby hatte sie direkt bei Frau Hohlweide-Dellbrück gelassen, wo es, in eine winzige gelbe Wolldecke gehüllt, auf uns gewartet hatte.

Mir brach es das Herz, wenn ich daran dachte, wie schwer ihr diese Entscheidung wohl gefallen war und wie schmerzhaft dieser Abschied für sie gewesen sein musste!

Sie durfte, sollte und wollte uns nicht kennenlernen, um den Schmerz nicht noch zu vergrößern. Frau Hohlweide-Dellbrück hatte ihr nur geschildert, in was für eine intakte liebevolle Familie ihre kleine Tochter kommen würde und dass ihre kleine Louise – denn so hatte die Mutter sie genannt – es bei uns sehr gut haben würde.

Umso inniger schloss ich das winzig kleine Mädchen, das bei uns Charlotte heißen sollte, in mein Herz. Ihr würde niemals ein Haar gekrümmt werden, das Versprechen flüsterte ich ihr ins winzige Öhrchen.

15

SENTA
Juni 1999

»Ich sehe dich!«

»Wo?« Ich wirbelte herum, das Handy fest an mein Ohr gepresst.

Mit geschätzt zweihundert Mitarbeitern von Pauls Firma stand ich am Kölner Flughafen, von wo aus unser Betriebsausflug in ein Überraschungswochenende starten sollte.

Eigentlich hatte ich Markus ja versprochen, nach Bens »Geburt« nicht mehr zu arbeiten. Und das hatte ich auch genau acht Wochen lang geschafft. Aber seltsame Dinge hatten sich zugetragen: Erstens waren Markus' Eltern schockverliebt in ihren »Enkel« und rissen sich förmlich darum, ihn jeden Mittwoch zu sich nach Hause zu nehmen.

Zweitens hielt sich Felicitas liebend gern bei ihren Cousins Moritz und Justus und meiner lieben Schwester Sonja auf, sodass ich guten Gewissens meinen kinderfreien Mittwoch genießen konnte.

Und drittens ... Drittens gab es in der Firma: Steffen.

Und Steffen lebte bereits getrennt. Im Gegensatz zu mir.

»Wo bist du?«

»Hier. Ich stehe direkt hinter dir.«

Mitten im Gewühl am Check-in-Schalter entdeckte ich ihn, und am liebsten wäre ich ihm vor versammelter Mannschaft um den Hals gefallen, aber das ging natürlich nicht.

»Hier, Leute, eure Bordkarten!«, sagte Marianne, die Organisatorin des Überraschungsausflugs.

Die Hoffnung, dass ich neben Steffen zu sitzen käme, zerstob im Nu, als sich Tanja Pelzer aus dem Controlling vordrängte, Marianne direkt nach Steffen so einen Wisch aus der Hand riss und laut kreischend feststellte, dass Steffen ihr Sitznachbar sein würde, während ich neben dem dicken Bernd Wolters aus der Buchhaltung ausharren musste. Mist, verdammter. Das war natürlich von Anfang an ihr Plan gewesen!

Am liebsten hätte ich beiläufig gefragt, ob sie mit mir tauschen wolle. Aber die Art, wie sie sich bei Steffen einhängte und mit ihm zum Ausgang schritt, als schleppte sie ihn vors Standesamt, ließ mich verstummen.

Steffen warf mir einen vielsagenden Blick zu, ließ sich dann aber ergeben abschleppen.

»Wohin geht es denn eigentlich?«

»Nach Salzburg!«

»Oh, wie romantisch!«

Ja. Sehr. Während des Fluges über die schneebedeckten Voralpen wünschte ich mir nichts sehnlicher, als den dicken Bernd, der die ganze Zeit Nägel kaute, gegen den appetitlichen, vertrauten Steffen eintauschen zu können. Dann hätte ich mich einfach nur schweigend an seine Schulter gelehnt und die atemberaubende Aussicht genossen.

Eine Reihe vor mir konnte ich Tanjas blonden Haarschopf erkennen, der sich meinem Steffen näherte, während sie ihn ununterbrochen schrill zutextete. Ihr gellendes Gelächter ließ mich zusammenzucken, und der Anblick der Sektgläser, mit denen sie sich zuprosteten, machte mich auch nicht gerade glücklich. Säuerlich starrte ich aus dem Fenster.

Ich hatte ein bodenlanges schwarzes Abendkleid mit Spaghettiträgern im Gepäck. Später sollte es eine tolle Party geben, und der Dresscode auf der geheimnisvollen Einladung lautete: Gala. Ich konnte mir nichts Romantischeres vorstellen, als mit Steffen zu tanzen.

Nachdem wir gelandet waren und einen Bus bestiegen hatten, gelang es Tanja erneut, sich neben Steffen zu quetschen, der mir eigentlich einen Platz hatte frei halten wollen.

Zack!, schmiss sie ihre Tasche auf den Sitz. Steffen war viel zu höflich, um sie wegzuschicken. Wieder wechselten wir bedauernde Blicke.

»Leute«, schnarrte nun schrill Mariannes Stimme durch den Buslautsprecher. »Wir fahren jetzt etwa eine Stunde ins

Salzkammergut. In Hallstatt besuchen wir das Salzbergwerk. Es geht achthundert Meter in die Tiefe. Und dort wartet eine Mutprobe auf uns.«

Ein Raunen und Jauchzen ging durch den Bus. Wie auf einer Klassenfahrt. Wehe, wenn sie losgelassen!

Wieder konnte ich die atemberaubend schöne Landschaft kaum genießen, weil meine Eingeweide sich zusammenzogen, sobald ich Tanjas schrille Lache hörte. Ihre blonden Haare hatte sie bereits auf Steffens dunklem Jackett drapiert.

Eine Stunde später standen wir am Eingang zu einem Bergwerksstollen. Tief unter uns lag wie ein schwarz schillerndes Band der Hallstätter See. Kleine braune Gondeln hangelten sich im Licht der gleißenden Sonne von einem Ufer zum anderen. Die Häuser schmiegten sich anmutig an die Bergkette, und im Kirchturm neben dem Beinhaus, wo die Totenköpfe und Knochen der verblichenen Hallstätter aus Platzmangel aufeinandergestapelt lagen, läuteten die Glocken.

Ich hatte noch nie einen romantischeren Ort gesehen und wünschte mir 198 Kollegen weit weg. Besonders Tanja.

»Zieht jetzt bitte alle die weißen Schutzanzüge an!«

Aus den Augenwinkeln beobachtete ich das schnatternde Gänsevolk, das sich nun von seriösen Kollegen in eine Meute aufgeregter Kinder verwandelte.

Tanja hielt sich an Steffen fest, als sie die Schuhe auszog und sich hüftschwenkend in ihren Schutzanzug zwängte.

»O Gott, ich will da nicht rein!«

»Wie jetzt! Da drinnen ist es ja total dunkel!«

»Wer fertig ist, stellt sich bitte in einer Reihe hier am Eingang auf!«

»Ich glaub, da drin ist 'ne Rutsche!«

»Nee, ich glaub, man muss sich an 'nem Seil runterlassen.«

»Achthundert Meter in die Tiefe? Seid ihr bekloppt?«

»Oh, wie geil!«

»Das fördert unseren Teamgeist!«

»Ich trau mich nicht!«

»Die großen Kräftigen nach vorn, die kleinen Dicken nach hinten!«

Schon wieder hatte ich Steffen im Gewühl verloren. Zwischen uns hatten sich mindestens zehn Kollegen gedrängelt, die es gar nicht abwarten konnten, ihre Mutprobe zu bestehen. Erneut schmiss sich die aufdringliche Tanja an meinen Steffen ran, hängte sich bei ihm ein und stieß vor Aufregung spitze Schreie aus. Sie warf ihre blonde Mähne zur Seite, kniff Steffen in den Oberarm und blinzelte verzückt zu ihm auf.

»Sonnenbrille darf man jetzt auch nicht mitnehmen, oder?«

Einzig Steffens Blick in meine Richtung tröstete mich: Seine Augen sagten, dass er jetzt gerne neben mir stehen würde.

Ein wohliger Schauer überzog mich, und ich nickte kaum merklich.

Plötzlich gellte ein Pfiff aus der Trillerpfeife von Oberstfeldwebelin Marianne, und die Truppe schob sich langsam vorwärts auf das schwarze Loch zu. Ich schluckte. Inzwischen stand Steffen mit Tanja weit hinter mir.

Pah, Mutprobe! Vor mir verschwanden die weiß gekleideten Kollegen nacheinander im Nichts. Man hörte ihre Stimmen verhallen. Manche kreischten ängstlich, andere meldeten fachkundig, dass man eine Leiter senkrecht hinabsteigen müsse.

»Aber gut festhalten! Es ist kalt und rutschig hier unten!«

Ich starrte in einen finsteren Schlund, drehte mich zu Steffen um. Der nickte mir beruhigend zu.

Okay. Das würde ich schaffen. Ich würde Steffen beweisen, dass ich kein hysterisches Weib war. Ganz tapfer und cool würde ich mich jetzt da Stufe für Stufe runterarbeiten.

Das Herz wollte mir stehen bleiben, hier oben bleiben: bei Steffen.

»Passt schon.« Der österreichische Stollenführer packte mich am Arm. »Dahin geht's.« Das sagte der so leicht. »Pack mers, gemma, gemma.«

Schlotternd betrat ich die oberste Sprosse. Gott, war diese Leiter schlüpfrig!

Beißende Kälte schlug mir aus der Schwärze des Schachts entgegen. Es roch wie in einem Sarg. Na toll, schöne Mutprobe! Zitternd tastete ich mich mit den Fußspitzen tiefer.

Pah. Was war denn schon dabei, ein paar Leitern runterzuklettern? Das machte ich doch auf dem Spielplatz jeden Tag. Wir Mütter, wir konnten das!

Nach vier Leitern packte mich die nackte Panik.

Unten gähnende Leere, oben nur noch ein letzter Funken Tageslicht. Mein Atem ging stoßweise. Ich japste nach Luft und keuchte wie ein Walross. War ich vielleicht Asthmatikerin? Wo sollte denn hier unten Sauerstoff herkommen?

Wenn ich jetzt ausrutschte, würde ich wie ein nasser Sack in die Tiefe rauschen, auf eiskaltem Stein aufprallen.

Würde Steffen mich dann retten? Über mir wackelten die Leitern, auf denen sich gerade meine Kollegen vorarbeiteten. Umkehren und wieder raufkrabbeln war also keine Alternative. Wie tief würde ich fallen? In Gedanken sah ich, wie Steffen sich tarzangleich zu mir herunterhangelte, um mich aufzufangen und sich mit mir gemeinsam von Liane zu Liane zu schwingen.

Plötzlich kehrte mein Mut zurück. Das wunderbare Gefühl, einen Mann zu kennen, der mich in jeder Lebenslage retten würde, ließ mich wieder ganz ruhig werden.

War das Steffens Stimme über mir? Weit weg, aber deutlich. Ruhe und Gelassenheit durchströmten mich. Steffen war bei mir. Er würde mich nie im Stich lassen wie Markus neulich: Beim Karnevalsumzug hatte sich ein schmieriger Typ an mich rangewanzt, der sich unbedingt sein »Bötzcher« abholen wollte, also einen richtigen Kuss. Als er versuchte, mir die Zunge in den Hals zu stecken, wehrte ich ihn heftig ab und sah mich Hilfe suchend nach Markus um. Doch mein heldenhafter Gatte hatte sich in der Menge verdrückt. Bloß keinen Stress! Er hätte ja seine kostbaren Hände verletzen können! Seine Geigerhände! Da ließ er mich lieber mit diesem schmierigen Besoffenen knutschen. So ein Held war mein Markus.

Als ich endlich die letzte Leiter bewältigt hatte, ließ ich mich zitternd auf den Boden plumpsen. Von den Wänden tropfte es. Marianne klopfte mir anerkennend auf die Schulter: »Super gemacht, Senta. Sehr tapfer. Zweihundert Meter senkrecht nach unten. Du bist die erste Frau, die heil unten angekommen ist.«

»Ja, hätte ich denn in die Tiefe fallen können?«

Mariannes heiseres Gelächter hallte von den feuchten Felswänden wider. »Es hätte zu keiner Zeit Gefahr bestanden. Überall sind Netze gespannt, in die auch schon ein paar Kollegen gepurzelt sind!«

Jetzt rutschte auch Tanja Pelzer von der letzten Sprosse und warf sich triumphierend in Steffens Arme.

»Boah, war das geil!«

»Aber inzwischen kannst du wieder alleine stehen, oder?« Höflich pflückte Steffen Tanja von sich ab und schob mich an der verdutzten Kollegin vorbei. Nach ein paar Schritten durch pechschwarze Gänge bestiegen wir eine Lore, in der wir dicht hintereinandersaßen.

Nach einer rasanten Fahrt, die von mir aus ewig hätte dauern können, landeten wir in einem feierlich beleuchteten Gewölbe. Es war wie in Tausendundeiner Nacht! Überall brannten Kerzen und loderten Fackeln, außerdem gab es ein romantisch knisterndes Kaminfeuer, um das man sich scharen sollte. Das ließen wir uns nicht zweimal sagen. Die Funken sprühten nur so – auch im übertragenen Sinn.

Auf kleinen Beistelltischen standen Sektkelche und Champagnerflaschen, und in der Mitte des riesigen Gewölbes runde Esstische mit bodenlangen weißen Tischtüchern und Stühlen mit weißen Hussen. Alles war festlich eingedeckt, und Kellner mit Lederschürzen über nackten Oberkörpern eilten wieselflink dazwischen hin und her. Köstlicher Essensduft breitete sich im Stollen aus.

Ich glaubte zu träumen: Benebelte der Champagner meine Sinne?

»Wenn Sie mir bitte folgen wollen …« Eine weiße Fee half mir beim Aussteigen. Nur ungern löste ich mich aus Steffens Umarmung.

»Alle bitte die Abendgarderobe anlegen. Das Diner beginnt in zwanzig Minuten.«

Getrennt voneinander wurden Männlein und Weiblein in verschiedene Garderoben geführt. Hier warteten doch tatsächlich unsere Koffer auf uns! Vor riesigen beleuchteten Spiegeln pellten wir uns aus unseren Schutzanzügen. Innerhalb weniger Minuten zogen wir Mädels uns um. Jubelnd vor Vorfreude schlüpfte ich in mein schwarzes Abendkleid. Es war hauteng, und ich fühlte mich in dem kühlen glatten Seidenstoff wie eine Meerjungfrau. Aus den Augenwinkeln sah ich, dass sich Tanja in ein knallrotes Rüschenballonkleid geworfen hatte. Sie warf ihre blonde Haarmähne nach vorn und bürstete sie brachial. Dann griff sie tief in die Schminkkiste. Ich hingegen band meine eher dünnen blonden Haare zu einem kleinen Dutt zusammen und nahm nur etwas Lipgloss und einen Hauch Chanel Nr. 5, um aus der Grubensteigerin eine coole Lady zu zaubern.

Dann schritt ich in den Saal und überflog die vielen Gesichter. Eines nach dem anderen verschwamm vor meinen Augen – bis Steffen vor mir stand. Es war, als würde man einen Film anhalten: Auf einmal waren da nur noch er und ich, sonst niemand. Ich fühlte mich federleicht und gleichzeitig so stark wie noch nie. Seine Augen waren voller Bewunderung und schienen jeden Millimeter meiner Haut zu liebkosen. Alles um uns herum versank in einem Meer aus zuckenden Lichtern. Ich war wie im Rausch und wünschte mir, dieser Moment würde niemals enden.

»Du siehst wunderschön aus, Senta! Ich bin so stolz, heute Abend dein Tischherr zu sein!«

Nach dem Galadiner, bei dem ich keinen Bissen herunterbrachte, nahm Steffen meine Hand und führte mich auf die Tanzfläche. Zu den Klängen eines Wiener Walzers schwebten wir übermütig lachend durchs Felsengewölbe. Wir tanzten, als gäbe es kein Morgen. Die verwunderten Blicke unserer Kollegen erreichten uns nicht.

Die Nacht war fast vorbei, als Steffen mich im Morgengrauen zum Hotelzimmer brachte. Mit einem Kuss auf die Wange wollte er sich galant von mir verabschieden. Doch ich war so erfüllt von den letzten wundervollen Stunden, dass ich ihn noch nicht gehen lassen wollte, seinen Kopf zu mir drehte und ihn leidenschaftlich auf den Mund küsste.

16

SONJA
September 1999

»Und wie soll das jetzt weitergehen?« Besorgt schaute ich meine Schwester an, die mir soeben brühwarm alles von ihrem Betriebsausflug erzählt hatte.

»Wie soll dat nur wiggerjonn?«, stimmten wir beide in das wunderschöne Lied von den Bläck Fööss ein, zu dem man so gut schunkeln konnte.

»Ich sterbe vor schlechtem Gewissen«, jammerte Senta. Sie hatte seit mehreren Nächten kaum noch geschlafen und war nur noch ein Schatten ihrer selbst.

»Das kann ich gut verstehen.« Mit ernster Miene besah ich mir meine Schwester, das Häuflein Elend. »Du bist Mutter von zwei Kindern. Wenn du dich von Markus trennst, nimmst du ihnen den Vater.«

»Ich weiß!« Senta schluchzte verzweifelt. »Aber soll ich wirklich eine von den Frauen werden, die ihre Ehe aus Rücksicht auf die Kinder nur zum Schein aufrechterhalten? Auch wenn sie ihren Mann nicht mehr lieben?«

»Und Steffen liebst du?«

Senta nickte unter Tränen. »Ich wusste gar nicht, dass man einen Mann so lieben kann!« Meine arme Schwester war wirklich komplett durch den Wind.

Ich seufzte laut. »Ich wünschte, ich könnte dir einen Rat geben, Süße. Ich sehe ja, wie wenig sich Markus am Familienleben beteiligt. Kaum bist du zu Hause, ist er schon wieder auf einer Probe! Obwohl du extra früher heimgekommen bist. Und die Kinder hatte er während deiner Abwesenheit bei seinen Eltern geparkt. Warum bist du nicht bis zum Ende geblieben und hast dir mit Steffen eine schöne Zeit gemacht?«

»Wir konnten einfach nicht mehr so tun, als wäre nichts gewesen.« Senta schnäuzte sich in das Küchenpapier, das sie rollenweise verbrauchte. »Ich bin sofort nach Hause geflogen. Ich kam mir so – schäbig vor!«

»Ach, Liebes, jede Frau hat ihr kleines Geheimnis.« Ich hatte zwar keines, behauptete das aber einfach mal so.

»Sonja, es ist kein KLEINES Geheimnis!« Entschlossen schüttelte sie den Kopf. »Es ist ein RIESENGROSSER Schritt! Ich kann nicht lügen, kein Doppelleben führen, ich kann das einfach nicht!«

»Ich weiß.« Liebevoll legte ich den Arm um sie. Sie kam mir auf einmal so zerbrechlich vor. Als stünde sie vor den Scherben ihres ganzen Lebens. »Aber was willst du denn jetzt machen?«

»Wieder zur Tagesordnung übergehen.« Senta schluckte die letzten Tränen herunter und zuckte mit den Schultern. »Welche Mutter würde das nicht tun?«

»Und? Wirst du wieder in die Firma gehen? Nächsten Mittwoch?«

»Die Entscheidung kann ich momentan noch nicht treffen. Verschieben wir es doch auf morgen!«

»Du weißt, dass ich immer für dich da bin«, rief ich ihr noch nach, als sie klein und schmal zu ihrem Haus zurücklief, wo die Kinder auf sie warteten.

Was für ein tapferer Mensch sie doch war! Aber ich wollte um nichts in der Welt mit ihr tauschen.

Andererseits war in meinem Leben auch nicht alles eitel Sonnenschein. Mit Charlotte war zwar das große Glück bei uns eingezogen: Sie war ein wundervolles, zufriedenes Baby, entwickelte sich prächtig und löste eine glückshormongeschwängerte Dankbarkeitswelle nach der anderen bei mir aus. Ich konnte gar nicht damit aufhören, meine Nase in ihren Speckfalten zu vergraben, sie beim Baden und Wickeln abzuschmusen, ihre staunenden Blicke zu genießen, wenn ich Fingerspiele mit ihr machte, sie stolz durchs ganze Dorf zu chauffieren.

Auch Justus war ein in sich ruhender Buddha und bezauberte uns mit seiner Ausgeglichenheit.

Das war aber auch bitter nötig, denn ich brauchte all meine Kraft für den wilden, ungestümen Moritz, der nun eingeschult werden sollte.

Doch wenn Moritz eines nicht war, dann schulreif.

Da konnten wir noch so oft morgens am Frühstückstisch mit ihm den berühmten Schulreifetest machen: »Moritz, leg mal deinen Arm über den Kopf und zieh an deinem anderen Ohr!«

Das tat er zwar mühelos, machte aber ansonsten bloß Blödsinn. Ob er nun mit einem Lack-Goldstift die Heizung und den Wohnzimmerfußboden bemalte, meine teuren Kosmetikutensilien mitsamt Föhn in der Badewanne versenkte, einen Liter Spüli in die Spülmaschine kippte und sie dann anstellte, bis unsere Küche vor Seifenblasen blubberte – ihm fiel immer wieder etwas Neues ein. Er war wirklich wie Michel aus Lönneberga, doch auf die Dauer fanden sogar wir Eltern das nicht mehr lustig.

»Sind das noch normale Dumme-Jungen-Streiche?« Das fragte ich meinen Mann Paul und meine Schwester Senta immer öfter. Gaben wir ihm nicht genug Liebe und Geborgenheit? War er eifersüchtig auf seine kleinen Geschwister?

Ich liebte unseren Moritz mit jeder Faser meines Herzens. Immer wieder rief ich mir ins Bewusstsein, dass seine Gene an ihm zerrten. Dass er nicht hyperaktiv sein WOLLTE, sondern einfach nicht anders KONNTE. Er machte Unsinn, probierte sich aus, und es war unsere Aufgabe, ihm Grenzen zu setzen. Immer wieder.

Nun war sein erster Schultag gekommen. Aber vielleicht würde ihm das ja helfen, sich zu normalisieren?

Gemeinsam mit Senta betraten wir zum ersten Mal das Schulgebäude.

Doch Moritz verstand den Ernst der Lage nicht. Laut brummend ließ er seine Matchbox-Autos auf der Heizung des Unterrichtsraums herumfahren, setzte sich den Papierkorb auf den Kopf und verschwand bis zu den Schultern darin.

»Ist das Ihrer?«, fragte die Lehrerin lächelnd.

»Ja. Also nicht der Papierkorb, aber der Junge.«

»Dann sagen Sie ihm mal, dass er sich jetzt setzen soll.«

Das tat Moritz. Mitsamt dem Eimer auf dem Kopf ließ er sich auf die Erde plumpsen.

Die anderen Kinder kicherten.

Hätten wir mit der Einschulung vielleicht doch noch warten sollen? Aber noch ein Jahr Kindergarten würde ihm definitiv nicht guttun.

Senta grinste. »Hol dein Kind aus dem Müll!« Sie stupste mich in die Seite.

Verzweifelt nahm ich meinen kleinen Schulverweigerer in die Arme und hoffte, er würde diese erste Schulstunde ohne größere Auffälligkeiten überstehen.

17

SENTA
September 1999

»Frau Schilling? Jugendamt Tresden, die Frau Stumpf!«

Immer wenn das Telefon klingelte, fing mein Herz an zu rasen, aber eigentlich nur, weil ich den verbotenen Wunsch hegte, es könnte Steffen sein. Noch immer war ich unter diversen Vorwänden nicht in die Firma gegangen, um ihm nicht zu begegnen, verging aber gleichzeitig vor Sehnsucht nach ihm.

»Hallo, Frau Stumpf! Was kann ich für Sie tun?« Gerade kam ich mit Felicitas und Ben vom Einkaufen zurück.

»Es ist nur eine Formsache, Frau Schilling. Aber Ihr Mann hat immer noch nicht die Adoptionsunterlagen vom gleen Robin unterschrieben.«

Wie? Mein Mann? Ach so. Markus.

»Er heißt jetzt Ben, Frau Stumpf.«

»Nu! Der gleene Ben! Nischt für ungut, Frau Schilling. Aber es fehlt immer noch die Unterschrift. Guckense ma, ob Se die finden, und dann faxen Se mir die dursch. Nur für die Akten.«

»Mach ich doch gerne, Frau Stumpf.«

»Scheen Daach noch, und rischtense dem Gatten meine hässlichsten Grüße aus!«

Ja, danach war mir. Warum konnte ich bloß nicht aufhören, an Steffen zu denken?

Ich verzog mich in Markus' Arbeitszimmer, wo ich erstens in Ruhe telefonieren und faxen konnte und zweitens Bens Adoptionsunterlagen vermutete. Diese Bürokratie aber auch! Man hatte zwar unserem Adoptionsantrag stattgegeben und uns das Kind zugesprochen, aber darauf folgte erst mindestens ein Jahr »Adoptionspflege«, bis das Familiengericht die tatsächliche Adoption aussprach. Dieser Schritt stand uns noch bevor. Und natürlich mussten auch hier wieder im Vorfeld jede Menge Unterlagen ausgefüllt werden.

Meine Finger glitten über die von mir sorgfältig geführten Ordner, die mit »Felicitas« und »Ben« beschriftet waren.

Alles tadellos, aber der Adoptionsantrag war tatsächlich nur von mir unterschrieben worden.

»Das gibt's doch nicht, dass ich das nicht vorher gesehen habe!«, murmelte ich erschrocken. Das musste ja wohl schleunigst erledigt werden! Ich würde ihm das Feld dick mit dem Textmarker anstreichen! Sofort griff ich in seine Schreibtischschublade, in der Stimmgabeln, Stifte und Notenblätter herumflogen. Schon seit Längerem sah ich es nicht mehr als meine Aufgabe an, ihm hinterherzuräumen. Natürlich wischte ich noch über die Regale, goss die Blumen und saugte Staub, aber ansonsten hatte ich in seinem Arbeitszimmer nichts verloren.

Umso mehr fiel ich aus allen Wolken, als ich plötzlich ein Fax ganz zuoberst in seiner Schublade entdeckte – fast so, als sollte ich es finden!

Tina Parker an Markus Schilling, gesendet am 19.01.1996

Geliebter Markus,
immer wieder muss ich an unser Telefongespräch gestern Nacht denken. Ich hätte noch Stunden mit dir telefonieren können. Du bist Erotik pur. Du machst mich verrückt! Schon als ich dich auf der Kreuzfahrt das erste Mal sah, war ich wie verzaubert. In dein Lachen und deine Stimme habe ich mich sofort verliebt!

Die Nächte an der Bar waren das Schönste seit Langem. Ich muss dich unbedingt wiedersehen! Ich brauche dich als Insel in meinem Alltagstrott und wusste gar nicht, was mir gefehlt hat, bis ich dich traf.

Ich zähle die Tage, geliebter Markus, bis ich wieder – und diesmal ungestört – in deinen Armen liegen darf.
Deine
Tina

Fassungslos starrte ich auf das Fax. Nur fünf Tage nach Felicitas' Ankunft war es versendet worden! Eine Woche nach unserer Rückkehr aus der Karibik! Vor meinen Augen tanzten Sterne. Lief das mit Tina immer noch? Während ich seit dem Betriebsausflug mit Steffen umkam vor schlechtem Gewissen? Fieberhaft wühlte ich in seinen Schubladen, stach mir die Finger an spitzen Bleistiften, Heftzwecken und einer Nagelschere. Ich hasste mich dafür, ihm so hinterherzuschnüffeln. Aber ich wollte jetzt Klarheit.

Und da, in einer Klarsichtfolie, die fast überquoll, lagen noch andere Faxe, sorgfältig nach Datum geordnet. Als ich sie auf die Schreibtischplatte segeln ließ, kamen mir eindeutige Fotos, Hotelrechnungen und handgeschriebene Zettel entgegen. Fünf Jahre voller Leidenschaft, hemmungslosem Sex, verbotener Sehnsucht und kleinen Fluchten. Markus sah auf diesen Fotos überglücklich aus. Das war also das andere, wahre Gesicht meines Mannes! Das also verbarg sich hinter seinen ewigen Proben, Dienstreisen und Wochenendausflügen mit seinen »ehemaligen Kommilitonen«.

Das hässliche Rauschen in meinen Ohren schwoll zu einem schrillen Pfeifen an, als ich die Fotos von Tina betrachtete, die spärlich bekleidet auf dem Bett, im Bad oder auch in der freien Natur zu sehen war. Sie war wirklich ein fleischgewordener Männertraum, das musste ich ihr lassen. Und Markus hatte alle diese Bilder gemacht.

Mit derselben Kamera, mit der er unsere Familienfotos machte?

Oh, Markus! Seufzend sank ich auf seinen Schreibtischstuhl. Er fühlte sich gefangen in einem Leben, das er nicht wollte, an der Seite der falschen Frau! Einer blonden, familienorientierten Mutter und Hausfrau. Das genaue Gegenteil von Tina.

Wie hatte ihm das nur passieren können?

Vermutlich genauso wie mir! Meine Mundwinkel zitterten, aber ich musste lächeln.

Das Merkwürdige war, dass ich überhaupt keine Wut, keinen Hass und keine Rache spürte. Sondern fast so etwas wie – Befreiung.

Das könnte die Lösung sein!, jubelte es in mir. Die Er-Lösung!

Kleine Fäuste hämmerten an die Arbeitszimmertür.

»Mami? Mein Bild ist fertig! Und Ben schreit!«

»Oh, Felicitas, würdest du mit Ben zu Sonja gehen und mal schauen, wie Moritz' Bild geworden ist?«

Eilig schob ich mein enttäuschtes Töchterchen in den Garten hinaus. »Dein Bild ist wunderschön, und ich bin wahnsinnig stolz auf dich. Aber jetzt muss ich erst mal ganz dringend mit Papa telefonieren.« Mein Herz polterte wie verrückt.

Die Trennung. Er wollte sie doch, genau wie ich! Er liebte einen anderen Menschen, genau wie ich! Er verstellte und quälte sich genau wie ich!

Ich hatte nur noch ein Bedürfnis: endlich alle Karten auf den Tisch zu legen. Nicht nur Adoptionsunterlagen.

Wieder rief ich in der Zentrale des Funkhauses an und meldete einen familiären Notfall.

Markus rief bald zurück, und als ich das Wort »Tina« sagte, fuhr er schnurstracks zu mir. Auch ihm schien das alles schrecklich auf der Seele zu brennen.

»Ehrlich gesagt wollte ich, dass du die ganze Scheiße findest.« Er saß am Küchentisch, raufte sich die dichten schwarzen Haare und starrte in seine Kaffeetasse.

»So konnte es einfach nicht mehr weitergehen.«

»Das finde ich auch, Markus. Aber wie SOLL es denn weitergehen?«

Markus hob den Kopf und sah mich zerknirscht an.

»Ich hab mich damals auf den ersten Blick in Tina verliebt und steckte sofort in einer emotionalen Zwickmühle.«

Ich starrte ihn an, spulte in Gedanken unser Leben zurück.

»Du warst total fixiert auf das kleine Mädchen, das wir abholen sollten, während ich die heißesten Nächte überhaupt erlebt habe! Du hast im Bett nur Babybücher und Ratgeber mit dem Titel ›Jedes Kind kann durchschlafen‹ gelesen. Doch ich konnte keine einzige Nacht durchschlafen!« Er grinste schief. »Du hast von nichts anderem mehr gesprochen als von ›unserem Baby‹, und ich war wie elektrisiert von Tina, ihren schwarzen Haaren, ihren Mandelaugen, ihrer Stimme ...«

O Gott, das tat weh. Ich schluckte trocken und starrte ihn aus brennenden Augen an.

»Ich habe mich unglaublich schlecht gefühlt, Senta, das musst du mir glauben. Du kannst nichts dafür, du warst immer eine perfekte Ehefrau und Mutter ...« Seine Augen füllten sich mit Tränen, und seine Stimme wurde wackeliger. Mir wurde warm ums Herz, und ich spürte keinen Groll. Trotzdem hatte ich das Gefühl, aus einem langen Traum zu erwachen: Denn nichts würde je wieder so sein wie zuvor. Einer von uns beiden würde gehen, und zwar für immer. Die Kinder würden ihren Vater verlieren.

»Sprich weiter.« Fast hätte ich seine Hand genommen, konnte mich aber gerade noch beherrschen.

»Und dann das ständige Gerede meiner Eltern, dass du ihnen keinen leiblichen Stammhalter schenken kannst und dass ich doch woanders noch Chancen hätte ...«

Ich schluckte wieder. In was für einer schwierigen Situation er die ganze Zeit gesteckt hatte! Und mir zuliebe mitgespielt hatte, weil ich mir die beiden Kinder einbildete!

Stöhnend schlug er die Hände vors Gesicht. »Du bist ein wunderbarer Mensch, Senta, und ich bin wahrscheinlich der größte Versager unter der Sonne …«

Ich wollte ihm gern recht geben. Aber gehörten zum Scheitern einer Ehe nicht immer zwei? Wir hatten vielleicht nie richtig zueinandergepasst und wollten es bloß nie wahrhaben!

O Gott!, dachte ich an die Zeit nach der Kreuzfahrt zurück. Markus hatte gar keine Wahl gehabt! Ich habe ihn mitten in der Nacht nach Dresden geschleift, wo er in diesem schäbigen Kinderheim auf dem abgewetzten Sofa gesessen hatte. Ich hatte ihm Felicitas buchstäblich aufs Auge gedrückt! Und bei Ben war er immer noch genauso hin- und hergerissen gewesen! Weil er mich und die Kinder doch irgendwie wollte. AUCH.

Wenn ich ehrlich war, hatte ich längst so etwas gespürt, ohne es wahrhaben zu wollen. Wie sehr hatte ich mir immer eine heile Familie gewünscht! Zusammenhalt um jeden Preis!

»Ich wollte nicht als totales Arschloch dastehen.« Markus ließ Felicitas' Federmäppchen auf- und zuklappen. »Ich hatte überhaupt keine andere Wahl, als eine Art Doppelleben zu führen: hier das Fachwerkidyll als Ehemann und Vater. Und dann noch meine Parallelwelt mit Tina, die Erfüllung all meiner Sehnsüchte …«

Er zog bedauernd die Schultern hoch.

»Ich würde dir gern sagen, dass es mir leidtut, Senta. Aber irgendwie tut es mir auch nicht leid. Meine Eltern fanden deine Familienorientiertheit toll, haben sich immer genau so eine Frau für mich gewünscht. Wahrscheinlich, weil sie schon geahnt haben, dass ich am liebsten ausbrechen und die Welt erobern würde.«

Ich konnte nicht anders, ich nahm seine Hand. Vielleicht

auch, um das nervtötende Gefummel an Felicitas' Federmäppchen zu beenden.

»Ich bin dir nicht böse, Markus. Vielleicht hätte ich schon viel eher in deinen Schubladen wühlen sollen.«

»Ja, blöd, dass du kein bisschen indiskret bist«, grunzte Markus und knuffte mich wie einen alten Kumpel in die Seite. »Ich hätte dir die Faxe aufs Kopfkissen legen sollen.«

Dann rückte er mit dem nächsten Geständnis heraus: »Es ist nämlich so, dass ich mich bei den Berliner Philharmonikern beworben habe.«

»Du hast WAS?«

»Da ist schon lange eine zweite Geige vakant, und ich habe schon vor einem halben Jahr vorgespielt. Sie haben mich genommen.« Stolz glühte aus seinen Augen. Eigentlich musste ich ihm gratulieren, denn die nahmen echt nicht jeden. Doch stattdessen runzelte ich empört die Stirn: »Du wärst einfach so nach Berlin gezogen? Ohne uns?«

»Ihr wärt ja nie und nimmer mitgekommen!«

Mir blieb der Mund offen stehen. »Nein. Wären wir nicht.«

Meine innige Verbundenheit mit Sonja, Paul und ihren drei Kindern war ein viel stärkeres Band als das zu Markus. Und dann war da noch meine Verbundenheit mit Steffen, der mein Herz seit über einem Jahr beschäftigte. Und seit diesem Betriebsausflug erst recht. Nein, ich wäre niemals mitgegangen nach Berlin.

»Ich muss dir auch ein Geständnis machen, Markus.«

So. Jetzt wirklich alle Karten auf den Tisch.

Ich erzählte ihm von Steffen – und erlebte fassungslos, dass wir zusammensaßen wie alte Freunde, die sich gegenseitig die Lebensbeichte abnehmen und nichts als Verständnis füreinander haben.

Zwischendurch steckte Sonja fragend den Kopf zur Tür herein. Als sie merkte, dass Markus und ich uns endlich zu einer längst fälligen Aussprache zusammengefunden hatten, nahm sie die Kinder über Nacht mit zu sich.

Draußen begann es zu regnen, und die Kirschzweige vor dem Küchenfenster klopften sacht an die Scheibe, als wollten sie uns applaudieren, dass wir endlich den Mut gefunden hatten, uns gegenseitig die Wahrheit zu sagen.

Als wir auf die Zukunft der Kinder zu sprechen kamen, flossen bei uns beiden die Tränen. Sie sollten doch in einem intakten Elternhaus aufwachsen, das und nichts anderes hatten sie verdient!

»Ich liebe die Kinder, Senta, wirklich! Aber ich bin wohl kein guter Vater. Ich hab einfach nicht das Durchhaltevermögen und die Geduld!«

»Vielleicht eignest du dich nur nicht zum Adoptivvater.« Versöhnlich tätschelte ich seine Hand. »Vielleicht brauchen Kerle wie du wirkliche Beweise ihrer Manneskraft.«

Er ging in der Küche auf und ab, die Hände in den Hosentaschen vergraben.

»Ich werde finanziell immer für Felicitas und Ben geradestehen, darauf kannst du dich verlassen.«

»Das ist gut.«

Ich machte Licht und wärmte den Eintopf auf, den ich mittags mit den Kindern gegessen hatte. »Komm, setz dich wieder. Henkersmahlzeit.«

»Frau Stumpf? Haben Sie einen Moment?« Mein Herz raste, aber jetzt musste ich unser Chaos beichten.

»Frau Schilling! Ja, isch wollde gerade zu Tisch, aber bei einem so netten Anruf kann isch auch noch warrdn!«

Wie süß, dass die immer alle zu Tisch wollten! Ich bekam seit Wochen keinen Bissen mehr runter.

»Es geht um die fehlende Unterschrift meines – ähm – Mannes!«

»Nu!! Wissense, Frau Schilling, jetzt wo wir endlisch Westfernsehen sehen können, der Maggus erinnert misch andn Dschorsch Gluuni!« Sie kicherte verschämt. »Sie haben da ein eschtes Brachtexemplor.«

»Ja ... äh ... Es hat sich einiges bei uns getan, Frau Stumpf, und ich fürchte, das zu erzählen, dauert länger als Ihre Mittagspause.«

»Jetzt machen Sie es aber spannend!«

»Mein Mann und ich – wir haben uns getrennt.«

Schweigen. Verwundertes Schweigen? Verstörtes Schweigen? Beleidigtes Schweigen?

»Da bin isch abor blatt.«

»Er ist jetzt bei den Berliner Philharmonikern und zieht dort auch hin.«

»Nu! Und was is jetzt mit der Undorschrift?«

»Ja, liebe Frau Stumpf, das ist der Grund meines Anrufs. Er unterschreibt nicht.«

»Er undorschreibt nisch?! Das habbisch ja noch nie gehöaaart!« Sächselnd verschaffte sie lautstark ihrer Empörung Ausdruck.

»Nein. Er hat sich das lange durch den Kopf gehen lassen, aber er findet, dass Ben nicht mehr in seinen Zuständigkeitsbereich gehört.«

»Frau Schilling, das überschreided mein Fassungsvermögen.«

»Ja, ich war zuerst auch – befremdet, aber seine Ehrlichkeit ist mir dennoch lieber als so ein halbherziges Vatergetue, das dann irgendwann in seliges Vergessen mündet.«

»Ja, aber was machenwa denn nu?«

»Ich würde Sie so gern zu uns nach Hause einladen, damit Sie sich ein Bild von unserer neuen Situation machen können!«

Das ließ sich Frau Stumpf natürlich nicht zweimal sagen. Sie hatte sowieso vor, den Kölner Dom zu sehen. Und nachdem ich ihr von Steffen vorgeschwärmt hatte, wollte sie auch ihn sehen. Optisch stand Steffen Markus in nichts nach, aber charakterlich war er ihm weit voraus. Zumindest was meine Bedürfnisse betraf.

Steffen war inzwischen zu mir gezogen. Das heißt, zu uns: zu Felicitas, Ben und mir. Er wusste, dass es mich nur im Dreierpack gab, und er war ein hinreißender Vater. Ein bisschen so wie Paul: immer präsent, ohne besserwisserisch zu sein. Immer ruhig, ohne gleichgültig zu sein. Und immer mit einem offenen Ohr für alle Alltagsprobleme.

Und so kam es, dass Steffen sich, ohne zu zögern, bereit erklärte, Ben an Markus' Stelle zu adoptieren.

Wir nahmen einige Änderungen im Haus vor, um Steffen nicht das Gefühl zu geben, dass er hier als Ersatz einsprang. Auch das Ehebett flog natürlich in hohem Bogen raus.

Keine zwei Tage später saß Frau Stumpf bei uns am Kaffeetisch und betrachtete wohlwollend die ländliche Idylle. Es war inzwischen Adventszeit, und ich hatte für die Kinder Adventskalender gebastelt. Es duftete im ganzen Haus nach frisch gebackenen Keksen und Tannenzweigen.

Im Wohnzimmerschrank waren schon die ersten Geschenke versteckt, die bald unter dem Weihnachtsbaum liegen würden. In der Garage wartete ein knallrotes Fahrrad auf Felicitas, und Ben würde ein Dreirad bekommen.

Der Garten war tief verschneit, und die weihnachtlich erhellten Fensterscheiben des benachbarten Hauses von Sonja und Paul schienen uns zuzuzwinkern.

Die beiden wussten, dass wir hohen Besuch hatten, und drückten uns die Daumen, dass Frau Stumpf Steffen als Adoptiv-

Vater gutheißen würde. Schließlich waren wir nicht verheiratet, was ursprünglich ja Voraussetzung für eine Adoption gewesen war. Aber das wollten Steffen und ich so schnell wie möglich nachholen. Markus und ich würden uns einvernehmlich scheiden lassen – genauso spontan und unkompliziert, wie wir damals geheiratet hatten.

Nach dem zweiten Stück Kuchen und dem zweiten Becher Glühwein hatte sich Frau Stumpf genauso für Steffen erwärmt wie für Markus damals.

Sie zog ihren Aktenordner aus der Tasche, verschränkte die Arme vor der Brust und informierte uns sachlich: »Nach Brüfung der Räschtslage besteht die Möglischkeit, dass Sie, Herr Prinz, in das laufende Adoptionsverfahren vom gleen Robin – ähm, Ben – ainstaign gönn.«

Sie legte uns eine lange Liste mit Dokumenten neben den Adventskranz, die Steffen jetzt beantragen, ausfüllen und einreichen musste. Führungszeugnis, Lebenslauf, Gesundheitscheck, Willenserklärung und so weiter.

»Nach Brüfung der Undorlagen werden diese dann dem Gerischt überställt«, leierte Frau Stumpf mit amtlicher Miene ihr Sprüchlein herunter, »um das eigentliche Adoptionsverfahren offiziell einzuleidn.«

Das ganze leidige Prozedere ging also wieder von vorne los – nur mit dem Unterschied, dass wir unser Wunschkind bereits hatten!

Es handelte sich nur noch um eine »Formalidäät«, wie Frau Stumpf uns wohlwollend versicherte. Aber »da gomm wir nisch drum rum«.

Letztlich freute sie sich diebisch, dass unser Ben »der kleine Prinz« sein würde, und erwähnte nicht ohne Stolz, dass »die Prinzen«, eine A-cappella-Gruppe aus Leipzig, doch »wirklisch där Hammor« seien. Das konnte ich nur bestätigen. »Isch wär so gerne Millionär, dann wär mein Gondo niemals läär«, sang Frau Stumpf, nachdem die Formalitäten erledigt waren.

Ich lächelte und sah Steffen glücklich an. Man sieht nur mit dem Herzen gut.

»Hallo, ihr Prinzen und Prinzessinnen! Kommt ihr mit in den Zoo?«

Inzwischen war wieder fast ein Jahr vergangen, und unsere Großfamilie brach zu einem Ausflug auf. Sonja und Paul hatten ihre drei Racker bereits im familienfreundlichen Kombi verstaut – das heißt Moritz gefesselt und geknebelt, Justus angeschnallt und die entzückende Charlotte in die Babyschale gebettet. Auch ich verstaute meine Brut in Gestalt von Felicitas und Ben in großer Vorfreude im Auto. Steffen warf Karre und Ausflugsgepäck in den Kofferraum, als hätte er nie etwas anderes getan. Zum Glück musste er in unserer Familie keine lange Probezeit durchlaufen. Steffen war ja schon lange mit Paul und Sonja befreundet, sodass es keinerlei Anlaufschwierigkeiten gab. Wir alle liebten Steffen ausnahmslos. Und er konnte mich und meine Schwester inzwischen gut auseinanderhalten – nicht nur wegen meines kleinen Leberflecks!

Nachdem Felicitas ihre Trotzphase überstanden hatte, war es nun am kleinen Ben, komplett verrücktzuspielen. Mein Zweijähriger wollte sich einfach nicht anschnallen lassen! Er machte sich steif, stemmte sich gegen die Gurte und schrie unser ganzes Dorf zusammen. Wie der kleine Oskar aus der »Blechtrommel« kreischte er in den höchsten Tönen. Ich fürchtete schon um die Fensterscheiben in der Nachbarschaft.

Felicitas hielt sich weinend die Ohren zu.

»Mama, der soll aufhören!«

Beruhigend redete ich auf Ben ein, aber er schlug nach mir und trat gegen den Vordersitz.

Sonja und Paul standen geduldig neben ihrem Wagen und warteten. Sie hatten selbst schon so viele Wutanfälle und Ausbrüche bei Moritz erlebt, dass dies hier für sie ein Kurkonzert zu sein schien. Mir fielen jedoch fast die Ohren ab.

»Ben! Bitte! Wir wollen doch in den Zoo! Wir können nicht losfahren, wenn du nicht angeschnallt bist!«

Schrei, brüll, trotz. Strampel, trommel, kreisch. Wo hatte der kleine Kerl nur die Kraft her? War es die Trennung von Markus, die ihm zu schaffen machte? Oder brach sich seine Vergangenheit Bahn?

»Ich habe Angst, dass er ohnmächtig wird«, rief ich Sonja zu. »Er ist schon ganz blau im Gesicht!«

»Setz dich nach hinten neben ihn«, schlug meine Schwester vor. »Sing ihm was vor. Der beruhigt sich schon wieder.«

Wir fuhren los. Nun war ich eingekeilt zwischen einem brüllenden Ben und einer heulenden Felicitas. Vorn trommelte Steffen in mühsamer Beherrschung auf sein Lenkrad.

Kurz durchzuckte mich der unschöne Gedanke, dass ich auch diesen Mann mit meinen Kindern überfordern und über kurz oder lang vertreiben würde. Mir brach der Schweiß aus. Natürlich hatten wir uns in einer entspannteren Situation kennen und lieben gelernt: ich immer schön fein gemacht im Büro statt – so wie jetzt – mit bequemen Turnschuhen, Wetterjäckchen und Windeltasche! Ob er mich nun mit ganz anderen Augen sah?

Eine halbe Stunde lang versuchte ich das hysterische Bündel Ben zu bändigen und sang gegen das Gekreisch ein Kinderlied nach dem anderen. Ich war wirklich am Ende meiner Kräfte, doch kaum waren wir auf dem Zooparkplatz angekommen, verstummte Bens ohrenbetäubendes Mördergeschrei. Der kleine Kerl war in einen tiefen Erschöpfungsschlaf gefallen.

Mit der Folge, dass ich jetzt Angst hatte, auszusteigen und ihn zu wecken.

»Wollt ihr schon mal vorgehen?«, flüsterte ich aus dem runtergekurbelten Autofenster.

»Nix da!«, stellte Sonja klar. »Wir sind eine Familie, und wir halten zusammen.«

Und so kam es, dass wir auf dem Parkplatz erst mal eine Ewigkeit auf der Bank saßen und Sonja aus einem Pixi-Buch vorlas. Paul und Steffen verteilten kühle Limonade. Absolut tiefenentspannt und gelassen, auch wenn sie sich den Sonntag bestimmt anders vorgestellt hatten.

Ich saß nach wie vor zwischen den Kindersitzen auf dem Rücksitz, hielt das Händchen des kleinen Ben und war einfach nur dankbar, so eine wunderbare Familie zu haben.

Doch es ging weiter: Kaum war Ben wach, schlug er mir das Eis aus der Hand, das ich ihm freundlich hinhielt. Ich wusste gar nicht, wie mir geschah! Spürte der kleine Kerl denn nicht, wie lieb wir ihn hatten? Wieder begann er zu schreien und hörte den ganzen Ausflug nicht damit auf. Als wir im Zoorestaurant saßen, um uns zu stärken, kam der Kellner und verwies uns des Lokals. Nicht nur der brüllende Ben war der Stein des Anstoßes, auch Moritz nervte die anderen Gäste, indem er um die Tische und Bänke tobte wie ein Schimpanse und auch noch mit Essensresten warf.

Also blieb uns nichts anderes übrig, als erst das Restaurant und dann den Zoo zu verlassen. Die Leute sahen uns kopfschüttelnd nach. In ihren Blicken sahen wir nicht nur die Abscheu über unsere »unerzogenen Kinder«, sondern auch die Erleichterung, dass es nicht ihre eigenen Sprösslinge waren, die hier des Terrains verwiesen wurden. Wir trugen es mit Fassung, denn wir wussten, dass unsere Kinder etwas Besonderes waren. Und jedes von ihnen unsere Aufmerksamkeit und Geduld brauchte. Auch wenn uns manchmal der Geduldsfaden riss.

Doch das Schreien ging weiter. Tagelang. Ben rang nach Luft, lief erst rot, dann blau und schließlich dunkelviolett an. In meiner Not ging ich zum Kinderarzt. Er hatte meinen Kleinen kaum untersucht, als er bedenklich das Gesicht verzog und sagte:

»Es könnte Leukämie sein.«

Mein Herz wurde zu Stein. In meinen Ohren rauschte das Blut. Ich musste mich setzen.

»Wie bitte?«, flüsterte ich. »Wie können Sie so etwas Schwerwiegendes nach zehn Minuten Abhören und einmal in den Mund Gucken sagen?«

»Diese Atemnot.«

Er zeigte auf mein durchschreiendes Kind. Meinte er allen Ernstes, Ben hätte nicht vom Brüllen Atemnot, sondern das Brüllen käme von einer Atemnot? Kurz war ich tatsächlich verunsichert. Doch dann unkte der Kinderarzt: »Auch Lungenwürmer sind denkbar.« Na toll. Er ruderte bereits zurück.

»Aha. Es könnte aber auch die Maul- und Klauenseuche sein?« Wutschnaubend zog ich den erschöpften Ben wieder an und verließ grußlos die Praxis. Der hier würde mich nie wiedersehen!

Zwanzig Minuten später stand ich vor der Kinderklinik Köln in der Amsterdamer Straße. In panischer Angst trug ich das schreiende Kind die Eingangsstufen hoch. Bens Atem ging rasselnd und pfeifend. Die Glastüren öffneten sich automatisch. Hektisch suchte ich auf den großen Informationstafeln nach dem Weg.

»Kann ich Ihnen helfen?«

Eine vorbeikommende Schwester hielt inne. Sie musste mir meine Verzweiflung schon aus zehn Metern Entfernung angesehen haben.

»Ich möchte mit meinem Sohn Ben zur Pneumologie!«

»Haben Sie einen Überweisungsschein?«

Ah. Verdammt. Natürlich nicht.

»Handelt es sich um einen Notfall?«

»Das weiß ich nicht!« Verzweifelt umklammerte ich meinen fiebernden Sohn. »Ein Kinderarzt hat vor einer halben Stunde Leukämie diagnostiziert, es könnten aber auch Lungenwürmer sein!«

»Warten Sie hier.« Die Schwester eilte davon, und nach zehn Minuten betrat ein untersetzter Arzt mit grauem Haarkranz den Flur. Ich war inzwischen auf einen orangefarbenen Plastikstuhl gesunken.

»Dr. Unger mein Name, wie kann ich helfen?!«

Ich berichtete dem guten Mann schwallartig, was sich zugetragen hatte: Ben schrie seit Tagen, schlief nicht, ließ sich von mir nicht trösten, geschweige denn anfassen, machte sich steif, schlug nach mir und hatte offensichtlich Schmerzen. Ob an der Seele oder sonst wo, konnte ich einfach nicht ermessen. Der Arzt führte uns in ein Untersuchungszimmer, hörte gründlich Bens Lunge ab und ließ Blut abnehmen, das sofort ins Labor gebracht wurde. Nach kurzer Zeit gab er mir Entwarnung: »Keine Leukämie. Und Lungenwürmer schon mal gar nicht. Das ist eine Krankheit, die hauptsächlich in Asien und Lateinamerika vorkommt.«

Ich war unsagbar erleichtert und kochte gleichzeitig vor Wut auf den tumben Vorstadt-Kinderarzt.

»Alles halb so wild, Sie werden sehen«, beruhigte mich Dr. Unger und ließ Ben ein kortisonhaltiges Medikament durch eine Maske einatmen. Das gefiel meinem kleinen Schatz gar nicht, und er strampelte panisch mit den Beinchen.

»Gleich, Süßer, gleich ist es vorbei! Es tut dir gut, vertrau mir!«

Und tatsächlich: Bens blassblaues Gesicht nahm wieder rosige Züge an, und seine Atmung entspannte sich. Das Rasseln verwandelte sich in ein gleichmäßiges, zufriedenes Schnaufen. So etwas wie Dankbarkeit lag in seinem Blick.

»Könnte sein, dass Ben an Asthma leidet«, erklärte mir Dr. Unger. »Das könnte erblich bedingt sein. Gibt es in Ihrer Familie Asthmatiker?«

Ich lachte trocken. »Ben ist adoptiert.«

»Oh.« Bildete ich mir das nur ein, oder trat so etwas wie Respekt in seinen Blick? Die feinen Lachfältchen um die Augen des Arztes vertieften sich, und er zeigte lebhaftes Interesse, ließ sich von mir die ganze Ben-Geschichte erzählen. »Aha. Das erklärt einiges. Machen Sie sich keine Sorgen, Frau ...?«

»Schilling.« Immer noch, dachte ich. Bald Prinz. Hoffentlich.

»Frau Schilling, wir kriegen das in den Griff. Und du, kleiner Mann ...« Er beugte sich zu Ben hinunter, der inzwischen stoisch die Besserung seines Zustands zur Kenntnis genommen hatte und mit seinen Händchen die Maske hielt: »Ohne dir zu nahe treten zu wollen: Du hast mehr Glück als Verstand. Du hast dir die beste aller Mütter ausgesucht.«

»Da kennen Sie meine Zwillingsschwester Sonja noch nicht«, wollte ich unbedingt das letzte Wort haben.

»Du sollst nicht meine Mama sein!«

»Dir auch einen schönen guten Morgen, Felicitas.«

Felicitas ging nun seit drei Monaten in die Schule und war anfangs viel braver gewesen als der unkonzentrierte Moritz. Frau Hirz, ihre freundliche, engagierte Lehrerin, hatte in den ersten Wochen nichts als Lob und Anerkennung für sie gehabt. Aber kaum ging der Ernst des Lebens los, war es um die Bravheit meiner Tochter geschehen.

»Du sollst mich nicht wecken! Hau ab!«

Felicitas wickelte sich so fest in ihre Decke, dass ich kaum noch an sie herankam.

Es war halb sieben Uhr morgens, und ich war noch nicht auf einen solchen Zweikampf eingestellt. Ich wollte es doch nur harmonisch und nett! Warum war denn meine Tochter dermaßen auf Abwehr eingestellt? Ich tat ihr doch nichts Böses!

Aus der Küche kam Kakaoduft und aus dem Kassettenrekorder ein Weihnachtslied. Es war doch nicht so, dass ich das Kind quälte oder seiner Würde beraubte, nur weil ich es jeden Morgen um halb sieben weckte! Okay, es war noch dunkel. Aber das war doch nicht meine Schuld.

»Lass mich! Ich will nicht in die blöde Schule!«, brüllte sie.

»Aber Felicitas! Deine Freundinnen warten doch auf dich! Und Moritz auch!«

»Der bescheuerte Moritz soll mich am Arsch lecken!«

Ich zuckte zusammen. Von uns hatte Felicitas solche Ausdrücke ganz bestimmt nicht gelernt! Wir redeten respektvoll miteinander, aber natürlich schnappte sie solche Worte in der Schule auf.

Felicitas brauchte den Machtkampf. Und ich? Brauchte Ruhe, Harmonie und Frieden.

Waren wir nicht kompatibel?

Sind Mütter und Kinder grundsätzlich nicht kompatibel? Oder nur Mütter und Töchter nicht? Oder gibt es einfach bloß besondere Entwicklungsstufen wie Trotzphase und Pubertät, in denen sie es nicht sind?

Längst hatte ich mir in der Buchhandlung den Ratgeber von Rudolf Dreikurs »Kinder fordern uns heraus« gekauft. Dieses Buch war meine Bibel geworden. Und darin gab es auch einen originellen Lösungsvorschlag für das Problem »Kind will nicht aufstehen«. Gleich heute Abend würde ich ihn in die Tat umsetzen. Das hier sollte der letzte Zweikampf am frühen Morgen sein.

»Gute Nacht, mein Schatz«, begann ich abends meinen tollkühnen Plan in die Tat umzusetzen.

»Morgen früh darfst du dich entscheiden: Stehe ich rechtzeitig auf und ziehe mich an? Oder bleibe ich noch liegen und gehe dann im Schlafanzug in die Schule?«

Felicitas zog misstrauisch das Näschen kraus. »Meinst du das ernst, Mama? Im Schlafanzug?«

»Ja, und ob ich das ernst meine! Du bist ja schon groß. Und jetzt schlaf gut und träum was Schönes.«

Ich gab ihr ein Gutenachtküsschen, und auch Steffen steckte noch mal den Kopf zur Tür herein: »Süße Träume, Prinzessin!« Sie würde zwar nie Prinz heißen, weil sie ja auf dem Papier Markus' Tochter war, aber Steffen nannte sie trotzdem immer Prinzessin. Wie süß von ihm! Das war seine Art, ihr zu zeigen, dass er jetzt ihr Papa war.

Am nächsten Morgen weckte ich unsere Prinzessin liebevoll um halb sieben wie immer.

Dann ging ich summend in die Küche und bereitete das Frühstück vor. Steffen war eingeweiht und voll auf meiner Seite.

Diesmal würde es keinen Machtkampf mit Felicitas geben. Mein Mutterherz zuckte nervös, als mein Blick auf die Küchenuhr fiel: Punkt sieben. Normalerweise waren wir um diese Zeit damit beschäftigt, uns anzuschreien und im Bad Handgreiflichkeiten auszutauschen. Jetzt: verräterische Stille.

Steffen kam mit dem fertig angezogenen Ben auf dem Arm gut gelaunt in die Küche.

»Und?« Er zeigte mit dem Kinn zur Decke und grinste.

Ich zog die Stirn in Falten. Heimlich huschte ich die Treppe rauf und spähte durch den Türspalt.

Die Prinzessin geruhte in ihren Kissen zu liegen und eine Märchenkassette zu hören.

Ich biss mir auf die Lippen. Sollte ich klopfen, mahnen, Stress machen, die Uhrzeit nennen? Wie immer halt?

Nein. Der Schlachtplan beruhte auf dem Überraschungseffekt.

»Zieh das durch, Senta. Meine Unterstützung hast du.« Steffen gab mir einen Kuss und zog mit seinem kleinen Prinzen – ja, er war jetzt sein Sohn! – in Richtung Kindergarten ab.

Noch fünf Minuten, dann musste auch Felicitas gehen.

Sie lag im Bett. Ich hörte sie leise summen. Zufrieden? Arglos? Oder bewusst provokant?

Ich war wütend, aber auch voller Mitleid: diese Schmach! Konnte ich ihr das wirklich antun? Den ganzen Tag im Schlafanzug im Klassenzimmer sitzen! So etwas traumatisierte eine Kinderseele doch, und war meine Felicitas nicht schon traumatisiert genug? Würde sie mich dafür hassen? Aber sie hasste mich ja sowieso schon – jeden Morgen, wenn ich ihr die Bettdecke wegzog! Dieses verdammte Machtspiel! Ging das allen Müttern so? Ich raufte mir die Haare.

Das arme Kind! Aber andererseits: ich arme Mutter!

Plötzlich fiel mir ein Kompromiss ein: Ich schrieb der netten Frau Hirz, worum es heute ging – nämlich darum, wer von nun an das Kommando haben würde. Ich oder Felicitas! Und stopfte dann hastig Jeans, Pulli, Schuhe und Socken in ihren Turnbeutel. Den legte ich zuoberst in die Schultasche. Ich schlich wieder rauf. Und spähte um die Ecke.

Sieben Uhr fünfzehn. Die Prinzessin lag nach wie vor im Bett und hörte die Märchenkassette. Auf einmal hatte ich kein Mitleid mehr. So, Frollein. Das ziehen wir jetzt durch! Ich starrte auf die Armbanduhr wie ein Schiedsrichter. Sieben Uhr sechzehn. Zeit zum Handeln. Herr Dreikurs würde stolz auf mich sein.

»So, Felicitas, Zeit für die Schule.« Ich nahm ihr freundlich, aber bestimmt die Decke und den Kassettenrekorder weg.

Blankes Entsetzen in Felicitas' Gesicht.

»Aber ich bin doch noch gar nicht angezogen!«

»Das war deine Entscheidung, Felicitas. Wir hatten das gestern besprochen.«

»Ich will Zähne putzen!«, brüllte das Kind.

»Dazu ist jetzt keine Zeit mehr.«

Sie wollte nach einem Kleid greifen, aber ich ließ es nicht zu. Meine Kieferknochen mahlten. Ich war schweißgebadet. Kind!, hätte ich am liebsten gebrüllt. Meinst du, ich mache das hier zum Spaß? Ich mache das, um ein für alle Mal Grenzen zu setzen! Sonst übernimmst du nämlich hier mit deinen sechs Jahren das Ruder, und das wäre für uns beide der Untergang!

Oh, ich sehnte mich so nach Steffen! Der hatte immer irgendeinen Scherz auf den Lippen, der dem Ganzen die Schärfe nahm. Aber er war schon in der Firma. Da musste ich jetzt alleine durch.

Felicitas klammerte sich am Bettgestell fest.

Uff, kam ich mir grausam vor!

Mit möglichst regungsloser Miene packte ich das Kind an den Handgelenken, schleifte es die Treppe hinunter und schob es sanft hinaus. »Hier, deine Schultasche.«

Felicitas konnte es kaum fassen. Sie fing aus Leibeskräften an zu brüllen, und mir rann der Schweiß in Bächen den Rücken hinunter. Sie tat mir furchtbar leid, und außerdem: Was sollten denn die Nachbarn denken? Tapfer griff ich nach dem Autoschlüssel und fuhr das überrumpelte Kind in die Schule. Bockig wie ein Esel stolperte es hinter mir her, die Schultreppe hinauf. Im Schlafanzug. Denn so war es schließlich ausgemacht.

Und was soll ich sagen? Es fühlte sich wunderbar an!

18

SONJA
Frühsommer 2001

»Ach, Süße, das hast du gut gemacht.« Ich winkte von Küchenfenster zu Küchenfenster, während ich mit Senta telefonierte. »Du hast dich endlich mal bei Felicitas durchgesetzt und damit einen beachtlichen Teilsieg errungen.«

»Vielleicht funktionieren diese Dreikurs-Tricks auch bei Moritz?« Senta war ganz begeistert von ihrem neuen Guru. »Du solltest es ausprobieren!«

Mir entfuhr ein abgrundtiefer Seufzer. »Ich fürchte, nein.« Die Lehrerin hatte sich inzwischen so oft bei uns über unseren Ältesten beschwert, dass wir ihn in der Waldorfschule anmelden wollten. Und was machte die Waldorfschule? Besah sich unseren Sprössling – und lehnte ihn ab. Er würde dem Klassenklima nicht guttun.

Ein Kinderarzt hatte empfohlen, unseren Jungen mit Medikamenten ruhigzustellen. Wir überlegten uns diesen Schritt monatelang, hofften aber, nicht so weit gehen zu müssen. Aber als wir gar nicht mehr weiterwussten, gaben wir ihm Ritalin, das vom Arzt empfohlene Mittel, wenn auch mit schrecklich schlechtem Gewissen. Die Wirkung war phänomenal: Moritz wirkte ausgeglichen, schrie während des Unterrichts nicht mehr dazwischen, warf keine Gegenstände mehr durch den Raum und bemühte sich ernsthaft, seine Hausaufgaben zu erledigen. Dafür hatte er keinen Appetit mehr und wurde lethargisch.

Es brach mir das Herz! Wir konnten doch unserem achtjährigen Sohn nicht dauerhaft solche Hämmer verabreichen! Er sollte doch spielen und toben dürfen, sich ausprobieren wie jeder andere Junge auch! Seine Vergangenheit lastete einfach schwer auf seinen kleinen Schultern – trotz aller Liebe und Geduld, die wir ihm schenkten.

»Ich muss dir noch erzählen, was uns gestern passiert ist«, sprudelte es aus mir heraus.

Wir beide, Senta und ich, rührten jeweils mit einer Hand im Topf, während wir mit der anderen telefonierten.

»Ja, aber schnell, ich muss gleich mit Ben zum Kinderarzt.«

»Wir waren bei Karstadt, um für Charlotte und Justus ein paar Klamotten zu kaufen, als es wahnsinnig anfing zu regnen. Ich dachte, die Welt geht unter! Als der Wolkenguss gar kein Ende mehr nehmen wollte, bin ich mit den Kindern zum Auto gerannt, das gegenüber parkte. Ich hab mit der Fernbedienung aufgeschlossen und Charlotte und Justus noch schnell unter einem Vordach die Kapuzen aufgesetzt, als Moritz auf die Idee kam, sich ins Auto zu setzen und von innen die Zentralverriegelung zu betätigen.«

»Ja, für technische Spielereien ist er zu begeistern.« Ich hörte Senta amüsiert schnaufen.

»Da stand ich völlig durchnässt mit Charlotte und Justus vor dem Auto und hab gegen die Scheiben gehämmert, während Moritz im Trockenen saß und uns angrinste!«

»Aber das hat er doch nicht mit Absicht gemacht!« Senta war Moritz' Patentante und ließ nichts auf ihren Schützling kommen.

»Das mag ja sein, aber er bekam das Ding leider auch nicht wieder auf«, stöhnte ich in Erinnerung an die unschönen zwanzig Minuten, die ich mit zwei brüllenden durchnässten Kleinkindern auf der Straße stand. »Ich musste den ADAC rufen, und der hat mir das Ding wieder aufgemacht.«

Senta lachte. Dann wurde sie ernst: »Stimmt das, dass Moritz die zweite Klasse wiederholen soll?«

Ich biss mir auf die Lippen. »Paul und ich tun alles, damit

ihm diese Schande erspart bleibt. Aber wir sind langsam mit unserem Latein am Ende.«

»Du weißt, dass ich dir jederzeit helfe, wenn es dir mit ihm zu viel wird«, bot Senta an. »Schick ihn rüber, und ich bändige ihn für ein paar Stunden.«

»Dafür sind Ben und Justus so süß zusammen, findest du nicht?«

»Ja, die machen sich echt toll im Kindergarten.«

»Einer steht für den anderen ein.«

»Genau wie wir. – Und deine süße Charlotte ist doch ein einziger Sonnenschein«, baute Senta mich wieder auf. »Du kriegst das hin. Wenn eine zum Muttersein geboren ist, Sonja, dann du!«

»Dann wir!«, sagte ich mit Nachdruck. »Aber jetzt erzähl mir noch ganz schnell, wie ist es mit Felicitas ausgegangen?«

»Wir sind wieder ein Herz und eine Seele.« Senta winkte mit dem Schneebesen: »Wir sehen uns, Süße! Lass dich bloß nicht unterkriegen.«

Senta hatte recht. Muttersein war unsere Bestimmung. Trotz all der Mühen und des speziellen Förderungsbedarfs von Moritz war ich ausgefüllt und glücklich. Die beiden Kleinen, Justus und Charlotte, machten mir viel Freude, und obwohl wir oft Schwierigkeiten mit Moritz hatten, so liebte ich ihn doch über alles. Jeden Abend fiel ich müde und dankbar ins Bett. Mir fehlte nichts. Ich kuschelte mich an Paul und lauschte seinen gleichmäßigen Atemzügen. Unsere Kinder schliefen durch. Wir waren aus dem Gröbsten raus.

Mir fehlte nichts? Ich lauschte in mich hinein.

Doch! Seit einiger Zeit hatte ich Sehnsucht nach einem weiteren Kind.

Wäre es nicht unvorstellbar schön, wenn wir noch ein kleines Mädchen bekämen? Wenn wir ein vierblättriges Kleeblatt hätten?

Ich versuchte diese Sehnsucht zu verdrängen, es kam mir vermessen vor, das Jugendamt anzurufen und zu fragen, ob wir noch mal Eltern werden dürften.

Andererseits: wenn nicht wir, wer dann? Es gab so viele einsame Kinderseelen in Heimen, die ein stabiles Zuhause brauchten! Immer drängender wurde der Wunsch, einem weiteren Vögelchen einen Platz in unserem Nest zu geben.

Am nächsten Abend sprach ich Paul darauf an. Es kostete mich richtig Überwindung.

»Du, Liebster? Fändest du es unverschämt, wenn ich mir noch ein Kind wünsche?« Ich schaute ihn mit brennenden Augen an. Mein Herz klopfte laut.

Paul stützte sich auf den Ellbogen und sah mich fragend an. »Den Text kenne ich doch schon?«

»Nein, im Ernst, Paul. Ich wünsche mir noch ein viertes Kind.«

»Du bist dir der Verantwortung aber schon bewusst?«

»Ja, Paul, natürlich!« Meine Stimme wurde immer lebhafter. »Sieh doch, wie wundervoll sich unsere drei Mäuse entwickeln und wie viel Freude sie uns machen!«

Pauls Augen bekamen einen seltsamen Glanz. Er lächelte und gab mir einen zärtlichen Nasenstüber. »Bei der Mutter? Wie könnten sie sich da schlecht entwickeln?«

»Und der Vater ist ja wohl auch nicht ganz Panne!« Ich knuffte ihn in die Seite.

»Ich gebe zu, der Gedanke ist verlockend.«

»Du wärst also auch dafür?« In mir stieg ein Prickeln auf, und ich schäumte schier über vor Glück. »Oh, Paul, ich hätte noch so viel Liebe zu geben, und in unserem Haus ist doch auch noch Platz ... Eine Großfamilie ist mein Lebenstraum! Stell dir vor, eine Spielgefährtin für Charlotte!«

»Je länger ich darüber nachdenke, desto besser gefällt mir die Idee.«

Ich warf mich jubelnd auf meinen Mann und bedeckte ihn mit stürmischen Küssen. Er konnte gerade noch seine Brille in Sicherheit bringen.

»He, warte! Du weißt, dass das so nicht funktioniert!« Er machte sich mit Mühe frei, hielt meine Handgelenke fest und lächelte mich kopfschüttelnd an. »Aber was wird Frau Hohlweide-Dellbrück sagen?«

»Nein, Frau Wegener, wie kommen Sie denn auf DIE Idee!« Frau Hohlweide-Dellbrück hörte sich richtiggehend echauffiert an. »Isch glaub, isch hör nit rischtisch!«

Jetzt hieß es nicht gleich aufgeben. Auch Senta hatte bei ihrer sächsischen Frau Stumpf schon oft genug hartnäckig bleiben müssen. Wir ließen uns nicht so schnell ins Bockshorn jagen. In solchen Situationen wurde der Terrier in uns wach. Ich versuchte, mit klaren Argumenten unserem Wunsch Nachdruck zu verleihen, und machte deutlich, dass es Paul und mir wirklich ernst war, dass wir uns vier Kinder zutrauten und wünschten.

Frau Hohlweide-Dellbrück blieb skeptisch.

»Na, wenn dat ma nicht aus einer Laune heraus ist!«

»Ja, ich erinnere mich, dass Sie das damals kurz vor Weihnachten auch gesagt haben! Aber Sie kennen uns doch inzwischen! Wir nehmen unseren Erziehungsauftrag sehr ernst!«

»Dat weiß ich ja, Frau Wegener.« Langsam beruhigte sich die aufgewühlte Jugendamtleiterin. »Et is nur wat ungewöhnlisch, dat müssense zugeben.«

WIR sind ungewöhnlich!, wollte ich rufen, unterließ es aber tunlichst.

»Und SIE müssen zugeben, dass wir uns bewährt haben,

insbesondere, was Moritz betrifft«, legte ich unser Sorgenkind in die Waagschale.

»Apropos Moritz«, erwiderte Frau Hohlweide-Dellbrück. »Ich erwarte nächste Woche eine Kinderpsychologin, Frau Dr. Hoffmann, die sich um den leiblichen Bruder von Moritz kümmert. Stellense sich vor, der Junge wurde von seinen Adoptiveltern wieder zurückgegeben, weil se nich mit ihm fertichwerden. Erst jetzt hatta wieder einen juten Platz.«

Ich schluckte trocken. »Das tut mir wahnsinnig leid, Frau Hohlweide-Dellbrück. Wie kann man so etwas machen!«

»Ja, nicht alle sind so hart im Nehmen wie Sie beide«, redete sie mir ungewollt nach dem Mund. »Wissense, wat? Kompromiss! Isch hole mal Ihre Akte wieder ausm Keller, und Sie kommen nächste Woche zu dem Termin mit der Psychologin. Die will Sie nämlich auch mal kennenlernen.«

Ich reckte die Faust, als sie aufgelegt hatte. Ja! Teilsieg!

Nun warteten wir fast ein Jahr darauf, dass aus unserem Trio ein Quartett wurde. Wir hatten die intensive Gesprächsrunde im Jugendamt quasi schwanger verlassen: Die Damen vom Amt hatten keine Bedenken, uns ein weiteres Kind zu vermitteln, und Paul und ich hatten uns beim Rausgehen glücklich in den Armen gelegen.

Aber eine Schwangerschaft dauert bekanntlich neun Monate, und bei Adoptiveltern dauert es oft noch deutlich länger. Also wappnete ich mich wieder einmal mit Geduld.

So eine »Sturzgeburt« wie bei Charlotte würde nicht noch einmal passieren.

Die Osterferien standen vor der Tür, und ich rief Frau Hohlweide-Dellbrück verabredungsgemäß an, um uns für den üblichen Urlaub auf Sylt abzumelden.

»Wir sind dann mal weg!«

»Sie fahren NIRJENDWO hin«, bestimmte Frau Hohlweide-Dellbrück in ihrer rauen, aber herzlichen Art.

»Wie jetzt?«

»Nein, sach ich.«

»Ja, aber ...« Mein Herz fing an zu rasen. »Worum geht es denn konkret?«

»Dat kann ich Ihnen noch nicht sagen.«

Ich verstand nur noch Bahnhof. »Aber es geht doch – um ein Kind?« Ich schluckte. War die Frage intelligent? Vor Aufregung brach mir der Schweiß aus. Ich wusste, dass ich die Klappe halten sollte, aber ich konnte einfach nicht anders:

»Was ist es denn? Bitte, bitte ... Ein Mädchen oder ein Junge? Nur ein ganz kleiner Tipp, Frau Hohl...«

»Dat kann ich leider nicht. Frau Wegener, ich kann Ihnen nur sagen, haltense sich bereit.«

Mir rutschte das Herz in die Hose. »Ja klar, natürlich, mach ich, aber was kann ich denn vorbereiten, wenn Sie nichts Konkretes sagen können ... Frau Hohlweide-Dellbrück?«

»Ich melde mich wieder.«

Peng, hatte sie aufgelegt.

O Gott, es ging wieder los! Es war wieder so weit! Schweißperlen traten mir auf die Stirn, und mein Magen zog sich schmerzhaft zusammen.

Es fühlte sich an wie – Wehen! Ja! Ich schloss die Augen, ballte die Fäuste und presste mit.

Ach, wenn ich doch dabei sein könnte! MEIN Kind wurde gerade geboren, und ich stand hier wie Piksieben zu Hause und konnte nichts machen!

»Ein Kind, ein Kind, wir kriegen ein Kind!« Ich gab ein schrilles Jubeln von mir und tanzte durch unsere Diele, dass sich die Balken bogen.

O Gott, o Gott, ich musste Paul anrufen, ich musste Senta

anrufen, ich musste den Urlaub absagen, ich musste die Kinder wegorganisieren, das geplante Babyzimmer einrichten, einen neuen Kinderwagen kaufen ... Wo sollte ich anfangen?

Moritz kam gerade mit einem kaputten Fahrradreifen des Weges, den er anscheinend mit einem rostigen Nagel platt gemacht hatte, jedenfalls hielt er den auch noch in der Hand. Wie konnte er nur so ruhig bleiben, wenn bei mir doch gerade die Wehen eingesetzt hatten?

»Moritz, du bekommst wieder ein Geschwisterchen!« Ich nahm meinen Achtjährigen und zog ihn vor den Computer. »Komm, wir schauen uns Kinderwagen an!«

Erst eine Woche später kam der ersehnte Rückruf.

»Frau Wegener, et jeht los.«

Mein Mund war staubtrocken, und ich musste mich erst mal sammeln.

»Wohin?«, presste ich hervor.

»Diesmal bitte gleich in die Kinderklinik Amsterdamer Straße.«

»Wurde es dort geboren?« Ich zitterte vor Spannung.

»Wo es geboren wurde, wissen wir nicht.«

»Nein? Was sagt denn die Mutter?« Meist wissen Mütter ja, wo sie ihre Kinder geboren haben.

»Wir kennen die Mutter nicht.«

Mensch, Frau Hohlweide-Dellbrück. Jetzt mach es aber nicht spannender, als es schon ist. Ich fall gleich tot um!

»Et handelt sich um ein Frühchen.«

Ich schluckte. Ein Frühchen also. Aha. »Wie früh?«

»Dat müssen wa noch herausfinden, Frau Wegener. Es wurde in eine Babyklappe jelegt.«

»Also ein Findelkind? Das heißt, dieses Kind wurde einfach so ausgesetzt?« Das ging über meine Vorstellungskraft.

»Sagen wir, in einer Stunde am Haupteingang? Schaffense dat?«

»Natürlich!« Mein Herz machte einen Salto rückwärts. Paul benachrichtigen, Kinder um die Ecke bringen – ähm, natürlich zu Senta –, ins Auto springen, durch den Feierabendverkehr in die Stadt rasen ... Oh. Eine wichtige Frage hatte ich noch.

»Frau Hohlweide-Dellbrück?!«

»Ja?«

»Was ist es denn überhaupt?«

»Ein Mädchen.«

Ein Mädchen! Was für ein unglaubliches Gottesgeschenk! Zwei große Jungs und zwei kleine Mädchen! Perfekter konnte es gar nicht mehr werden!

Ich war so nervös, dass ich kaum den Schlüssel ins Zündschloss bekam. Eigentlich sollte man sich als frischgebackene Mutter nicht selbst ans Steuer setzen. Aber für ein Taxi reichte meine Geduld nicht. Ich wollte zu meiner kleinen Tochter, und zwar sofort!

Es regnete in Strömen, das Gebläse war voll aufgedreht, die Scheibenwischer quietschten – und doch war es ein magischer Moment: Gleich würde ich unser Kind zum ersten Mal sehen! Mir war, als würde gleich ein gigantischer Vorhang aufgehen und ein neues, wunderbares Stück beginnen, in dem ich eine der Hauptrollen spielen durfte. Nein, das Kind würde natürlich die Hauptrolle spielen, aber Paul und ich die wichtigsten Nebenrollen! O Gott, ich war so aufgeregt, so glücklich und gleichzeitig bange ... War es gesund? War alles dran? Ich gab Gas, um sofort wieder auf die Bremse zu steigen. Ach verdammt, warum war nur so ein dichter Verkehr? Nervös trommelte ich mit den Fingern aufs Lenkrad.

Was würde Paul sagen? Ich hatte ihn immer noch nicht erreichen können, der Vielbeschäftigte war in einer Besprechung.

In diesen Minuten schien die Zeit stillzustehen, und ich war ganz allein mit meinen intensiven Gedanken an unser neues Töchterchen: Wie wirst du sein, kleines Mädchen? Welche Gene trägst du in dir? Wie wirst du später aussehen, wie wissbegierig, fröhlich oder belastet wirst du sein von deiner traurigen Vorgeschichte?

Obwohl ich vor jeder roten Ampel vor Ungeduld fast platzte, erstarb mir beim Anfahren der Motor. Der Autofahrer hinter mir bedachte mich mit wütendem Hupen und überholte mich quietschend. Nicht ohne sein Fenster herunterzukurbeln und zu brüllen:

»Blondinen sollte man nicht ans Steuer lassen!«

»Ist ja gut, reg dich ab, du Schnösel! Siehst du denn nicht, dass ich gerade Mutter werde?«

Da ließ der Hitzkopf seine Scheibe hastig wieder hochfahren ... und mir großzügig die Vorfahrt.

Endlich rief Paul zurück.

»Du wirst wieder Vater, Liebster! Es ist ein Mädchen! Ein Frühchen, Paul! Es lag in einer Babyklappe! Oh, Paul, ich glaube, ich drehe durch vor Glück ... Es ist noch ganz winzig! Wir treffen Frau Hohlweide-Dellbrück am Haupteingang der Kinderklinik!«

»Was? Wirklich? Wahnsinn! Das ist ja ... Ich bin ganz aus dem Häuschen ...« Ich hörte, wie Paul lachte vor Freude. »Ich lasse alles stehen und liegen, Sonja! Wir sehen uns in zwanzig Minuten, ich bin schon unterwegs!«

Als ich vor der Kinderklinik ankam, bugsierte ich meine Familienkutsche rückwärts mehr schief als schön in eine gerade frei gewordene Parklücke, die ich einem brav blinkenden, wartenden Opel einfach wegnahm – Tschuldigung, Ausnahme! Ich bin gerade Mutter geworden! Dann rannte ich mit meiner Handtasche über dem Kopf durch den prasselnden Regen. Hinter mir wurde böse gehupt.

»Sorry! Ihr ahnt ja nicht ... Es ist ein Notfall – nein, ein GLÜCKSFALL, und ich kann keine Sekunde länger warten! Nix für ungut!«

Patschnass eilte ich mit quietschenden Schuhen auf Frau Hohlweide-Dellbrück zu, die am Kaffeeautomaten stand und in ihr heißes Gebräu pustete.

»Wo ist sie?«

»Liebe Frau Wegener, wollen wir nicht erst auf Ihren Mann ...?«

»Da! Da kommt er schon!«

Paul durchmaß mit langen Schritten das Foyer und sagte grinsend: »Ich hab gerade einem Opel den Parkplatz weggenommen, der hupt immer noch vor Wut. Sorry, ich mache so was sonst nie ... Hallo, Schatz. Hallo, Frau Hohlweide-Dellbrück. Wo ... Wo ist sie?«

»Setzen wa uns vielleicht noch mal kurz?« Frau Hohlweide-Dellbrück steuerte eine Sitzecke an.

Mir war so gar nicht nach Sitzen. Aber wer, wenn nicht wir Adoptiveltern hatten einen ellenlangen Geduldsfaden?

»Also, liebe Wegeners.« Frau Hohlweide-Dellbrück nahm einen Schluck von ihrem Heißgetränk. Am Pappbecher klebte blaustichiger Lippenstift. »Es ist mal wieder nicht so einfach.«

»Okay.« Wir nickten. Wann war es jemals einfach? Gut, Charlotte war supereinfach gewesen, bei ihr hatten wir nur den Urlaub abbrechen, für teures Geld Flüge umbuchen und uns mit zwei Kleinkindern in eine winzige Cessna quetschen müssen.

»Die Kleine ist ein Babyklappenkind ...«

»Ja, wissen wir.« Ich trappelte nervös mit den nassen Füßen und rieb mir die klammen Hände.

»Und eine Frühgeburt ...«

»Das wissen wir doch auch schon!« Ich musste mir die Nase schnäuzen und fischte ein Tempo aus meiner Handtasche. Lautstark prustete ich hinein.

»Wir hatten in letzter Zeit Probleme mit einer sehr unanjenehmen Frau von der Presse, die einen Artikel über Frühchen schreibt und manchmal ihre Grenzen überschreitet. Nur dat Se vorjewarnt sind. Ich würde Ihnen raten, jar nit mit ihr zu sprechen.«

»Kann das nicht warten?«

»Können wir jetzt ...«

»Natürlich. Wir können dat auch später besprechen. Aus meiner Sicht sind SIE die rechtmäßjen Eltern der Kleinen, dat hat dat Jugendamt als automatischer Vormund aller Babyklappenkinder so beschlossen und damit auch die Stadt Köln. Aber ...«

Aber wir hörten schon gar nicht mehr richtig zu.

»Jep!«

»Na bitte!« Paul und ich machten High five. Aufgeregt wie zwei kleine Kinder rannten wir zum Aufzug und fuhren in den dritten Stock. Im Schweinsgalopp stürmten wir in die Neugeborenenstation. Oh. Das hier war Neuland.

Mir wurde klar, dass ich noch nie auf einer Entbindungsstation gewesen war! Noch nie!

Alle unsere Kinder hatten wir entweder aus dem Heim oder, wie bei Charlotte, direkt bei Frau Hohlweide-Dellbrück im Jugendamt abgeholt.

Wir eilten durch einen langen Gang, vorbei an einer Tür mit der Aufschrift: »Kreißsaal! Zutritt nur nach Aufforderung!«

An den Wänden prangten Fotos von knautschigen Neugeborenen, winzige Hand- und Fußabdrücke mit begeisterten Dankesworten der dazugehörigen Eltern.

»So. Hier wären wir.«

Frau Hohlweide-Dellbrück klopfte an eine Tür mit der Aufschrift »Säuglingsstation! Pssst! Wir schlafen!«, daneben war ein Storch mit einem Bündel im Schnabel abgebildet.

Mein Herz raste zum Zerspringen. Jetzt! Jetzt würden wir

unser kleines Mädchen zum ersten Mal in die Arme schließen und nie mehr loslassen! Mit tränennassen Augen schaute ich meinen Mann an, dessen Blick ebenfalls verdächtig feucht war. Wir hielten einander fest an der Hand.

»Mäuschen«, flüsterte ich. »Wir kommen!«

In dem Zimmer standen zwei Babybettchen. Im vorderen ratzte ein properer Säugling vor sich hin. Er trug ein selbst gestricktes Ensemble in Blö.

Im hinteren, einer Art Aquarium, das sich als Wärmebettchen entpuppte, lag etwas Zerbrechliches, Dunkles, Zerrupftes, das aussah wie ein aus dem Nest gefallenes Vögelchen. Der ohnehin schon kleine Strampelanzug war dem Püppchen viel zu groß. Das ganze Kind hatte die Größe einer Männerhand.

»O Gott, ist die winzig!« Ich traute mich nicht, in normaler Lautstärke zu sprechen, aus Angst, dieses Menschlein würde aufhören zu atmen.

Paul starrte sie mit einer Mischung aus Entsetzen und Rührung an. »Wie heißt du denn?«, flüsterte er heiser.

»Es lag ein Zettel dabei«, sagte die robuste Krankenschwester viel zu laut. Darauf stand: »Denise«.

Nee, dachte ich. Sie heißt Nora.

So ein unglaublich kleines, zartes, unfertiges Lebewesen hatten wir noch nie gesehen. Wir konnten kaum glauben, dass es lebte. Es hatte einen Schlauch in der Nase, der mit einem weißen Pflaster am winzigen Wänglein fixiert war. Die Öhrchen lagen an den mit feinem Flaum überzogenen Schläfen an, das Näschen war niedlich und der Mund feucht.

Ein überwältigendes Glücksgefühl überkam mich: Und für dieses Zauberwesen würde ich in Zukunft sorgen dürfen! Ich strahlte Paul an, und er legte zärtlich den Arm um mich. Uns liefen beiden die Tränen, und Frau Hohlweide-Dellbrück machte sich dezent am Desinfektionsspender zu schaffen.

Das war aber auch eine Riesenverantwortung! Ich hatte gewaltigen Respekt vor den üblichen Handgriffen wie Baden, Wickeln und Füttern. Aber ich wollte es wagen.

»Atmet sie durch den Schlauch?«, fragte Paul ehrfürchtig.

»Ja, sie ist noch nicht ganz atmungsstabil. Und über einen anderen Schlauch wird sie ernährt. Sie ist noch zu schwach, um die Nahrung eigenständig aus der Flasche zu trinken.«

»Und wenn ich es mal probiere?« Sehnsüchtig streckte ich die Arme aus.

»Natürlich. Ein paar Schlückchen sollte sie schon schaffen.«

Frau Hohlweide-Dellbrück verabschiedete sich, wohl wissend, dass das hier Stunden dauern würde: »Sie kommen dann alleine klar? Ich muss noch mal ins Amt. Wir telefonieren!« Weg war sie.

Die Krankenschwester brachte das Milchfläschchen, in dem eine winzige Menge Milch war – meine inzwischen dreijährige Charlotte hätte die mit einem Schluck zum Verschwinden gebracht –, und legte mir dann den zerbrechlichen Wurm in die Arme.

Wir hatten bereits den Mundschutz angelegt.

Unser winziges Töchterchen saugte tapfer unter Aufbietung all ihrer Kräfte ein paar Tropfen, um dann völlig erschöpft in meinen Armen einzuschlafen. Die schwarzen Federhärchen waren nass vor Anstrengung. Ich streichelte zärtlich den feuchten Flaum und bewunderte das feine Gesichtchen in allen Einzelheiten.

»Wie wollen wir sie nennen?« Ich hob den Kopf und sah in Pauls überwältigtes Gesicht.

Er konnte sich gar nicht sattsehen an seinem neuen Töchterchen.

»Was hältst du von Nora?«

»Wunderbar. Nora Wegener.«

»Dürfen wir sie ab jetzt jeden Tag besuchen?«

»Selbstverständlich.« Die Krankenschwester nahm das winzige Noralein, legte es auf den Wickeltisch und machte eine einladende Handbewegung: »Nur zu!«

Mit zitternden Fingern packte ich das kleine Päckchen aus, und wir bestaunten die mageren Beinchen, die winzigen Pobäckchen, die Ähnlichkeit mit einem Brötchen hatten, das Bäuchlein, an dem kein Gramm Speck zu sehen war, und den vorstehenden Nabel, an dem noch Reste der Nabelschnur klebten. Während ich vorsichtig, aber nicht ungeschickt neue Windeln anlegte, hatte Paul ein klammerndes Händchen an seinem kleinen Finger.

»Guck mal: Greifreflex.«

»Sie hat dich schon um den Finger gewickelt.« Ich strahlte ihn an.

»Ich komme jetzt immer vormittags, und mein Mann nach Feierabend. Ist das okay für Sie?«, fragte ich die Krankenschwester, die inzwischen den properen Mops in Blö aus dem anderen Bett gestemmt und ausgepellt hatte. Der war echt das Dreifache an Kampfgewicht und hatte bereits jetzt ein Doppelkinn. Die Mutter musste ja Muttermilch im Überfluss haben!

»Ja, das passt gut. Machen Sie mal ordentlich Bonding, sprich, stärken Sie die Eltern-Kind-Beziehung durch viel Körperkontakt. Das ist in dieser prägenden Phase ganz besonders wichtig. Wenn alles glattläuft, können Sie Ihre Tochter in vier bis sechs Wochen mit nach Hause nehmen.«

So verlief die nächste Zeit in heller Aufregung. Glücklicherweise kümmerte sich Senta ganz selbstverständlich um meine drei »Großen« – Moritz wurde mit Felicitas in die Schule verfrachtet, Ben mit Justus in den Kindergarten, und Charlotte durfte bei Senta zu Hause bleiben oder wurde von ihr stolz im Buggy durch Kippekausen gekarrt. Meiner Schwester Senta würde ein drittes Kind auch gut zu Gesicht stehen, dachte ich liebevoll, wenn ich sie so losmarschieren sah. Aber das war natürlich ihre Entscheidung beziehungsweise die ihres zuständigen Jugendamts.

Jeden Morgen um acht stand ich pünktlich bei meinem Fischlein am Aquarium und legte es mir auf den Bauch. Das war ungemein wichtig, um ihm ein Gefühl der Geborgenheit zu geben. Wenn es auf meiner oder Pauls nackter Haut lag, konnte es unseren Herzschlag spüren, unseren Atem riechen und unsere Körperwärme in sich aufnehmen. Es konnte unsere Stimme hören und unsere Lippen an seinem Köpfchen fühlen.

Stunden um Stunden verbrachten wir so mit unserer Kleinen, strichen ihr zärtlich über die schwarzen Flaumfederchen, schaukelten sie sanft in einem großen Tuch, wie es uns die Physiotherapeutin gezeigt hatte, oder sangen ihr leise was ins Öhrchen.

Schon nach wenigen Tagen liebten wir unsere kleine Nora innig – nein, wir liebten sie vom ersten Moment an, aber jetzt liebten wir sie schon genauso heiß wie unsere anderen Kinder – und zählten die Stunden, bis wir sie mit nach Hause nehmen durften.

Vier Wochen später fuhren Paul und ich an einem Samstag gemeinsam in die Kinderklinik, um unser Kind zu schaukeln. Voller Vorfreude liefen wir durch den langen Gang mit den Babybildern, Fußabdrücken und Dankesbriefen.

Ich genoss den besonderen Geruch auf dieser Station – eine Mischung aus Desinfektionsmitteln und Mutterglück. Hätte ich es nicht besser gewusst, hätte ich behauptet, mir würde jedes Mal die Milch einschießen.

»Ups! Sind wir hier richtig?«

Ich prallte zurück. Das Bettchen unserer Nora war leer. Eisige Kälte durchzuckte mich. Instinktiv schaute ich auf das

Schild neben der Tür: Hatten wir uns verlaufen und aus Versehen vor lauter Vorfreude das falsche Zimmer gestürmt?

Nein. Das hier war Noras Zimmer. UNSER Zimmer. In das wir seit vier Wochen täglich kamen. Und UNSER Baby war weg.

Sofort stellten sich sämtliche Körperhärchen senkrecht, und die nackte Panik sprang mich von hinten an. Mein Mund war wie ausgedörrt, und als ich die angstgeweiteten Augen von Paul sah, drosch eine Keule mitten in mein Herz.

»Hallo? Ist hier jemand? Kann uns mal einer sagen, wo unser Kind ist?«, brüllte ich in den Flur hinaus.

Meine Stimme klang so blechern, dass ich selbst erschrak.

Auch Paul rannte wie aufgezogen über den Gang.

»Wo ist unser Kind?«

Eine schwarzhaarige Frau in Straßenkleidung streckte uns zwar die Hand hin, lächelte aber kein bisschen.

»Sind Sie die Eltern von Nora?«

»Ja, und wer sind Sie?«

Komisch. Wir wussten sofort, dass es sich weder um eine Ärztin noch um eine Kinderkrankenschwester handelte. Geschweige denn um eine Mitarbeiterin des Jugendamts. Die hier war – gefährlich. Mein Mutterinstinkt witterte sofort, dass sie nichts Gutes im Schilde führte.

»Ich bin von der Presse. Julia von Senne. Wir berichten über die Frühchen in unserer Stadt. Wissen Sie denn noch gar nicht, dass man die kleine Nora in die Hightech-Frühgeborenen-Intensivstation der Uniklinik verlegt hat?«

Sofort wich mir sämtliche Farbe aus dem Gesicht.

»Bitte WAS?!«

Hilfe suchend krallte ich mich an Paul. Meine Beine drohten wegzuknicken.

In diesem Moment kam unser behandelnder Kinderarzt mit wehendem Kittel um die Ecke geschossen.

»Sie haben hier Hausverbot«, herrschte er die Schwarzhaarige an. »Wie können Sie es wagen, diese Eltern so zu erschrecken!«

Frau von Senne machte, dass sie wegkam.

Ich sank entkräftet auf einen Plastikstuhl.

»Herr Doktor! Sagen Sie, dass das hier ein böser Traum ist!«

Er ließ sich neben mich gleiten und legte behutsam seine Hand auf meine, die zitterte wie Espenlaub.

»Liebe Frau Wegener, ich war gerade im Kreißsaal, sonst wäre das nie passiert mit dieser – Dame. Sie hat schon versucht, Fotos von Nora zu machen. Die Medien stellen gern das Risiko von späteren Behinderungen in den Vordergrund und verletzen die Privatsphäre der betroffenen Familien. Diese Frau hat schon öffentlich behauptet, dass der Intelligenzquotient bei Frühgeborenen bei weniger als 85 Prozent liegen kann, dass Frühchen später Aufmerksamkeitsdefizit- und Hyperaktivitätsstörungen haben werden, dass sie zu Depressionen und Aggressionen neigen können oder gar erblinden …«

Ich starrte ihn an, als hätte er ein drittes Auge oder eine widerliche Warze auf der Stirn.

Mein Mund klappte auf und zu wie bei einem Fisch im Trockenen.

»Wo ist Nora?«, stellte Paul die einzig sinnvolle Frage.

»Das hätte ich Ihnen so gern selber gesagt, bevor Sie es von dieser Dame erfahren mussten!« Dr. Biedermann wischte sich frustriert über die Augen.

»Es haben sich Komplikationen ergeben. Noras unreife Organe haben sich vermutlich einen Virus eingefangen. Besonders bedeutend für ihr Überleben ist das Ausmaß der Lungenreife.«

»Und das bedeutet jetzt konkret…?« Meine Stimme zitterte, nein, sie klirrte, als hätte ich einen Eisklumpen in der Kehle.

In dem Moment öffnete sich die Tür zum Kreißsaal, und eine glückliche Mutter mit einem zufrieden glucksenden Wonnekloß im Arm wurde im Triumphmarsch von Schwestern und Anverwandten in ihr Zimmer geleitet. Ein eifriger Vater rannte filmend vor ihnen her, wobei er Paul versehentlich auf den Fuß trat.

»Ups, 'tschuldigung! Unser Nils wiegt 4800 Gramm«, moderierte er überglücklich als Sprecher in seine eigene Kamera. »Mutter und Sohn sind wohlauf ...« Dann entdeckte er Dr. Biedermann und zog ihn ins Bild. »Und hier ist unser wunderbarer Geburtshelfer, der unseren Nils auf die Welt geholt hat ...«

Neidisch blickte ich hinter ihnen her. Warum musste bei uns wieder mal alles schiefgehen?

»Können wir jetzt endlich zu Nora?« Nervös sprang ich auf. Paul nickte und drückte mir bekräftigend die Hand.

«Sie lebt doch noch?«, hörte ich mich verängstigt wimmern.

Dr. Biedermann fischte sein Handy aus der Kitteltasche und sprach mit gerunzelter Stirn hinein. Ich verstand Wortfetzen wie »IRDS, Surfactant, Sauerstoffmangel und Atemnot, IRDStypische hyaline Membrane, Blutproteine, Kortikoide wahrscheinlich nicht gegeben, Mutter unbekannt, soso, aha ...«

O Gott!, schoss es mir durch den Kopf. Sie hat es nicht geschafft, sie lebt nicht mehr, deshalb war die Pressetante auch hier, es ist was Schreckliches passiert!

Meine Halsschlagader hämmerte gegen meinen Blusenkragen. Man musste ihn hüpfen sehen! Mein Magen verkrampfte sich, und ich fürchtete, mich auf der Stelle übergeben zu müssen.

»Nora lebt, aber es steht sehr schlecht um sie.« Der Arzt klappte sein Handy wieder zu. »Dennoch sollten Sie so schnell wie möglich in die Uniklinik fahren. In der Neonatologie wartet man auf Sie. Und wenn die Pressetante da rumschleicht, rufen Sie die Polizei!« Ich schluckte und starrte ihn wieder an.

Paul fing sich als erster.

»Danke, Herr Professor Biedermann. Wir wissen, dass Sie Ihr Bestes getan haben. Komm, Sonja.«

Wie in Trance rannte ich hinter Paul her auf den Parkplatz, und stumm an meinen Lippen nagend saß ich danach völlig apathisch neben ihm im Auto.

Ich kämpfte mit den Tränen und würgte an einem riesigen Kloß im Hals. Ständig in dieser emotionalen Achterbahnfahrt, konnte ich mich fast nicht mehr beherrschen. »Wenn sie es nicht schafft, Paul, wenn sie uns weggenommen wird wie damals Katja ...«

»Liebes, versuch dich zu beruhigen. Nora braucht jetzt starke Eltern.«

Nach außen scheinbar ruhig, abgesehen von seinen mahlenden Kieferknochen, raste Paul durch den Kölner Stadtverkehr zur Uniklinik.

Hier wurden wir bereits von einer jungen Ärztin erwartet, die vor lauter Aufregung auf ihren Kittelkragen biss, an dem das Namensschild »Dr. Carolin Schuster« angebracht war.

»Herr und Frau Wegener? Sie wurden uns schon angekündigt. Bitte erschrecken Sie nicht, wir mussten Nora auf die Intensivstation verlegen ...«

Ich wollte mein Töchterchen endlich auf den Arm nehmen, aber die junge Ärztin stellte sich mir wie ein Zerberus in den Weg.

»Bitte ziehen Sie sterile Kittel, Handschuhe, Mundschutz und diese Gummischuhe an. Es gab eine intracerebrale Blutung ...« Nervös sah sie sich um und senkte die Stimme, als erwartete sie noch jemanden, der das nicht hören sollte.

»Ich fass' es nicht!«, entfuhr es mir. »Gestern ging es ihr doch noch gut, was ist denn nur passiert ...?«

»Ganz ruhig, Sonja. Wir dürfen hier nicht schreien.« Paul nahm meine Hand, die schweißnass war, und hielt sie fest. »Wir gehen da jetzt rein. Nora braucht jetzt unsere ganze Kraft und Zuversicht.«

Frau Schuster schlich auf Zehenspitzen voran. »Die Niere

konnte kein Kalium mehr ausscheiden, was dazu führte, dass es zu lebensbedrohlichen Herzrhythmusstörungen gekommen ist.«

In dem Moment sah ich schon wieder diese Pressetante hier herumschleichen. Sie hatte ihre Kamera schussbereit und suchte offensichtlich unsere Nora! Wie kam die denn hier rein? Ich war sprachlos und starrte sie an wie eine Fata Morgana, und auch Paul holte nur tief Luft, als der diensthabende Arzt den Raum betrat. Vermutlich rettete er damit unser aller Leben, denn es fehlte nicht viel und ich hätte diese Frau tätlich angegriffen.

»Wenn Sie nicht sofort die Klinik verlassen, rufe ich die Polizei!«, drohte der Doktor.

Dann erklärte er uns noch einmal sämtliche Gefahren, denen Nora nun durch eine Infektion ausgesetzt war. Wir durften unser armes zartes Würmchen nur kurz durch den kleinen Glaskasten sehen, wie es an Schläuchen hängend um sein Leben kämpfte.

Völlig aufgelöst fuhren wir an diesem rabenschwarzen Samstag nach Hause. Ich fühlte mich wie durch die Mangel gedreht. Hatte Nora nicht schon genug Stress erfahren? Man musste sich nur mal vorstellen, was so ein Würmchen im Mutterleib alles mitmacht, wenn es unerwünscht ist und der Mutter keine andere Wahl bleibt, als es direkt nach der Geburt in einer Babyklappe zu entsorgen. Welche seelische Not musste diese Mutter gehabt haben, welche Angst, welchen Druck von außen, dass sie sich zu diesem Schritt gezwungen sah!

Wer mochte diese verwirrte Seele sein, die so etwas fertigbrachte? Oder hatten andere der Mutter das Kind entrissen? Ihre Eltern vielleicht? Oder der Kindsvater, der sich nicht zu Nora bekennen wollte? Was hatte unsere Kleine schon alles durchlitten! Aus dem Mutterleib gerissen und weggebracht, vielleicht unter den verzweifelten Schreien ihrer Mutter, die es möglicherweise gar nicht hergeben wollte? Vielleicht war ja über deren Kopf hinweg bestimmt worden, dass sie ihr Kind nicht behalten durfte. Aber warum nicht? War sie vielleicht selbst noch ein Kind? Oder mussten Schwangerschaft und Geburt vor den Nachbarn verheimlicht werden? Oder aber die Kindsmutter war behindert? Krank? Starke Raucherin? Alkoholikerin? Die Ärzte hatten uns erklärt, dass es auch dadurch zu Frühgeburten kommen konnte. Und dann die Folgeschäden, die man uns eiskalt aufgezählt hatte! Natürlich sollte der Arzt uns die Wahrheit sagen, aber so schonungslos?

Den ganzen Sonntag über weinte ich wie ein Schlosshund, denn ich würde es nicht noch mal überleben, erst ein Mädchen zugesprochen zu bekommen, um es dann wieder zu verlieren – wie damals Katja. Diese Wunde würde nie verheilen. Ich zermarterte mir das Hirn. Würde sie langfristig behindert sein? Geistig zurückgeblieben? Seelisch geschädigt? Aggressiv? Hyperaktiv? Blind? Das alles hatte die Frau von der Presse ja schon öffentlich orakelt.

»Bei Nichtgefallen können Sie sie gerne zurückgeben«, hörte ich Frau Hohlweide-Dellbrück innerlich freundlich anbieten, wie damals bei Moritz, bevor sie ZU TISCH ging.

Das kam so was von NICHT infrage! Wir liebten sie, wir würden sie so nehmen, wie sie war, egal mit welchen Mängeln, Hauptsache, sie überlebte!

Paul hatte die unglaubliche Kraft und Ruhe, am nächsten Tag allein zu Noralein zu fahren. Und sie den ganzen Tag, mit Mundschutz und grüner Montur ausgerüstet, liebevoll zu betrachten und ihr gut zuzureden, während ich zu Hause blieb und mich von Senta und den Kindern trösten ließ, so gut es ging.

»Alles wird gut, Sonja, glaub ganz fest daran! Sie wird es schaffen. Du bekommst Nora. Und sie wird ein tolles Mädchen werden. Bei DER Mutter.«

Wir konnten den Montag kaum erwarten, an dem wir sofort Frau Hohlweide-Dellbrück anriefen.

Schwallartig brachen die schlechten Neuigkeiten aus mir hervor, wahrscheinlich eine Spur zu laut, um nicht zu sagen hysterisch. Ich konnte mich einfach nicht beruhigen.

»Ja, ich hab schon so wat befürchtet«, sagte sie ergeben. »Wir hatten schon damit gerechnet, dass diese Dame von der Presse irjendwann wieder auf der Matte steht! Wahrscheinlich hat SIE dat Kind mit einem Virus anjesteckt.«

»Sie WUSSTEN davon?«, schrie ich fassungslos. »Diese Frau kann einfach in die Neonatologie spazieren und Frühgeborene fotografieren?«

»Wissense, wat? Sie haben mir wohl damals nit rischtisch zujehört. Ich hab et Ihnen im Krankenhaus bereits erklären wollen«, seufzte Frau Hohlweide-Dellbrück. »Klinik und Jugendamt haben ihr Hausverbot erteilt. Aber die Dame will sich dat nich jefallen lassen! Sie arbeitet für die Wissenschaft, behauptet sie. Sie stellt diese Fotos ins Netz und betreibt einen Blog gemeinsam mit Betroffenen. Et tut mir wirklich leid für Sie, Frau Wegener, dat hamse nich verdient.«

Ich schnaufte, schluckte Wut und Tränen hinunter und würgte hervor: »Und was werden Sie jetzt unternehmen?«

»ICH kann da gar nichts unternehmen«, sagte Frau Hohlweide-Dellbrück. »Dat Kind muss jetzt erst mal überleben. Und dann könnense vielleicht mithilfe Ihrer Anwälte erwirken, dass die Frau Ihnen nicht mehr nachstellt. Vielleicht eine einstweilje Verfügung oder außerjerichtliche Einjung erzielen, ihr vielleicht eine Homestory anbieten, wenn Nora überlebt hat, später einmal …«

Ich knallte den Hörer auf. Das durfte doch nicht wahr sein!

Der Hörer war noch warm, als ich meine Schwester dran hatte.

»Senta, ich ersticke gleich an meiner Wut! Die Hohlweide-

Dellbrück wusste von der Pressefrau! Die ist schon in der ersten Woche im Krankenhaus rumgeschlichen, als wir Nora noch gar nicht sehen durften! Kannst du dir das vorstellen?«

»Schwer.« Ich hatte meine Schwester noch nie so einsilbig erlebt.

»Es klopft in der Leitung, ich ruf dich gleich wieder an ...« Mit einem Herzrasen, das einem Düsenflugzeug glich, nahm ich das andere Gespräch an. Es war Paul.

»Liebes, sie ist über den Berg!«

»WAS?« Mein Jubeln ertrank in einem Schluchzer. Ich fasste mir an den Kopf und sank auf den Teppich vor dem Sofa, auf dem ich das ganze Wochenende weinend verbracht hatte.

»Sie hat es geschafft! Sie überlebt! Sie kommt durch! Du darfst sie ab sofort wieder besuchen!«

»Und in den Arm nehmen?« Meine Stimme schwankte.

»Ja. Sie braucht jetzt Wärme und Geborgenheit. Du sollst mit dem Bonding genauso weitermachen wie vorher.«

»Und die – Presseschnepfe?«

»Hat eine Anzeige am Hals. Die kommt nicht mehr.«

»Ach, Paul, ich liebe dich so ...« Jetzt flossen die Tränen sturzbachartig, und ich saß kraftlos gegen das Sofa gelehnt und flennte ungehemmt.

»Ich dich auch, Sonja. Gemeinsam schaffen wir das. Unsere Nora ist etwas ganz Besonderes.«

Während ich noch mit zitternden Fingern die Wahlwiederholung drückte, um Senta die freudige Nachricht mitzuteilen, stand sie schon strahlend in der Tür.

»Ja?« Sie hielt beide Daumen hoch und hüpfte wie ein Kind.

»Ja«, schluchzte ich in meine Küchenrolle.

Als Nora zweitausend Gramm wog und atmungsstabil war, durften Paul und ich sie endlich mit nach Hause nehmen.

19

SENTA

2002

»Hat Ihre Schwester etwa schon wieder ein Kind adoptiert?«

Frau Habicht, unsere Nachbarin zur Linken, steckte den Kopf über die Hecke. »Kriegen Sie denn gar nicht genug von fremdem Fleisch und Blut?«

»Nein!« Ich strahlte sie entwaffnend an. »Sie glauben gar nicht, wie schön es ist, einem weiteren verlorenen Menschenkind eine bessere Zukunft geben zu können.«

»Ja, aber man weiß doch überhaupt nicht, was da DRINSTECKT!« Frau Habicht stieß ein verächtliches Schnauben aus. »Also bei meinem Daniel, da weiß ich, der hat unsere Erbmasse, und das ist gut so.«

»Tja, Frau Habicht, nicht jeder Mensch hat das Glück, von Ihnen und Ihrem Mann abzustammen«, sagte ich betont freundlich.

»Na ja.« Frau Habicht winkte gönnerhaft ab. »Es ist ja auch zu bewundern, wie Sie und Ihre Schwester sich um diese armen Kinder kümmern.«

»Was ist denn daran zu bewundern?« Ich sah sie irritiert an. »Wir haben doch keine Aliens aufgenommen!«

Sie lachte harsch. »Das sagen SIE!«

»Wie?« Sofort setzte ich meinen berühmten Adlerblick auf, mit dem ich, wenn gar nichts mehr ging, die Kinder bedachte. Laut Steffen war das eine äußerst wirksame Art der Fernerziehung.

»Ich meine ja bloß ...« Aha. Es wirkte. Die Habichtsche knickte ein. Sie strich zögernd eine Haarsträhne unter ihr Kopftuch, das sie zur Gartenarbeit trug. »Die sind doch alle irgendwie – aus der Art geschlagen!«

»Wie meinen Sie das, Frau Habicht?« Kämpferisch näherte ich mich ihrer Heckenschere.

»Nichts für ungut, Frau Prinz, aber dieser wilde Moritz, der hier das ganze Dorf aufmischt ...«

»Der hat ADHS, Frau Habicht.«

»Was soll das denn sein?« Sie gackerte spöttisch. »Neumodischer Firlefanz. Früher haben wir eine ordentliche Backpfeife gekriegt, und dann hatte sich das.«

»Aufmerksamkeits-Defizit-Hyperaktivitäts-Störung.«

»So einer gehört doch in ein Heim.«

»Nee, Frau Habicht. So einer gehört in eine liebevolle Großfamilie, die ihn aushält.«

Sie machte eine wegwerfende Geste. »Der soll einfach mal eine halbe Stunde in der Ecke stehen, mit dem Gesicht zur Wand.«

»Muss Ihr Daniel das?«

»Sie sehen ja, wie der spurt.« Sie machte eine Handbewegung, als wollte sie jemanden ohrfeigen. »Sie zärteln viel zu sehr rum mit der fremden Brut. Und dann der, der nie grüßt und immer schreit!«

»Sie meinen Ben.«

»Ja, den kleinen Eisblock. Der lässt sich ja überhaupt nicht von Ihnen anfassen.«

»Das ist doch längst vorbei mit dem Schreien. Ben hat Asthma und ist jetzt medikamentös perfekt eingestellt. Aber ja, Frau Habicht, nicht alle Kinder sind so gedrillt wie Ihr Daniel!«

Ich verkniff mir die Bemerkung, dass ich ihren weichgespülten Daniel nicht geschenkt haben wollte.

»Und wo wir gerade dabei sind«, hackte die Habicht mit ihrem spitzen Schnabel auf meiner Mutterseele herum. »Ihre Felicitas hält sich auch an keine Regeln.«

Wie recht sie hatte! Die leiblichen Eltern unserer Kinder waren auch schon an allen Regeln gescheitert. Diese Veranlagung hatten sie geerbt. Das würde ich Frau Habicht allerdings ganz bestimmt nicht auf den Schnabel binden.

»Wir müssen immer wieder Wege finden, die Kinder einfach so sein zu lassen, wie sie sind.« Ich verlieh meiner Stimme einen festen Klang und versuchte, freundlich, aber bestimmt zu nicken. »Wir haben uns dafür entschieden, unsere Kinder zu lieben und ihnen zu helfen – genau wie Sie. Auch wenn wir uns für unterschiedliche Erziehungsmethoden entschieden haben.«

»Wie schaffen Sie das nur?« Frau Habicht schüttelte halb spöttisch, halb ratlos den Kopf. »Ich bin immer froh, wenn mein Daniel mal Ruhe gibt, und Sie schaffen sich immer neue Quälgeister an!« Dann begann sie übergangslos, alles mit ihrer Heckenschere abzuzwicken, das auch nur ein bisschen hervorstand, als wollte sie jede Unebenheit in ihrem kleinen viereckigen Vorgarten ausradieren.

Ich lehnte mich über die üppig blühende Hecke, teilte wie Moses das Blütenmeer und lächelte meine Nachbarin honigsüß an: »Ich glaube, es ist Menschenliebe, gepaart mit einer gehörigen Portion Optimismus, die einen jeden Tag neu hoffnungsfroh in die Zukunft schauen lässt.« Na gut, das hätte jetzt auch aus der Bergpredigt sein können.

»Ach Gott!« Sie winkte ab, griff zu einem Rechen und scharrte mit einer derartigen Vehemenz auf ihrem Rasen herum, dass mir angst und bange um die darunter wohnenden Maulwürfe wurde. Hier wuchs ja buchstäblich kein Gras mehr! Irrte ich mich, oder wischte sie sich zornig über die Augen?

»Tja! Sie haben eben Glück mit Ihren Männern«, ließ sie auf einmal ein Körnchen Wahrheit durchschimmern. »Die lassen Sie mit der ganzen Bande wahrhaftig nicht im Regen stehen!«

»Nein.« Ich lächelte warmherzig. »Wir haben die besten

Ehemänner der Welt. Wer zu uns A sagt, muss auch zu unseren Kindern B sagen.«

»Aber das war ja nicht immer so.« Neid blitzte auf. »Ihr erster Mann war ja nicht so der Familienteddy.«

»Mein jetziger Mann ist auch kein Teddy, Frau Habicht. Er ist einfach nur ein patenter Mann!«

Spöttisch blickte sie mich an. »Und dann haben Sie auch noch so eine patente Schwester!« Ihre Stimme wurde schrill. »So eine Vorzeigefamilie ist ja fast nicht zum Aushalten!«

»Sehen Sie, die Welt ist einfach nicht gerecht!« Ich ließ die Hecke los und wendete mich ab, weil es an der Haustür Sturm klingelte. Markerschütterndes Geschrei erklang – und zwar zweistimmig. Wenn das nicht ein hochdramatisches Duett zwischen Moritz und Felicitas war! »Schönen Tag noch, Frau Habicht.«

»Tja, da hat Ihre Brut wohl schon wieder was angestellt«, krächzte sie schadenfroh hinter mir her. Ja. Wahrscheinlich hatte sie das.

Trotzdem: Ich wusste, dass ich das weitaus bessere Los erwischt hatte: Nichts ist schlimmer, als sich einsam und im Stich gelassen zu fühlen. Wir hatten zwar ein halbes Dutzend Sorgenkinder, aber gemeinsam waren wir stark. Und letztlich waren sie eine echte Bereicherung.

»He! Was ist los?«

Vor der Tür standen zwei klatschnasse Gestalten und schluchzten sich die Seele aus dem schlotternden Leib.

»Felicitas ist in den Teich ge-fal-len!«

»Aber ich hatte euch doch absolut verboten, zum Teich zu gehen!« Ich baute mich streng vor ihnen auf.

»Wir haben es aber trotz-dem ge-ma-hacht!«

»Und du, Moritz, warum bist du so nass?«

»Ich hab versucht, sie raus-zu-zie-hen ...«

»Und bist dabei selber reingefallen?«

»Jaaa … Wir wären fast er-trun-ken … Sind schon beide un-ter-ge-gan-gen …«

Sofort zog ich sie ins Haus, riss das Gästehandtuch aus dem Klo und rubbelte schimpfend zwei triefende Schöpfe. »Jetzt aber schnell in die heiße Badewanne!«

Kurz darauf saßen die beiden im Bademantel auf dem Sofa und tranken heißen Kakao.

Ihre Münder waren verschmiert, grinsten aber wieder.

Ihre nach Entengrütze stinkenden Klamotten drehten sich bereits bei neunzig Grad in der Waschmaschine. Ich seufzte. Wieder einmal hatten meine warnenden und belehrenden Worte die Kinder nicht erreicht. Jedenfalls nicht vor der Katastrophe. Nachher wurden sie immer gern genommen.

Auch wenn mir im Nachhinein die Knie weich wurden bei der Vorstellung, was alles hätte passieren können: Was die beiden Kinder wirklich erreichte, war die Erfahrung, die sie gerade gemacht hatten. Geteilter Schreck ist halber Schreck, und geteilte Einsicht ist doppelte Einsicht. Frau Habicht kannte so etwas nicht.

Insofern war das Leben doch ganz schön gerecht.

Ein Jahr später klingelte das Telefon. »Senta, hast du einen Moment Zeit für mich? Ich bin gerade mal wieder völlig am Ende mit Moritz. Ich versuche mit ihm zu lernen, aber er verweigert sich total!«

Sonja war am Telefon. Im Hintergrund hörte ich wimmerndes Babygeschrei von Nora und Gezänk zwischen Justus und Moritz. Die Einzige, die sich nie aus der Ruhe bringen ließ, war die freundliche und ausgeglichene Charlotte. »Schwesterherz, wo brennt es denn diesmal?«

»Er wird die Grundschule nicht schaffen, der Klassenlehrer droht schon wieder mit Sitzenbleiben.« Sonja wirkte verzweifelt. »Ich habe keine Ahnung, wie wir ihn auf die Hauptschule kriegen können! Und ohne Hauptschule kein Schulabschluss, und ohne Schulabschluss keine Chance im Leben ...«

»Okay, warte kurz, ich muss Felicitas gerade die fingerdicke Schminke aus dem Gesicht wischen und ihr den Nagellack entfernen ...«

»Die spinnt wohl! Mit acht!«

»Ja, ihre tolle Freundin Gitti schminkt sich auch schon, aber deren Mutter hat bereits aufgegeben.«

»NICHT mit uns!«

»Nee, genau. Wer einmal einknickt, hat schon verloren. Ich wusste nicht, dass Konsequenz so mühsam ist!« Ich versuchte, den Hörer zwischen Kinn und Schulter zu klemmen, während ich im Nahkampf mit Felicitas die Oberhand gewann.

»Nein, junges Frollein, noch gelten meine modischen Vorgaben! – Schick Moritz her, ich pauke mit ihm.«

»Das würdest du wirklich tun, Senta?«

»Klar, nicht wahr, Felicitas? Wir müssen Moritz doch helfen!«

Widerwillig ließ sich mein reizendes Töchterchen, das eben noch die Hauptrolle in einem Lolita-Film hätte übernehmen können, nach meinen Vorstellungen restaurieren. Als Nächstes würde ich Moritz unter Aufbietung all meiner Kräfte auf die Hauptschule kriegen! Auch wenn damit das Wort »Freizeit« erst mal aus meinem Vokabular gestrichen war.

In den nächsten Wochen machte ich zuerst mit Felicitas Hausaufgaben und widmete mich dann Moritz. In Mathe war er immer noch auf dem Stand eines Erstklässlers, Deutsch war eine Oberkatastrophe, und Englisch ging gar nicht.

Wie trichtere ich einem lernunwilligen Sprössling ein gerüttelt Maß an Wissen ein?

Ich war für das Belohnungsprinzip. Informationen immer schön häppchenweise ins kleine Bubenhirn schaufeln, das nichts als Unsinn gespeichert hatte, dann ein Gummibärchen in den Mund. Moritz war zum Glück zuckersüchtig, was diesem pädagogisch wertvollen Arbeitsansatz deutlich entgegenkam.

So brachte ich meinem Patenkind und Neffen im Schneckentempo das Multiplizieren und Dividieren bei. Und kam mir vor wie Fräulein Prüsselius mit der bescheuerten Plutimikation!

Dabei verstand ich ihn ja! Und wie ich ihn verstand! Moritz war tatsächlich so was wie Pippi Langstrumpf in der männlichen Version. Er wollte lieber toben, springen, Unsinn machen, sich nicht anpassen und schon gar nicht die blöden Regeln der blöden Erwachsenen annehmen. Weil er keinen Sinn darin sah. Seine Konzentration war genauso schnell verbraucht wie die Gummibärchen. Dann zappelte er wild auf seinem Stuhl und ließ sich frustriert auf den Boden fallen. Genauso benahm er sich auch im Unterricht. Wahrscheinlich wären ein Pferd namens Kleiner Onkel und ein Affe namens Herr Nilsson die einzig verständnisvollen Freunde für ihn gewesen. Mit denen hätte er einfach abhauen können in seine eigene Welt. Aber die gab es leider nur bei Astrid Lindgren. Unsere Welt bestand erwartungsgemäß aus angepassten, ruhigen Kindern, die vier Stunden täglich stillsitzen konnten.

Aber wir konnten und wollten dem Kind nicht auf Dauer Ritalin geben! Längst hatten Sonja und Paul das Medikament wieder abgesetzt. Es musste doch auch anders gehen!

»Ja, Moritz, ich muss dich leider da durchboxen! Ohne Schule wirst du Müllmann oder Penner unter der Brücke!«

»Ist mir scheißegal«, quietschte das Kalb und wusste wieder nicht, wohin mit seinen Armen und Beinen und seinem ungebremsten Bewegungsdrang.

Ich ließ ihn vor jeder neuen Aufgabe Kniebeugen oder Liegestütze machen oder schickte ihn dreimal ums Haus, damit er Druck abbauen konnte. Dann ging es wieder für ein Weilchen. Die sture Paukerei nutzte überhaupt nichts. Der arme Moritz wäre bei früheren Erziehungs- und Lernmethoden völlig vor die Hunde gegangen. Von wegen »Einbläuen«, »Einbimsen« oder »Einpauken«! Von wegen »ordentliche Backpfeife« oder »Ecke stehen«! So etwas hätte die ohnehin schon instabile Kinderseele endgültig zerstört. Aber auch ohne Hiebe und ähnliche Demütigungen weinte mein Patensohn zwischendurch bitterlich. Aus reiner Erschöpfung.

»Ach, Moritz, komm mal her!« Ich nahm den Jungen erst mal fest in den Arm.

Ich versuchte es mit Eselsbrücken und erfand Geschichten rund um das kleine Einmaleins, um Moritz' Fantasiereserven anzuzapfen. Für Englisch bastelte ich ihm ein Vokabel-Memory. Er liebte Memory, und er war nicht dumm. Ich ließ ihn einfachste kleine Sätze bauen wie Bob der Baumeister. Ich lobte ihn überschwänglich. Immerhin hörte er mir zu. Ja, er lächelte sogar wieder! Ich war halt weit weniger mit den Nerven fertig als Sonja, die das Moritz-Bespaßungs-Sonderprogramm ja seit Jahren täglich abspulte und diesbezüglich auf dem Zahnfleisch ging. Zumal sie zwei Kinder mehr hatte als ich.

Moritz und ich wuchsen in dieser Zeit eng zusammen. Seine Zweitmama, die ja fast so aussah und sprach wie seine Erstmama, steigerte seine Bereitschaft zu lernen.

Nach ein paar Wochen brachte Moritz in Mathe eine Drei nach Hause! Und in Englisch und Deutsch eine Vier. Das reichte für eine Versetzung. Moritz war seinen Sonderschulstatus los!

Wir waren überglücklich und tanzten mit wildem Indianergeheul durchs Haus. Sonja und ich fielen uns weinend in die Arme.

»Danke, Schwesterherz, das werde ich dir nie vergessen!«

»Ach komm schon, hat doch Spaß gemacht!«

Ich zwinkerte Moritz verschwörerisch zu. Der grinste mich an, den Mund voller Gummibärchen.

Wenige Tage später gab es Zeugnisse. Moritz hatte es geschafft. Zwar mit vielen Vieren und einem ihm bescheinigten grottenschlechten Arbeitsverhalten. Aber er war ein Hauptschüler.

Wieder war ein Jahr vergangen. Inzwischen war es Sommer, und Steffen und ich stapften barfuß durch die Dünen auf unserer Lieblingsinsel. Ich liebte den Duft nach Salz und endloser Weite, und ich liebte den Mann an meiner Seite.

Die ganze Großfamilie tummelte sich in den Sommerferien auf Sylt. Wir beaufsichtigten abwechselnd die Kinder, sodass jeder etwas Zweisamkeit genießen konnte.

»Oh, wenn du mich so ansiehst, ist was im Busch.«

»Könntest du dir vorstellen, noch mal Vater zu werden?«

Seit wir in Urlaub waren und der ganze Stress mit Moritz von mir abgefallen war, ging ich mit dem Wunsch nach einem dritten Kind schwanger.

Wir waren jetzt über vierzig. Ein Baby konnte ich mir nicht mehr vorstellen. Schlaflose Nächte, das war nichts mehr für uns. Aber ein Dreijähriges vielleicht, das morgens mit zerzausten Haaren und Schnulli aufwachte und verschlafen die Treppe runterstapfte, um auf unseren Schoß zu klettern und am Familienfrühstück teilzunehmen, das sah ich ehrlich gesagt schon ganz plastisch vor mir. Ich wollte noch ein verlorenes Küken in mein Nest aufnehmen.

Ich roch es schon, ich spürte es schon, ich hörte es schon tschilpen ... Kurz, mein Inneres zog sich schon wieder sehnsüchtig zusammen, und mein Nestbautrieb war voll ausgeprägt.

»Der Storch klopft wieder bei dir an, ist es das?«

»Na, der Storch nicht, aber der Kuckuck.«

Ich legte den Kopf schief und sah Steffen abwartend an. »Vor zwei Wochen stand in der Zeitung, dass die Stadt Köln dringend Pflegeeltern für Kinder aus verschiedensten Nationen sucht. Es liegen schon wieder jede Menge unbebrütete Eier irgendwo rum!«

Er grinste amüsiert. Dann wurde er ernst und nickte. So wie er da stand, vor dem blauen Himmel, im Dünengras, mit wehendem Hemd und flatternden Hosenbeinen, wusste ich, dass er Ja sagen würde.

Steffen lachte mich an, breitete die Arme aus, und ich warf mich jubelnd hinein.

»Jederzeit, solange du die Glucke bist«, lautete seine Antwort.

Ich nahm Steffens Hand und zog ihn zu den anderen.

Sonja und Paul saßen aneinandergelehnt im Strandkorb und wandten ihre Gesichter entspannt der Sonne zu.

Die Kinder spielten im Schlick, es war gerade Ebbe. Aber nicht mehr lang!

»Wir wollen noch ein Kind aufnehmen!«, platzte es aus mir heraus.

»Das ist ja großartig!« Sonja sprang sofort auf und umarmte mich.

Paul klopfte Steffen in einer Art Männerumarmung auf die Schulter.

»Wir unterstützen euren Wunsch. Falls wir euch irgendwie helfen können ...«

»Hier!« Ich kramte den zusammengefalteten Stadtanzeiger von letzter Woche aus meiner Strandtasche. »Die suchen Pflegeeltern ...«

Paul und Sonja überflogen den Artikel. »Das ist doch gut. Dann seid ihr beim Jugendamt keine Bittsteller, sondern es ist andersherum.«

»Außerdem kann unsere Frau Hohlweide-Dellbrück der zuständigen Sachbearbeiterin für Pflegevermittlungen schon mal erzählen, dass ihr bereits zwei Adoptivkinder habt und krisenerprobte Eltern seid!«

»Was höre ich da?« Plötzlich stand eine tropfnasse Felicitas neben dem Strandkorb, einen Eimer mit Muscheln und Seesternen in der Hand. »Adoptiert ihr noch ein Kind?«

»He, hast du etwa gelauscht?« Spielerisch zog ich ihr die Sonnenkappe über die Augen. »Das hier war überhaupt nicht für deine Ohren bestimmt!«

»Was kann denn ich dafür, wenn so ein Strandkorb aus Stroh ist und lauter Löcher hat?«

»Also gut, mein Schatz …« Ich nahm mir das braun gebrannte Kind zur Brust. »Wie wäre es für dich, vielleicht noch ein kleines Geschwisterchen zu bekommen?«

»Oh, bitte, bitte ein Schwesterchen!« Aufgeregt sprang Felicitas in ihrem rot-weiß gepunkteten Badeanzug durch unsere Sandburg, dass ihr Pferdeschwanz hüpfte. Sie erinnerte mich an ein junges Fohlen. In dieser Sekunde wollte mein Herz übergehen vor Freude. Es war so beglückend zu sehen, wie aus all unseren Findelkindern junge lebensfrohe Heranwachsende wurden, die sich geborgen fühlten und behaupten konnten.

»Bitte, Mama, ein Mädchen! Der gebe ich dann meine Glitzerspangen …«

»Das können wir uns nicht aussuchen, Felicitas. Wir wissen noch nicht mal, ob wir überhaupt ein Kind bekommen.«

»Wie im wahren Leben also!« Felicitas verdrehte die Augen.

»Wie?« Synchron stemmten Sonja und ich die Hände in die Hüften.

»Mal klappt's, mal klappt's nicht. Das kann man vorher nie wissen.«

Diesmal schlug Sonja spielerisch nach ihrer vorlauten Nichte.

»Ist doch wahr«, verteidigte sie sich. »Nach dem Sex weiß man doch auch nicht, ob und was draus wird. Lernen wir alles in Bio!« Die knapp Achtjährige grinste keck.

»Unglaublich, was diese Gören heute schon alles wissen.« Paul schüttelte in gespielter Empörung den Kopf. »Wer hat dich denn erzogen?«

»Ihr jedenfalls nicht!« Felicitas streckte ihm und Sonja lachend die Zunge raus.

Ben, der gerade schwer beladen mit Wassereimern zurückkam, war altersmäßig noch nicht so weit, dass er Ironie von Ernst hätte unterscheiden können.

»Wir kriegen ein Geschwisterchen!«, rief Felicitas ihm schon von Weitem zu.

»Mir doch egal«, brummte er und lud seine Muscheln und Steine ab.

»Hättest du lieber eine Schwester oder einen Bruder?«, hakte Felicitas nach.

»Wenn es denn sein muss, dann eine Schwester.«

»Nanu?« Wir vier Erwachsenen wechselten fragende Blicke. »Brauchst du keine Unterstützung gegen die ganzen Mädels, Ben?«

»Nö. Meine Playmobilgarage hier will ich für mich ganz allein behalten.« Mit diesen Worten schob er seine Meeresbeute in das Teil und schloss mit Nachdruck die Tür.

»Guten Tag, ich bin Felicitas, und das ist mein Bruder Ben.« Sah ich richtig, oder machte Felicitas so eine Art Knicks?

»Guten Tag. Ich bin Ben.« Das war eine Verbeugung! Bisschen schief zwar, aber eindeutig eine Geste der Höflichkeit. Unaufgefordert hielten meine Rangen ihre frisch gewaschenen Pranken hin, auf dass unser Besuch sie schüttelte.

O Gott, ich hätte meine Kinder küssen können! Sie benahmen

sich vorbildlich, als Frau Schlesinger-Eisentor, die für die Vermittlung von Pflegekindern zuständige Sachbearbeiterin vom Kölner Jugendamt, ein paar Wochen später bei uns klingelte! Ich riss mir die Schürze ab, fuhr mir durchs Haar und warf einen gespannten Blick auf die Frau mit dem Doppelnamen, die unser Schicksal in der Hand hatte. Natürlich hatte ich wieder das ganze Haus geputzt, einen Kuchen gebacken und liebevoll den Tisch gedeckt. Aber würde diese kleine magere Person den Kuchen überhaupt anrühren?

Ihr Händedruck war so schwach, dass ich glaubte, einen dürren Ast zu halten, und Angst hatte, ihn jeden Moment zu zerbrechen.

»Also, ich bin Cordula Theresa Schlesinger-Eisentor«, hauchte sie fast tonlos. Wir spitzten die Ohren, um nichts zu verpassen. Konnte oder wollte die nicht lauter sprechen? Und warum hatte die so viele Namen, wenn sie doch nur eine halbe Portion war?

»Kommen Sie doch bitte weiter!«, rief ich überdeutlich.

Steffen kam aus seinem Arbeitszimmer und begrüßte die Person mit demselben milden Erstaunen wie ich. Bisher hatten wir es ausnahmslos mit robusten Damen zu tun gehabt. Und ihr Name klang auch sehr robust. Wir hatten uns eine dickbusige Matrone vorgestellt!

Wir traten höflich beiseite und ließen die schwindsüchtige Frau Schlesinger-Eisentor unser Haus bestaunen.

»Also, bevor ich mich mit Ihnen unterhalte, möchte ich gerne das zukünftige Kinderzimmer sehen«, flüsterte sie, als pfiffe sie aus dem letzten Loch.

Ob sie die Treppe schaffen würde? Die Kinder warfen mir ratlose Blicke zu.

Mit helfend ausgestreckten Händen geleiteten wir sie ins Obergeschoss.

Felicitas' und Bens Zimmer waren vorbildlich aufgeräumt.

Nicht ein Stäubchen lag auf dem Bücherbord, nicht ein Krümel auf dem Tisch, nicht eine Socke auf dem Stuhl.

»Ups. Entschuldigung.« Felicitas sprang zu ihrem sorgfältig gemachten Bett und klappte ein Buch zu, das aufgeschlagen auf ihrem Kopfkissen gelegen hatte.

Frau Schlesinger-Eisentors schmale Lippen verzogen sich zu einem winzigen Lächeln.

Mir wurde ganz warm ums Herz. Waren das MEINE Kinder, die sich hier so von ihrer besten Seite zeigten? Sie wollten WIRKLICH ein Geschwisterchen, anders konnte ich mir das nicht erklären. Ben hatte einen Seitenscheitel! Mit dem Lineal gezogen! Und Felicitas einen langen honigblonden Zopf, der ihr adrett über den Rücken fiel.

Auch Bens Zimmer sah aus wie aus dem Möbelkatalog. Seine Bagger und Trecker standen in Reih und Glied wie Zinnsoldaten, und seine Legosteine lagen nach Farben geordnet in ihren Schachteln – zugegeben hatte ich da auch ein bisschen mitgeholfen.

»Also, das macht ja alles einen sehr vielversprechenden Eindruck«, säuselte Frau Schlesinger-Eisentor. Wir mussten uns zu ihr runterbeugen, um sie überhaupt zu verstehen.

»Also, wo wäre denn das Kinderzimmer?«

Täuschte ich mich, oder begann jede ihrer Verlautbarungen mit dem Füllwort »also«?

»Ähm ... Welches Kinderzimmer?«

»Also für das neue Kind?«

Hatte sie »das neue Kind« gesagt? Ich spitzte die Ohren. Das wäre einfach wundervoll!

Mit Schwung öffnete ich die Tür zu unserem Elternschlafzimmer. Es war doppelt so groß wie die Kinderzimmer und verfügte außerdem über einen Südbalkon zum Garten.

»Wir Eltern würden dann nach unten umziehen, in das Arbeitszimmer meines Mannes.«

Sie zog ihre linke Augenbraue einen Millimeter hoch. »Also das würden Sie tun?«

Sie sagte wirklich bei jedem Satz »also«! Ob Felicitas das schon gemerkt hatte? Ich warf ihr einen verschwörerischen Blick zu.

Frau Cordula Theresa Schlesinger-Eisentor konnte ganz bestimmt NICHT SCHREIEN. Sie konnte nur flüstern. Und wenn sie ihren Vor- und Zunamen aussprach, war die Energie für den Tag vermutlich schon verpufft. Hatte sie ihn erst einmal geschrieben, musste sie vermutlich drei Wochen auf Kur. Aber das war jetzt nicht der richtige Moment für solche Scherze.

»Selbstverständlich! Wir haben unten noch ein weiteres Bad.« Warum sprach ich eigentlich so laut? Sie war doch nicht taub! Nur dünn. Und klein.

Frau Schlesinger-Eisentors spitzes Gesicht schien sich zu entspannen. Wir besichtigten daraufhin Steffens Arbeitszimmer, in dem der rustikale Schreibtisch, die große Bücherwand, das Klavier und der Kamin von Frau Schlesinger-Eisentor begutachtet wurden.

»Also wer spielt denn hier Klavier?«

»Ich«, sagte Felicitas stolz. »Also, ein bisschen.« Sie senkte den Blick. Wollte sie kichern? Wehe!

»Also magst du mir was vorspielen?«

»Also nur wenn ich darf. Mama?«

Ich biss mir auf die Lippen. Eine von uns beiden würde gleich losprusten. »Also gut.«

»Also meinetwegen«, sagte Steffen, »aber ganz leise.«

Felicitas setzte sich artig auf den Drehhocker und spielte sehr artig Schumanns »Der fröhliche Landmann«. Ben stand stolz daneben. Lieber Gott, mach, dass er jetzt nicht die Topfdeckel holt und darauf eindrischt wie sonst immer, betete ich im Stillen. Die Frau zerfällt sonst zu Staub.

Mein Herz raste dermaßen, dass mein Blusenknopf hüpfte.

Bitte lass mich jetzt nicht in hysterisches Gelächter ausbrechen! Wenn die noch einmal »also« sagt, ist es mit meiner Fassung vorbei. Ich atmete tief ein und aus.

Frau Schlesinger-Eisentor nickte zufrieden, kaum dass Felicitas geendet hatte. »Also das klang ja sehr schön.« Dann drehte sie sich um. »Also der Fernseher ist abgeschlossen«, stellte sie überrascht fest.

»Ja, die Kinder dürfen nur in Ausnahmefällen ausgewählte Sendungen sehen.«

»Also nur ganz selten«, sagte Steffen. Um seine Mundwinkel zuckte es.

»Also eigentlich fast nie«, bestätigte Felicitas.

Mein Mund war staubtrocken. Irgendwann musste doch hier mal ein Springteufel hinter der Wand hervorkommen und »April, April!« rufen! »Das ist das Also-Spiel! Wer zuerst lacht, hat verloren!«

»Also wenn das so ist ...« Frau Schlesinger-Eisentor wollte sich partout nicht an den Kaffeetisch setzen, sondern zog im Stehen mit ihren dürren Fingern einen Fragebogen aus ihrer Umhängetasche, die fast über den Boden schleifte.

»Also dann wollen wir mal ...«, wisperte sie und vertiefte sich andächtig in die Papiere.

»Also setzen Sie sich doch«, schrie ich eine Spur zu laut.

»Also nur wenn Sie wollen«, sagte Steffen. Ich hätte losprusten können!

»Also was hätten Sie denn gern, Mädchen oder Junge?«

Moment. Ich glaubte nicht richtig zu hören. Sie ließ uns das entscheiden?

Ich warf Felicitas und Ben meinen strengen »Schweig-still-Blick« zu. »Also, uns ist das ...«, ich verkniff mir ein Prusten und hüstelte nervös, ohne Felicitas aus den Augen zu lassen, »... natürlich egal.«

»Also wie Sie wollen!«

Ben vergrub sein Gesicht im Vorhang und gluckste: »Die sagt immer also!«

Steffen legte ihm beschwichtigend die Hand auf die Schulter. Ich hätte ihm auch ein Stück Vorhang in den Mund gesteckt – Hauptsache, er hörte auf, das zu thematisieren.

»Also?« Frau Schlesinger-Eisentor fixierte uns ohne jede Gemütsregung.

Ich verbot mir, auch nur aus dem Augenwinkel zu Ben hinüberzulinsen. Ich hätte mich sonst vor Lachen auf dem Teppich gewälzt.

Aus dem anderen Augenwinkel sah ich, wie Felicitas die Lippen zusammenpresste und die Decke fixierte, als suchte sie dort nach einer längst erschlagenen Mücke. Aber sie hielt tapfer die Klappe.

»Also das liegt an Ihnen.« Frau Schlesinger-Eisentor stand wie Rumpelstilzchen klein in unserem Wohnzimmer. »Mädchen oder Junge?« Ein leichter Raucherhusten entrang sich ihrer heiseren Kehle.

Also ich für meinen Teil kam mir vor, als würde ich mir ein Kind aus dem Versandhauskatalog aussuchen.

»Also gut. Ein Mädchen«, sagte ich und zwinkerte Felicitas verstohlen zu. Sie errötete und verkniff sich ein Lachen. Ben grinste umso breiter und vergrub sein Gesicht wieder im Vorhang, während Steffen ihm beruhigend auf die Schulter klopfte.

»Also dann das Alter?«

Würde sie auch noch Gewicht, Augenfarbe, Haarfarbe und IQ abfragen? Das war nun wirklich ungewohnt! Wir nahmen, was kam! Wie immer, und damit basta!

»So um die drei?«, hörte ich mich sehnsüchtig seufzen. Ich hatte immer noch dieses Bild von dem süßen Mädchen vor

Augen, das schlaftrunken mit Schnuller und Teddy die Treppe runtertaperte, um mit uns zu frühstücken.

Frau Schlesinger-Eisentor machte sich Notizen. Nach wie vor im Stehen, mitten im Raum. Meine Adleraugen hatten inzwischen eine Schachtel Zigaretten in ihrer Umhängetasche entdeckt und meine feine Nase kalten Rauch an ihr gewittert. Klar, dass sie jetzt unheimlich gern eine rauchen wollte.

»Nationalität?«

Wie? Sie hatte nicht »also« gesagt?

»Alles in Ordnung, Frau Schlesinger-Eigentor?«

»Eisentor. Hautfarbe?«

»Wirklich, Frau Schlesinger-Eisentor, wir nehmen alles, Hauptsache, gesund.«

Frau Schlesinger-Eisentor kritzelte auf ihrem Block herum. »Und Nichtraucher«, hätte ich beinahe gesagt. »Und kein Drogenhintergrund«, sagte ich stattdessen. Offensichtlich war ich hier diejenige, die kreative Vorschläge machen sollte. Das ließ ich mir nicht zweimal sagen!

»Außerdem ist uns wichtig, dass die Mutter kein Sorgerecht mehr für das Kind hat und der Vater auch nicht.« Beim Gedanken an Sonjas Katja musste ich schlucken. »Ich möchte, dass sichergestellt ist, dass das Kind in Ruhe bei uns groß werden kann.«

Frau Schlesinger-Eisentor sah mich aus zusammengekniffenen Augen an. Hatte ich jetzt was Falsches gesagt? Vielleicht weil Frau Schlesinger-Eisentor selbst nicht in Ruhe groß werden konnte? So hatte ich das doch nicht gemeint!

Mir wurde ganz heiß.

»Also bei Pflegschaften ist das anders als bei einer Adoption«, säuselte die kordeldünne Cordula. »Also wenn die Mutter beziehungsweise die Eltern ihre Lebenssituation dauerhaft wieder in den Griff bekommen, also dann kann es passieren, dass das Pflegekind wieder zurückgeht.«

»Aber nicht mit uns!«, rief ich aus. »Wir nehmen nur ein Kind, das wirklich freigegeben ist. Vom Umtausch ausgeschlossen!«

»Also das waren klare Worte«, hauchte Frau Schlesinger-Eisentor und vervollständigte ihr Protokoll. »Dann machen wir das so.«

»Also, geht doch«, wisperte Felicitas und wurde knallrot unter meinem strengen Blick.

»Es kann auch ein Kind ausländischer Herkunft sein«, beeilte ich mich zu sagen. »Hautfarbe egal.«

»Also, Kinder mit asiatischem oder afrikanischem Hintergrund vermitteln wir nicht.«

»Wie dem auch sei – jede Nation ist uns willkommen«, bekräftigte ich.

Frau Schlesinger-Eisentor hielt es jetzt nicht länger bei uns.

»Also ich geh dann mal …« Sie huschte zur Haustür, nicht ohne uns alle noch mal ihre bleistiftdünnen Finger schütteln zu lassen.

Die Haustür war noch nicht zu, da hörten wir schon ihr Feuerzeug klicken und die erlöste Cordula tief inhalieren.

»Senta? Kommst du mit joggen?« Sonja trippelte schnaufend vor der Terrassentür über den frisch gefallenen Schnee und verbreitete jede Menge Energie und gute Laune. Ihr Atem bildete weiße Wölkchen, die in der klaren Winterluft standen. Vom nahe gelegenen Kirchturm schlug es zehn.

Das war unsere morgendliche freie Stunde! Endlich alle Kuckuckskinder in der Schule und im Kindergarten!

»Ja, warte, ich geh noch mal für kleine Mädchen!« Ich schloss geräuschvoll die Tür.

»Dein Telefon klingelt! Soll ich rangehen?«

»Ach, nein – das ist Bofrost. Dann nehmen die jetzt eine endlose Bestellung auf. Lass uns lieber loslaufen. Ich ruf die später zurück!« Ich hantierte mit Klopapier.

»Aber es könnte was mit den Kindern sein!« Das war typisch Sonja. Immer besorgte Oberglucke.

»Okay, geh ran!«

Ich ließ die Klospülung rauschen und wusch mir die Hände.

»Senta?« Sonja klopfte an die Klotür.

O Gott. Mir blieb das Herz stehen. Was denn jetzt schon wieder?

»Da ist eine Frau am Telefon, die redet so leise, dass ich kein Wort verstanden habe.«

»Oh!«

Wusch! Schon war ich draußen. »Das ist Frau Schlesinger-Eisentor vom Jugendamt!«

Ich hechtete in Laufsocken ans Telefon.

»Hallo, Senta Prinz am Apparat?!« Sollte sie etwa endlich ein Pflegekind für uns haben? Ein ersehntes Mädchen?

Es ertönten nur Wispern und Rauschen, dafür aber ziemlich lang.

Ich gab Sonja ein Zeichen, möglichst nicht zu atmen.

»Stell auf laut!«

Ich hatte aber Angst, aus Versehen den Stumm-Knopf zu drücken, und so pressten wir unsere Zwillingsohren an den Hörer und entnahmen dem Flüstern und Hüsteln, dass es tatsächlich ernst geworden war!

»Also könnten Sie sich auch vorstellen, zwei Mädchen aufzunehmen?«

Sie rauchte nervös.

Hatte ich richtig gehört? Zwei Mädchen? Gleich zwei?

Mein Blick huschte ratlos zu meinem Ebenbild, das begeistert nickte und beide Daumen hochhielt.

»Ähm ... Frau Schlesinger-Eisentor, könnten Sie mir etwas über den Hintergrund der beiden Mädchen erzählen? Wenn's geht, bitte GANZ LAUT, Frau Schlesinger-Eisentor, wir sind hier nämlich im berühmten Kippekausener Funkloch!«

Frau Schlesinger-Eisentor inhalierte. Dann blies sie den Rauch aus, sodass ich fast erwartete, er würde hier aus dem Hörer quellen. Wir hielten die Luft an.

»Also die beiden kleinen Schwestern sind bereits zum zweiten Mal im Kinderheim in Flickendorf.« Ich hörte sie hüsteln. »Ihre Mutter hat sie das erste Mal vor drei Jahren verlassen. Da war die Jüngere noch ein Säugling und die Ältere zweieinhalb.«

Sonja und ich standen Wange an Wange da, und unsere Herzen schlugen im Gleichtakt.

»Also die Mutter hat ihre Töchter in der Wohnung zurückgelassen, ist zum Flughafen gefahren, in den Iran geflogen und hat von dort aus ihre Freundin in Köln angerufen.«

Frau Schlesinger-Eisentor nahm einen tiefen Zug und stieß ein leises Röcheln aus, sozusagen ein Raucherhusten in den Kinderschuhen.

»Die Freundin hat die Kinder aus der Wohnung geholt und zu sich nach Hause mitgenommen. Als die Mutter nach zehn Tagen immer noch nicht wieder zurück war, hat sie die beiden ins Kinderheim nach Flickendorf gebracht.«

»Wahnsinn!«, entfuhr es uns beiden wie aus einem Munde. Das war ja wieder mal unglaublich.

»Dann wurden Pflegeeltern gefunden, und die beiden Mädchen lebten ein Jahr in der Pflegefamilie. Die Pflegemutter kam aber mit der Älteren der beiden nicht klar, also die Beziehung war schwierig, daraufhin hat sie die Ältere wieder ins Heim gebracht, die Jüngere wollte sie behalten.«

»Also das geht ja GAR NICHT!«, riefen wir im Chor dazwischen.

»Mitten in diese Situation hinein kam die leibliche Mutter aus dem Iran zurück und wollte die Kinder wiederhaben.«

Uns entfuhr synchron ein fassungsloses Schnaufen, und wir fassten uns gleichzeitig an die Köpfe. Beinahe wäre uns der Hörer entglitten.

»Sind Sie noch dran?«

»Ja, natürlich, wir hören.«

Krampfhaft umklammerten wir den Hörer.

»Es wurde dann eine Gutachterin vom Gericht bestellt, und die Mutter musste ein Jahr lang beweisen, dass sie es auch wirklich ernst meint und in der Lage ist, für ihre Mädchen zu sorgen. Da waren sie fünf und knapp drei.«

»Okay, und dann?«

»Warte, sie erzählt es doch!«

»Ja, aber so LEISE! Kann die nicht lauter sprechen!«

»Pssst!«

»Kaum waren ihr die Mädchen wieder zugesprochen worden, machte die Mutter dasselbe noch mal: Sie ließ sie in der Wohnung zurück und flog erneut in den Iran.«

Diesmal fiel Sonja und mir nur synchron der Unterkiefer runter.

HATTE die noch alle? Wie konnte man als Mutter so was machen? ZWEIMAL?!

»Tja. Und das war vorgestern. Jetzt sind sie wieder in Flickendorf.«

Mein Arm wurde schwer wie Blei. Ich konnte den Hörer einfach nicht mehr halten.

Sämtliche Farbe wich mir aus dem Gesicht. Ich brauchte nur in Sonjas fassungsloses Gesicht zu sehen, um zu wissen, wie ich selbst aussah.

»Also, Frau Prinz, jetzt haben wir an SIE gedacht. Ich halte Ihre Familie für sehr gut geeignet. Gerade weil Sie schon

Erfahrung mit Adoptivkindern haben. Und Platz für zwei hätten Sie ja auch.«

Mir entfuhr ein Krächzen, das auch ein Schluchzen sein konnte.

»Und wenn die Mutter wieder auftaucht und die Kinder wiederhaben will?«

»Also ihr wurde in Abwesenheit das Sorgerecht entzogen.«

Sonja nickte heftig. Uns beiden waren Tränen in die Augen getreten.

Diese Mädchen taten mir so unendlich leid! Was hatten die armen Mäuse schon alles durchgemacht! Das übertraf einfach mein Vorstellungsvermögen. Sie hatten zwei Tage und Nächte allein in der Wohnung gehaust, in der Hoffnung, die Mutter würde zurückkehren und ihnen etwas zu essen machen? Die Kleine trug doch sicherlich noch Windeln! Und welche unsäglichen Ängste die ausgestanden haben mussten! Die Ältere hatte das doch schon alles voll mitgekriegt! Wiederholte Verlustängste, gleichzeitig die Überforderung durch die erdrückende Verantwortung für die Kleine!

Sonja nahm mir den Hörer aus der Hand.

»Das machst du, das machst du, das machst du«, beschwor sie mich flüsternd.

»Frau Schlesinger-Eisentor, dürfen wir … Darf ich das mit meinem Mann besprechen?«

»Also natürlich. Ich warte dann auf Ihren Rückruf.«

Sonja und ich starrten uns an. In ihren Augen stand bereits ein zuversichtliches Strahlen, während in meinen pure Ratlosigkeit schwamm.

»Zwei«, krächzte ich schließlich. »Das sind hundert Prozent mehr als geplant.«

»Das schaffst du, Senta!« Sonja rüttelte mich an den Schultern.

»Aber dann wären es vier!«, packte ich meine mathematischen Grundkenntnisse aus.

»Vier sind ohnehin besser als drei, da fühlt sich niemand ausgeschlossen.« Sonja musste es ja wissen!

»Ich muss Steffen fragen.«

»Tu das.«

An Joggen war natürlich überhaupt nicht mehr zu denken. Beide ringelten wir uns nun in unseren Socken auf dem Sofa zusammen. Der Hörer war noch warm, als ich meinem Mann die frohe Botschaft überbrachte.

Steffen war genauso perplex und aus dem Häuschen wie wir. »Die armen Mäuse.«

Ich hörte es regelrecht in seinem Kopf rattern, gleichzeitig spürte ich, wie sein Herz dahinschmolz.

»Liebes, gibst du mir eine Stunde Zeit? Ich muss kurz um den Dom spazieren. Schließlich hieße das, unsere Kinderschar zu verdoppeln!«

»Ja, genau das habe ich Sonja gerade auch vorgerechnet!«

»Okay, ich melde mich. Lass mir etwas Zeit.«

»Steffen? Ich liebe dich! Egal, wie du dich entscheidest, ich werde es respektieren!«

Mein Herz raste. Hoffentlich würde Steffen Ja sagen! Mein Mutterinstinkt hatte schon längst wieder eingesetzt! Ich fühlte mich mit Zwillingen schwanger, für mich gab es kein Zurück mehr!

»Ich möchte am liebsten sofort losfahren und die armen Mädels aus Flickendorf holen!«

Nervös biss ich mir die Knöchel wund. »O Gott, ich habe ganz vergessen zu fragen, wie sie heißen.«

»Sie werden ausländische Namen haben!«

»Die kann man in dem Alter nicht mehr umnennen, stimmt's?«

»Nee.« Sonja grinste. »Aber persische Namen sind oft sehr schön!«

Sie war bereits im Planungsrausch und begann, die Nachttische im Schlafzimmer von der Wand zu rücken und die Lampenstecker aus den Steckdosen zu zerren. »Pack doch mal mit an!«

»Jetzt warte doch, nachher sagt Steffen Nein!«

»Sagt der nie und nimmer. – Hier, das Bücherregal kann so auch nicht bleiben.«

Sie drückte mir einen Stapel Romane in die Hand. »Die müssen alle weg.«

»Spinnst du? Die liebe ich heiß!«

»Quatsch!« Sonja pfefferte einen nach dem anderen in den Müll. »Mit vier Kindern hast du überhaupt keine Zeit mehr zum Lesen!«

»Doch! Zwischen drei und vier Uhr nachts!«

Hinter ihrem Rücken klaubte ich sie alle wieder raus und presste sie wie gerettete Plüschtiere an mich.

Unsere Umräum-Aktivitäten waren ganze zehn Minuten alt, als Steffen zurückrief.

»Wir nehmen sie.«

Fast glaubte ich zu schweben vor Glück.

»Oh, Steffen, ich wusste, dass du so entscheiden würdest! Du bist der liebste, beste, wunderbarste Mann und Vater der ganzen Welt!«

Sonja begann, die Tagesdecke abzuziehen und die Zierkissen die Treppe runterkullern zu lassen.

»Komm, wir fahren sofort zu IKEA. Ich lasse die armen Würmer keinen Tag länger in diesem schrecklichen Heim!«

»Übrigens, wie heißen sie überhaupt?«

»Keine Ahnung! Ich frage Frau Schlesinger-Eisentor!«

Sie hießen, wie diese uns flüsternd mitteilte, Leyla und Maryam. Was für schöne Namen!

Frau Schlesinger-Eisentor beehrte uns wieder, diesmal mit den Akten unserer beiden zukünftigen Töchter, unter denen sie fast zusammenzubrechen schien.

Steffen und ich beugten uns zitternd vor Erwartung über die Fotos, die Frau Schlesinger-Eisentor herausklaubte und vor uns auf die Tischplatte legte.

»Also das wäre jetzt Leyla.« Ein fünfjähriges Mädchen blickte mit pechschwarzen großen Augen in die Kamera. Vorwurfsvoll? Misstrauisch? Oder nur grenzenlos traurig? Auf jeden Fall verschlossen und zurückhaltend. Die dunkelbraunen Haare fielen ihr glatt über die Schultern, ein kurzer Pony bedeckte ihre Stirn, was ihr ein niedliches Aussehen verlieh. Wären nur diese tieftraurigen Augen nicht gewesen! Ihre Augenbrauen waren kräftig und geschwungen, ihre Lippen fest geschlossen. Nicht der leiseste Anflug eines Lächelns war darauf zu erkennen. Aber auch kein Trotz oder Zorn. Nur Verletztheit. Einsamkeit. Enttäuschtes Vertrauen.

Mir blutete das Herz. Lange schaute ich in das runde Kindergesicht, das alles Unbefangene verloren hatte. Ich hatte das Gefühl, Leyla schon eine Ewigkeit zu kennen. Mir waren Heimkindergesichter nicht neu. Aber dieses hier war anders. Nicht stumpf oder abgeklärt, sondern nur von grenzenloser Trauer erfüllt. Und in ihren Augen lag eine Weisheit, die mich erstaunte. In Gedanken sprach ich mit ihr und versprach ihr, dass von nun an alles besser werden würde.

Ich knetete meine feuchten Hände und blickte Frau Schlesinger-Eisentor fragend an: »Und jetzt Maryam.«

Das war das Kontrastprogramm.

Ein süßer kleiner Kobold bleckte eine Reihe winziger Milchzähne. Die Äuglein waren zusammengekniffen, das Näschen kraus. Sofort sah ich, dass das Lächeln nicht echt war, sondern als Überlebensstrategie diente. Während aus Leylas Gesicht die Last der Verantwortung sprach, spielte Maryam den Niedlichkeitstrumpf unbewusst aus. Der Anblick der beiden berührte mich zutiefst.

Ihre Geschichte zu kennen bedeutete auch für mich eine Riesenverantwortung. Doch ich konnte mich ihren Blicken, ihren Schicksalen längst nicht mehr entziehen. Ergriffen suchte ich nach einem Taschentuch, denn dicke Tränen kullerten mir bereits über die Wangen. Ich hob den Blick und sah, dass auch Steffen feuchte Augen hatte.

»Also jetzt sammeln Sie sich erst mal und atmen tief durch.«

Frau Schlesinger-Eisentor legte noch ein Foto auf den Tisch: Eine junge, schlanke, sehr hübsche Frau mit schulterlangen dunkelblonden Haaren lehnte kokett vor einer Flurtapete. Sie trug ein weißes T-Shirt und einen bodenlangen, beigefarbenen Rock. Offensichtlich ein halbherziges Zugeständnis an die geltenden Bekleidungsvorschriften ihrer muslimischen Religion. Sie hatte eine Hand in die Hüfte gestemmt und schaute selbstbewusst in die Kamera.

»Also das ist Nasrin, die Mutter der beiden.«

»Bitte erzählen Sie, wie es dazu kommen konnte, dass sie ihre Kinder gleich zweimal im Stich gelassen hat!«

»Also sie ist zwischen zwei Kulturen aufgewachsen, zwar in Köln geboren, aber immer hin- und hergerissen zwischen Kopftuch und Minirock, Koran und Disco. Ihr Vater, ein streng gläubiger Moslem, war wahnsinnig streng mit ihr, was sie natürlich erst recht in die Arme verschiedener Männer getrieben hat. Als sie Leyla bekam, war sie erst siebzehn. Sie hatte eine kurze Affäre mit einem Iraner gehabt, der ohne Aufenthaltsgenehmigung in Köln lebte. Maryam bekam sie dann zwei Jahre später, aber von einem verheirateten Iraner, der bereits vier Kinder hat. Sie hatte sich wohl Hoffnungen gemacht, er könnte zu ihr überlaufen, suchte wohl insgeheim eine Vaterfigur, aber das Gegenteil war der Fall: Er hat sich von ihr abgewandt und sich nie wieder gemeldet. Wahrscheinlich haben ihn die Verwandten der Ehefrau wahnsinnig unter Druck gesetzt, da geht es ja auch um die Familienehre.«

Ich musste einmal tief durchatmen, um diese Informationen sacken zu lassen.

»In ihrer Verzweiflung hat die junge Mutter wohl zweimal im Iran ihr Glück gesucht. Vielleicht wollte sie dort nach einem brauchbaren Vater für ihre Kinder Ausschau halten. Oder aber ihr eigener Vater hat sie dorthin geschickt, um sie zwangsverheiraten zu lassen«, hauchte Frau Schlesinger-Eisentor und wühlte schon wieder heimlich nach ihren Zigaretten.

Die junge Mutter tat mir natürlich leid, auch wenn das nie und nimmer entschuldigen konnte, was sie da zweimal getan hatte.

Mit plötzlicher Entschlossenheit schaute ich zu Steffen hinüber: »Also? Worauf warten wir noch?«

Schwungvoll stand ich auf und suchte nach meinem Autoschlüssel. Auffordernd sah ich Frau Schlesinger-Eisentor an: »Kommen Sie mit? Sonst finden wir es auch alleine.«

»Halt, Moment, so schnell schießen die Preußen nicht!« Frau Schlesinger-Eisentor erhob ihr Stimmchen und legte mir die magere Hand auf den Arm. »Vor Weihnachten geht da gar nichts mehr.« Ihre Hand lag da wie dürrer Reisig.

Ich glaubte, nicht richtig zu hören!

»Wie? Es sind noch ZEHN gottverdammte Tage bis Weihnachten! Was sollen die armen Mädchen denn über die Feiertage im Heim?«

»Sie müssen sich erst mal in Ruhe kennenlernen«, säuselte Frau Schlesinger-Eisentor. »Noch eine Rückgabe würden die Kinder nicht verkraften.«

Ach Gott. Jetzt ging das wieder los.

»Ich will die doch nicht zurückgeben! Wie kommen Sie denn

darauf!« Meine Schläfen pochten vor Wut und Ungeduld. Steffen legte seine Hand auf meine und warf mir einen beruhigenden Blick zu. Ich stemmte die Hände in die Hüften.

»Gut! Lernen wir sie kennen! Ich bin startklar!«

»Dafür braucht die Heimleitung Zeit, ich brauche Zeit, und Sie brauchen Zeit. Alle drei Parteien kriegen wir vor Weihnachten terminlich nicht mehr unter einen Hut.«

»Bitte WAS? Geht es hier um die Kinder oder um Ihre ach so wichtigen Termine?«

»Senta. Bitte. Beruhige dich.«

Klar. Ich durfte jetzt hier nicht aus dem Hemd springen, das würde Frau Schlesinger-Eisentor nur missverstehen. Schnaufend setzte ich mich wieder hin und schaute ratlos von einem zum anderen.

»Wir haben schon alles vorbereitet für die beiden! Da! Können Sie gucken!« Ich zeigte nach oben, wo früher unser Schlafzimmer gewesen war. »Meine Schwester Sonja und ich waren bei IKEA und haben ein traumhaftes Mädchenzimmer eingerichtet! Die Wände haben wir sonnengelb gestrichen, und ich habe gelbe Vorhänge genäht! Steffen und ich sind mit dem Schlafzimmer schon nach unten gezogen!« Ich machte eine einladende Handbewegung, doch Frau Schlesinger-Eisentor wollte unser Ehebett nicht noch mal sehen.

»Leyla und Maryam geht es gut, sie sind in sicherer Obhut«, behauptete sie stattdessen und strapazierte meine Nerven aufs Äußerste.

»Gut ist ja wohl was anderes!«

»Senta. Lass gut sein.«

Ließ ich aber nicht! Ich sollte jetzt bis nach Weihnachten warten, bis alle Beteiligten sich das Kennenlernen terminlich einrichten konnten? Ich spürte, wie ich überall rote Flecken bekam, besonders den einen am Hals, der die Ausmaße eines

Kontinents annehmen konnte, wenn bei mir das Feuer der Leidenschaft ausbrach.

»Es geht ja nicht um mich, sondern um die Kinder«, explodierte ich. »Sollen die Mädels Weihnachten im Ernst im Heim verbringen? Während wir hier wunderschön unter dem Baum sitzen und Lieder singen?«

Steffen trat mich unter dem Tisch und sandte mir einen seiner Erziehungsblicke, die er sonst für Ben und Felicitas reserviert hatte.

»Also die Gründe habe ich Ihnen soeben erläutert«, entgegnete Frau Schlesinger-Eisentor spitz.

Wenn ich zum Terrier geworden war, war sie jetzt mindestens ein Chihuahua.

»Also Sie sollten erst mal abwarten, ob sich zwischen Ihnen überhaupt Zuneigung entwickelt«, kläffte sie heiser zurück. »Also dem Jugendamt ist wirklich daran gelegen, dass sie keine neue Trennung erleiden müssen!«

»An uns soll es nicht liegen«, lenkte ich milder geworden ein. »Wir haben schon so vieles mit Ben und Felicitas durchgemacht, da schaffen wir die zwei kleinen einsamen persischen Seelen auch noch.«

20

SONJA
Januar 2005

»Und bis jetzt hat sie sich noch nicht wieder gemeldet?« Ich konnte nicht fassen, was Senta mir da gerade aufgebracht berichtete. Paul und ich waren in den Weihnachtsferien mit unseren vier Kindern wieder im Ferienhaus auf Sylt gewesen, sodass ich nicht ganz auf dem Laufenden gewesen war. Und nun erfuhr ich, dass die iranischen Mädchen immer noch nicht da waren. Senta hatte sie noch nicht einmal gesehen!

»Du musst einfach ganz geduldig abwarten, bis der Flüster-Chihuahua dir wieder was ins Öhrchen kläfft.«

»Das gehört sicher alles zu ihren Prüfungsritualen«, seufzte Senta. »Aber wie hirnrissig und unmenschlich ist das denn!«

»Apropos hirnrissige und unmenschliche Rituale«, wechselte ich das Thema. Ich saß gerade mit der Zeitung am Frühstückstisch, den meine Liebsten wie immer in Eile verlassen hatten. Paul war in die Firma gefahren und hatte unsere Rasselbande in Schule und Kindergarten abgesetzt. Nur mein zweijähriges Noralein spielte friedlich in der Küchenecke mit ihren Puppen und Bauklötzen.

»Senta? Hast du mal 'ne Minute? Ich muss dir was vorlesen.«

»Meinst du den Artikel im heutigen Kölner Stadtanzeiger? Ich hab das Bild von dem schwarzen Mädchen schon gesehen und sofort an euch gedacht. Wie alt?«

»Vierzehn. Also, hör zu.« Ich schlug die Zeitung auf und schenkte mir noch einen Kaffee ein. »Zola heißt sie. Sie hat in drei Jahren nahezu perfekt Deutsch gelernt und zählt in ihrer Realschulklasse zu den guten Schülern. Mit elf ist das Mädchen aus Kenia nach Köln gekommen. Die Großmutter, die inzwischen verstorben ist, hat sie mit einem unbekannten Schlepper in die Domstadt geschickt, um das Kind vor der drohenden Genitalverstümmelung zu retten. Nun droht ihr nach drei Jahren die Abschiebung. Das ist doch der Hammer, oder? Morgen verhandelt das Verwaltungsgericht einen Antrag auf Wiederaufnahme des Asylverfahrens für das Mädchen. Wenn Zola abgeschoben wird, muss sie zurück nach Kenia und riskiert, dass ihr ohne Betäubung die Klitoris entfernt wird.«

Ein Aufschrei gellte durch den Hörer.

»O Gott, Sonja, ich fass es nicht! Mir bricht das Herz!«

»Hör zu! Ich lese vor: Zola hat Todesangst. ›Ich kann doch nichts dafür, dass ich damals mit elf Jahren illegal eingereist bin.‹ Die einzige Möglichkeit, Zola zu retten, wäre, eine Familie zu finden, die sie adoptiert.«

Minutenlang schwiegen wir in den Hörer. Dann atmeten wir beide heftig aus.

»Bist du noch dran?«

»Ja. Klar.«

»Denke ich das, was du denkst?!«

»Ja. Mit Sicherheit. Ich bin ganz verzaubert von ihr, sieh dir nur das Bild an!«

»Sie ist wunderschön. Diese samtschwarze Haut, die dunklen, klugen Augen, die Würde, die sie ausstrahlt.«

»Und diese vollen runden Lippen!«

»Und jetzt?«

»Das musst du mich nicht fragen. Ich kenne dich, Sonja.«

»Also frage ich Paul.«

»Ja. Mach das. Meinen Segen hast du.«

»Ich spüre körperlich, dass sie zu uns gehört.«

»Ihr wärt wirklich die perfekte Familie für sie.«

»Was sie durchgemacht haben muss …«

»Und was für Ängste sie gerade aussteht! Stell dir das nur mal vor!«

»Lieber nicht. Dann wird mir schlecht. Ich muss sie kennenlernen!«

»Sonja, du schaffst das! Ich bin so gespannt, wie es weitergeht!«

»Du, Noralein räumt den Putzmittelschrank aus, ich muss auflegen.«

Paul war ebenso betroffen wie ich und gab mir grünes Licht. Auch er konnte den Gedanken nicht ertragen, so ein unschuldiges Immigrantenkind sehenden Auges in sein Unglück zu schicken.

»Wenn wir vier satt kriegen, kriegen wir auch fünf satt.«

»Paul, du bist der Beste!«

»Na ja, letztlich bleibt die Arbeit an dir hängen, Sonja. Aber sie könnte eine riesige Bereicherung für die ganze Familie sein.«

»Den Horizont der Kinder erweitert sie auf jeden Fall!«

»Und unseren erst! Ich seh uns schon in ein paar Jahren mit ihr nach Kenia reisen!«

»Bist du sicher, dass wir unseren Sprösslingen eine große Schwester vor die Nase setzen können?«

»Ich bin mir sicher, dass sie ihre Lage verstehen werden und ihr helfen wollen. Na ja, Noralein schnallt das ja noch nicht, aber die anderen.«

»Wie willst du jetzt vorgehen?«

»Ich ruf beim Kölner Stadtanzeiger an.«

»Sonja? Ich bin stolz auf dich!«

Die Dame, die den Artikel geschrieben hatte, gab mir die Telefonnummer von Zolas Schule. Ich wurde ein paarmal weiterverbunden, bis ich schließlich die Lehrerin der erwähnten Realschulklasse am Telefon hatte. Sie bestätigte mir das ganze Dilemma mit Zola noch mal. Nicole Winterkorn war jung, engagiert und total begeistert vom Lernwillen, der Intelligenz und der fröhlichen Energie ihrer schwarzen Schülerin. Zola war ein Paradebeispiel für gelungene Integration.

»Zola war zuerst in einer Schule für Immigrantenkinder in Köln Kalk«, erzählte sie mir mit sympathischer Stimme. »Aber sie hat sich so toll entwickelt und so großartig Deutsch gelernt, dass sie schon nach einem Jahr auf die Realschule wechseln konnte. Sie ist heute eine meiner besten Schülerinnen!«

»Und wo wohnt sie jetzt?«, fragte ich.

»Tja, das ist so eine zwielichtige Sache: Offiziell wohnt sie bei ihrer Tante.« Ich hörte, wie Frau Winterkorn den Verwandtschaftsgrad in Anführungszeichen setzte. »Aber meiner Meinung nach lebt Zola bei einer völlig fremden Schwarzafrikanerin und deren Mann, zu denen der Schlepper sie damals gebracht hat. Sie ist dort so was wie ein Hausmädchen – milde ausgedrückt.«

»Inwiefern … Wie meinen Sie das?«

»Sie muss in der Abstellkammer schlafen und die gesamte Hausarbeit für die Frau, ihren Mann und deren zwei Kinder verrichten. Für nichts als einen Schlafplatz und ein bisschen Essen! Wenn sie nicht pariert, wird sie mit Verwünschungen und Flüchen überhäuft.«

»Das hört sich nach Sklavenhaltung an!«, regte ich mich auf. »Sie ist doch noch ein Kind!«

»Ja, aber sie kennt es nicht anders. In Kenia ging es ihr noch viel schlechter«, ließ mich die junge Lehrerin wissen. »Die Großmutter hat sie geschlagen und sie spüren lassen, was für ein lästiges Anhängsel sie ist. Jetzt ist Zola einfach nur froh, in Köln zu sein, zur Schule gehen und sich nützlich machen zu können. Sie ist so ein bescheidener, lieber Mensch!« In Frau Winterkorns Stimme schwang unglaublich viel Wärme mit.

»Sie schlichtet Streit, geht auf jeden zu und hat echtes Mitgefühl. Das hätte sie nun selbst verdient.« Sie machte eine kleine Pause. »Ich bin erst vierundzwanzig und kann sie noch nicht bei mir aufnehmen.« Sie schickte ein verlegenes Lachen hinterher. »Außerdem wohne ich in einer ziemlich chaotischen WG in Ehrenfeld!«

»Schon klar«, erwiderte ich und spürte eine Welle der Sympathie – für die engagierte junge Lehrerin und erst recht für

Zola. »Wie ist der Artikel überhaupt im Kölner Stadtanzeiger gelandet?«

»Mein Vater ist ihr Vormund.« Frau Winterkorn lachte. »Ich hab ihn dazu verdonnert.«

Ich musste lächeln. Was für eine bezaubernde Frau! Ich fragte weiter, konnte gar nicht genug Informationen über Zola bekommen.

»Und Sie kümmern sich um Zola? Auch außerhalb der Schule, in Ihrer Freizeit?«

»Wir haben Anwälte eingeschaltet, gehen mit ihr zu Behörden, machen den Schriftkram für sie und sind jetzt mit unserem Latein am Ende. Wenn sie abgeschoben wird, was nicht gerade unwahrscheinlich ist, kommt sie auf direktem Weg in die Hölle. Und sie ist jetzt schon im Fegefeuer, glauben Sie mir, Frau Wegener!«

»Frau Winterkorn, ich werde alles tun, um das zu verhindern. Mein Mann hat schon zugestimmt, dass wir Zola aufnehmen – falls sie das überhaupt will!«

»Ohne Sie zu kennen, Frau Wegener: Aber da scheint sich ein Himmelstor zu öffnen!«

»Oh, keine Vorschusslorbeeren, Frau Winterkorn.« Ich musste mir ein Lächeln verbeißen. »Aber könnten Sie sich vorstellen, uns mit Zola und Ihrem Vater zu besuchen?«

Frau Winterkorn freute sich. »O ja, das kann ich mir sehr gut vorstellen!«

Ich erzählte ihr, dass wir bereits vier adoptierte Kinder hatten, mit denen wir in einem großen alten Fachwerkhaus im ländlichen Kippekausen lebten. Umgeben von Kühen, Schafen und sanften, bewaldeten Hügeln. Also eigentlich da, wo sich Fuchs und Hase Gute Nacht sagten. »Wäre das für Zola nicht ein Kulturschock?« Immerhin lebte Zola in einem Hochhaus in Köln Kalk, bei ihrer afrikanischen Herrschaft, wo ihre Muttersprache gesprochen wurde. Ich stellte mir eine Dreizimmerwohnung im dreizehnten Stock eines Hochhauses vor, umgeben von Supermärkten, Kneipen und Wettbüros.

»Wissen Sie, Frau Wegener, ich kenne Ihr Dorf zwar nicht und setze auch nur selten freiwillig meinen Fuß auf die Schäl Sick«, sie lachte und meinte damit die »falsche Rheinseite«, »aber alles ist für Zola besser als eine Beschneidung in Kenia beziehungsweise weiter unter der Knechtschaft ihrer sogenannten ›Tante‹ und deren Mann zu stehen.«

Ich nickte. »Sie besuchen uns also?«

»Ja. Jederzeit. Mit Freuden!«

21

SENTA

Januar 2005

Endlich durften wir zum ersten Mal die beiden kleinen iranischen Mädchen besuchen! Es war tatsächlich Mitte Januar geworden, bis Frau Schlesinger-Eisentor uns flüsternd diesen Termin mitgeteilt hatte!

Felicitas hatte unbedingt mitgewollt ins Flickendorfer Kinderheim, Ben hatte wie immer unbeteiligt mit den Schultern gezuckt, aber Frau Schlesinger-Eisentor hatte davon abgeraten. »Zu viel Aufregung für den Erstkontakt!«

Ach Gott, Frau Schlesinger-Eisentor. Sie würde das natürlich sofort umpusten.

So trug ich nun eine Art Rotkäppchenkorb von Felicitas bei mir: Glitzerspangen, Puppenhauszubehör, Malkreiden, Stofftiere. Nur von Ben war nichts dabei, Mädchenkram hatte er nicht zu verschenken. Ben ging wie immer sparsam mit Gefühlen um, und wenn er mich schon knapphielt mit Sympathiebekundungen, wieso sollte er dann unbekannten iranischen Schwestern den roten Teppich ausrollen?

Das taten Steffen und ich umso emotionsgeladener.

»Wo sind sie?«

»Kommen Sie bitte erst mal mit ins Besprechungszimmer.«

Obwohl mir die Hände klamm am Körbchen klebten vor lauter Aufregung, folgten wir der Heimleiterin und setzten uns artig auf ein abgewetztes Ledersofa. Steffen nahm beruhigend meine Hand. Ich fühlte mich so viel besser als damals mit Markus! Sein Blick sagte: Wir sitzen in einem Boot. Wir wollen das beide. Die letzten Minuten schaffen wir auch noch.

»Also?«

Wir zogen fragend die Augenbrauen hoch. »Was müssen wir wissen?«

»Die Kinder sind jetzt vier Wochen hier, und ich konnte mir ein Bild von ihnen machen.«

Frau Halmackenreuther betrachtete uns prüfend. Wahrscheinlich wollte sie sich auch erst mal ein Bild von uns machen.

»Ja?« Unruhig rutschte ich auf dem Sofa hin und her. »Und wie ist Ihr Eindruck?«

»Die Ältere, Leyla, kann sehr aufsässig werden. Sie benutzt unanständige Wörter und will in hohen Hackenschuhen herumlaufen und sich schminken. Mit fünf.« Sie lächelte schmal. »Das hat sie sich wahrscheinlich von ihrer Mutter abgeguckt.«

Steffen und ich nickten verständnisvoll. Felicitas hatte sich zwar erst mit sieben schminken wollen, aber das Thema hatten wir schon durch.

»Maryam, die Dreijährige, ist dagegen außerordentlich angepasst und wirkt irgendwie distanzlos. Sie hängt sich an jeden dran, der sie nur eines Blickes würdigt.«

Ich räusperte mich unbehaglich. War es ihr zu verdenken? Das war der nackte Überlebenstrieb!

Frau Halmackenreuther betrachtete uns lange. »Trauen Sie sich zwei so traumatisierte, schwierige Kinder zu?«

Ich machte den Mund auf, um ihr zu versichern, dass sie hier nur ihre Zeit verschwendete!

Steffen legte die Hand auf meine. »Das macht uns keine Angst, wir sind ja erfahrene Eltern – in allen Lebenslagen.«

»Die Kinder haben geschrien wie die Tiere, als sie zum zweiten Mal hier in Obhutnahme kamen. Sie haben sich nächtelang nicht beruhigt. Leyla musste sogar zeitweise ans Bett fixiert werden, und der Kinderarzt hat ihr Beruhigungsmittel gegeben.«

Die sachliche Art, mit der Frau Halmackenreuther uns das mitteilte, haute mich fast vom Hocker. Ihre Obhutnahme konnte sie sich an den Obhut stecken! Leyla und Maryam hätten seit vier Wochen bei uns sein und mit uns Weihnachten feiern können! Ich merkte, wie ich mit den Backenzähnen knirschte. Ohne den beruhigenden Beindruck von Steffen wäre ich wohl abgegangen wie ein Zäpfchen!

Es klopfte.

Aha. Sehr zur Steigerung meines Wohlbefindens betrat nun die winzige Frau Schlesinger-Eisentor den Raum, die wohl noch schnell eine geraucht hatte, was meiner Spürnase nicht entging. Bei sich hatte sie einen beleibten älteren Herrn.

»Also das ist Herr Müllerschön, der Vormund.« Sie reichte uns ihre dürre Kralle, und dann schüttelten wir die Pranke des Mannes, dessen fetter Siegelring sich in meine zarten Fingerchen bohrte.

Man wünschte sich allseits ein gutes neues Jahr und berichtete von Staus und Baustellen auf der Subbelrather Straße. Der Small Talk ging mir zunehmend auf die Nerven.

»Also ich hab mein Auto ja auf dem Park-and-Ride-Parkplatz stehen lassen«, wisperte Frau Schlesinger-Eisentor, »denn ich habe gar keine Winterreifen, und die Sommerreifen sind wirklich sehr abgefahren.« Ich hätte sie ohrfeigen können!

»ALSO ... Können wir dann mal ...«

»Also da wäre grundsätzlich noch die Frage, ob die Großmutter von Leyla und Maryam und der Bruder der Mutter, also der Onkel, die Kinder ab und zu sehen könnten ... Sind Sie damit einverstanden?«

Das war ich mitnichten. Doch ich ließ Diplomatie walten.

»Das entscheiden wir, wenn wir sie endlich mal gesehen haben.«

Eine umständliche Prozession setzte sich in Bewegung; Frau Halmackenreuther, wichtig mit ihrem Schlüsselbund, die erst noch sorgfältig das Besprechungszimmer hinter uns abschließen musste, gefolgt vom behäbigen Vormund, der schon bei dem Schneckentempo ins Schnaufen geriet, umhuscht von der auf uns alle einsäuselnden Frau Schlesinger-Eisentor, deren sinnlose Füll-Alsos ich zu ignorieren versuchte, Steffen und ich: gespannt wie ein Flitzebogen, aufgeregt wie am ersten Schultag, voller Liebe und Sehnsucht nach diesen beiden unbekannten kleinen Mädchen. Mein Herz raste wie eine Dampfmaschine, als wir endlich im dritten Stock klingelten.

Von drinnen ertönte lautes Kindergeschrei, dann das Klirren eines Riegels, schließlich der Anblick eines Flurs, aus dem uns zwei Dutzend neugieriger Kinder in Pantoffeln oder rutschfesten Socken, Jogginghosen und bunten Sweatshirts beäugten.

»Leyla, Maryam, euer Besuch ist da!«, vermeldete ein kecker Kiebitz und rannte, schrille Schreie ausstoßend, davon.

»Es hat sich auf dieser Etage schon rumgesprochen, dass sich jemand die Mädchen ansieht«, verriet uns die Erzieherin, die ihre Rasselbande nach hinten scheuchte.

Und dann war es wie im Film: Ich »zoomte« auf ein kleines

Mädchen hinten auf einer Bank: Maryam. Ich erkannte sie sofort. Plötzlich waren alle anderen Kinder unscharf, und wie in Zeitlupe sah ich mich zu meinem Mädchen schweben, in die Hocke gehen und ihr Händchen nehmen.

Sofort verzog sie ihr Gesichtchen zu dem mir bekannten künstlichen Koboldlächeln und bleckte die Milchzähnchen.

»Hallo, Maryam.« Meine Stimme zitterte. Das war der berühmte Moment! »Ich bin Senta, und das ist Steffen. Wir wollen heute mit dir spielen, hast du Lust?«

Sie warf einen begehrlichen Blick in den Korb mit den Glitzerspangen, nickte wie ein Aufziehspielzeug, strahlte wie angeknipst, sprang auf, zog Steffen und mich energisch durch den Flur und schien uns nie wieder loslassen zu wollen.

»Wo ist deine Schwester Leyla?«, fragte ich im Laufen.

»Versteckt!«

Auf energischen Beinchen bahnte sich Maryam einen Weg durch die Zuschauer und zerrte uns hinter sich her. Gefolgt von Frau Halmackenreuther mit dem Schlüsselbund, dem schnaufenden Vormund mit dem Siegelring, der verhuschten und offensichtlich mit niemand Bestimmtem redenden Frau Schlesinger-Eisentor und einem Dutzend neugieriger Kinder.

»Da!« Maryam zeigte grinsend hinter die Tür ihres Zimmers.

Leyla kauerte im hintersten Winkel und schien sich in Luft auflösen zu wollen. Die gleichen großen braunen Augen wie auf dem Foto sahen mich an. Ich liebte sie von dieser ersten Sekunde an und den kleinen komischen Kobold auch.

Aber ... Hallo? Wieso glotzten die alle so? Wir waren doch hier keine Zirkuspferde!

»Würden Sie uns bitte mit den Kindern alleine lassen?« Diesen wichtigen ersten Moment wollten wir gern für uns haben und machten einfach leise die Tür hinter uns zu.

Ich sah dem verschüchterten schwarzhaarigen Mädchen lächelnd ins Gesicht. Die grenzenlose Trauer, das Misstrauen, die Einsamkeit und eine Weisheit darin, die mich frösteln ließ, beeindruckten mich tief. »Hallo, Leyla. Ich bin Senta, und das ist Steffen, mein Mann. Wir wollen heute mit dir und Maryam spielen! Hast du Lust?«

Verschlossenes Nicken.

Wir setzten uns auf den Fußboden und packten Felicitas' Geschenkkorb aus.

Ich hörte mich plaudern, stets auf eine Regung von Leyla hoffend.

Während Maryam bereits mit ihren Patschhändchen in den bunten Schätzen wühlte, versuchte ich, Leyla zum Malen zu motivieren. Sie ließ sich zu einigen krakeligen Kreisen hinreißen. Für eine Fünfjährige war das weit unter dem normalen Entwicklungsstand. Dann zeigte sie auf die Glitzerspangen.

»Soll ich dir die ins Haar flechten?« Ernstes Nicken. Sie hatte wunderschöne lange, dicke Haare, die ich bewundernd durch die Finger gleiten ließ, und wir spielten eine Zeit lang Friseur.

Maryam ließ sich währenddessen von Steffen ein Bilderbuch vorlesen. Sie kuschelte sich wie ein zutraulicher Welpe an seine Hosenbeine und umklammerte seine Hände, als wäre er seit drei Jahren ihr liebster Papa.

Nach einer Weile, als alle Glitzerspangen in Leylas Haaren prangten, stand sie plötzlich auf und drückte sich das Näschen an der Fensterscheibe platt.

»Möchtest du raus, Leyla?«

Zögerliches Nicken.

Draußen im Garten lag eine dicke Schneedecke, die einladend in der Nachmittagssonne funkelte. Doch von Kinderfüßen keine Spur! Offensichtlich war seit Tagen kein Kind draußen gewesen. Das konnte doch nicht wahr sein!

»Na, dann gehen wir einen Schneemann bauen!«

Steffen war schon aufgesprungen und sah sich suchend nach Anziehsachen für die Mädchen um.

Ich öffnete die Tür.

»Hallo?«

Unser Begleittross stand noch immer plaudernd im Flur. Frau Schlesinger-Eisentor sagte gerade einen Satz, der mit Also begann.

»Wo sind denn die Anoraks, Mützen und Handschuhe der Mädchen?«

»Wieso?« Ein verwirrter Blick von Frau Halmackenreuther, die mit dem Schlüsselbund rasselte.

Wir würden sie gerne essen, Sie schlaue Frau!

»Wir würden gern mit den Mädchen rausgehen.«

»Das geht natürlich nicht.« Entsetzen in den Gesichtern. Wie, raus? Wenn das jeder machen wollte!

»Wie, das geht nicht?«

»Normalerweise gehen unsere Kinder im Winter nicht raus.«

»Wissen Sie, was ich jetzt verstanden habe? Dass die Kinder im Winter nicht rausgehen.«

»Wir können nicht zwanzig Kinder anziehen mit Schneeanzügen, Schals, Mützen, Handschuhen … Dazu fehlt uns einfach das Personal.«

»Nur zwei«, sagte Steffen, mich mit einer Hand zurückhaltend und mit der anderen eine Zwei zeigend.

»Also da müsste unbedingt noch eine Aufsichtsperson mit«, säuselte Frau Schlesinger-Eisentor, die auch mal was Sinnvolles sagen wollte. »Also bei einem Erstbesuch ist es nicht üblich, die Pflegeeltern allein mit den Kindern, ohne amtlichen Vormund, nach draußen … Blablabla …«

Ich wurde zum Stier. Rauch drang aus meinen Nasenlöchern. »Das ist uns gerade SCHEIẞEGAL!«

Huch! Hatte ich das gerade gesagt? Meinen Kindern war es strengstens untersagt, das Sch-Wort zu benutzen! Aber den Respekt meiner Töchter in spe hatte ich! Ihre Augen wurden kreisrund und ihre Münder auch.

Kurz darauf fanden wir uns im unberührten Pulverschnee wieder und machten eine Schneeballschlacht, die sich gewaschen hatte. Mit roten Backen bauten wir einen kleinen Schneemann. Leyla suchte zaghaft unsere Blicke, während Maryam, der kleine, zutrauliche Koboldwelpe, gar nicht von uns ablassen konnte.

Als ich das nächste Mal nach oben schaute, wo Frau Schlesinger-Eisentor am offenen Fenster stand und eine Zigarette rauchte, bemerkte ich die anderen achtzehn Kinder hinter der Scheibe. Sehnsüchtig schauten sie uns beim Toben zu. Es wollte mir das Herz brechen. Wie grausam war das denn!

Schleunigst brachten wir die müden Mädchen wieder zurück, hängten die nassen Sachen auf und besorgten in der Heimküche heißen Kakao.

Leider durften wir Leyla und Maryam an diesem ersten Tag noch nicht mit nach Hause nehmen.

Frau Schlesinger-Eisentor säuselte was von Anbahnungsphase: »Also im Normalfall mindestens zwei Wochen, bis die Kinder das Heim endgültig verlassen dürfen.«

»Aber … Der Funke ist doch schon übergesprungen!« Ich wäre ihr am liebsten an die Gurgel gegangen.

Frau Schlesinger-Eisentor hob die dürren Ärmchen und wehrte meine stürmische Mutterliebe ab wie einen unerwünschten Wintersturm.

»Also wenn Sie den Mädchen in zwei Wochen mal Ihr Zuhause zeigen wollen, komme ich auf jeden Fall mit. Nur zur Beobachtung! Es braucht Zeit, eine Bindung aufzubauen!«

»Andere brauchen vielleicht lange, um eine Bindung aufzubauen, aber wir nicht! Die Mädchen haben uns schon ins Herz geschlossen und wir sie!«, brüllte ich eine Spur zu laut. Ich wollte meine Kinder packen und abhauen! Was sollten sie noch hier!

Steffen hielt mich zurück. »Senta! Lass gut sein! Die haben ihre Vorschriften!«

22

SONJA
Februar 2005

In unserer Großfamilie überschlugen sich die Ereignisse.

»Ist die wirklich voll schwarz, eh?«

»Ja. Wenn es dunkel ist, siehst du nur das Weiße in ihren Augen.«

»Mama, dann hab ich aber Angst vor der!«

»Das musst du nicht, Charlotte.«

»Ich hab aber keinen Bock auf 'ne große Schwester! Nachher will die alles bestimmen!«

»Mama, die hat mir aber nichts zu sagen, oder?«

»Stimmt das, dass die schon voll viel arbeiten musste?«

»Eh, Leute! Still! Sie kommen!«

Moritz sprang von seiner Aussichtsplattform oben auf der Heizung, und plötzlich hörte man nur noch das nervöse Trippeln von acht Kinderfüßen. Alle unsere Kleinen gingen hinter uns in Deckung.

Ich öffnete die Haustür mit Schwung, bevor es überhaupt geklingelt hatte, und blickte in ein Paar strahlende, große dunkle Augen.

Dazu gehörte ein lachender Mund, der eine Reihe schneeweißer, perfekter Zähne freigab.

Ich wich überrascht zurück, als ich merkte, dass ich zu Zola aufschauen musste. Sie war mit ihren knapp fünfzehn Jahren schon fast einen Kopf größer als ich!

Hinter ihr stand die hübsche, junge Nicole Winterkorn, eingewickelt in einen übergroßen Schal, den sie sich bibbernd vors Gesicht hielt, und aus dem Auto stieg gerade deren Vater, Walter Winterkorn, der Vormund Zolas. Er klaubte einen riesigen Blumenstrauß vom Rücksitz und stapfte damit durch den Schnee auf uns zu.

»Willkommen!!«

Ich drehte mich mit einer einladenden Geste um und sah, dass meine Kinder regelrecht Spalier standen: mein zwölfjähriger Moritz mit seiner widerborstigen Stehfrisur, mein neunjähriger Justus mit seinen dunklen Augen und dem offenen Lächeln, meine bildhübsche sechsjährige Charlotte, die sich schüchtern an der Küchentür herumdrückte, und meine Jüngste, das zweijährige Noralein.

Dies war mal wieder der berühmte, unvergessliche erste Augenblick. Doch zum ersten Mal war dieses »Kind« schon groß. Und brachte einen Riesenpacken dunkler Vergangenheit mit.

Da standen sich nun alle neuen Geschwister gegenüber und wussten zunächst nicht, was sie sagen sollten.

Also sagten Paul und ich etwas.

»Kommen Sie doch bitte rein, legen Sie doch ab, nehmen Sie doch Platz, haben Sie gut hergefunden« und was man sonst noch so sagt, wenn man gerade ein völlig fremdes Menschenkind für immer in seine Familie aufnimmt. Paul unterhielt sich sofort angeregt mit Herrn Winterkorn, und ich stellte gerührt die Blumen in die Vase.

Kaum war das Schweigen gebrochen, redeten plötzlich alle durcheinander.

Zola mit ihrer exotischen Schönheit und ihrem einnehmenden Wesen schien für die Kinder so was Ähnliches zu sein wie der Weihnachtsmann: erst heiß ersehnt, dann gefürchtet, anschließend mit offenem Mund angestarrt und zu guter Letzt mit Zuneigungsbekundungen überhäuft. Zwar wollten sie Zola kein Gedicht aufsagen und ihr nichts auf der Blockflöte vorspielen, aber jeder zog an ihrem Arm, wollte das Haus, das Zimmer, das Lieblingsspielzeug zeigen oder buhlte sonst irgendwie um ihre Aufmerksamkeit.

Nur Charlotte betrachtete Zola mit einer Mischung aus Reserviertheit und Respekt. Vielleicht lag auch eine Spur Skepsis in ihrem Blick.

Was durchaus verständlich war: Auf einmal bekam sie eine große Schwester vor die Nase gesetzt, wo sie bisher selbst die große Schwester gewesen war.

Die Winterkorns nahmen am riesigen Esszimmertisch Platz, der sich unter mehreren Kuchen bog. Alle Kinder wollten neben Zola sitzen, bis auf Charlotte, die lieber in der hintersten Ecke Platz nahm und bis jetzt noch kein Wort gesagt hatte.

Noralein schmiegte sich an Zolas linke Seite, Justus belegte den Platz rechts von ihr.

»Jetzt lasst Zola doch erst mal ankommen!« Ich lächelte das stattliche Mädchen herzlich an.

»Kuchen? Zucker? Sahne?«

Eifriges Geklapper von neun Tellerchen, eifriges Geplapper aus neun Mündern. »Und, wo liegt denn jetzt Kenia?«

Charlotte sprang wortlos auf und holte den Globus, der in Pauls Arbeitszimmer stand.

Eifrige Finger suchten den afrikanischen Staat.

»Warst du da in der Schule?«

»Welche Sprache sprechen sie da?«
»Sind da alle so schwarz wie du?«
»Waren die Lehrer streng?«
»Hat deine Oma dich echt geschlagen?«

Obwohl ich mehrfach versuchte, sie zu bremsen, beantwortete Zola geduldig, ja fast amüsiert die neugierigen Fragen meiner aufgeregten Kinderschar.

»Ja, die Lehrer sind da voll streng«, erklärte sie, und in dem Moment hätte ich die offenen Münder meiner Kinder filmen wollen.

»Bei uns in der Klasse sind oft vierzig, fünfzig Kinder, alle in Schuluniform, und der Lehrer schlägt jedem mit dem Lineal auf die Finger, der nicht gerade sitzt.«

Baffes Staunen, andächtiges Schaudern und schiefes Grinsen von der Jungsfront.

»Vor der Schule musste ich immer erst unser karges Feld bewässern, da war ich oft schon im Dunklen unterwegs. Das müssen die Kinder in Kenia alle.«

»Bist du da mit anderen zusammengestoßen?«

»Charlotte, bitte!«

»Nein, du wirst lachen, wir erkennen uns sogar im Dunkeln!«

Zola war durch nichts aus der Ruhe zu bringen. Wohlwollend nahm ich zur Kenntnis, dass sie sich sehr um Tischmanieren bemühte. Wahrscheinlich hatte sie bei den Winterkorns einen Crashkurs mit dem Titel »Wie esse ich mit einem Kuchengäbelchen und beantworte Fragen mit vollem Mund« gemacht.

Einmal fiel mir auf, wie Charlotte mit Argusaugen darauf achtete, ob Zola wohl den Ellbogen auf den Tisch legen würde. Ganz sanft und unauffällig schob Justus ihn zur Seite.

Ich war hochgradig gerührt.

»Zola, was sind deine frühesten Erinnerungen?«, fragte ich, als sich der erste Tumult gelegt hatte.

»Ich sehe mich noch bei meiner Oma in einer Hütte auf der Erde sitzen. Da war ich drei oder vier.« Ihre Augen wurden schmal, und sie schien ernsthaft nachzudenken. »Die Oma war wirklich schrecklich streng. Andauernd hat sie mich fürchterlich bestraft, wenn ich etwas nicht richtig gemacht habe.«

»Was denn zum Beispiel?«

»Wenn ich auf dem Markt eine Tomate habe fallen lassen oder wenn ich zu spät vom Spielen reinkam.«

»Oh, Sch…«, sagte Justus, doch ein Blick von Paul genügte, und der Rest blieb ihm im Halse stecken.

»Und was hat sie dann mit dir gemacht?«, fragte Charlotte.

Ich fing einen gequälten Blick von Zola auf und warf mich sofort für sie in die Bresche.

»Geschimpft«, sagte ich schnell. Erst viel später vertraute mir Zola an, zu welch drastischen Bestrafungsmaßnahmen die Oma gegriffen hatte: Aus Zorn hatte sie die Genitalien des kleinen Mädchens mit scharfem Pfeffer eingerieben oder ihr einen Einlauf mit Ingwer und Pfeffer gemacht. Sie hatte sie hungern lassen und mit dem Stock geschlagen, bis er zerbrach. Und das alles wegen Nichtigkeiten. Obwohl ich zu diesem Zeitpunkt noch nicht im Entferntesten ahnen konnte, zu welchen »Erziehungsmethoden« manche Menschen griffen, spürte ich intuitiv, dass ich Zola und meine anderen Kinder vor der ganzen Härte der grausamen Wahrheit verschonen musste.

»Es gab schon oft Schläge mit dem Stock«, räumte Zola schließlich ein.

Moritz und Justus rissen die Augen auf, Charlotte wandte sich angewidert ab, und Noralein starrte sie mit den faszinierten Augen eines Kindes an, das die Brutalität dieser Worte noch nicht erfassen kann. Keines unserer Kinder war von uns je geschlagen worden, und bei Charlotte und Nora wussten wir, dass man sie in ihrem ganzen Leben nicht angerührt hatte.

Auch Moritz und Justus waren solche Erfahrungen hoffentlich erspart geblieben.

»Und in der Schule mit dem Lineal?« Dies war Charlottes erster Wortbeitrag. Inzwischen war sie von ihrer neuen großen Schwester so fasziniert, dass sie ihre Reserviertheit aufgab.

»Ja, bei uns waren Schläge an der Tagesordnung.«

»Boah, da würd ich weglaufen«, entfuhr es Justus.

»Boah, aber ich auch«, bekräftigte Moritz.

»Als ich ungefähr sechs war, also so alt wie du, Charlotte, da ist meine Oma zu ihrem neuen Freund nach Kisumu gezogen. Ich musste natürlich mit.«

»Hattest du keine Eltern?«, wollte Charlotte wissen. In ihren Augen stand tiefe Anteilnahme.

»Ich kann mich nicht an sie erinnern.« Zola lächelte Charlotte an. Da hatten sich zwei gefunden.

»Mit dem Bus ging es bei sengender Hitze ungefähr sechs Stunden über staubige Schotterstraßen. Ich weiß noch, wie durstig ich war, aber es gab nichts zu trinken. Im Bus saßen irre viele Leute mit Hühnern und Ziegen, und auf dem Dach waren auch noch jede Menge Männer, die Matratzen, Koffer und Käfige transportiert haben.«

Unsere Kinder starrten sie an, und ich sah förmlich, wie es in ihren Köpfen ratterte.

»Und dann? Wie war der Freund von deiner Oma?«

Zola schüttelte den Kopf. »Total streng. Das war bei uns einfach so. Keiner hatte Lust, sich mit Kindern abzugeben. Meine Oma und ihr Freund haben auf dem Markt gearbeitet. Nach der Schule musste ich den Haushalt machen, einkaufen, kochen, putzen.«

»Hattet ihr eine Waschmaschine?«, wollte die praktisch veranlagte Charlotte wissen.

Zolas voller Mund verzog sich zu einem breiten Grinsen.

»Nee, ich musste alles mit der Hand waschen. In einer Plastikschüssel, und das Wasser musste ich vom Brunnen holen.«

»Auf dem Kopf?« Justus hatte schon entsprechende Filme gesehen. Wir rutschten bedrückt auf unseren Stühlen hin und her, und der Kaffee war längst kalt. Die ursprüngliche Faszination war Beklemmung gewichen, niemand wollte mehr Kuchen essen, und alle hingen an Zolas Lippen.

»Ja, auf dem Kopf. Als Sechsjährige schaffst du nicht allzu viel. Also musste ich sehr oft zum Brunnen gehen. Ja, und wenn ich dann abends meine Arbeit nicht geschafft hatte und kein richtiges Essen auf dem Herd stand, hat mich der Freund meiner Oma auch geschlagen.«

Mir wurde heiß und kalt. Dies hier war weit mehr, als ich meinen Kindern zumuten wollte. Entschlossen stand ich auf.

»Noralein und Charlotte, wollt ihr nicht spielen gehen?«

»Nee, ist doch gerade so spannend!«

»Ich würde aber gern mal eure Zimmer sehen«, sprang mir die junge Lehrerin Nicole Winterkorn bei. »Was haltet ihr davon, wenn wir zusammen raufgehen?«

Ich schenkte ihr einen dankbaren Blick. So eine patente junge Frau! Glücklicherweise zogen die Mädels sofort mit ihr ab.

»Und ich hätte Lust auf eine Runde Tischtennis«, ließ sich ihr Vater Walter Winterkorn vernehmen. »Ich hab durchs Fenster gesehen, dass ihr im Keller eine Platte habt!«

Sofort stürmten die Jungen mit ihm davon. Unglaublich, was für feine Antennen die Winterkorns hatten! Paul und ich wollten natürlich Zolas Geschichte weiterhören. Wir warteten, bis die aufgeregte Kinderschar in verschiedenen Stockwerken verschwunden und unten das Klackern des Tischtennisballs zu hören war. Wie selbstverständlich begann Zola, den Tisch abzuräumen. Paul und ich zogen sie sanft am Ärmel. »Lass das, Zola. Du bist heute unser Gast.«

»Bitte erzähl weiter«, bat ich.

»Als ich ungefähr zehn Jahre alt war, hat meine Oma einen neuen Mann kennengelernt. Sie wurde seine vierte Frau.«

»In Folge oder gleichzeitig?«

»Hm. Gute Frage.« Zola nickte. »Gleichzeitig! Oma und ich zogen zu der Großfamilie, in der es schon drei andere Frauen und deren Kinder gab. Die waren aber nicht so freundlich und nett wie ihr …« Zola verzog gequält das Gesicht. »Die mochten uns nicht, und jetzt durfte ich gar nicht mehr zur Schule gehen. Oma und ich waren ihre kostenlosen Hausmädchen, ich musste für die riesige Familie putzen, waschen, kochen …« Ihre Stimme wurde dunkler. »Es waren auch große Jungs dabei, junge Männer, die wollten noch ganz andere Sachen von mir …« Sie presste die Lippen aufeinander, und ich legte meine Hand auf ihre. Paul ging leise aus dem Zimmer. Ich liebte ihn für seine feinfühlige Art. Zola würde nicht weitersprechen, solange ein Mann im Raum war. Leeren Blickes sah Zola ihm nach. Ich ließ ihr Zeit, bis sie schließlich erneut das Wort ergriff.

»Schließlich wollte der Mann, dass ich beschnitten werde wie seine anderen Töchter und Enkeltöchter auch.«

»Wusstest du mit zehn, was das bedeutet?«

»Ja.« Zola nickte. »Die anderen Mädchen in der Familie haben es mir erzählt. Einige Schwestern waren daran gestorben, und sie berichteten mir von den entsetzlichen Schmerzen, davon, dass man tagelang in einer Hütte allein vor sich hin blutet. Es war das große Gruselthema. Sie haben mir immer damit gedroht, dass ich irgendwann auch an die Reihe komme. Ich konnte keine Nacht mehr schlafen.«

»Wie entsetzlich …« Ich massierte mir die Schläfen.

»Ja, die Angst vor der Beschneidung saß mir damals wie ein Gespenst im Nacken, und ich begann meine Oma zu hassen, dafür, dass sie mich dieser Gefahr ausgesetzt hat.«

»Das kann ich gut verstehen ...«

»Doch auf einmal änderte sich mein Leben schlagartig.« Zola seufzte und rieb sich über die Augen. »Ich war inzwischen elf Jahre alt und gerade mit dem Abwasch für die vielen Familienmitglieder beschäftigt, als meine Oma mit schneidender Stimme nach mir rief. Noch mit dem Spüllappen in der Hand lief ich zu ihr in den Vorhof des Hauses. Sie hatte eine Tasche mit meinen gepackten Sachen in der Hand und so ein nervöses Flackern in den Augen. Ihr Kinn zitterte, und sie gab einem fremden Mann verstohlen ein Bündel Geld. Der Mann hatte Narben im Gesicht, und an einer Hand fehlten ihm drei Finger. Das merkte ich aber erst, als er nach mir griff. Die Oma schärfte mir zischend ein, dass ich jetzt mit diesem Mann mitgehen muss, alles tun soll, was er sagt, und keine Fragen stellen. Dabei hat sie sich immer wieder ängstlich umgesehen, weil keine der anderen Frauen oder gar ihr Ehemann etwas davon mitkriegen sollte.

Erst glaubte ich, ich würde beschnitten werden, und dieser Mann würde mich holen, denn die Oma hätte mich an ihn verkauft. Schließlich war ich schon im heiratsfähigen Alter, und das war bei uns keine Seltenheit. Obwohl ich vor Panik nicht sprechen konnte und mein Herz raste wie wild, habe ich mich von dieser Klauenhand wegziehen lassen. Ich habe mich noch einmal umgedreht und meine Oma vor der Hoftür stehen sehen. Sie hat nicht gewinkt und nicht gelächelt, sondern sich abrupt umgedreht. Das war das letzte Mal, dass ich sie gesehen habe.«

Zola machte eine Pause, sammelte sich und wischte sich mit ihren hellen Handflächen über die Augen. Eine Geste, die ich später noch oft an ihr sehen sollte: Sie schien die Erinnerungen ausradieren zu wollen.

»Und wohin hat dich dieser Mann gebracht?« Ahnungsvoll sah ich sie an.

»Wir sind in einen brechend vollen Bus gestiegen und den ganzen Tag gefahren. Die Sonne brannte vom Himmel, es stank nach Schweiß, den Tieren und deren Ausscheidungen. Doch der Mann war nett zu mir, er hatte was zu trinken für mich dabei und fragte mehrmals, ob es mir gut geht. Ich war aber vor Angst wie versteinert und habe mir die schlimmsten Sachen ausgemalt. Auf jeden Fall fühlte ich mich verraten und verkauft.« Sie verzog den Mund zu einem resignierten Lächeln: »Im wahrsten Sinne des Wortes.«

»Und dann?« Ich legte ihr behutsam die Hand auf den Unterarm.

»Ich habe ernsthaft mit dem Gedanken gespielt, in einer Buspause wegzulaufen. Aber er hätte mich eingeholt, und die Schläge, die mir dann geblüht hätten, konnte ich schon im Voraus spüren.«

»Und wenn er dich nicht eingeholt hätte?«

»Wäre ich irgendwo in der sengenden Wüste verreckt. Ich hatte keine Wahl. Wir haben dann irgendwann in einem Hotel übernachtet«, fuhr Zola fort.

Mir brannte die Frage auf den Lippen, ob er ihr etwas angetan hatte. Aber ich konnte sie mir gerade noch verkneifen. Auch wenn ich alles über meine neue Tochter wissen wollte, musste ich meine Neugier zügeln. Vielleicht würde sie mir später alles genau erzählen.

»Am nächsten Morgen hat er mir neue Kleidung hingelegt und mich zum Friseur gebracht. Meine Haare wurden neu geflochten. Anschließend ging er mit mir zum Fotografen. Er hat mir wahrscheinlich einen Pass ausstellen lassen, aber damals war mir das nicht bewusst. Ich war blind vor Angst und habe einfach nur versucht, nicht in Ohnmacht zu fallen. Irgendwann fuhr er mit mir zum Flughafen. Ich war natürlich noch nie zuvor geflogen und habe gescheut wie ein Pferd, als ich den Flieger betreten sollte. Aber er hat seine Klauenhand fest um meine Kinderhand geschlungen und mich durch die Passkontrolle geschleust. Obwohl es mir die Kehle zugeschnürt hat, habe ich mich nicht getraut zu weinen, denn auch die bewaffneten Polizisten in ihren Uniformen haben mir kein Vertrauen eingeflößt. Da war mir der Klauenmann noch lieber. Schließlich saß ich neben ihm im Flugzeug, und als ich anfing, vor Aufregung zu hyperventilieren, hat er mir ein Taschentuch mit irgendeiner stinkenden Flüssigkeit auf die Nase gedrückt. Dann muss ich lange geschlafen haben, denn meine Erinnerungen setzen erst wieder ein, als er mit mir in Köln im Taxi saß. Alles war so anders! Es war grau und kalt, und als ich die riesigen Domtürme sah und zum ersten Mal die Glocken läuten hörte, dachte ich, ich wäre bereits gestorben.

Vor einer Hochhaussiedlung sind wir ausgestiegen, haben irgendwo geklingelt und sind dann mit dem Fahrstuhl in den 13. Stock gefahren. Ich war schon wieder kurz davor, in Ohnmacht zu fallen, denn Fahrstuhl war ich auch noch nie gefahren! Oben angekommen, öffnete eine Frau und schrie den Mann an, was sie denn jetzt mit mir soll! Sie hätte keinen Platz, und ich würde sie gefährden! Damals habe ich das alles nicht verstanden, aber sie war eine Scheinehe eingegangen und wollte durch ein illegales Kind nicht zusätzlich auffallen. Doch der Klauenmann hat ihr etwas von dem Geld meiner Oma gegeben, und da war sie halbwegs besänftigt. Drinnen brüllte der Ehemann der Frau, was denn los sei, und sie schrie zurück, das neue Hausmädchen wäre da, er soll froh sein, dass jetzt immer jemand für ihn putzt, kocht und aufräumt.«

Sie hielt inne und atmete tief durch, während ich ihr ein Glas Wasser hinstellte.

»Sie hat sich dann später als meine Tante ausgegeben.«

Sie machte Anführungszeichen in die Luft. »Das ganze erste

Jahr durfte ich die Wohnung nicht verlassen und musste für sie und den dicken weißen Mann und die zwei Kinder putzen. Nachts habe ich auf dem Fußboden geschlafen. Aber da den ganzen Tag der Fernseher lief, habe ich ziemlich schnell Deutsch gelernt. Und dann durfte ich irgendwann zur Schule gehen.«

Sie strahlte mich mit ihren unglaublich weißen Zähnen an. »Und bin in die Klasse von Frau Winterkorn gekommen.«

An diesem ersten Nachmittag war ich wie erschlagen von den Erlebnissen, die mir Zola anvertraut hatte. Wir standen an der Haustür und winkten ihr und den Winterkorns noch lange nach. Wir hatten vereinbart, dass Zola uns von nun an öfter besuchte, auch ohne Winterkorns. Sie konnte mit dem Bus zu uns rausfahren.

Die Kinder waren begeistert von ihr und wollten, dass sie unser neues Familienmitglied wird.

Paul und ich waren uns einig, dass wir ihr ein neues Zuhause schenken wollten.

Natürlich sollte Zola auch Zeit haben, sich diesen wichtigen Schritt gründlich zu überlegen. Wir wollten alles tun, um ihr Leben endlich in geordnete Bahnen zu lenken, und waren bereit, Zola all die Zuwendung, Fürsorge und Liebe zu geben, die sie bisher kaum erfahren hatte.

Eine Adoption würde automatisch dafür sorgen, dass sie in Deutschland bleiben konnte. Doch der Weg bis dahin sollte steil und steinig werden.

23

SENTA
Februar 2005

»Juhu, ihr Süßen, ich bin's!«

Leyla und Maryam standen oben am Fenster ihres Kinderheims in Flickendorf und winkten aufgeregt zu mir herunter. Ich war mit unserem großen VW-Bus gekommen, um sie endlich nach Hause zu holen.

Nach dem Klingeln ertönte der Summer, und ich fiel auf die Knie und in vier ausgestreckte Kinderarme!

»He, ihr Mäuse! Wie geht es euch? Seid ihr startklar?«

Maryam schrie begeistert »Jaaaaa!«, und Leylas schwarze Augen zuckten verlegen hin und her, aber ihre verhaltene Freude war nicht zu verhehlen. Sie freute sich eben so, wie sich jemand freuen kann, der zweimal von seiner Mutter verlassen worden ist.

Mein Blick fiel auf vier Müllsäcke mit ihren Klamotten, die im Flur an der Wand lehnten. Daneben standen zwei Puppenwagen. Das war alles. Ihr gesamtes Hab und Gut. Zwei Kinderseelen, zur Abholung bereit und zum Neustart freigegeben.

»Hier ist die Liste mit ihren Sachen.« Eine mir völlig fremde Erzieherin mit roten Pumucklhaaren und Nasenpiercing überreichte mir ein Klemmbrett mit Formblatt. »Die müssen Sie bitte unterschreiben.«

»Was soll ich denn da unterschreiben?«

»Dass Sie die Liste kontrolliert haben und alle Sachen vollständig sind.« Sie bedeutete mir, die Müllsäcke auszuschütten.

Ich warf einen flüchtigen Blick darauf. Jeder Schlüpfer, jedes Paar Socken, jedes T-Shirt und jeder Pulli waren aufgelistet. Als wenn mir jetzt der Sinn danach stünde, Socken zu zählen! Ph! Eilig unterschrieb ich den Wisch und umarmte dann wieder meine beiden aufgeregten Mädels.

»So, was wünscht ihr euch denn heute zum Mittagessen? Ich hätte Spaghetti bolognese, Frikadellen mit Bratkartoffeln und Spinat oder Eierpfannkuchen im Angebot!«

»Und hier wäre der Arztbericht!« Die Rothaarige mit dem Borstenschnitt hielt mir ein weiteres Formular unter die Nase. Okay. Das hier war deutlich wichtiger. »Bitte hier unten unterschreiben.«

Prüfend überflog ich die Zeilen. Beiden wurde bescheinigt, dass sie gesund waren und ihnen nichts fehlte. Aber darauf wollte ich mich nicht verlassen. Kinder, die so selten an die frische Luft kommen, weil es nicht genug Personal gibt, das sie an- und ausziehen kann, werden vielleicht auch nicht gerade gründlich untersucht. Ich hatte schon längst einen Termin mit Felicitas' und Bens Kinderarzt gemacht.

Dennoch kritzelte ich meine Unterschrift darunter. »Ware wurde vollständig und in fehlerfreiem Zustand ausgehändigt. Spätere Beanstandungen werden nicht mehr entgegengenommen«, murmelte ich. »Klar. Verstanden.«

Die Mädchen sprangen im Flur auf und ab und verströmten einen Duft nach Seife und Kindercreme. Ja, man hatte ihnen sogar zur Feier des Tages die Fingernägel geschnitten, was meinen mütterlichen Argusaugen nicht entging.

So! Nun hielt uns aber wirklich nichts mehr hier in Flickendorf.

Mithilfe von Pumuckl lud ich die Säcke in den Kofferraum, packte die Puppenwagen dazu und schnallte anschließend meine Mädels an. Ohne mich noch einmal umzudrehen, fuhren wir vom Parkplatz.

»Habt ihr Lust, meine Schwester kennenzulernen?« Ich reckte den Hals und schaute in den Rückspiegel. Maryam öffnete wieder ihr Mündchen und plärrte begeistert »Jaaaaa!«, als wäre ich der Kasper und das Ganze hier ein lustiges Theaterstück, bei dem ich immer neue Puppen hervorzauberte. Leyla verzog misstrauisch die Lippen und senkte den Blick.

Aber nachdem Sonja mir in den letzten zwei Wochen so wunderbar den Rücken freigehalten und sich um Felicitas und Ben gekümmert hatte, während ich meine neuen Töchter täglich im Heim besuchte, war sie natürlich gespannt wie ein Flitzebogen auf meinen Familienzuwachs.

Ich werde die Blicke meiner Mädels nie vergessen, als wir bei Sonja vorfuhren und sie schon die Tür aufriss.

Da stand – ich.

Dabei saß ich doch bei ihnen im Auto! Das überforderte ihre grauen Zellen total.

Die eine Mama fiel der anderen Mama um den Hals, beide Mamas fingen an zu schnattern, rissen gemeinsam die Autotür auf, hoben die Kinder heraus, gingen in die Hocke und schauten sie mit vier identischen, freundlichen Augen an.

Die Köpfe der Mädels flogen zwischen uns hin und her wie bei einem Tennismatch.

Maryam hielt das Ganze vermutlich erneut für einen lustigen Trick aus der Kasperkiste, jedenfalls warf sie sich Sonja genauso begeistert in die Arme wie vorhin noch mir. Leyla versteckte die Hände hinter dem Rücken und starrte uns aus schwarzen Augen schüchtern an.

»Sie ist meine Zwillingsschwester«, erklärte ich ihr lachend. »Weißt du denn, wer von uns beiden deine Mama ist?«

Stumm zeigte Leyla auf mich.

Uff, Teilsieg! Meine täglichen Besuche hatten sich also doch ausgezahlt.

Sonja war begeistert von den Mädels. Sie spielte eine Stunde mit ihnen, gab ihnen Malbücher und ließ sie Seifenblasen machen. Maryam ging auf jedes neue Spiel ein wie ein junges Fohlen, sprang staksbeinig umher, lachte und quoll schier über vor Lebensfreude. Leyla stand wie ein scheues Pferd daneben, das Gesicht hinter ihrer langen schwarzen Mähne verborgen, und schaute stumm unter ihren dichten schwarzen Augenbrauen hervor. Das war ihr alles zu viel. Sie traute dem Braten kein bisschen.

»Wie ist es dir mit Zola ergangen?«, erkundigte ich mich gespannt.

Sonja erzählte, was sich am Vortag bei ihnen abgespielt hatte.

»Es wird eine große Umstellung für sie werden, aber ich habe das Gefühl, sie hat sich schon für uns entschieden.«

Nach einer Stunde wollte ich Leyla und Maryam endlich unser eigenes Nest zeigen. Ich war erschöpft und wollte nur noch nach Hause.

»Wir telefonieren!«

»Bis bald, ihr Süßen! Lebt euch gut ein!« Sonja winkte uns nach. Das war jetzt der große Moment, in dem meine persischen Mädchen endlich zu Hause ankommen würden.

Maryam war müde und überdreht, und als ich sie im Bad aus ihren Klamotten schälte, merkte ich, dass sie sich vor Aufregung in die Hose gepullert hatte.

Meine Güte, was für ein einschneidendes Erlebnis für diese beiden Menschenkinder! Wie oft waren sie hin und her gereicht worden, und welche Verlassensängste mussten besonders bei Leyla vorhanden sein!

Ohne viel Federlesens badete ich Maryam und zog ihr für den Mittagsschlaf einen Schlafanzug an. Sie ließ alles mit sich geschehen, während sie neugierig die neue Umgebung in sich aufnahm. Ihr Urvertrauen schien ungebrochen. Leyla folgte mir wie ein junger Hund und sah mir mit ernsten Augen beim Zubereiten des Mittagessens zu. Sie wollte einfach nur in meiner Nähe sein. Währenddessen saß Maryam müde in ihrem Kinderstühlchen, ihr Kuscheltier an sich gepresst.

Um halb eins klingelte es. Meine Großen standen auf der Matte! Neugierig und zum Platzen gespannt kamen sie aus der Schule und konnten es kaum erwarten, ihre neuen Schwestern endlich begrüßen zu dürfen. Jetzt waren die beiden ein Teil der Familie und würden es immer bleiben! Jetzt gab es kein Zurück mehr. Ich schwitzte vor Aufregung, ließ mir aber nichts anmerken.

»Hallo, ihr beiden. Kommt einfach rein, wascht euch die Hände und setzt euch an den Tisch. Am besten, wir machen gar kein großes Hallo.«

Und das ausgerechnet aus meinem Munde!

Felicitas und Ben stürmten natürlich sofort in die Küche und starrten die Mädels an. Meine Älteste war sofort freundlich um sie bemüht, während Ben sich reserviert zeigte wie immer und erst einmal so tat, als wäre das nichts Besonderes.

Na und? Sitzen jetzt eben zwei fremde Mädchen mit am Tisch und gehören von nun an zur Familie. Hauptsache, die Frikadellen reichen!

Trotzdem spürten beide, welche Ängste in Leyla tobten. Wir nahmen uns wie jeden Mittag an den Händen und riefen: »Widdewiddewitt: Guten Appetit! Jeder esse, was er kann, nur nicht seinen Nebenmann! Piep, piep, piep, wir ham uns alle lieb!«

Mit Leylas schlaffer Hand in meiner wurde mir klar, wie fremd das hier auf das arme Mädchen wirken musste. Maryam hingegen war schon wieder hellwach und quietschte vor Begeisterung: »Noch maaaaal!« Was wiederum Felicitas zum Kichern brachte. Zwei stumme, zurückhaltende Kinder, zwei glucksende, gackernde, und ich mittendrin – überglücklich.

Ich ließ meinen Blick über die Runde gleiten, und ein warmes Gefühl durchströmte mich. Endlich ein ganzer Tisch voller

Kinder! Das war immer mein Lebenstraum gewesen. Wenn ich da an den verzweifelten Moment auf der Zoobrücke zurückdachte, als ich neben Markus im Auto gesessen und gar keinen Sinn mehr im Leben gesehen hatte!

Nach dem Essen legte ich mein dreijähriges Mädchen bestimmt in ihr Bettchen. An ihr Kuscheltier geklammert, schlief sie sofort ein.

Mit Felicitas und Ben machte ich anschließend wie jeden Nachmittag Hausaufgaben, denn von sich aus kamen die beiden nicht auf die Idee. Mit Lerneifer waren sie nicht gesegnet, ich musste sie motivieren und umschmeicheln wie eine Schnecke, die bei Grün über die Ampel soll und nicht begreift, dass es irgendwann rot werden könnte! Leyla saß einfach nur stumm daneben und schaute uns zu. Ich hatte überlegt, sie mit Spielsachen ins Wohnzimmer zu setzen, doch die Vorstellung, sie könnte sich wieder alleingelassen oder abgeschoben fühlen, hinderte mich daran. Stattdessen hatte ich ihr Knetmasse in die Hand gedrückt, in der vagen Hoffnung, sie würde damit kreativ werden. Falsch gedacht. Sie wollte einfach nur dabeisitzen. Die Erkenntnis, endlich irgendwo dazuzugehören und einen festen Platz im Leben zu haben, würde sich vermutlich erst nach Monaten oder Jahren einstellen. Die Kleine war schon viel zu oft entwurzelt worden. Dieses zerknickte Bäumchen würde ich mit viel Liebe und Geduld gießen müssen, bis es erneut Halt finden und aufblühen würde. Jedes Lächeln von ihr war ein wertvolles Geschenk.

Nach einer Stunde hörten wir ein Tapsen. Die dreijährige, vom Schlafen zerknautschte Maryam kam mit Kuscheltier die Treppe hinunter. Genauso hatte ich es in meinen Träumen vor mir gesehen!

»Mama?«, kam ein dünnes Stimmchen aus dem Flur. »Ich hab Durst!«

»Ich habe auch Durst, Mama«, ließ Leyla sich vernehmen.

Mir schossen die Tränen in die Augen. Sie hatten zum ersten Mal »Mama« gesagt.

Drei Jahre vergingen, in denen sich die Mädchen gut einlebten. Doch auf einmal wurde Felicitas mein Sorgenkind. Nachdem ich mir die Situation über Wochen hinweg angeschaut hatte, griff ich energisch zum Hörer.

»Frau Stumpf? Erinnern Sie sich noch an mich? Senta Prinz, Sie waren mal bei uns zu Besuch, als ich Ihnen meinen neuen Mann Steffen vorgestellt habe! Wir sind die Eltern von Felicitas und Ben! Vormals Chantal und Robin!«

»Nu! Nadürlisch erinnor isch misch! Sie haben von einem schön' Mann auf 'n andern schön' Mann umgeschwenkt! Und den Dom hab isch mior ja bei der Geleschenheit ooch angeschaut! Wie geht's denn der Felicitas? Wie alt isse denn ooch schon wieder?«

»Dreizehn, Frau Stumpf.«

»Na, denn gommt se ja nu in de Bubordäät!«

»Da ist sie schon mittendrin, Frau Stumpf. Das ist auch der Grund meines Anrufs!«

»Nu? Macht se Ärrga?!«

»Nicht mehr als jeder andere junge Mensch auch, Frau Stumpf. Aber die Wahrheit ist: Sie ist oft sehr traurig, weint viel und kommt kaum noch aus dem Bett. Sie hat eine richtige Identitätskrise.«

»Nu! Was gönn wa 'n da machn?«

»Das frage ich Sie, Frau Stumpf! Sie haben mir doch damals im Jugendamt einiges über ihre leiblichen Eltern erzählt. Ich würde sie gerne finden.«

»Gommt goar nisch infrage! Da gönnt ja jeder gomm! Die Gleene is dreizn! Da gann isch Ihnen nisch behilflisch sein!«

»Frau Stumpf, sie ist auf der Suche nach ihren Wurzeln. Das ist doch in dem Alter vollkommen verständlich! Bitte geben Sie mir doch die Informationen, die Sie haben! Dann könnte ich sie behutsam auf ihre leiblichen Eltern vorbereiten.«

»Frühestens in drei bis vier Jahren bin isch dazu bereit! Die soll noch geen Gontakt zu ihren leiblischn Eldorn aufnehm, Frau Schilling – ähm, Brinz! Damit tunse sich geeen Gefalln und dem Mädel ooch nisch. Nischt für ungut, aber das müssen-sense mir glauben …«

Krachend ließ ich den Hörer auf die Gabel fallen. Was bildet die sich ein, die blöde Amtskuh! Meiner Felicitas ging es schlecht! Sie war in letzter Zeit richtig depressiv. Und ich wollte ihr helfen! Verdammt, immer diese bescheuerten Regeln! Jedes Kind war doch anders!

Wütend raufte ich mir die Haare. Wenn die sture Frau Stumpf mir nicht helfen wollte, würde ich mir eben selbst helfen. In mir wurde der Terrier wach. Ich holte Felicitas' Akte aus dem Schrank.

Ha! Da war doch der kleine Zettel, den ich damals hastig vollgekritzelt hatte, als ich mit Markus auf dem Chemnitzer Jugendamt gesessen war. Frau Stumpf hatte uns doch Fotos von Chantals jungen Eltern gezeigt! Hier, da stand es auch schon: Annette Dillschneider, geboren am 11.08.1976 in Zwickau. Bitte schön! Ich kam auch ohne Frau Stumpf klar!

Und auf der Rückseite stand sogar der Name ihres leiblichen Vaters! Pascal Schmalfuß, geboren am 28.05.1974 in Mürlitz im Landkreis Schwechow.

»Felicitas, sollen wir es einfach auf eigene Faust versuchen?«

»Ja, Mama. Aber wie denn, wenn uns die olle Schnepfe Stumpf nichts verraten will?«

»Liebes, wenn du ein bisschen Geduld mit deiner alten Mutter hast, gehen wir zusammen ins Internet.«

Auf Felicitas' Gesicht stahl sich ein schwaches Lächeln. Das Internet befand sich nämlich im hochheiligen Schlafzimmer, dem ehemaligen Arbeitszimmer von Steffen, und war für die Prinz/Schilling'sche Brut nicht verfügbar. Wie der Fernseher, der bei uns tagsüber unter Verschluss war, durften die Kinder auch nicht einfach so an den Computer. Das hatten wir von Anfang an so etabliert.

Hier in Kippekausen herrschte immer noch in weiten Teilen unberührte Bullerbü-Idylle: Die Kinder sprachen und spielten noch live miteinander, machten sich noch dreckig und waren abends rechtschaffen müde.

Felicitas saß andächtig neben mir, als ich »Annette Dillschneider« und den Ort Dresden eingab, wo wir Felicitas abgeholt hatten.

Immerhin hörten dreizehn Menschen auf den schönen Namen Dillschneider. Eine weitverbreitete Familiendynastie. Eine Annette war allerdings nicht dabei.

»Und jetzt?« Felicitas stützte das Kinn in die Hände und sah mich mit kummervollem Dackelblick an.

»Jetzt rufen wir die alle an.«

»Echt jetzt?«

»Klar! Hol mal das Festnetztelefon, das ist billiger.«

Bis in den späten Abend hinein telefonierte ich mit allen Dillschneiders, dass es eine Freude war. Doch eine Annette war niemandem bekannt.

Traurig ging Felicitas ins Bett. Ich hörte sie leise weinen, und es wollte mir das Herz brechen. Mein Kind hatte ein Recht darauf zu erfahren, wer seine Eltern waren. Und ich würde die Letzte sein, die ihr dabei nicht behilflich sein wollte.

Verdammt. Jetzt erst recht! Sie war doch in Zwickau geboren. Ich schrieb eine Mail an das Einwohnermeldeamt von Zwickau, ob man dort etwas über ihren Verbleib wisse.

Am nächsten Morgen erhielt ich Antwort aus Zwickau, dass ich für diese Auskunft bitte schön zehn Euro überweisen möge.

Ein leiser Fluch kam mir über die Lippen, als ich über Internetbanking die Überweisung tätigte. Aber ein bisschen kam ich mir auch vor wie Sherlock Holmes.

Drei Tage später erfuhr ich aus Zwickau, dass Annette Dillschneider geheiratet hatte, jetzt Annette Nackenbrodt hieß und im bayrischen Tattenkofen wohnte. Im Rinnstein 43. Kopfschüttelnd starrte ich auf den Bildschirm: Das war doch mal eine echte Information! Das Tattenkofener Telefonbuch spuckte jedoch keine Annette Nackenbrodt aus, so ungewöhnlich dieser Name auch war.

Egal. Der Bürgermeister würde schon wissen, wie ich sie auf dem schnellsten Wege erreichen könnte. Meine Ungeduld ließ sich nicht mehr bändigen. Doch ein Anruf beim Tattenkofener Rathaus brachte auch keine Klarheit. Ein Urlaute ausstoßender Urbayer konnte oder wollte mir keine Telefonnummer von Annette Nackenbrodt vermitteln, auch nicht gegen eine Gebühr von zehn Euro, geschweige denn gegen Schmeicheleien oder Drohungen aus meinem Munde.

Ich schlug mich gerade verbal mit ihm herum, als ich Felicitas aus der Schule kommen hörte. Erfreut und auch ein bisschen stolz auf mich und meine Spürnase, berichtete ich ihr von meinem Teilerfolg.

Dann musste ich meine detektivische Arbeit jedoch unterbrechen, weil gleich alle vier Kinder hungrig auf der Matte stehen würden. Doch noch am selben Abend schnappte ich mir meine Tochter, und wir verzogen uns wieder an den Computer.

»Probier mal Google Earth!«

»Was?«

»Na, wo man die Häuser und Straßen ranzoomen kann!«

»Felicitas, woher weißt du das?«

»Mama, bin ich drei oder dreizehn?«

»Okay, ja, ganz wie du meinst ...« Ich sah zu, wie die flinken Finger meiner Tochter in Windeseile das unanständige Wort »Tattenkofen« und »Im Rinnstein 43« in die Tastatur hackten, wobei sie sich vor lauter Aufregung fünfmal vertippte.

»Lass mich mal, Süße.«

»Mama! Ich pack das schon!«

Endlich gewahrten wir einen bayrischen Biergarten mit rustikalen Bänken unter dicken Kastanien. Davor erkannten wir verschwommene Trecker und Laster. Alles in allem eine recht bäuerliche Umgebung. Ein großes Gebäude war von oben zu erkennen, mit dem Hinweis »Märzenbräu«. Sicher ein Gasthof. Und unter dieser Adresse war auch Annette Nackenbrodt zu Hause. Soso.

»O-kay?«, fragte ich gedehnt. »Sollen wir da anrufen?«

Felicitas knetete ihre Hände und starrte mich an. Ihre Augen hatten tiefe Ringe. Erst jetzt wurde mir bewusst, wie nahe wir dran waren. An ihrer Mutter! Jetzt gab es kein Zurück mehr. Annette Nackenbrodt, wir kommen!

Wir fanden die Nummer des Märzenbräu in Tattenkofen und wählten sie.

Tosender Lärm und ganz viel Blasmusik aus schwerem Blech quollen mir entgegen.

»Hallo? – Nein, ich will keinen Tisch reservieren, kennen Sie Annette Nackenbrodt? Kann ich die unter dieser Nummer erreichen? Was? Wie heißt die? Die Netti? Aha. Auch schön. Die Netti hat jetzt alle Hände voll zu tun? Ja, dann kann Netti jetzt nicht an den Apparat kommen. Das verstehe ich vollkommen. Hallo? Nicht auflegen, bitte! Tun Sie mir einen Riesengefallen? Verstehen Sie mich? Schreiben Sie ihr eine Nachricht auf den Bierdeckel? Ja? Aber nicht vergessen, okay? Es ist lebenswichtig, hören Sie? Haben Sie etwas zu schreiben?«

Ich hörte mich gegen den Lärm anbrüllen, und Steffen steckte erstaunt den Kopf zur Tür herein.

Ich presste eine Hand aufs Ohr und scheuchte ihn mit der anderen weg. »Also! Nachricht von Chantal! Sie wartet dringend auf Rückruf!« Ich brüllte ihm unsere Telefonnummer entgegen.

»Ja mei, i richts scho aus, göi«, fertigte mich ein Bulle von Tölz ab. »Aber jetzt miassma hakeln, Kruzitürkn, tuats weita, servus, pfüati, habe die Ehre.«

»Wow!«, sagte ich zu der staunenden Felicitas. »Er hat ›habe die Ehre‹ gesagt.«

»Und der kennt meine Mutter?«

»Anscheinend ja. Geduld, Süße. Das war doch wieder ein Teilerfolg. Oder?«

»Ach, Mama, ich weiß gar nicht, ob ich die kennenlernen will ... Jetzt, wo wir so nah dran sind, hab ich plötzlich Schiss.«

»He, wart's ab! Wenn die drei Maß Bier in jeder Hand stemmen kann, ist die bestimmt ganz patent!«

Ich setzte mich zu meiner verunsicherten Tochter ans Bett und hielt ihre vor Aufregung eiskalten Hände. »Liebes, hab doch keine Angst! Ich zieh das mit dir durch, okay, Süße?«

»Aber wenn sie doof ist?«

»Hast du immer noch mich!« Ich grinste. »Sie muss erst zurückrufen, und dann sehen wir weiter.«

»Und wenn sie nicht zurückruft?«

»Dann werde ich mir was einfallen lassen. Verlass dich drauf!«

Zehn Tage später hatte ich eine bayrische Nummer auf meinem Handy. Ein Anruf in Abwesenheit. Der konnte nur von Netti sein. Mit ziemlichem Herzklopfen verschanzte ich mich im Bad. Auf dem Wannenrand hockend, atmete ich einmal tief durch, räusperte mich und drückte die Rückruftaste.

Ein dünnes Stimmchen meldete sich müde.

»Nackenbrodt?«

»Senta Prinz, hallo, schön, dass Sie sich gemeldet haben! Ich bin die Adoptivmutter von Felicitas. Ähm, von Chantal.« Mein Gott, war ich aufgeregt! Ich hatte die Mutter von Felicitas am Apparat! Ganz ohne die blöde Frau Stumpf! Ich hatte es geschafft! Ich reckte die Faust an die Badezimmerdecke. In meinem Triumph fiel mir erst dann auf, dass Frau Nackenbrodt leise in den Hörer schluchzte.

»He, Frau Nackenbrodt! Ich tu Ihnen nichts! Es geht Felicitas gut! Machen Sie sich keine Sorgen!«

»Das ist schön«, weinte Frau Nackenbrodt. »Isch dachte nischt, dass ich je wieder von der Gleen höre.«

Oje. Plötzlich kamen mir auch die Tränen. Es war ein merkwürdiges Gefühl, mit der Frau zu sprechen, die meine Felicitas zur Welt gebracht hatte. War sie ihr ähnlich? Wie mochte sie inzwischen aussehen? Ach, war das alles spannend! Einerseits war ich ihr unendlich dankbar, dass sie uns Felicitas überlassen hatte. Andererseits tat sie mir leid. Sie sächselte immer noch. Trotz Heirat und Umzug ins Oberbayrische. Bestimmt hatte sie keinen leichten Stand im Märzenbräu.

»Felicitas sucht seit einiger Zeit nach ihren Wurzeln. Würden Sie mir ein bisschen von sich erzählen, Frau Nackenbrodt?«

»Gönnse nisch du zu mir sagen? Isch bin die Netti.« Sie schniefte und putzte sich die Nase.

»Okay, Netti.« Ich atmete einmal tief durch. »Und ich die Senta.« Uff, das nahm ja interessante Formen an.

»Wie sieht se denn aus, die Gleene? Was isn aus ihr gewoddn?«

»Felicitas hat lange blonde Haare, die sie meist zu einem Zopf zusammenbindet. Sie hat ein wunderschönes, ebenmäßiges Gesicht mit einem strahlenden Lächeln, wenn sie nicht gerade traurig ist, ein Grübchen am Kinn. Sie ist schlank und bildhübsch.« Stolz schwang in meiner Stimme mit. »Und außerdem ist sie ganz schön helle. Sie spielt Klavier und reitet und hat inzwischen drei kleine Geschwister.«

»Dann hat se die vom Pascal.«

»Was? Die kleinen Geschwister?«

»Die Haare und die Zähne.«

Und den IQ wahrscheinlich auch, dachte ich. Die traurige Netti schien die Glühbirne nicht erfunden zu haben. Wenn ich mir das Foto von der kleinen, schmächtigen Frau im übergroßen karierten Männerhemd mit den dünnen, fettigen Haaren in Erinnerung rief, konnte ich mir kaum vorstellen, dass sie jetzt Bierkrüge stemmte.

Sie erzählte mir leise weinend, dass damals das Jugendamt von heute auf morgen zu ihr und Pascal gekommen sei und angeboten habe, die Chantal in eine seriöse Familie zu vermitteln. Sie sei damals so »durschn Wind« gewesen, weil Pascal vorhatte, gen Westen zu ziehen, sie aber »beruflisch an Tresden« gebunden gewesen sei. Mit der Chantal hätte sie ihren Job allein nicht weiter durchziehen können, und letztlich sei dann alles ganz schnell gegangen. Einerseits sei es »'ne Erleischterung gewesen«, andererseits hätte sie das Kind immer schmerzlich vermisst. Und »beruflisch« wär's dann so oder so den Bach runtergegangen.

Also, wörtlich sagte sie: »… war es dann für 'n Arsch.«

Ich hüstelte. Jetzt nur nichts Falsches sagen.

»Und der Pascal – Schmalfuß, was hat der beruflich gemacht?«

»Der war mehr oder weniger im Security Bereich tädisch.«

»Wen oder was musste der denn bewachen?«

»Na, so meistens misch.«

»Und was hast du gemacht, Netti?«

»Na, auch so dies und das. Was so verlangt wurde.«

»Und was genau bedeutet ›dies und das‹, Netti?«

»Isch war halt mehr so im Dienstleistungsbereich tädisch.«

»Das bist du ja jetzt auch noch, oder?«

»Ja, aber diesmal orbeid isch als Gölnerin.«

»Du arbeitest als Kölnerin?«

»Ja, isch bin ja auch verheiratet mit einem Gölner.«

»Echt jetzt, Netti? Was treibt einen Kölner denn nach Tattenkofen?«

»Mit einem Gellner!«

»Ach so!«

»Ja, der hat mir die Stelle im Märzenbräu verschafft, und wir arbeiten abwechselnd, Schischtdienst. Wir haben nämlich eine gleine Dochter.«

»Oh, Netti! Das freut mich sehr! Und wie heißt die?«

»Gimberli.«

»Oh. Schöner Name.« Besonders in Tattenkofen. Kimberley Nackenbrodt.

»Ja, und diesmal gäbb ich se nisch wieda här, das kannste mir glauben!«

Das glaubte ich ihr gern. Der Kellner Nackenbrodt war bestimmt der Richtige. Trotzdem wollte ich etwas über ihre Gefühle erfahren.

»Du, Netti, ist dir nicht das Herz gebrochen, als du Chantal zur Adoption freigegeben hast? Ist man da als Mutter nicht völlig verzweifelt?«

Ich hoffte, sie würde etwas in der Richtung sagen, damit ich es Felicitas weitererzählen konnte. Sie würde sich leichter tun, wenn sie wüsste, wie schwer es ihrer leiblichen Mutter damals gefallen war, sich von ihr zu trennen. Sie würde sich dann nicht mehr so wertlos fühlen.

»Das war scheiße, kannste mir glauben! Aber es ging nicht anders. Ich musste anschaffen, also auf Arbeit. Das war meistens nachts. Ich gonnde einfach geen Gind mit in den Wohnwagen nehmen.«

»Hast du denn im Wohnwagen gearbeitet?«, fragte ich naiv.

»Isch hab noch ein paar Fotos von der Chantal«, wechselte Netti schnell das Thema. »Willst du die haben? Weil isch muss die hier eigentlisch nur verstecken, der Alois weiß ja nix von der Chantal.«

»Immer nur her damit!« Ich war begeistert. »Damit schließt sich für Felicitas eine riesige Lücke. Aber erzähl mir noch was über Pascal«, bat ich sie. »Über den Vater von Felicitas. Was macht der jetzt?«

Draußen wurde bereits gegen die Tür gehämmert. »Mama? Bist du da drin? Ich muss mal!«

»Mit dem habsch leider geen Gontakt mehr. Der ist tatsächlich bald in 'n Westen und Goch gewoddn.«

»Netti, danke für deine Offenheit. Das war sicher nicht einfach für dich.«

»Mamaaaaa!« Es rüttelte an der Klinke. »Das Gästeklo ist besetzt, und ich muss mal!«

»Du, Netti, ich danke dir sehr für das Gespräch«, beendete ich unser Telefonat. »Ich werde Felicitas erzählen, wie schwer es dir damals gefallen ist, sie wegzugeben. Und wie sehr du sie vermisst. Gut zu wissen, wo wir dich erreichen können.«

Drei Tage später kam tatsächlich ein Päckchen aus Tattenkofen! Netti hatte Wort gehalten, es waren zwei Dutzend Fotos drin, die Chantal, Annette und Pascal in allen Lebenslagen zeigten. Offenbar hatten sie doch eine schöne, wenn auch nur kurze Zeit zusammen gehabt: Fotos aus den Neunzigern, in denen man ausgebeulte Jeans, Wetterjäckchen und Flanellhemden trug, dazu diese Vokuhila-Frisuren, vorn kurz und hinten ausgefranste Schwänzchen. Die jungen Leute schoben eine Kinderkarre durch Dresden, lagen mit Baby Chantal auf einer Wiese, rauchten jedoch dabei, was bei mir nur Kopfschütteln hervorrief, und tranken Bier aus der Flasche. Auf anderen Fotos sah man sie im Wohnwagen auf einem sehr plüschigen roten Bett.

An den Wänden hingen erstaunlicherweise Fotos von nackten Frauen.

»Also eingerichtet waren die ... Wahrscheinlich gab es damals keine Tapeten!«

»He, schau mal, Mama! Sieht die heute so aus?«

Felicitas hielt mir zwei Fotos unter die Nase, auf denen die heutige Annette zu sehen war: Anfang dreißig, mit Brille, ungeschminkt, wieder in sehr lässigen Freizeitklamotten. Leider waren ihre Vorderzähne schlecht überkront, und an den fettigen Haaren hatte sich auch nichts geändert. Annette war wahrhaftig keine Schönheit. Sie hatte offenbar bei nichts so richtig laut »Hier!« geschrien. Dagegen war meine Felicitas die reinste Augenweide!

»Bin ich froh, dass du so schöne Zähne hast!« Ich nahm Felicitas in den Arm.

»Dann hab ich die also von meinem Vater.«

Felicitas betrachtete die Bilder, auf denen der junge Mann zu sehen war: ein abgeklärter Blick, in dem etwas Lauerndes lag, dazu eine lässige Haltung. So als warte er nur auf das ganz große Ding in seinem Leben. Er spielte optisch eindeutig in einer höheren Liga als Annette und hätte bestimmt jede andere haben können. Aber das behielt ich lieber für mich. Aus irgendeinem Grund hatten die in einem Wohnwagen gelebt und gearbeitet.

Vielleicht hatten sie ja kein Geld für eine anständige Wohnung gehabt? »Stell dir vor, du hättest in einem Wohnwagen leben müssen. Du wärst bestimmt andauernd krank gewesen.« Ich sah Felicitas besorgt an. »Geht es dir jetzt besser, Süße?«

Felicitas zog ihr Näschen kraus und sah mich aus ernsten Augen an.

»Ja, Mama. Irgendwie schon. Ich will diese Frau aber eigentlich nicht kennenlernen.«

»Lass dir doch Zeit, mein Schatz! Wir wissen, wo sie abgeblieben ist, und wenn du eines Tages sagst, du hast Lust auf ein großes Bier und Schweinebraten mit Knödel und Kraut, dann fahren wir nach Bayern und kehren bei ihr ein.«

»Danke, Mama. Du bist die Beste!«

»Keine Ursache. Hat mir ja irgendwie auch Spaß gemacht.«

»Ich würd gern wissen, wie Pascal, also ... Das klingt bescheuert, wenn ich ›mein Vater‹ zu diesem Typ da sage ...«

»Wollen wir ihn auch finden?« Ich war gerade so in meinem Element.

»Hast du Bock?« Skeptisch sah sie mich an.

»Kind! ›Bock‹ ist in diesem Zusammenhang eindeutig das falsche Wort.«

»Okay, Mama. Ich geh dann mal ins Bett. Hab dich lieb!«

Das Risiko, dass Pascal Schmalfuß ein ganz mieser Schurke sein könnte und Felicitas eine zweite Enttäuschung erleben würde, war mir zu hoch. Deshalb setzte ich mich erst mal allein an Steffens Computer. Und googelte, wie ich es von Felicitas gelernt hatte, mal eben Pascal Schmalfuß.

Ha! Volltreffer! Da war er, und zwar so was von! Aber hallo! Die YouTube-Beiträge quollen mir nur so entgegen. Ich beugte mich vor und kaute auf der Unterlippe. Was war denn das? Er war ein Sternekoch! Er gab online Kochkurse, aber so richtig – mit Haube, Fasan an Storchenleberpastete im grünen Schaum von der Zuckererbse, dazu Griesflammeri und ein 1974er-Jahrgang Beaujolais für Gourmets und Gourmöchtegerne! Wie der die Weinchen schlürfte und kaute, wie der die staubigen Flaschen pries! Und mit welch flinker Hand er den Schneebesen rotieren ließ!

»Steffen, komm doch mal, komm doch mal ganz schnell her!«

Steffen beugte sich interessiert über mich und lachte.

»Seit wann interessiert dich Jungspanferkelknorpel im eigenen Sud an der gerösteten Esskastanie im biologisch angebauten Blaubeermantel mit Bœuf Dingskirchen im Champagnerkranz?«

»STEFFEN!!! Sag mir, ob das Felicitas' Vater ist!«

Ich hielt ihm die Aufnahmen aus den frühen Neunzigern unter die Nase, auf denen Pascal mit Vokuhila-Frisur und Pornobürste auf der Oberlippe mit ausgebeulten Jeans, die unter den Brustwarzen mit einer Kordel zusammengehalten wurden, am Dresdner Stehimbiss Buletten aß, und nötigte ihn, diese Bilder mit dem YouTube-Video von dem geschniegelten, kurz geschorenen, very busy Sternekoch mit Haube und Dreitagebart zu vergleichen.

»Isser das?«

»Hm.« Steffen sah zwischen Fotos und Bildschirm hin und her, so wie die Leute zwischen Sonja und mir.

»Dreizehn Jahre sind eine lange Zeit.«

»Soooo lang auch wieder nicht.«

»Damals war blöd aussehen modern.«

»Steffen!«

Wir schauten uns einige Kochkurs-Videos an, die Pascal Schmalfuß mit Charme, Witz und sächsischem Akzent moderierte.

»Das wird er wohl sein.«

»Wie krieg ich den ans Telefon?«

»Hier. Das ist sein Management.« Steffen war eindeutig schneller als ich.

An diesem Abend lief nur der Anrufbeantworter, und man

sollte sich entscheiden, ob man ein Autogramm wollte – drücken Sie bitte die Eins – oder ein Kochrezept – drücken Sie bitte die Zwei – oder ob man Pascal Schmalfuß für eine Talkshow oder einen Vortrag engagieren wollte – drücken Sie bitte die Drei. Die Vier war für »Sonstiges«.

Wir drückten die Vier und baten um Rückruf in einer privaten Angelegenheit.

Zehn Tage lang geruhte Pascal Schmalfuß nicht zurückzurufen. Ich zog mir all seine Videos rein und ertappte mich schon dabei, ein Spargelsüppchen schaumig zu pürieren und ein gebackenes Kartoffelgittergerüst über dem mit Wermut übergossenen Rehrücken zu drapieren. Also, kochen konnte der Mann, fürwahr! Und dass er nicht wirklich zu Netti Nackenbrodt in Tattenkofen passte, sah ich auch.

Felicitas stellte mir zum Glück erst mal keine Fragen. Wir hatten vereinbart, dass ich die Vorarbeit leisten und ihr dann das Ergebnis meiner Recherchen mitteilen würde.

An Tag elf hatte ich die Nase voll. Es gab Ravioli aus der Dose und zum Nachtisch Fertigpudding von einem Bielefelder Hersteller. Ich drückte die Vier.

»Management Pascal Schmalfuß, was kann ich für Sie tun?«

»Ich möchte Pascal Schmalfuß sprechen.«

»In welcher Angelegenheit?«

»Ich schätze, ich bin die Adoptivmutter seiner Tochter.«

»Oh. Warten Sie, ich verbinde.«

»Schmalfuß?«

»Prinz. Sie kochen ja echt spitze, Herr Schmalfuß. Gestatten Sie mir nur eine pikante Frage zu einer Ihrer früheren Kreationen.«

»Ja, bitte? Gerne!«

»Haben Sie vor dreizehn Jahren ein kleines Mädchen namens Chantal Dillschneider gekannt?«

Schweigen in der Leitung.

»Herr Schmalfuß?«

»Was wollen Sie? Ich wüsste nicht, was ich mit Ihnen zu besprechen hätte!«

»Ich bin die Adoptivmutter. Machen Sie sich keine Sorgen, es geht ihr gut. Sie sucht nur verzweifelt nach ihren Wurzeln, und ich möchte ihr dabei behilflich sein.«

Weiter kam ich nicht.

»Frau Prinz. Das ist wirklich lange her. Ich habe mit dieser Zeit und allem, was dazugehört, abgeschlossen. Wie Sie sehen, habe ich Karriere gemacht und bin im Begriff zu heiraten. Tun Sie mir das nicht an!«

»Aber nein, Herr Schmalfuß, das können wir ganz privat und diskret regeln. Ich will nur ein paar Informationen über Sie, die ich meinem Kind geben kann ...«

»Seien Sie mir nicht böse. Aber ich möchte mit meinen Jugendsünden nicht mehr konfrontiert werden. Außerdem bin ich mir gar nicht sicher, ob ich überhaupt der Vater bin. Bei dem Lebenswandel der – Kindsmutter. Die Annette hat das beruflich gemacht, falls Sie wissen, was ich meine.«

»Nein! Herr Schmalfuß, ich will doch nur ...«

»Geht es um das Finanzielle?«

»Aber Herr Schmalfuß, Felicitas ist doch keine Jugendsünde! Sie ist ein wunderbares, intelligentes, hübsches Mädchen, und finanziell haben wir nicht das geringste Interesse. Also darum geht es doch – gar nicht.« Knack. Aufgelegt. »Herr Schmalfuß?«

Uff. Mein Herz raste. Soso, der Schmalfuß! Klar, können Männer ihre Vergangenheit leichter verleugnen als Frauen. Und dann behaupten, er sei nicht der Vater ... Was sollte das heißen, Annette habe »das« beruflich gemacht?

Ich betrachtete die Fotos vom damaligen jungen Glück. Er

hatte die Vaterschaft doch damals anerkannt? Wäre er sonst mit der schlichten Annette vor Dresdner Plattenbauten spazieren gegangen und hätte Buletten gefuttert? Ich meine, das war doch ein eindeutiger Beweis für seine Vaterschaft? Nein?

Also, dass der einfach so aufgelegt hatte, ließ ich nicht auf mir sitzen.

Ich war mit dem Thema noch nicht fertig.

Kurz entschlossen rief ich noch einmal Annette an, und zwar auf der Festnetznummer, die sie mir gegeben hatte.

»Hallo, Netti, ich hoffe, ich störe dich nicht allzu sehr?«

»Nee, gor nisch. Isch guck grade Big Brother.«

»Wie?«

»Na, wo nen Haufen Leude in einen Container gesperrt sind und …«

Das Wohnwagenwesen schien ihr immer noch im Blut zu liegen.

»Sag, Netti, der Pascal Schmalfuß behauptet, vielleicht gar nicht der Vater von Chantal zu sein?! Gab es da eventuell noch andere Kandidaten?«

Schnaufen am anderen Ende. Empörtes Auflachen.

»Nee. Also escht! Das ist voll fies vom Pascal. 'schweiß schon, worauf der anspielt, aber der ist voll der Arsch, jetzt escht!«

»Du, Netti, mir wäre sehr daran gelegen, in diesem Punkt Klarheit zu haben. Verstehst du das? Es geht ausschließlich um Felicitas. Ich will dir überhaupt nicht zu nahe treten …«

»Du, Senta, das kackt misch jetzt aber escht an. Klar vorsteh ich Felicitas. Das ist doch ihr gutes Rescht, eh! Weeßt du was, ich klär das mit dem Pascal.«

»Ich denke, ihr habt gar keinen Kontakt mehr …?«

»Gib mir 'n bisschen Zeit, ich ruf dich wieder an.«

»Okay. Was hast du vor?« Ich war ziemlich sicher, dass er sofort den Hörer auflegen würde, wenn Annette ihn anrief.

»Isch muss nachdenken, Senta. Aber isch lass das nisch auf sisch beruhen, ich schwör!«

Als Felicitas an diesem Tag aus der Schule kam, beschloss ich, ihr die Wahrheit zu sagen.

»Komm mal her, Süße. Ich glaub, ich habe deinen Vater gefunden.«

Ihre Augen wurden groß wie Untertassen, als ich das YouTube-Video startete.

Felicitas klebte förmlich am Bildschirm. Immer wieder wollte sie ihn kochen sehen. Pascal versprühte Witz, Charme, Eischnee und Butterflöckchen. Die Wangen meiner Tochter glühten, und ihre Augen leuchteten.

»Der ist voll cool, Mama!«

»Ja, scheint mir auch.«

»Sollen wir ihm schreiben?«

»Liebling, ich muss zugeben, dass ich schon Kontakt zu ihm aufgenommen habe!«

»Echt?« Sie starrte mich mit offenem Mund an. Ich sah ihre Halsschlagader pochen und ihr Kinn zittern. Ach, mein süßes, wunderbares Mädchen, mein verletzliches Töchterchen!

»Und was sagt er?«

Ich biss mir auf die Lippen. »Nun, er sagt, dass er nicht so gern an diese Zeit zurückdenkt.«

»Was? Warum denn nicht?«

Ich beschloss, die Wahrheit zu sagen, auch wenn es mir schrecklich schwerfiel. Felicitas würde sonst keine Ruhe geben. Ich wollte nicht, dass sie anfing, Pascal zu verherrlichen und sich an seine Videos zu klammern, wenn er ihre Liebe und Bewunderung gar nicht verdient hatte.

»Er ist sich nicht sicher, ob er überhaupt dein Vater ist.«

Felicitas hielt die Fotos aus den Neunzigern neben den Bildschirm. Sie hatte das Video angehalten und Pascal auf Bildschirmbreite herangezoomt.

»Das ist er sehr wohl!«

»Ich denke auch, Liebling. Aber er hat ein neues Leben angefangen, sagt er. Er will nämlich heiraten, und seine neue Frau weiß nichts von dir.«

Mist. Ich schluckte. Das war einfach grausam für eine dreizehnjährige Mädchenseele. Für ihn war sie ein verheimlichter Fehltritt, mehr nicht. Ich nahm sie in den Arm, wollte ihr versichern, dass sie Eltern und Geschwister hatte, die sie über alles liebten, doch sie brauste auf:

»Dann kann der mir gestohlen bleiben!« Ihre Augen füllten sich mit Tränen. »Den will ich überhaupt nicht kennenlernen!«

»Liebes, vielleicht ist das jetzt nur der falsche Zeitpunkt …«

»Nee!« Wütend wand sie sich aus meiner mütterlichen Umarmung. »Ein Erzeuger, der nicht zu mir steht, für den ist NIE der richtige Zeitpunkt!«

Fast wäre der Stuhl umgekippt, so brüsk sprang sie auf. »Mach das blöde YouTube-Video aus, ich will den Typen nie wiedersehen!« Ihre Stimme kippte. Weinend rannte sie aus dem Zimmer. Ich wollte ihr nachlaufen, konnte ihren Zorn und ihre Demütigung allerdings nur zu gut verstehen. Sie brauchte jetzt Zeit. Da gab es nichts schönzureden. Ich spürte, dass sie jetzt mit ihrer Wut auf diesen Mann allein sein musste. Ich hörte, wie sie oben in ihrem Zimmer auf ihr Kopfkissen eindrosch, laut weinte und schrie. Böse Flüche entrangen sich ihrer sonst so sanften Kehle.

Doch auch wenn sie jetzt verzweifelt und wütend war, würde sie irgendwann froh sein, Gewissheit über ihre Herkunft zu haben.

Zwei Wochen später kam eine SMS von Netti. »Hab Neuigkeiten! Ruf an!«

Das ließ ich mir nicht zweimal simsen.

»He, Netti! Was ist los?!«

»Isch hab Pascal gefunden.«

»Echt? Leibhaftig? Wo isser?«

»In Berlin. Sein Management hat mir seine Adresse verraten. Ich hab gesagt, sonst gibt es einen Presseskandal.«

»Und?« Wahnsinn! Die hatte ja Biss, das hätte ich ihr gar nicht zugetraut.

»Ich hab mir im Märzenbräu zwei Tage freigenommen und bin hingefahren.«

»Nein. DAS hast du gemacht?«

»Ja. Ich war echt voll sauer, dass er nicht zu der Vaterschaft steht. Der kann sich fein rausreden, von wegen ich hatte noch andere! Das lass ich mir nicht bieten.«

»Wow.« Ich musste schlucken. So glanzlos die graue Maus gewirkt hatte – ihren Stolz hatte sie noch nicht an der Tattenkofener Biertheke abgegeben. »Da hat er Augen gemacht, was?«

»Allerdings.« Sie stieß ein bitteres Lachen aus. »Der schöne Pascal. Plötzlich steht seine Jugendliebe Netti wieder vor ihm. Er hat mich ganz schnell auf die Straße geführt, ich hab seine Verlobte gesehen, die stand hinter ihm im Flur – hochschwanger, die Dame. Er meinte, ich wär eine Lieferantin und hätte mich in der Adresse geirrt. Das hat sie geschluckt. Wir sind dann auf der Tauentzienstraße rumspaziert, der wohnt ganz edel in einem Altbau.«

»Wahnsinn, Netti! Du machst ja Sachen. Und was sagt er ... Ich meine, zu Felicitas?« Ich knabberte vor Anspannung an meiner Unterlippe.

»Er will nichts mehr mit mir zu tun haben und mit Chantal

auch nicht. Er hat mit dieser Zeit abgeschlossen. Und das mit der Vaterschaft ist ihm eigentlich egal.«

»Ziemlich weite Reise für eine so kurze Antwort.« Wie verletzend!

»Ja. Aber jetzt weiß ich, dass ich ihn echt in der Pfeife rauchen kann.«

»Ja, Netti. Aber du hast jetzt Alois und Kimberley.«

»Stimmt. Aber für Chantal tut es mir leid. Für Felicitas, meine ich. Die hat das nicht verdient.«

»Ich rede mit ihr. Danke jedenfalls für deine Mühe, Netti. Ich bin echt beeindruckt.«

»Das war das Mindeste.«

So dankbar ich Annette auch war, so sauer war ich auf diesen Schnösel Pascal. Wie sollte ich das bloß Felicitas beibringen? Dass sie ihm noch nicht mal ein Gespräch wert war? Einen Gruß? Eine interessierte Frage?

Nö. Das ließ ich nicht auf mir sitzen. Also nicht auf Felicitas.

Wütend hämmerte ich eine Mail in die Tastatur. Diese ganze Elternsuche hatte mich zu einem Computerprofi gemacht: Bis vor wenigen Wochen hatte ich noch nicht mal gewusst, wie man das Ding anwarf! So, Bursche. So leicht kommst du mir nicht davon.

»Sehr geehrter Herr Schmalfuß«, hatte ich geschrieben, »bitte glauben Sie nicht, ich wäre daran interessiert, Ihre Karriere zu beschädigen. Fassen Sie mein Schreiben weder als Drohung noch als Belästigung auf. Es geht einzig und allein um die Gefühle meiner dreizehnjährigen Tochter Felicitas, die auf der Suche nach ihren Wurzeln ist. Wir wollen weder Unterhalt (was rechtlich auch gar nicht möglich wäre), noch wollen wir in Ihr heutiges Leben eindringen. Lassen Sie Felicitas und mich einfach nur wissen, wie es Ihnen damals ergangen ist. Wir haben Fotos von Ihnen und Ihrer damaligen kleinen Familie, wie Sie in Dresden einträchtig Buletten gegessen haben. Sie müssen nicht mit Felicitas sprechen. Schreiben Sie uns einfach eine Mail. Es ist immens wichtig für Felicitas, zu wissen, dass ihr Vater eine Seele im Leib hat. Und dass er irgendwann einmal Zuneigung für sein kleines Mädchen verspürt hat. Schreiben Sie, wie es dazu kam, dass Sie sich von ihr getrennt haben. Schreiben Sie, wer Sie heute sind.

Mehr verlange ich gar nicht von Ihnen.

Bitte nehmen Sie sich nur fünf Minuten Zeit für Felicitas. Nur ein paar persönliche Worte.

Dann lassen wir Sie ganz sicher in Ruhe. Wir wissen, dass Sie wieder Vater werden, und wünschen Ihnen und Ihrer neuen Familie von Herzen alles Gute.

Mit den besten Grüßen, Senta Prinz mit Felicitas.«

So. Ich schnaufte. Das war doch wirklich eine sachliche Mail, von der keinerlei Bedrohung ausging. Sie war an seine Büroadresse gerichtet, sodass seine schwangere Verlobte sie nicht zu Gesicht bekommen würde. Ich war doch fair! Dasselbe erwartete ich von ihm.

Vier Wochen wartete ich auf Antwort. Im Gegensatz zu der sehr zuverlässigen Netti rührte sich der Sternekoch jedoch nicht. Wie schäbig von ihm! Felicitas würde sich so wertlos fühlen! Noch nicht mal eine fünfzeilige Mail war sie ihm wert!

Meine Wut auf den Schaumschläger Pascal Schmalfuß wuchs. Das konnte ich unmöglich auf sich beruhen lassen. Vielleicht konnte mir Netti doch noch mal weiterhelfen? Erneut rief ich sie an.

»Du, Netti, eine letzte Frage. Hat dieser Pascal eigentlich Eltern?«

»Ja, die hat er!« Ein bitteres Lachen folgte. »Die waren allordings nisch sehr begeistort von mior.«

Ach, warum nur. Ich biss mir auf die Unterlippe. »Und? Gibt es die noch?«

»Keene Ahnung. Die worn damals allordings schon geschieden.«

»Oje.« Vielleicht war ihr Pascal deshalb ins Wohnwagenmilieu abgedriftet?

»Die Muddor war Ärztin, irgendwas mit Haut- und Geschleschtskrankheiten, glaub isch ...«

»Okay, Netti, und der Vater?«

»Der hadde 'ne große Truggorei in Tresden. Buchdruck.«

»Danke, Netti, du hast mir schon wieder sehr weitergeholfen!«

Ich verabschiedete mich und googelte sofort die Druckerei. Und siehe da: Hans Otto Schmalfuß war Inhaber dieser gut gehenden Firma, mitten in der Altstadt von Dresden!

So. Wieder war ich einen großen Schritt weiter. Stolz durchflutete mich. Für meine Felicitas würde ich auch zu Fuß nach Dresden gehen.

Zielstrebig wählte ich die Nummer der Druckereizentrale und ließ mich gleich in einer privaten Angelegenheit zum Chef durchstellen.

»Schmalfuß?«

»Guten Tag, Herr Schmalfuß, entschuldigen Sie bitte den Überfall, mein Name ist Senta Prinz, ich rufe aus Köln an. Ich bin die Adoptivmutter des kleinen Mädchens, das Ihr Sohn Pascal vor dreizehn Jahren mit Annette Dillschneider bekommen und zur Adoption freigegeben hat.« Ich musste trocken schlucken, so aufgeregt war ich.

Stille am anderen Ende der Leitung.

»Wie bitte? Mein Sohn hat WAS gemacht?«

Oh, schluck. Der wusste nichts von seinem Drückeberger, der brave Druckervater.

Jetzt hatte ich gepetzt. Musste ich mich schlecht fühlen?

Nein. Pascal hatte eine faire Chance. Ich hatte ihm ganze vier Wochen Zeit gegeben.

»Ähm, Frau ... Wie war doch gleich Ihr Name?«

»Prinz.«

»Frau Prinz, bitte bleiben Sie am Apparat. Ich hole jetzt meine Lebensgefährtin und stelle auf laut. Dieses Gespräch kann ich nicht alleine führen.«

»Okay. Ich warte.« Mein Herz raste. Er war bereit zu einem Gespräch!

»Hallo? So, da bin ich wieder. Die Gudrun hört jetzt mit.«

»Hallo, Gudrun«, sagte ich munter. Meine Güte, das nahm ja Ausmaße an!

Noch einmal erzählte ich die ganze Geschichte von Felicitas: dass sie Depressionen hatte und ihre Wurzeln finden wollte, was ich als Adoptivmutter natürlich unterstützte. Dass ich Annette Dillschneider bereits mehrfach gesprochen hätte, während Pascal sich tot stellte, was ich ausgesprochen schäbig fand.

»Ach, ach, ach«, seufzte der arme Druckervater. Gudrun sagte: »Reg dich nicht auf, Hans Otto. Das ist nicht gut für dein Herz.«

»Ich möchte Sie keineswegs belästigen und habe auch nicht das geringste finanzielle Interesse ...«

»Das unterstellen wir Ihnen auch gar nicht, Frau Prinz. Sie hören sich sehr vernünftig an, und ich verstehe Ihr Interesse, den leiblichen Vater Ihrer Tochter Felicitas zu finden.«

»Wirklich?« Der Mann hörte sich ebenfalls sehr vernünftig an!

»Wissen Sie, der Pascal hat meinem Lebensgefährten so viel Kummer gemacht«, ließ Gudrun sich vernehmen. »Er wäre darüber fast zerbrochen.«

»Ja, der Junge hat kurz vor dem Abitur die Schule geschmissen«, schaltete sich nun Hans Otto ein, und ich konnte hören, dass ihn das Ganze noch immer sehr erschütterte.

»Meine Frau und ich hatten uns gerade scheiden lassen, keiner hatte ein Ohr für den Jungen, und da ist er in ein ganz übles Milieu abgedriftet, hat die Annette kennengelernt, die gar kein Umgang für ihn war ...« Seine Stimme brach.

»Ja, ich weiß, er hat mit ihr auf einem Campingplatz gejobbt«, half ich ihm auf die Sprünge. »Als Platzwart oder so was. Und sie war Kellnerin.«

»Nein, die Wahrheit ist: Annette war eine Prostituierte, die im Wohnwagen anschaffen ging, und Pascal hat draußen Wache gestanden und das Geld gezählt!«

Mir blieb die Spucke weg. Oh. Das nannte man wohl Zuhälter. DAS war natürlich etwas, das ein heutiger Fernseh-Sternekoch wirklich lieber vergessen wollte.

»Und Sie kannten Annette?«

»Leider, ja. Ich wusste auch, dass sie schwanger ist, aber von Pascal ...?«

»Er hat damals die Vaterschaft anerkannt. Ich habe die Unterlagen vom Jugendamt.«

»Das hat er mir nie gesagt!«

»Es tut mir wirklich leid, dass Sie es auf diesem Wege erfahren. Aber aufgrund der Ähnlichkeit zwischen ihm und Felicitas bin ich mir ziemlich sicher, dass er der Vater ist.«

»Ich bin tief bestürzt. Ich habe damals alles getan, um den Jungen aus diesem Sumpf wieder rauszuziehen.«

»Hans Otto hat seine ganzen Schulden bezahlt, ihn da quasi rausgekauft«, erläuterte Gudrun den Sachverhalt. »Er steckte da ganz tief drin in dieser Mafia.«

»Dafür hat er sich bereit erklärt, in Berlin eine Kochlehre zu machen, denn das war meine Bedingung: ein klarer Schnitt, ein Neuanfang. An einem Ort, wo ihn keiner kannte.«

Jetzt ging mir ein Licht nach dem anderen auf. »Aha«, sagte ich nachdenklich. »Nur wie bringe ich das Felicitas bei?«

»Ich schäme mich für meinen Sohn.« Hans Otto war aufrichtig bekümmert. »Er hat die moralische Pflicht, seiner Tochter Auskunft zu erteilen. Ich fahre sofort nach Berlin und ziehe dem Bengel die Ohren lang.«

»Ach, lieber Herr Schmalfuß, das wird nicht nötig sein«, bremste ich seinen väterlichen Zorn. »Ich wollte nur ein paar Informationen, und die habe ich ja jetzt.«

Ich musste erst mal tief durchatmen. Dass Annette mir etwas verschwieg, hatte ich bereits geahnt. Aber dass die Wahrheit so erschütternd war! Wie sollte ich das nur meiner Felicitas beibringen? Das war mehr, als ich hatte wissen wollen. Und mehr, als sie verkraften würde.

»Lassen Sie es gut sein, Herr Schmalfuß. Bitte regen Sie sich nicht auf. Ich danke Ihnen für Ihre Ehrlichkeit und für das Gespräch. Ihnen auch, Gudrun.«

»Bitte schicken Sie uns Fotos von Felicitas«, bat Hans Otto tief bewegt. »Ich nehme mir den Pascal zur Brust.«

»Aber Sie wissen schon, dass er gerade wieder Vater wird?«, sagte ich. Nicht dass ich ihm jetzt wirklich das Leben vermasselte! Ich wollte ihm in keinster Weise schaden, dem verlorenen Sohn. Jeder Mensch hat eine zweite Chance verdient. Aber eben auch Felicitas.

»Ja.« Ein Seufzer entrang sich seiner Brust. »Seine Verlobte ist die Tochter des belgischen Botschafters. Wir sind mit Anna Sophie sehr einverstanden. Und mit dem kleinen Amadeus auch.«

»Wer ist der kleine Amadeus?«

»Der Sohn, den die beiden erwarten. Er kommt am dritten September.«

»Oh. Kann man das alles schon so genau voraussehen?«

»Ja. Aber Pascal hat schon einmal ein Kind in die Welt gesetzt. Und das kann er nicht verleugnen. – Sie hören von mir, Frau Prinz. Vielen Dank für Ihren Anruf.«

»Gudrun!«, rief ich noch in den Hörer. »Geben Sie Hans Otto am besten gleich einen Schnaps!« Aber da hatten sie schon aufgelegt.

Drei Wochen später rief mich Herr Schmalfuß senior wieder an. Er war bei Pascal in Berlin gewesen und hatte ihn sich zur Brust genommen.

Süß irgendwie. Denn inzwischen war Klein Amadeus auf die Welt gekommen, und Anna Sophie wusste nichts vom Vorleben ihres Liebsten.

Und das war auch gut so.

»Der Pascal ist jetzt bereit, mit Felicitas in Kontakt zu treten«, sagte Herr Schmalfuß. »Selbstverständlich bekennt er sich zu seiner Leibesfrucht. Ich hab ihm gründlich die Hammelbeine lang gezogen.«

»Herr Schmalfuß, das brauchten Sie doch gar nicht, ich will doch gar nicht ...«

»Außerdem möchte ich Ihnen zusichern, dass für Felicitas hier bei uns in Dresden immer ein Zimmer frei ist«, unterbrach mich der Großvater meiner Tochter. »Wir haben inzwischen die Fotos gesehen, Gudrun und ich. Wir sind begeistert, was aus diesem Kind geworden ist, Frau Prinz! Ein bildhübsches, entzückendes Mädchen, im Kreis einer reizenden Familie! Alle haben weiße Blusen an und schöne Zähne! Und im Hintergrund steht ein Klavier! Das hätte es bei dieser Annette nie gegeben! Da können wir Ihnen nur ein großes Kompliment machen. Wir würden Sie auch gern mal in Köln besuchen, wenn wir dürfen.«

Ich versicherte ihm, dass ich ihn und seine Gudrun sehr gern einmal kennenlernen würde, aber dass Felicitas noch etwas Zeit brauche. Ich wollte ihr noch nicht die ganze Wahrheit sagen.

Dasselbe schrieb ich auch Pascal. Ich bedankte mich per Mail, dass er nun bereit sei, mit Felicitas zu sprechen, ich sie aber noch nicht mit alldem belasten wolle. Er möge sich aber bitte bereithalten.

Pascal Schmalfuß antwortete nur mit einem einzigen Satz: »Ich halte mich bereit.«

24

SONJA
November 2008

»Hallo, meine Große. Wie war es in der Schule?«

»Ganz okay, Mama. Wir hatten heute eine Frau von der Berufsberatung da, und ich glaube, ich will Krankenschwester werden.«

»Das ist doch großartig, Zola!« Aufgeregt zog ich meine schöne dunkelhäutige Tochter ins Wohnzimmer. »Der Beruf passt wunderbar zu dir!«

Zola strahlte mich mit ihren wunderschönen weißen Zähnen an. Im Laufe der letzten Jahre hatte ich beobachten können, wie gut es ihr tat, sich bei uns frei zu entfalten. Sie vermisste weder ihre afrikanische Vergangenheit noch ihre Zeit in der Köln-Kalker Hochhaussiedlung.

»Die mittlere Reife werde ich jedenfalls locker schaffen«, verkündete Zola, auf dem Sofa sitzend und ein weiches Kissen umarmend. »Und dann möchte ich zur Ausbildung an eine große Uniklinik. Berlin vielleicht? Oder Frankfurt? München wär auch geil.«

»Zola!«

»Ähm, toll, meine ich. München wäre auch – eine Möglichkeit.«

»Das hört sich gut an.«

»Die Berufsberaterin hat gemeint, bei einer Uniklinik gibt's die beste Ausbildung, und ich will eine der Besten sein.«

Ich nickte beeindruckt. »Jetzt bist du gerade mal drei Jahre bei uns, mein Schatz, und du machst uns so viel Freude.«

Zola war unglaublich hilfsbereit. In der ersten Zeit hatte ich sie dauernd bremsen müssen. Das »Hausmädchen« war ihr einfach in Fleisch und Blut übergegangen, sie kannte ja nichts anderes. Hätte ich sie gelassen, hätte sie bis Mitternacht Schuhe geputzt, Böden gewischt, Wäsche gebügelt und Rasen gemäht.

Ich hatte ihr langsam, aber sicher beigebracht, dass sie hier ein geliebtes Familienmitglied war, das weder geschlagen noch bedroht wurde, wenn sie einmal nicht sofort aufsprang oder mit dem Lappen hinter uns stand. Natürlich war sie die älteste Tochter und sollte sich im Haushalt nützlich machen wie ihre Geschwister auch, aber auf freiwilliger Basis und im Rahmen ihrer zeitlichen Möglichkeiten. Schule und Freizeit gingen vor.

Sie hatte reiten gelernt und leitete bei uns im Dorf eine afrikanische Tanzgruppe. Auch wenn sie anfangs in der Schule nicht von allen gleich herzlich aufgenommen worden war und einige gemeint hatten, ihre Hautfarbe thematisieren zu müssen, hatte sie sich durchgesetzt und mit guten Leistungen sowie ihrem hilfsbereiten Wesen überzeugt.

»Mama, ich bin einfach nur sauglücklich, dass ich bei euch sein darf!« Sie goss sich Tee ein und trank ihn schlürfend. Wenn sie sich in Rage redete, vergaß sie ihre guten Manieren, aber »sauglücklich« ließ ich jetzt mal durchgehen.

»Der einzige Mist ist nur, dass ich immer noch nicht anerkannt bin und mich alle paar Monate bei der Behörde melden muss wegen dieser bescheuerten Duldung. Das ist ein ganz blödes Gefühl, das mich manchmal voll ausbremst.«

Das war leider so, noch immer konnte sie theoretisch jederzeit abgeschoben werden. Wir waren bis jetzt »nur« ihre Pflegeeltern.

»Ach, Zola! Wie du weißt, haben dein Papa und ich immer wieder versucht, dich ordnungsgemäß zu adoptieren. Aber was uns zu diesem Schritt fehlt, ist deine Geburtsurkunde!«

»Und wo soll ich die bitte schön herzaubern?« Zola stellte die Teetasse so heftig auf die Untertasse, dass ihr Inhalt auf den Couchtisch spritzte. Aufgewühlt wischte sie die Tropfen mit dem Ärmel weg.

»Wir haben schon mit Herrn Winterkorn gesprochen, der ja jetzt pensioniert ist und Zeit hat. Er meint, er fährt zur kenianischen Botschaft nach Berlin und erledigt das für uns.« Nicht, dass wir das nicht selbst getan hätten. Wie oft hatten wir schon mit denen telefoniert! Aber die Sache war sehr kompliziert, und mit vier Kindern kann man dort schlecht tagelang ausharren.

Moritz, Justus, Charlotte und Nora waren zwischen fünfzehn und fünf Jahren alt. Und Zola war nun siebzehn.

»Echt? Das würde der machen? Der ist so voll cool, der Typ!«

»Zola. Der ist sehr nett und hilfsbereit, der Herr Winterkorn. Sag das.«

»O Mensch, Mama. Ich bin doch kein Papagei. Aber wenn du unbedingt willst: Herr Winterkorn ist ein hilfsbereiter, netter Mann, und ich verdanke ihm alles.« Sie grinste mich breit an. »Und euch natürlich auch. Ich wäre so was von krass geflasht, wenn ihr mich adoptieren könntet!«

Das ließ ich mal so stehen. »Wir wollen ganz und gar Ja zu dir sagen, Zola. Wir lassen uns nicht beirren. Wir haben das noch bei jedem Kind geschafft, und wir schaffen das auch mit dir. Keines unserer Kinder musste je wieder gehen.«

Zola drückte mir einen feuchten Teekuss auf die Wange. »Ich weiß, Mama.«

Ich nahm sie ganz fest in den Arm. »Wir schaffen das, Zola. Wir halten zusammen.«

In dem Moment klingelte das Telefon. »Soll ich rangehen?«, bot sie an und löste sich aus meiner Umklammerung.

»Nein, sei so lieb und schau nach den anderen. In der Küche ist es verdächtig still.«

Zola nickte verständig und trollte sich in die Küche, nicht ohne mir noch eine Kusshand zuzuwerfen.

»Wegener?«, meldete ich mich. Ein Blick aufs Display, und mein Herz begann zu rasen.

»Frau Wegener, hier ist dat Jugendamt. Hohlweide-Dellbrück. Wie jeht et Ihnen?«

»Gut.« Ich hielt die Luft an. Immer wenn ich diese Stimme hörte, war es komplett um mich geschehen. Sie hatte doch nicht ... Sie wollte doch nicht ...

Auch wenn das vielleicht komisch klang, aber Paul und ich hatten inzwischen noch einen Adoptionsantrag gestellt. Nach unseren vier Kindern Moritz, Justus, Charlotte und Nora plus hoffentlich bald großer Tochter Zola wünschten wir uns noch – ein Baby.

Für uns war das Leben mit vielen Kindern einfach die Erfüllung schlechthin.

»Frau Wegener, wir hätten einen knapp einjährjen Jungen, der janz dringend ein neues Zuhause sucht.«

Vor meinen Augen tanzten Sternchen, mein Magen zog sich zusammen und machte einen Dreifachsalto rückwärts, und meine Hände zitterten.

Ich wollte etwas sagen, brachte aber keinen Ton heraus.

Genau so muss sich eine Frau fühlen, die gerade vom Arzt erfährt, dass sie schwanger ist. Besonders, wenn sie rein altersmäßig gar nicht mehr damit rechnet.

»Ein kleiner Junge? Erzählen Sie mir mehr, bitte, Frau Hohlweide-Dellbrück…«

Sie lachte. »Wennse mich zu Wort kommen lassen, gern, Frau Wegener. Seine Mutter ist Kroatin, und sein Vater stammt aus Afghanistan.«

Bekanntermaßen waren uns Herkunft und Hautfarbe eines Menschenkindes egal.

»Er hat die ersten fünf Monate nur in Krankenhäusern verbracht, weil er leider Opfer von häuslicher Jewalt wurde, sein Vater hat Mutter und Kind terrorisiert. Der Kleine ist seit sechs Monaten in Flickendorf im Kinderheim.«

»Seit sechs Monaten? Aber warum haben Sie denn nicht… Ich meine, unser Antrag liegt Ihnen doch schon seit zwei Jahren…« Mein Stammeln wurde gewohnt resolut von ihr unterbrochen.

»Seine drei älteren Geschwister wurden der Mutter auch schon wechjenommen. Sie ist psychisch sehr instabil und wurde in eine psychiatrische Klinik einjewiesen.«

»Ja, und wann kann ich… Ich meine, ist der Kleine denn jetzt… Hat er noch…« Ich traute mich nicht, es auszusprechen: Verletzungen, Entstellungen, Schrammen, Wunden…?

Seelische bestimmt, aber sichtbare?

»Frau Wegener, er ist ein wunderhübscher kleiner Junge mit riesjen schwarzen Kulleraugen, und ich würde Ihnen gern zeitnah Fotos von ihm zeijen.«

»Sie können mir gleich den ganzen Jungen zeigen!« Schon war ich aufgesprungen und suchte hektisch nach dem Autoschlüssel.

»Frau Wegener, bitte! Eile mit Weile, dat kennense doch schon!«

Nö. Bei Charlotte war es doch auch total schnell gegangen! Damals mussten wir sogar unseren Urlaub abbrechen und die Kleine sofort abholen! Aber bei Nora hatten wir wochenlang um ihr Überleben gebangt, und Zola hatte immer noch die Ausländerbehörde an der Backe ... Konnte zur Abwechslung nicht mal irgendwas schnell und reibungslos gehen?!

»Ja, aber – sechs Monate im Heim sind sechs Monate zu lang! Erst recht für ein Kind, das von Anfang an Gewalt erleben musste!«

Hatten sie ihn geschüttelt? Geschlagen? Angeschrien? Mir brach schier das Herz.

Das war wieder ein Moment im emotionalen Ausnahmezustand. Ich wollte das arme, verwahrloste Kind sofort in meine Arme nehmen und in unser Kuckucksnest tragen, wo ich es hegen und pflegen würde. Hätte ich nicht Frau Hohlweide-Dellbrück in der Leitung gehabt, hätte ich sofort im Glücksrausch Paul angerufen! Wir durften wieder einem Menschenkind ins Leben helfen! Es hatte noch ein letztes Mal geklappt! Ich war so dankbar, so glücklich, so berauscht vor Freude!

»Moment, Frau Wegener. Bei diesem kleinen Jungen handelt es sich erst mal um eine PFLEGSCHAFT. Den Unterschied kennense nach dem zeitraubenden Hickhack mit Zola ja bereits.«

»Ja, aber ...«

»Das bedeutet, dass ich gemeinsam mit zwei anderen Kollegen vom Jugendamt einen Hausbesuch bei Ihnen machen werde.«

»Ach, kommen Sie, Frau Hohlweide-Dellbrück! Sie kennen uns doch schon! Seit fünfzehn Jahren!«

Ich schnaufte. Fassungslos, ungeduldig – und überglücklich.

»Ordnung muss sein, Frau Wegener. Wir halten uns strikt an die Vorschriften. Niemand bekommt eine Extrawurst – auch Sie nicht. Aber dieses Kind möchte ich nicht an unerfahrene Ersteltern jeben.«

Ich stieß hörbar die Luft aus, die ich die ganze Zeit angehalten hatte.

»Ja, und … Ich meine, können Sie vielleicht heute noch …? Ich könnte schnell einen Kuchen backen. Es ist erst halb fünf!«

Ein kurzes, bellendes Lachen kam aus dem Hörer. »Frau Wegener, Sie sind aber auch wirklich nicht zu bremsen. Bis meine Kollegen und ich einen jemeinsamen Termin jefunden haben, kann et Weihnachten werden.«

»Ja, und vor Weihnachten vermitteln Sie keine Kinder an Pflegeeltern, das weiß ich von meiner Schwester Senta!«

Es war zum Haareausraufen! Ich meine, sie KANNTE uns doch! »Nein, so isset diesmal nicht, Frau Wegener. Sie können ruhig schon mal einen Kuchen backen. Wir kommen noch vor Weihnachten.«

Sie wünschte mir alles Gute, ließ Paul grüßen und legte auf.

Na toll! Ich wirbelte herum. Starrte an die Wand. Griff mir an den Kopf. Das war wirklich toll!

Ein neues Kind.

Ein kleiner Junge.

Aber einer, der schon in seinem ersten Lebensjahr mehr Gewalt als sonst was erfahren hatte.

Einer, den wir nicht sofort adoptieren konnten. Der zuerst als Pflegekind zu uns kommen würde. Der eine durchgeknallte Mutter hatte. Und einen gewaltbereiten Vater.

Im Affekt rief ich Frau Hohlweide-Dellbrück zurück.

Der Anrufbeantworter sprang an. »Sie rufen außerhalb der Sprechzeiten an. Diese sind …«

»Das gibt's doch nicht!« Ich verdrehte die Augen und unterdrückte einen unschönen Fluch.

»Also, Frau Hohlweide-Dellbrück, hier ist noch mal Wegener«, sprudelte es aus mir heraus, nachdem der Anrufbeantworter mir eine Sprechzeit von dreißig Sekunden gewährt hatte.

»Ich wollte nur sagen, dass wir den kleinen Jungen natürlich aufnehmen werden, auch als Pflegekind – aber nur ohne Mutterkontakt. Und natürlich erst recht ohne Vaterkontakt. Aber das versteht sich vermutlich von selbst. Der Kleine soll in Ruhe bei uns ankommen, und da halte ich es für völlig kontraproduktiv, wenn da plötzlich die leiblichen El...« Piiiieeep!

»Ach du Scheiße!«, platzte es aus mir heraus. Von der Tür her ertönte ein Glucksen.

»Das hab ich gehöhöört!« Zola kicherte. »Übrigens hat Moritz angebrütete Eier auf den Toaster gelegt. Sie sind explodiert und gegen die Küchenwände geflogen. Es stinkt wie ein afrikanischer Bracktümpel.«

»Ich wollte sowieso erst mal ein Stündchen spazieren gehen«, sagte ich matt. »Das muss ich erst mal alles verdauen.«

Es dauerte tatsächlich nur eine Woche, bis der Tross vom Jugendamt bei uns auftauchte. Allen voran die resolute und immer mehr in die Breite gehende Frau Hohlweide-Dellbrück, die ihre Massen inzwischen mit Wickelschals kaschierte, gefolgt von einem Herrn im hellblau-braun-rautengemusterten Pullunder namens Willi Reuter und einer schlaksigen jungen Kollegin im Hosenanzug mit zahnfleischigem Grinsen namens Carmen Bauernfeindt. Ich riss ihnen schon im Flur das Foto von meinem zukünftigen Pflegesohn aus der Hand. Sie hatte recht: Er war total süß.

Ein bezauberndes Kerlchen mit riesigen schwarzen Augen,

schwarzem Haarflaum über einer hohen runden Stirn, auf der ich noch eine Beule zu erkennen glaubte, mit einem niedlichen Stupsnäschen und einem staunenden Mündchen lag es bäuchlings vor mir und sabberte selbstvergessen auf ein gelbes Lätzchen. Der Kleine staunte in die Kamera, als wollte er sagen: Ja wie, hier haut mich keiner?

Meine Hormone gerieten in Freudentaumel: »Den nehmen wir!«

»Er hat ein bisschen was Asiatisches, finden Sie nicht?«
»Ja, etwas Kroatisches, Afghanisches, Exotisches ...«
»... Allerliebstes, Unschuldiges, Staunendes ...«
»Wann kann ich ihn endlich sehen?«

Die Herrschaften vom Jugendamt verleibten sich bereits meinen Adventskuchen ein und pickten sich die Rosinen heraus, während ich noch das Foto liebkoste. Auch Paul, der sich für den wichtigen Jugendamt-Besuch früher freigenommen hatte, betrachtete das Foto liebevoll. Die Kinder drängelten sich hinter uns, um ebenfalls einen ersten Blick auf ihr neues Brüderchen werfen zu können.

»Ist der süüüüüß!«

Nach einigem Hin und Her ließen die Herrschaften vom Jugendamt endlich einen Termin für den Erstbesuch im Heim verlauten: in vier Tagen, wenn es recht sei. Um elf Uhr dreißig.

Oh, und wie es uns recht war!

Er war tatsächlich noch vor Weihnachten!

Wenn das nicht bewies, dass wir endlich höhere Weihen empfangen hatten!

»Oh, Mist, da haben wir ja Schule!« Justus und Charlotte setzten verdrießliche Mienen auf. »Dürfen wir ausnahmsweise krankfeiern?«

»Nix da! Ihr geht zur Schule. Das fangen wir gar nicht erst an.«

Nora klatschte in die Händchen: »Aber ich darf mit!«

Moritz war nach einem kurzen Höflichkeitsauftritt in sein kleines Reich verschwunden. Er konnte sich nach wie vor nicht länger als fünf Minuten auf jemanden oder etwas Bestimmtes konzentrieren. Längst hatte ich es aufgegeben, ihn zum Bleiben, zu einer Beteiligung am Gespräch zu drängen. Moritz war Moritz. Wir mussten ihn so nehmen, wie er war. Er hatte mir in letzter Zeit immer wieder Geld aus dem Portemonnaie gestohlen, mich angelogen und spielte uns nach wie vor Streiche: Im Frühling hatte er mit Unkrautvernichter die Buchstaben 1. FC Köln mannshoch auf unseren Rasen geschrieben, auf dass Frau Habicht einen ganzen Sommer Freude daran hatte. Er hatte einfach Spaß an solchen Experimenten. Seinen Chemiebaukasten ignorierte er aber!

Dass ich gerade noch rechtzeitig das Riesenschaumbad in der Küche beseitigt hatte, verdankte ich einzig und allein dem Fleiß und dem kühlen Kopf von Zola, der Hilfsbereitschaft von Charlotte und meinem eisernen Willen, den Leuten vom Jugendamt eine perfekt aufgeräumte Küche zu präsentieren.

»So, Noralein. Noch ein Treppenabsatz, dann haben wir es geschafft.«

Unser Herz klopfte, und unser Atem ging schnell, als wir die wohlbekannten Treppen im Kinderheim Flickendorf hinaufstiegen. Dritter Stock, wie gehabt. Auf unser Klingeln öffnete eine junge hübsche Erzieherin namens Jessica, die unser Kind bereits auf dem Arm hatte. Ich erkannte meinen neuen Sohn sofort, und mein Herz klopfte noch einmal so schnell. Jonas! Der kleine schwarzäugige Mensch sollte Jonas heißen. Ich war hingerissen von seinem Anblick! Er war so perfekt, so wunderhübsch, so – wie für uns gemacht!

Mir wurde heiß und kalt vor Freude, Glück und Dankbarkeit.

Wieder DER MOMENT! Der eine kostbare Moment, an den ich mich immer erinnern würde! Diesmal würde sich Noralein mit daran erinnern.

»Darf ich ...?« Mit zitternder Stimme streckte ich sehnsüchtig die Arme nach Jonas aus.

Natürlich schaute der Kleine erst einmal skeptisch, und sein Mund verzog sich zu einem kläglichen Greinen. Die Kinderschwester Jessica wandte sich ab und schaukelte ihn beruhigend. Ich zwang mich, ihr das Kind nicht gleich aus der Hand zu reißen, es an mich zu drücken und mit ihm das Weite zu suchen. Stattdessen kam ich erst mal ganz gesittet rein, zog Noralein und mir die Schuhe aus und tat so, als wäre das hier das Normalste von der Welt.

Doch dann fiel Jonas' staunender Blick auf Noralein, die begeistert sein rundes, weiches Händchen küsste und sich gar nicht wieder einkriegte vor schwesterlicher Liebe. Diese Puppe war lebendig! Sie stieß zärtliche Laute aus und strahlte den kleinen Kerl mit einer Innigkeit an, dass das Eis vor den Fensterscheiben schmolz.

Und da war plötzlich auch für ihn das Eis gebrochen! Sein Mündchen, das eben noch weinen wollte, verzog sich zu einem bezaubernden Lächeln, und sein Züngelin kroch spitzbübisch zwischen seinen Lippen hervor. Er freute sich und wedelte mit Händen und Füßen. Gott, war der süß!

Die beiden Kinder liebten einander vom ersten Augenblick an. Es war, als hätten sie schon immer gewusst, dass sie in ein und dieselbe Familie gehörten. Sie hätten leibliche Geschwister sein können, so ähnlich sahen sie sich.

Endlich durfte auch ich mein neues Pflegekind in die Arme nehmen. Jonas ließ es willig geschehen. Ich machte Fingerspiele mit ihm und sang ihm etwas vor. Er staunte nicht schlecht und sah erst mal Nora fragend an, ob die blonde Tante da wohl in Ordnung sei. Nora bestätigte dies durch begeistertes Lachen. Er wandte mir sein Gesicht zu, grapschte nach meinen Händen und schenkte mir sein erstes entwaffnendes Lächeln.

»Darf ich ihn wickeln und ihm das Fläschchen geben?«

Diese Gunst wurde uns gewährt. Nora half mit rührendem Eifer. Der Junge war mein fünftes Kleinkind, ich verrichtete routiniert alle nötigen Handgriffe. Dennoch war das Gefühl neu erwachter Mutterliebe einzigartig, und der erste Hautkontakt mit ihm übertraf meine schönsten Erinnerungen. Er war weich und warm und schutzbedürftig. Wie konnte man so ein kleines Kind anders anfassen als zärtlich, vorsichtig, respektvoll? Was hatten seine Eltern ihm angetan? Ich wollte es mir nicht weiter ausmalen.

Eine Stunde nur durften wir bleiben, dann mahnte die Kinderschwester Jonas' Mittagsschlaf an. »Wir halten uns hier an feste Zeiten, und wenn wir eine Ausnahme machen, läuft alles aus dem Ruder.«

»Das verstehen wir, nicht wahr, Noralein?«

»Warum dürfen wir ihn nicht mit nach Hause nehmen, Mama? Du hast doch gesagt, er ist mein neues Brüderchen!«

»Schatz, das nennen die hier Anbahnungsphase. Ordnung muss sein.«

»Ich WILL ihn aber mit nach Hause nehmen!«

»Liebes, was hältst du davon, wenn du morgen wieder mitkommst?«

»Ganz bestimmt? Und ich muss nicht in den Kindergarten?«

»Versprochen, Süße. Du darfst so lange mit, bis wir Jonas endgültig mit nach Hause nehmen dürfen.«

»Okay!« Noralein küsste ihren kleinen Bruder noch einmal zärtlich auf die Stirn. »Schlaf gut! Träum was Schönes! Und nicht vergessen: Wir kommen wieder!«

Frau Hohlweide-Dellbrück hatte uns eine Anbahnungsphase von mindestens einer Woche verordnet, aber das kannten wir ja schon. Irgendwie war es ja auch nachvollziehbar, dass man so eine lebenslange Bindung nicht ohne eine kleine Probezeit eingeht. Nicht dass die Chemie nicht stimmte und der Kleine wieder zum ungeliebten Kind wurde!

Doch wir wussten von der ersten Sekunde an, dass wir für immer zusammengehörten.

Nora und ich fuhren nun jeden Vormittag nach Köln Flickendorf, um unseren Jonas zu besuchen. Diese Besuche waren schön, aber auch gleichzeitig bedrückend. Natürlich wurden die Kinder im Heim gut versorgt, aber es wurde fast gar nicht mit ihnen gespielt und gekuschelt, dafür fehlte es einfach an Zeit und Personal. Ich sehnte das Ende der Woche herbei, um endlich mit Jonas in unser gemütliches Fachwerkhaus in Kippekausen fahren zu dürfen. Am 21. Dezember 2008 war es endlich so weit, und wir durften ihn nach Hause holen.

Bloß schnell weg hier! Den Gedanken an die anderen verlorenen Seelen musste ich weit von mir schieben, sonst hätte ich sie am liebsten auch noch alle mitgenommen! Ich zwang mich, nach vorn zu schauen. Nachdem die Formalitäten erledigt waren und Jonas angeschnallt neben der schnatternden Nora im Auto saß, fiel endlich alle Anspannung von mir ab. Im Rückspiegel betrachtete ich unser neues Familienmitglied, das knopfäugig aus der fellgefütterten Kapuze hervorschaute wie ein Bärenjunges aus seiner Höhle. Nora erklärte ihm alles. Sie moderierte jede Straße an, jede Ampel, jedes Auto und jede Schneewehe.

Zu Hause angekommen, bestaunte Jonas ungläubig seine neue Welt. Nora wuselte aufgeregt um ihn herum, während ich ihn aus seinen warmen Sachen schälte. Wir hatten noch eine halbe Stunde Zeit, bis die Kinder aus der Schule kommen würden. Ich konnte mir gut vorstellen, wie aufgeregt sie waren, schließlich wussten sie, dass zu Hause ihr neues Geschwisterchen auf sie wartete. Wahrscheinlich konnten sie sich kein bisschen auf ihren Lernstoff konzentrieren.

Ich genoss die Ruhe vor dem Sturm. Gerührt betrachtete ich mein neues Baby im Laufstall und die eifrig darübergebeugte Nora, und ein warmes Glücksgefühl durchströmte mich.

Nun hatte ich sechs Kinder! Und wir würden zu acht unter dem Weihnachtsbaum sitzen. Ich schloss die Augen und erinnerte mich an damals, als Paul und ich uns nichts sehnlicher gewünscht hatten als eine große Familie! Damals, als man uns absichtlich vor Weihnachten kein Kind gegeben hatte, aus Furcht, wir könnten es zurückgeben wie einen Dackelwelpen, den man irgendwann nicht mehr süß findet, weil er ganz gegen jede Erwartung Dreck und Lärm macht. Ach, Frau Hohlweide-Dellbrück! Endlich schien sie uns zu vertrauen, ja mehr als das: Wir waren ihr Ass im Ärmel.

Wir hatten uns als Eltern bewährt, Paul und ich.

Und auch Senta und Steffen waren überglücklich mit ihren vier Kindern.

Zehn kleinen Seelen hatten wir ein dauerhaftes Zuhause schenken dürfen! Sicherheit, Geborgenheit, Zusammenhalt.

Es klingelte. Die Meute stand vor der Tür und trat sich den Schnee von den Schuhen, drängelte, wer zuerst reinkommen und das Baby sehen durfte.

Okay, das war's dann mit der ruhigen Minute. NOCH waren die Kuckuckskinder nicht flügge, im Gegenteil: Ich hatte mir gerade wieder ein Küken ins Nest gelegt!

Sie flatterten durcheinander und bemühten sich trotzdem rührend um Ruhe und Disziplin.

»Leise, Schuhe aus, Hände waschen ...«

Die Kuckucksmutter wetzte schon wieder den Schnabel. »Keiner drängt sich vor, alle setzen sich an den Tisch, und Nora darf Jonas im Hochstuhl füttern!« Denn dort thronte der Kleine inzwischen.

»Wieso denn Nora?«

»Die war doch schon die ganze Woche mit im Heim!«

»Eben. Drum.«

Fünf Augenpaare suchten das neue Küken und wurden dann vor Entzücken weit aufgerissen.

»Ist der süüüüüß!« Jedes Geschwisterkind wollte den armen Neuankömmling sofort aus dem Hochstuhl pflücken.

Nora hatte alle Hände voll zu tun, ihre Geschwister davon abzuhalten, an dem verwirrt dreinblickenden Küken herumzugrapschen, ihm womöglich ein Federchen zu krümmen!

»Kinder, ihr kommt alle noch dran. Wir behalten ihn, das verspreche ich euch! Aber jetzt soll Jonas erst mal in Ruhe ankommen. Lasst ihn seinen Brei essen, und dann legen wir ihn zum Mittagsschlaf hin. Das ist der so gewohnt.«

»Glaubst du wirklich, Mama?«

»Der ist doch total durch den Wind!«

Das Brei essende Kind riss Mund und Augen sperrangelweit auf und vergaß ganz zu schlucken beim Anblick dieser aufgeregten Kinderschar. Nora reagierte verzweifelt: »Ihr SOLLT den nicht so angucken! Der hat doch Angst!«

Doch das staunende Kerlchen betrachtete uns nur, ohne Zeter und Mordio zu schreien.

Als ich ihn dann in unserem Schlafzimmer in sein Gitterbettchen legte und vorsichtig die Spieluhr aufzog, tat ich so, als wäre es das Normalste von der Welt, dass er jetzt in einem

Haus mit Menschen, die er erst seit einer Stunde kannte, seinen Mittagsschlaf machte.

»Schlaf schön«, sagte ich, ließ die Tür angelehnt und ging die Treppe hinunter, um mit meinen Schulkindern Hausaufgaben zu machen. Ganz normal wie immer.

Ich war noch nicht unten, da ertönte panisches Geschrei. Durchdringendes, markerschütterndes Geschrei. Von einer kleinen Seele, die sich komplett verlassen fühlte.

Ich erstarrte. Überlegte. Zögerte. Sollte ich ihn schreien lassen? Wenigstens ein bisschen? Damit er gar nicht erst auf die Idee kam, dieses Theater von nun an immer durchzuziehen? So lange, bis er sich an den Anblick unserer Schlafzimmergardinen gewöhnt hatte? Vielleicht schlief er darüber ein? Er musste doch spüren, dass er hier gut aufgehoben war?

Aber die Angst kam von ganz tief innen. Er schrie um sein Leben. Bestimmt holten ihn schreckliche Erinnerungen ein. Was passierte, wer würde kommen, ihn holen, ihm wehtun? Schrie er nach mir? Schrie er um Hilfe?

Das war kein Trotz und keine Langeweile. Das war Panik.

Ich schloss die Augen und hielt die Luft an.

Die Küchentür flog auf.

»Mama, er brüllt!«

»Ich kann mich nicht auf meine Matheaufgaben konzentrieren!«

»Mama, darf ich ihn rausholen?«

»Mama, ich kann ihn trösten!«

»Ich singe ihm was vor!«

Sofort trappelten zehn Kinderfüße die Treppe hoch. Na gut, pubertäre Lümmelbeine von Justus und Moritz waren auch dabei. Und Zolas Gazellenbeine.

»Mama! Der hat Angst! Wie würdest du dich fühlen, wenn

du bei fremden Leuten im Schlafzimmer wärst? Von wegen schlaf schön!«

Vermutlich grauenvoll. Ich gab mich geschlagen.

Ich holte den nassgeschwitzten kleinen Kerl aus seinem Schlafsack, wischte ihm Rotz und Tränen ab und trug ihn beruhigend durchs Haus. Er brüllte immer noch. Mein Trommelfell flatterte mit seinem Gaumensegel um die Wette. Die Kinder starrten überfordert auf das neue Familienmitglied.

Bei dem Geschrei würde es nichts mit Hausaufgaben werden.

Ich legte den kleinen verzweifelten Kerl in den Kinderwagen und schuckelte ihn abwechselnd mit Zola, Charlotte und Nora im Hausflur, während die restlichen Kinder flüsternd ihre Schularbeiten machten. Erst nach einer halben Stunde beruhigte er sich.

Es sollte noch lange so bleiben. Das Klammeräffchen brauchte Nähe, Zuwendung und Körperkontakt, verlässliche Präsenz. Jonas sollte keinen Tag in seinem Bettchen schlafen. Stattdessen lag er zwischen Paul und mir im Ehebett.

25

SENTA

März 2009

»Frau Prinz?«, hauchte jemand fast tonlos in den Hörer, und da wusste ich sofort, dass es nur die schwindsüchtige Frau Schlesinger-Eisentor sein konnte, die sich nach Leyla und Maryam erkundigen wollte. Die beiden waren jetzt vier Jahre bei uns und hatten sich gut eingelebt. Leyla war zwar nach wie vor sehr ernst und zurückhaltend, klebte aber regelrecht an mir. Und Maryam, die Strahlemaus, war der zutrauliche kleine Clown, der alle mit seinem Charme verzauberte und um den Finger wickelte.

»Frau Schlesinger-Eisentor, alles ist bestens. Wir kommen gut klar.«

»Also die Großmutter und der Onkel der beiden iranischen Schwestern haben sich beim Jugendamt gemeldet und wollen die Mädchen sehen.«

»Wie bitte? Frau Schlesinger-Eisentor, können Sie etwas lauter sprechen?«

Ich traute meinen Ohren kaum. Es hatte sich noch nie irgendein Verwandter unserer Schützlinge von sich aus gemeldet, und ich wusste auch nicht, wie ich das finden sollte.

»Nasrins Mutter und ihr Bruder«, hauchte sie. »Sie würden gerne wissen, in welche Familie die Kinder gekommen sind.«

»Wollen die uns etwa besuchen?« Ratlos entzwirbelte ich die Telefonschnur. »Frau Schlesinger-Eisentor, ganz ehrlich, das wäre mir nicht so recht. Die Kinder sollen nicht aus der Ruhe gebracht werden. Und ich möchte auch nicht täglich damit rechnen müssen, dass ein Verwandter der beiden auf der Matte steht und ... Frau Schlesinger-Eisentor?!«

Frau Schlesinger-Eisentor hatte wohl schon die ganze Zeit etwas geantwortet, das leise Rauschen im Hörer ließ zumindest so etwas vermuten.

»Wie bitte? Können Sie das noch mal wiederholen?«

»An einem neutralen Ort! Ihrer Wahl! Die Leute werden Ihre Adresse nicht erfahren!«

»Ach so.« Ich überlegte. Im bergischen Solingen gab es eine Abenteuer-Spielscheune mit urgemütlichem Café. Die Kleinen konnten mit Miniautos im Kreis herumfahren, Trampolin springen, Kleintiere streicheln, Enten füttern und über Bäche balancieren. Es gab eine Ponykutsche, die um das Gelände herumzuckelte, und eine kleine Seilbahn, die auf einen Hügel fuhr, von dem man auf Matten oder Seifenkisten wieder runterrutschen konnte. Die Kinder wollten, die Muttis nicht. Die Muttis konnten Milchkaffee aus bauchigen Tassen trinken und dem Treiben entspannt zuschauen. Das war etwa fünfundzwanzig Kilometer von Kippekausen entfernt und ein beliebtes Ausflugsziel.

Ich beschrieb Frau Schlesinger-Eisentor den Ort: »Okay, da können sie hinkommen. Wir sind nächsten Samstag dort.«

Die versprach wispernd, es den iranischen Herrschaften auszurichten. Wie ich erfuhr, war Leylas und Maryams Oma berufstätig und konnte überhaupt nur am Wochenende.

Zu meiner Überraschung entdeckte ich am darauffolgenden Samstag als Erstes den dicken Vormund, Herrn Müllerschön, vor dem Café der Spielscheune. Ach je! Der war ja auch noch mit im Boot.

Er reichte mir erfreut die Pranke, an der wie üblich sein dicker Siegelring prangte, und fuhr auch Leyla und Maryam einmal gönnerhaft über den Kopf. »Hier riecht es ja sehr lecker!«

Ja, das tat es fürwahr. Der Duft nach frisch gebackenen Waffeln erfüllte den Raum und vermittelte kleinen wie großen Gästen ein Gefühl der Geborgenheit. Ein altes Klavier stand an der Wand, und das Ganze sah aus wie ein gemütliches Wohnzimmer aus Großmutters Zeiten.

Der Vormund ließ sich schnaufend auf eine Holzbank fallen und bestellte erst mal das gesamte Waffelrepertoire, von Sauerkirschen bis Rübenkraut, und zwar alles mit Sahne. Leyla und Maryam beäugten ihn schüchtern, als sich auch schon Nasrins Mutter und Bruder näherten, also die Großmutter und der Onkel der jungen Frau, die ihre Kinder gleich zweimal im Stich gelassen hatte.

Überrascht musterte ich die blasse Frau mit Kopftuch und langem Mantel: Sie war kaum älter als ich, wirkte aber abgearbeitet und müde. Der schwarzhaarige, gut aussehende Onkel war höchstens zwanzig. Er hatte seine Mutter anscheinend hergefahren, denn sie sah nicht so aus, als hätte sie einen Führerschein. Der durchtrainierte junge Mann mit den tätowierten Oberarmen, die er aus seiner Lederjacke hervorgeschält hatte, schwang sich sofort mit den Mädels auf die Bimmelbahn, während Herr Müllerschön wortlos begann, die aufgetischte Waffelpracht in sich hineinzuschaufeln und Milchkaffee zu schlabbern.

»Sprechen Sie Deutsch?«, fragte ich die verhüllte Großmutter.

»Ein bisschen.« Sie rückte ihr Kopftuch zurecht und setzte sich scheu neben mich auf die Holzbank. »Ich arbeite in Postamt Ehrenfeld als Packerin. Mein Mann sehr krank, wissen Sie.«

»Würden Sie mir etwas über Ihre Tochter Nasrin erzählen?«

Der Vormund ließ sich beim Schmatzen und Schlürfen nicht stören.

»Nasrin hatte immer sehr schwer mit Vater, meinem Mann. Er sehr streng, wissen Sie. Nasrin sollte Kopftuch tragen und nicht ausgehen. Wir wohnen in Zweizimmerwohnung in Stammstraße. Direkt bei Siemens. Da ist auch Moschee.«

»Ja. Ich kenne die Gegend.«

»Nasrin wollte aber in Disco gehen, in Fitnesscenter und Auto fahren. Genau wie ihr Bruder.« Sie wies mit dem Kinn nach draußen, wo ihre drei ungleichen Nachkommen gerade laut lachend auf einem Trampolin herumsprangen. Sogar Leyla stimmte mit ein. Der tätowierte Onkel fasste sie an den Händen.

»Leyla erinnert sich noch an Ali. Maryam nicht mehr.«

»Verstehe.« Ich nickte. »Möchten Sie eigentlich eine Waffel?« Ich reichte ihr den Teller, aber der Vormund schnappte uns die letzte weg und stopfte sie sich in den Mund. Schweißperlen glänzten auf seiner Oberlippe, und Fett klebte in seinem Schnurrbart. Vormund sein war offensichtlich echt anstrengend.

Nasrins Mutter lächelte scheu. »Männer immer Vorrecht. Frauen immer zuletzt an der Reihe.«

»Na ja. Die einen sagen so, und die anderen sagen so.«

Das sollte sich mein Steffen mal einfallen lassen! Oder Ben. Auch bei Sonja und ihren Männern würde so etwas nie einreißen. Wehret den Anfängen, kann ich da nur sagen!

»Und Nasrin wollte dieses Leben nicht akzeptieren?«

»Nein. In Internet Männer suchen. Heimlich, wenn Papa schlafen. Zuerst Reza Kerman treffen. Junger Iraner, kann nicht lesen und schreiben, war illegal in Köln. Ja, und als Nasrin schwanger, sie beide nicht gemerkt.« Sie warf die Hände in die Luft. »Dumme Kinder. Aber woher sollen sie auch wissen?«

Tja, Frau. Woher nur.

»Aber irgendwann haben Sie es dann gemerkt?«

»Da war es zu spät. Sie wissen schon.«

»Und wie hat Ihr Mann reagiert?«

»Der Nasrin fast totgeprügelt. Ich konnte sie nicht beschützen, musste ja arbeiten, bei der Post.«

Auf einmal hatte ich großes Mitleid mit Nasrin. Aber fast noch größeres mit ihrer Mutter. Die konnte eigentlich kaum reagieren.

»Amt dann Nasrin und Reza Wohnung zur Verfügung gestellt«, fuhr die Mutter fort. »Weil Nasrin ihn aber nicht heiraten, wie Papa verlangte, Reza abgeschoben.«

Mir entfuhr ein abgrundtiefer Seufzer. Diese Thematik kannten wir von unserer Nichte Zola zur Genüge. Wobei die zum

Glück bald eine abgeschlossene Schulausbildung haben würde und perfekt Deutsch sprach. Und eine starke Familie im Rücken hatte.

»Nasrin nun alleinerziehend. Ohne Job und Mann. Ich konnte auch nicht kümmern. Arbeit bei Post. Und zu Hause kranker Mann.«

»Ja. Es tut mir so leid für Sie alle.«

»Als Leyla drei Jahre alt, Nasrin findet wieder über Internet ein Mann. Erfan Merizadi, mit dem Affäre. Konnte lesen und schreiben, aber war zwanzig Jahre älter und hatte schon vier Kinder.« Sie machte eine müde Handbewegung: »War verheiratet. Wollte nur Spaß.«

»Wie alt war Nasrin da?«

»Zwanzig. Er ihr Kind gemacht und dann verschwunden.«

Arme Nasrin. Jetzt saß sie endgültig in einer Sackgasse. Zwei kleine Kinder, kein Elternhaus, in das sie flüchten konnte, kein Partner, kein Job, kein Geld, keine Perspektive und keine Zukunft. Das Einzige, was das Leben dieser jungen Frau bestimmte, war die unstillbare Sehnsucht nach Liebe. Wie sollte sie den Kindern Liebe geben, wenn sie doch selbst viel zu wenig davon erfahren hatte? Ihr Bruder Ali durfte alles. Sie durfte nichts.

Also ging sie wieder ins Internet. Suchte und fand. Sehnte sich nach einer starken Schulter.

»Dritter Mann. Lebte diesmal im Iran. Ja, da ließ Nasrin die Kinder allein in Wohnung und flog nach Teheran. Von da hat sie mich angerufen, Mama, du musst Kinder schauen, ich komm nicht zurück. Aber ich musste doch arbeiten! Als Packerin bei Post! Sechs Euro achtundzwanzig Stundenlohn. Reicht kaum für Miete, Essen und Papas Medikamente!«

»Ach du liebe Güte!« Ich strich ihr über den Mantelärmel. Feste umarmen ging irgendwie nicht, ich hatte Angst, sie dabei zu zerbrechen.

Eine verhärmte, fleißige, vom Leben um alles Schöne betrogene Frau. Die auch noch der Überzeugung war, dass sie dieses Leben und kein anderes verdient hatte.

Ganz im Gegensatz zu Nasrin. Die hatte aufbegehrt. Wenn auch völlig plan- und ziellos. Einen Schulabschluss hatte sie nicht.

»Mein Mann durfte nicht wissen«, flüsterte die blasse Mutter mit einem Seitenblick auf den Vormund, der sich mit geschlossenen Augen zurückgelehnt hatte. Sein Schnurrbart war von Sahnetupfern gesprenkelt. »Sollte nicht aufregen, sonst stirbt! Und was wird dann aus mir?«

Eine freie, selbstständige Frau, wollte ich schon sagen, unterließ es aber.

»Ja, dann Kinder in Flickendorf in Heim und anschließend zu Pflegefamilie«, berichtete die Mutter von Nasrin traurig. »Bald danach Nasrins Beziehung zu iranische Mann auch kaputt.« Sie machte eine Handbewegung, als wollte sie eine Stubenfliege verscheuchen.

»Nasrin zurück. Wollte die Kinder wiederhaben. Hat furchtbar geweint. Wir uns heimlich getroffen, auf Parkplatz von Siemens, immer abends nach Arbeit. Ich habe gesagt, Kinder sind in Pflegefamilie. Nasrin weint und weint und sagt, ›Mama, hilf mir!‹«

Mir schossen die Tränen in die Augen. Die Mama war ja selbst völlig überfordert! Wie sollte sie das denn machen! Natürlich liebte sie Nasrin und konnte ihren Schmerz und ihr Leid nachvollziehen. Sie hatte ja auch selbst Sehnsucht nach den Kleinen! Und Angst vor dem Alten.

»Ich sage, Ali, hilf mir, ruf Jugendamt an, du sprichst besser Deutsch, aber Ali sagt, nicht sein Problem. Also ich Jugendamt angerufen. Nicht so einfach, aber hat geklappt. Nasrin dann Besuchsantrag gestellt, Gutachterin kam und prüfen …«, sie suchte nach Worten und nahm ihre Hände zu Hilfe, »… Ernsthaftigkeit für Wunsch Kinder zurück. Ein Jahr lang besucht Nasrin mit Gutachterin Kinder bei Pflegefamilie. Nasrin mochte die Leute nicht. Die Leute mochten Nasrin nicht. Die Kinder hin- und hergerissen. Leyla schon wieder in Heim. Wollten nur Maryam behalten. Schließlich macht Gutachterin ein Bescheinigung, dass Nasrin ist gute Mutter und kann für sie sorgen. Sie schreiben: zu hundert Prozent geeignet! Nasrin kriegt Kinder zurück. Ich immer nach meine Arbeit heimlich zu Nasrin, Essen gebracht und Windeln gebracht und Wäsche nachts gewaschen, damit Papa nicht merkt.«

Ich strich ihr über den Mantelärmel. Mit einem Blick auf den leise vor sich hin schnarchenden Vormund, dessen Kopf in die Tiefen des Ohrensessels gesunken war, bestellte ich ihr einen Tee und ein Wasser. Sie hatte bis jetzt noch nichts zu sich genommen.

Die Kinder fütterten inzwischen Ziegen und Schafe mit irgendwelchen undefinierbaren schwarzen Krümeln, die man aus Automaten ziehen konnte, während Ali, der junge Onkel, rauchend an seinem Auto lehnte und telefonierte.

»Nach vier Wochen, wo Kinder wieder bei Nasrin, komme ich abends in Wohnung, da ist Nasrin weg. Wieder in Iran geflogen.«

Die Mutter wischte sich mit dem Kopftuchzipfel über die Augen. Sie schien sich schrecklich zu schämen.

»Die Kinder schreien und stinken, Leyla hat versucht, Maryam Windeln zu wechseln und zu füttern, alles kaputt, Scherben, Leyla vom Tisch gefallen, weil an Regal kommen wollte, Maryam liegt in ihre eigene Scheiße …«

Sie verbarg das Gesicht in den Händen. Ihre Schultern zuckten. Ich strich ihr über den Rücken. »Ich war zwei Tage nicht da, musste mich um Papa kümmern ... Konnte ich doch nicht wissen ...«

Mir wurde ganz anders.

»Wissen Sie denn, wo Nasrin jetzt ist?«

Sie schüttelte stumm den Kopf.

»Ich würde sie gern kennenlernen. Ich will ihr keine Vorwürfe machen, nicht dass Sie das falsch verstehen. Aber die Kinder werden später nach ihren Wurzeln fragen.«

Da hob deren Oma plötzlich den Kopf und zog die Nase hoch.

»Geben Sie mir Handy.«

»Wie?« Verwirrt kramte ich in meiner Handtasche. Und ehe ich begriff, was sie tat, hatte sie bereits eine Nummer in mein Handy getippt.

»Also wissen Sie doch, wo Nasrin ist?«

»Pssst, Ali ...«

Der sprang gerade mit jugendlichem Elan in die gute Kaffeestube.

»Können wir jetzt gehen? Ich will ins Fitnesscenter!« Suchend sah er sich um. »Gibt's hier nichts mehr zu essen?«

»Nein, leider.« Grinsend verwies ich auf den ratzenden Vormund. »Nehmen Sie den bitte mit?«

»Ja. Noch eine Sache: Die Kinder sollen auf gar keinen Fall Schweinefleisch essen, ist das klar?!«

»Klar ist das klar«, sagte ich schnell. Die Mädels, die in seinem Windschatten hereingehuscht waren, nickten wie Wackeldackel auf der Hutablage. Offensichtlich hatte er ihnen draußen schon einen Vortrag über muslimische Grundwerte gehalten.

»Dann lass uns mal sausen, Mama.« Ali machte noch High five mit den Mädchen, die dieses Ritual noch gar nicht kannten und ihm nur staunend die Händchen hinhielten. Die Oma umarmte sie noch einmal unter Tränen, und der Vormund erwachte.

»Das war ein sehr produktives Gespräch«, nuschelte er.

»Ja«, sagte ich freundlich. »Das war es.«

Zu Hause wählte ich sofort Nasrins Nummer. Steffen brachte inzwischen die Kleinen zu Bett. Die Kinder plauderten und lachten auf der Treppe, ich hörte, wie auch Leyla, die sonst eher still war, begeistert von der Abenteuerscheune im Bergischen berichtete. »Der Ali, der ist voll cool ...«

»Der konnte einen Putzelbaum«, krähte Maryam.

»Der konnte einen Salto rückwärts!«, verbesserte Leyla ihre kleine Schwester.

»Und der Ali hatte echt ein Tattoo?«, wollte Ben wissen.

»Ja, so 'ne ganz grosßße grüne Schsslange«, lispelte Maryam.

»Das war ein Drache, du Baby!«

»Und der dicke Opa hat die ganze Zeit gessßnarcht!«

»Welcher dicke Opa?«

»Der Vollmond.«

»VollMUND, du Ei!«

Grinsend schloss ich die Tür. Wie passend!

Bei Nasrin ging nur die Mailbox dran. Immerhin, die Nummer stimmte.

Zuerst legte ich gleich wieder auf. Mein Herz pochte. Aber dann fasste ich Mut und sprach ihr eine Nachricht auf Band.

»Senta Prinz mein Name, hallo, Nasrin, ich bin die Pflegemutter von Leyla und Maryam. Ich hab mich heute mit Ihrer Mutter und Ihrem Bruder Ali unterhalten und würde mich wahnsinnig freuen, wenn Sie zurückrufen. Ich möchte Sie einfach gern kennenlernen. Den Kindern geht es gut, machen Sie sich keine Sorgen. Ich will Ihnen auch gar nichts, ich meine, keine blöden Fragen stellen oder so ...« Ich rieb mir die Nase.

Doch. Blöde Fragen wollte ich ihr sehr wohl stellen. Oder besser: neugierige Fragen. Aber tun wollte ich ihr wirklich nichts.

»Also einfach nur der Kinder wegen. Die später bestimmt nach Ihnen fragen werden. Und da möchte ich nicht ganz unvorbereitet dastehen. Vielleicht rufen Sie mich zurück? Ich würde mich total freuen. Also nicht vielleicht, sondern ganz sicher. Ja, also, das war Senta Prinz. Aus Kippekausen. Also bei Bensberg.«

Hm. Ich hatte Schlesinger-Eisentor-mäßig ziemlich oft »also« gesagt. Dafür aber laut und deutlich gesprochen. Nasrin kapierte hoffentlich, dass ich sie nicht fressen wollte.

Tagelang wartete ich wie auf heißen Kohlen auf ihren Rückruf.

Immer wieder schielte ich auf mein Handy, schaute, ob es auch noch genug Saft hatte, genug Empfang hatte, kontrollierte meine Anrufe in Abwesenheit.

Nichts.

Ich biss mir auf die Unterlippe. War ja auch irgendwie klar: Eine Mutter, die ihre Kinder zweimal verlassen hat, wird kaum zum Handy greifen und ein Plauderstündchen mit deren Pflegemutter vereinbaren. Ich dumme Gans, was hatte ich eigentlich erwartet?

Irgendwann gab ich es auf. Okay, ich hatte es wenigstens versucht.

Als ich Wochen später mit Maryam im Supermarkt vor den Regalen stand und prüfte, welches Joghurt ohne künstliche Aromastoffe war, klingelte mein Handy. Eine letzte Resthoffnung kroch in mir hoch: eine Kölner Festnetznummer.

»Maryam, nichts anfassen. – Prinz, hallo?«

»Hier ist Nasrin. Hallo, Frau Prinz.«

Meine Knie wurden weich, und ich musste mich am Einkaufswagen festhalten. Sie hatte eine angenehme Stimme und machte einen viel selbstbewussteren Eindruck als Felicitas' Mutter Netti, die eher weinerlich geklungen hatte, einmal ganz abgesehen von ihrem sächsischen Akzent.

»He, hallo erst mal, ja, das ist ja eine Überraschung! Ich wusste gar nicht, dass Sie so akzentfrei Deutsch sprechen«, sprudelte ich los.

»Ich bin in Deutschland aufgewachsen. Ich kann sogar waschechtes Kölsch!« Sie lachte.

»Mensch, Nasrin.«

»Mensch, Frau Prinz.«

»Können wir uns treffen?«

»Klar, warum nicht! Ich find Ihr Interesse ganz toll. Die Pflegemutter, die Leyla und Maryam früher hatte, war überhaupt nicht erpicht darauf, mich zu sehen. Aber ich will doch auch wissen, bei wem meine Mädchen gelandet sind!«

Sie klang munter und frisch.

Maryam hangelte sich währenddessen von Regal zu Regal und füllte den Wagen mit jeder Menge Milchschnitten.

»Ich könnte Sie besuchen, Nasrin.« Ich räumte Maryams Auswahl wieder heraus. Die Kleine reagierte nicht weiter auf den Namen ihrer Mutter. Wohl aber auf meine strikte Zurückweisung ihrer Milchschnitten.

Bevor sie lautstark protestieren konnte, zog ich sie mit Schwung in die Obst- und Gemüseabteilung.

»Ich würde Sie gern allein treffen.«

»Klar. Kein Problem. Also nix Frau Schlesinger-Eisentor und Vormund und so.«

Ich grinste. »Nee. Erst mal auf dem kleinen Dienstweg.«

Ich wusste zwar, dass es beim Jugendamt nicht gern gesehen wurde, wenn sich Pflegeeltern und leibliche Eltern heimlich zu einem Stelldichein trafen. Aber das wichtigtuerische Gedöns mit den Autoritätspersonen, die ein halbes Jahr brauchten, bis sie endlich einen Termin fanden, hing mir wirklich zu den Ohren raus.

Dazu war ich viel zu neugierig auf Nasrin. Ich wollte das Eisen schmieden, solange es heiß war.

»Wo wohnen Sie denn, Nasrin?«

»Stammstraße 111. Das letzte Haus vor dem Siemens-Parkplatz. Da ist auch die Moschee.«

»Wo Ihre Eltern wohnen? Aber ich dachte …«

»Die wohnen eine Etage tiefer.«

»Ja, so was …«

»Vor meinem Vater verstecke ich mich seit drei Jahren. Aber der kann sowieso nicht mehr raus wegen seiner Krankheit. Und meine Mutter …«

»Versteckt Sie.«

»Na ja, die will mich vor allem vor bösen Mächten schützen …«

»Wissen Sie, was, Nasrin? Sie haben eine ganz tolle Mutter!«

»Ja. Ich weiß.«

»Und ich bin auch keine böse Macht.«

»Nee. Hab ich schon gemerkt.«

Ich entriss Maryam eine Handvoll Weintrauben, die sie gerade zum Mund führen wollte wie einstmals Caesar auf der steinernen Chaiselongue bei einem Stelldichein mit Kleopatra. Jetzt fühlte ich mich doch wie eine böse Macht. Maryam sah das genauso. Sie brach in Protestgeschrei aus, während der kunstvoll aufgeschichtete Weintraubenberg in sich zusammensackte wie mein Respekt vor der Obrigkeit.

»Du böse Mama!«

Wen sie genau damit meinte, ließ ich mal unkommentiert im Raum stehen.

»Puh. Fünfter Stock ohne Aufzug. Wer braucht da noch ein Fitnesscenter?«

Hier stand ich vor Nasrins Wohnungstür und schnaufte wie ein altes Postross.

Mein Blick erfasste ihr junges, hübsches Gesicht, prallte von ihrem kugelrunden Bauch ab und landete erschrocken wieder auf ihrem Gesicht.

»Sie sind schwanger!«

»Neunter Monat. Kommen Sie rein.« Sie grinste nervös.

Mach dich locker!, dachte ich, war aber selbst total aufgeregt.

Nasrin wirkte wie das nette Mädel von nebenan, Jeans, T-Shirt, eine locker über dem Bauch verknotete Strickjacke, Puschen, semmelblond gefärbte Haare, Pferdeschwanz. Strahlende Augen, freundliches Gesicht. Sie hätte meine Tochter sein können.

Spontan nahm ich sie in den Arm und drückte sie.

Sie drückte genauso fest zurück. Dabei spürte ich deutlich Kindsbewegungen in ihrem Bauch. Als Nächstes nahm sie meine Hand und legte sie auf ihren Bauch.

Das rumpelte und pumpelte wie die sieben Geißlein im Bauch des Wolfs.

»Die Maus ist heute schon den ganzen Tag so aufgeregt.« Sie lächelte. »Weil Sie kommen!«

»Also wieder ein Mädchen?«

»Ich kann keine Jungs. Mädchen sind sowieso viel geiler.«

Jetzt war ich wirklich völlig perplex. Eine Rabenmutter hatte ich mir anders vorgestellt! Neugierig sah ich mich um.

Die Wohnung war winzig, aber sauber und aufgeräumt. Wir setzten uns an den kleinen Küchentisch am Fenster. Fröhliche Gardinen und kleine Topfblumen, verspielte Tapeten, ein klitzekleiner Herd mit zwei Kochplatten, eine Kaffeekanne und eine Dose Kekse, eine selbst gestrickte hellblaue Katze mit einem Holzkochlöffel zwischen den Pfoten, rote Topflappen und ein blitzsauberes Küchenhandtuch rundeten Nasrins kleines Reich ab. Alles in allem: ein reizendes Jungmädchenidyll.

»Lass uns doch du sagen«, schlug ich spontan vor. »Was ist in deinem Leben passiert, Nasrin? Ich will dich verstehen, damit ich den Kindern später alles erzählen kann, ohne sie zu verletzen.«

Nasrin sprudelte drauflos wie ein Wasserfall, und zum ersten Mal hörte ich die Geschichte aus ihrem Mund.

Sie hatte keine Chance, vor ihrem Vater zu bestehen, außer, sie hätte ein unterdrücktes Dasein als streng gläubige Muslimin geführt. Ihre Sehnsucht nach Bestätigung und Liebe hatte mit der Zeit krankhafte Züge bekommen: Je öfter der Vater sie einsperrte, schlug und beschimpfte, umso öfter verzog sie sich ins Internet, wo ihr unbekannte Männer Liebe und eine Zukunft versprachen. Dreimal war sie jetzt darauf reingefallen, denn ihre jetzige Leibesfrucht stammte von einem iranischen Friseur, der ihr auch schon wieder den Laufpass gegeben hatte.

»Was wirst du mit diesem Kind machen?«

»Diesmal behalte ich es.«

»Wer hilft dir?«

»Meine Mutter.« Sie sah sich um, als ob jemand heimlich mithören könnte. »Aber das weiß niemand. Weder das Jugendamt noch Ali und erst recht nicht mein Vater.«

Ich nickte.

»Wenn sie von der Arbeit kommt, kommt sie hoch.«

Dann ging doch das Temperament mit ihr durch: »Du biss escht viel netter als die Pflegeeltern. Die waren voll scheiße, eh.«

»Hab ich schon gehört.« Irgendwie war ich schon stolz auf das unverblümte Kompliment. »Sag mal, Nasrin, wenn die Geburt vorbei ist und deine Mutter mal auf das Baby aufpasst, vielleicht am Wochenende oder so, dann besuch uns doch mal!«

»Wie jetzt? Escht? Die Kinder und so?«

»Ja. Leyla und Maryam würden sich bestimmt sehr freuen. Und mein Mann und meine anderen Kinder auch.«

»Ich weiß nisch, eh …« Auf einmal war aus der selbstbewussten jungen Frau wieder die verstörte Iranerin geworden. »Die wolln misch doch nisch.«

»Woher willst du das wissen, Nasrin?«

»Die hab ich zweimal verlassen. Das tut man doch nicht, wirklisch nisch, eh!«

Wieder hörte ich Alis Slang heraus. Der hatte gut reden! Als Sohn genoss er alle Freiheiten, um die Nasrin so bitter kämpfte. Sollte er eine Frau schwängern, ließ er die wahrscheinlich genauso sitzen wie die drei Begatter Nasrin. Und fand das auch noch völlig in Ordnung.

»Ich meine es ernst, Nasrin. Komm uns besuchen.«

»Ich fürschte misch vor der Begegnung.«

»Musst du nicht.«

»Isch hab die ja escht voll lange nich gesehen und so.«

»Leyla wird sich noch an dich erinnern.«

»Die konnte ich auch immer am besten leiden. Die Maryam ist ja von Erfan, dem Arsch, der mich verlassen hat. Für die konnte isch einfach nichts empfinden.«

»Dafür kann Maryam aber nichts.«

»Is sie wenigstens schlau? Erfan war voll schlau.«

»Sie ist brillant. Und offenherzig und fröhlich. Du wirst sie mögen!«

Plötzlich ertappte ich mich dabei, Nasrin ihre eigenen Kinder anzupreisen.

Andere an meiner Stelle hätten sie vermutlich eher unter Verschluss gehalten. Natürlich war es einfacher, ein Kind ganz für sich zu gewinnen, wenn die leibliche Mutter für immer aus ihrem Leben verschwand. Aber ich war in diesem Fall nur Pflegemutter und hatte von Anfang an damit rechnen müssen, dass die leiblichen Verwandten Kontakt aufnehmen wollten. Doch auch unabhängig davon hatte ich durch Felicitas' Depressionen viel gelernt. Besser, ich leistete schon jetzt gute Vorarbeit, um Maryam und Leyla ähnliche Seelenqualen zu ersparen.

Ich stand auf. »Lass dir mit allem Zeit, Nasrin. Jetzt ist erst mal dieses Kind hier wichtig.«

Wieder legte ich die Hand auf ihren Bauch, in dem es jetzt nicht mehr rumpelte. Offensichtlich hatte die Kleine konzentriert zugehört. Ich konnte nur hoffen, dass Nasrin dieses Kind nicht auch verlassen würde. Denn dann war ihr wirklich nicht mehr zu helfen. Bei aller Sympathie und bei allem Verständnis für sie – was sie getan hatte, war natürlich nicht in Ordnung und würde es niemals sein. Mir war plötzlich ziemlich unwohl, dass ich das hier im Alleingang gemacht hatte.

»Wenn du dich entschließt, uns zu besuchen, dann ruf einfach beim Jugendamt an. Frau Schlesinger-Eisentor kennst du ja.«

»Wofür brauchen wir die dürre Flüstertüte?«

»Weil dann alles seine Ordnung hat. Ich hab mich schon weit rausgelehnt, dass ich dich einfach so besucht habe. Wir sollten uns wieder an die Spielregeln halten. Die meinen es ja alle nur gut.«

»Nachher kommt der verfressene Vormund auch noch mit.«

Ich grinste. »Das steht zu befürchten.«

»Aber wir kennen uns doch schon. Sollen wir dann etwa so tun, als ...«

»Genau. Wir tun so, als wären wir uns noch nie zuvor begegnet.«

»Voll cool, eh.«

»Dann machen wir das so.« Ich öffnete die Wohnungstür.

»Mach's gut, Nasrin. Ich wünsch dir wirklich Glück.«

Erleichtert sprang ich die Treppen hinunter, hielt aber auf dem nächsten Treppenabsatz inne. Vor der Wohnungstür unter Nasrin überkam mich ein leichtes Grausen. Dahinter lag dieser Alte. Der Nasrin zu dem Menschen gemacht hatte, der sie jetzt war. Im Grunde war der ganz schön mitschuldig am Schicksal meiner Töchter.

Exakt zwei Monate später meldete sich Frau Schlesinger-Eisentor und hauchte ins Telefon, die leibliche Mutter Leylas und Maryams wünsche einen Besuch bei ihren Kindern.

»Ach.« Ich tat überrascht. »Ja, also grundsätzlich gern, wenn es nicht zu viele Umstände macht ...« Ach so, das war ja eigentlich ihr Text. Die Umstände hatte schließlich ich.

»Also dann vereinbare ich jetzt einen Termin mit dem Vormund und der leiblichen Mutter und rufe Sie anschließend zurück.«

Ich verdrehte die Augen. Ging das schon wieder los! Aber die Mühlen der Bürokratie mahlten langsam. Wenn die wüssten!, dachte im Stillen das tapfere Schneiderlein in mir. Der Vormund erinnerte mich an den Zyklopen mit dem einen Auge. Und Frau Schlesinger-Eisentor an den kleinen Muck. Okay, sollten sie sich samt Schneewittchen Nasrin doch alle auf der Kippekausener Märchenbühne ein Stelldichein geben und Schneeweißchen und Rosenrot glücklich machen.

Am Abend, als wir zum Gutenachtsagen auf ihrer Bettkante saßen, erzählten Steffen und ich den Mädels, dass ihre Mutter Nasrin bald zu Besuch kommen würde.

Maryam fletschte die frisch geputzten Milchzähne und freute sich, als ob wir den Weihnachtsmann angekündigt hätten. Dabei konnte sie sich an ihre Mutter gar nicht mehr erinnern.

Leyla sagte nichts. Sie zog sich unwillkürlich noch tiefer unter ihre Bettdecke zurück, verzog die Lippen dann aber doch zur Andeutung eines Lächelns. Steffen und ich wechselten gerührte Blicke. Leyla freute sich also auch!

Als es einige Tage später klingelte, raste Maryam wie ein junger Hund zur Tür, riss sie auf und begrüßte die Herrschaften, als kämen ein lieber alter Onkel und die liebe Mama eben von einer Wochenendreise zurück.

Leyla versteckte sich hinter mir. Während der dicke Vormund bereits immer der Nase nach ins Wohnzimmer strebte, wo mein guter Kuchen stand, und Frau Schlesinger-Eisentor uns mit vielen Alsos im Pianissimo irgendwas Überflüssiges erklärte, breitete Nasrin schweigend die Arme aus.

Maryam warf sich gleich hinein und riss ihr das Mitbringsel aus der Hand.

»Maryam«, sagte ich sanft. »Das tut man doch nicht. Sag wenigstens danke.«

»Danke, Mama«, sagte Maryam verlegen grinsend, schaute aber dabei mich an.

Ich schob Leyla sanft in Richtung Nasrin, und sie ließ sich mit abgewandtem Gesicht verlegen in die Arme nehmen.

Ich tat so, als sähe ich Nasrin zum ersten Mal, streckte ihr fest die Hand entgegen und sagte freundlich, aber bestimmt: »Senta Prinz. Herzlich willkommen.« Mein Blick glitt zu ihrem schon wieder bemerkenswert flachen Bauch, und ich verzog anerkennend das Gesicht. Fünfter Stock, was?

Nasrin grinste kaum merklich: »Sie können Nasrin zu mir sagen.«

Steffen war einfach nur Steffen, sympathisch, offen, gastfreundlich und unaufgeregt.

Frau Schlesinger-Eisentor textete ihn gerade mit einer Umleitungsstrecke zu, die sie gerade gefahren waren. GOTT, war die Frau anstrengend und unsensibel! Ich bat die Herrschaften zu Tisch, an dem der Vormund längst saß. Er hatte sich die Serviette in den Hemdkragen gestopft und den Tortenheber schon in der Hand.

Leyla und Maryam nahmen artig auf ihren Stühlen Platz, der Vormund kaute bereits mit vollen Backen, Frau Schlesinger-Eisentor flüsterte etwas Wichtiges, das nichts mit den Kinder zu tun hatte, Steffen nickte, und Nasrin sah sich verstohlen in unserem gemütlichen Häuschen um. Ich ertappte mich dabei, wie ich vor Stolz errötete. Ja, sie sollte ruhig sehen, was für ein schönes Zuhause ihre Kinder gefunden hatten. Ein Nest, aus dem sie auch nie wieder rausgeschubst werden würden. Ich fühlte mich wie eine Vogelmutter, die wärmend auf ihren Küken sitzt.

Wir plauderten, und ich versuchte, Nasrin zu integrieren. Natürlich war sie nervös. Und auch schuldbewusst, das sah ich an ihrem blassen Gesicht und den zitternden Lippen. Felicitas und Ben pirschten neugierig aus ihren Zimmern und begrüßten den Besuch. Meine Älteste spielte etwas auf dem Klavier vor, weil Frau Schlesinger-Eisentor sich das so wünschte. Der Vormund wünschte sich das nicht. Er fragte nur, ob noch mehr Kuchen da sei, am besten auch noch mehr Sahne, wenn ich sowieso schon unterwegs in die Küche sei. Ben betrachtete stumm das Geschehen und trollte sich dann wieder in sein Zimmer.

Nach dem Kaffeetrinken schlug ich den Mädels vor, Nasrin ihr Zimmer zu zeigen. Sie trippelten die Treppe rauf. Ich hoffte, Nasrin würde ihnen jetzt von ihrem neuen Schwesterchen erzählen und vielleicht auch den Mut finden, ihnen kindgerecht zu erklären, warum sie die Mädchen damals verlassen hatte.

Der Vormund hatte die Arme über dem Bauch verschränkt und fragte, ob es uns was ausmachen würde, den Fernseher anzuschalten. Er langweilte sich offenbar, und ich legte ihm die Fernbedienung wie auch das Programmheft neben seinen Cognac, den er schneller runtergekippt hatte, als auf dem Schirm ein Bild erschien.

Frau Schlesinger-Eisentor flüsterte verstohlen mit Steffen: also dass der Vormund halt immer dabei sein müsse, also das sei eben so Vorschrift, also nicht, dass wir das missverstehen würden, woraufhin Steffen nur höflich nickte, der Vormund leise schnarchte und die Uhr leise tickte. Ich räumte mit Felicitas den Tisch ab.

Nach einer Stunde tat sich immer noch nichts. Der Vormund schlief, Frau Schlesinger-Eisentor flüsterte, und Steffen nickte. Ich beschloss, dieser Farce hier ein Ende zu bereiten, und klatschte am Fuß der Treppe in die Hände: »Kinder! Unser Besuch möchte gehen!«

Hand in Hand kamen Nasrin und Maryam die Treppe hinunterstolziert. Maryam schwenkte die neue Barbiepuppe, die Nasrin ihr mitgebracht hatte. Irgendein langbeiniges blondes Gift im rosa Glitterdress. Leyla kam scheu hinterher und hielt sich am Geländer fest, als hätte sie Angst zu fallen.

Nasrin signalisierte mir verschwörerisch, dass sie mich anrufen würde, indem sie die Hand ans Ohr hob und Daumen und kleinen Finger abspreizte.

Mitten im Verabschiedungstumult stolperte Maryam und fiel die letzten drei Stufen hinunter, kullerte auf den Teppich und fing bitterlich an zu weinen.

Automatisch beugten wir uns beide zu dem siebenjährigen Mädchen hinunter, und automatisch streckte Maryam die Arme nach mir aus. Ich half ihr auf, drückte sie an mich, und sofort war sie still. Sie schmiegte das Gesicht an meines und schaute Nasrin mit so etwas wie Besitzerstolz an. Auch Leyla suchte an mir Halt. Da standen wir uns gegenüber, wir zwei Mütter, und in Nasrins Augen stand der Schmerz.

Ja, Mädel!, dachte ich. Das hier war kein Kindergeburtstag, auch wenn wir beide so getan haben. Dein Besuch hier hat Klarheit gebracht. Er hätte auch nach hinten losgehen können. Was, wenn die beiden gejammert hätten, sie wollten mit dir mitgehen? Oder dass du für immer hierbleiben sollst? Das Risiko musste ich eingehen. Ich wollte, dass Leyla und Maryam dich sehen, wie du wirklich bist, und dich nicht irgendwann verherrlichen, einer Lichtgestalt nachtrauern, die du nicht bist.

Gehe hin in Frieden.

Nasrin kam im Lauf der nächsten sechs Monate noch viermal. Und zwar immer mit ihrer neuen Tochter Yasamin. Geschenke brachte sie keine mehr. Leylas und Maryams Interesse an ihr verlosch mehr und mehr, zumal sie eifersüchtig das Baby wahrnahmen, das als Einzige von ihnen bei der leiblichen Mutter aufwachsen durfte. Sie wussten nicht, was sie falsch gemacht hatten, dass sie das nicht durften.

Und Nasrin sah, wie die ohnehin enge Bindung der beiden Mädchen an mich immer mehr zunahm.

Kurz nach Muttertag rief sie mich erbost an und beschwerte sich, dass die Kinder ihr kein Geschenk gemacht hatten.

Mir fiel fast der Hörer aus der Hand!

»Bitte? Weißt du, was ich gerade verstanden habe, Nasrin?«

»Ja, genau, und du hast richtig verstanden! Die Kinder haben dir ein Muttertagsgeschenk gebastelt, aber mir nicht! Das tut mir sehr weh, weißt du das?!«

»Willst du wissen, was den Kindern wehgetan hat, Nasrin? Willst du das wirklich wissen?« Bisher hatte ich ihr noch nie einen Vorwurf gemacht und immer Verständnis gezeigt. Aber jetzt war meine Stimme in ziemlich schrille Höhen gerutscht. »Ich würde sagen, dass dir die Kinder absolut nichts schuldig sind, sondern umgekehrt!«

»Jetzt fang doch nicht wieder mit der Geschichte an«, jammerte Nasrin weinerlich.

»Geschichte? Das ist keine Geschichte, das ist eine Katastrophe«, brüllte ich zurück. Meine Augen schwammen in Zornestränen. »Das, was du den Kindern angetan hast, ist mit nichts auf der Welt wiedergutzumachen! Ich hab hier eine immer noch traumatisierte, in sich gekehrte Leyla, die nach wie vor nicht unbeschwert spielen kann. Weil sie nie spielen durfte! Sondern sich von Anfang an für ihre kleine Schwester verantwortlich gefühlt hat, die sie vor dem Verhungern retten musste! Sie traut sich nicht, Fahrrad zu fahren, weil sie schreckliche Angst hat loszulassen, ist mit neun Jahren noch Bettnässerin ...«

»Jetzt halt aber mal den Ball flach ...«

»Ich schlage vor, DU hältst den Ball flach! Muttertagsgeschenk! Für was denn! Ich glaube, ich spinne!«

»Ich bin auch ein Opfer! Ich bin nicht schuld an der ganzen Scheiße! Ich bin jetzt in einer Therapie, und die Therapeutin hat gesagt, ich soll mich nicht schuldig fühlen!«

»Oh, stopp, meine Liebe! Du hast es wahrlich nicht leicht gehabt mit deinem Vater und deinen Kerlen – die du dir übrigens selbst ausgesucht hast. Aber die Kinder zu verlassen, und das gleich zweimal, das ist mit nichts zu entschuldigen!« Ich schnaubte wie ein Heißblüter kurz nach dem Hürdenspringen und hörte ein Sirren in meinem Kopf, als hätte sich ein ganzer Wespenschwarm darin verflogen. »Muttertagsgeschenk! So eine Wahrnehmungsstörung ist mir noch nie untergekommen!« Wutschnaubend legte ich auf. Ich musste mich erst mal sammeln.

Zwei Wochen später teilte mir Frau Schlesinger-Eisentor

flüsternd mit, dass also die Nasrin, also die Mutter der Mädchen, also beschlossen hätte ... Also dass sie es für besser halte, also nicht mehr zu kommen.

»Und warum, wenn ich fragen darf?« Meine Frage beinhaltete Entrüstung, aber auch Erleichterung.

»Also sie meint, sie hat erkannt, dass die Kinder sich fest an Sie und Ihren Mann gebunden haben, und da will sie Ihnen nicht mehr im Weg sein.«

»Wissen Sie, was, Frau Schlesinger-Eisentor? Wir sind froh darüber.«

»Also ich auch ...«

»Nasrin hat es selbst so entschieden. Wir haben ihr alle Türen offengehalten.«

»Also und der Vormund lässt noch ausrichten, dass der Kuchen hervorragend geschmeckt hat, also auch wenn Sie kein Kabelprogramm haben, bedauert er es doch sehr, Sie nicht mehr besuchen zu können ...«

Ich überlegte in meiner unendlichen Großmut, ob ich den Vormund auch allein einladen würde. Entschied mich aber eindeutig dagegen.

Jetzt konnten wir als Familie ungestört zusammenwachsen.

26

SONJA
März 2009

»Nein! Ich bin vollkommen dagegen!«, herrschte ich den Mann an, der sich am Telefon als Jugendamt-Mitarbeiter Willi Kröger vorgestellt hatte. »Jonas ist gerade mal drei

Monate bei uns, und ich möchte, dass er in Ruhe ankommen kann! Wir hatten von Anfang an gesagt, kein Mutterkontakt!«

»Jou, das versteh ich doch, Frau Wegener. Wir vom Jugendamt können meist im Vorfeld einschätzen, ob eine abgebende Mutter Kontakt zu ihrem Kind will oder nicht. Damit haben wir Erfahrung.« Der Jugendamt-Mitarbeiter, der für Jonas zuständig war, kam wohl aus dem hohen Norden, und sein nasaler Tonfall passte gut zu seiner sonoren Stimme.

»Und im Fall von Jonas' Mutter waren wir uns zu hundert Prozent sicher, dass sie es nicht will! Schließlich hat sie schon vier andere Kinder abgegeben und auch keinen Kontakt gewünscht. Jou, so war das.«

Willi Kröger blieb ruhig und sachlich, und das mochte ich an ihm. Dennoch herrschte ich ihn verstimmt an: »Und warum hat sie jetzt bei Jonas einen Antrag auf Besuchsrecht gestellt?«

Ich raufte mir die Haare und versuchte mir nicht anmerken zu lassen, wie sehr meine Stimme zitterte.

»Wir glauben, dass das nur eine Taktik ist.« Herr Kröger klang wie ein Kommissar, der gerade einen wichtigen Beweis enthüllt.

»Als Taktik wofür?!«

»Sie ist als Kroatin nur mit befristeter Aufenthaltsgenehmigung in Deutschland. Diese Frist könnte nun abgelaufen sein. Wenn sie angibt, ein leibliches Kind in Deutschland zu haben, hat sie eine Chance auf Verlängerung ihrer Aufenthaltsgenehmigung. Dafür muss sie natürlich Kindeskontakt vorweisen. So einfach ist das.«

»Herr Kröger.« Irgendwie hatte ich das Gefühl, einen sehr vernünftigen Mitarbeiter am Telefon zu haben. »Sie wissen, dass der kleine Jonas von seinen Eltern misshandelt wurde.«

»Jou, das ist bekannt.« Ich hörte ihn blättern.

»Er hat hochgradige Ängste und massive Schlafstörungen. Wir gehen hier alle auf dem Zahnfleisch. Mein Mann und ich tragen ihn nachts abwechselnd durchs Haus, weil sonst seine Geschwister keinen Schlaf kriegen. Wie Sie unserer Akte entnehmen können, haben wir noch fünf andere Kinder.«

»Ich weiß doch, Frau Wegener, ich weiß doch …«

»Und sosehr ich der kroatischen leiblichen Mutter ihre Aufenthaltsgenehmigung gönne, so wenig gönne ich dem kleinen Jonas eine erneute Erschütterung seines Urvertrauens.« Ich schnaufte. »Nein. Ich werde unter allen Umständen verhindern, dass Frau … Wie heißt sie eigentlich?«

»Goranka. Vesna Goranka.«

»Dass Frau Goranka unseren kleinen Jonas aus dem seelischen Gleichgewicht bringt.« Ich stieß ein empörtes Lachen aus. »Er hat sie über ein Jahr nicht mehr gesehen! Denkt vielleicht auch mal einer an das Kind? Welche Erinnerungen und Ängste wird das auslösen!?«

»Frau Wegener, ich …«

»Es ist das erste Mal, dass er das erleben darf, Herr Kröger: Familie! Zusammenhalt! Geborgenheit! Zärtlichkeit! Verlässlichkeit!«

»Frau Wegener …«

»Und da werde ich keinesfalls kampflos aufgeben.«

»Frau Wegener. Ich allein kann das nicht entscheiden.« Ich hörte Herrn Kröger traurig lachen. »In drei Wochen wird ein Gericht über den Antrag der Mutter entscheiden. Die Frau kann noch nicht mal schreiben. Das macht alles ein Anwalt für sie.«

»Heißt das, ich soll mir auch einen Anwalt nehmen?«

Ein leises Glucksen war die Antwort. »Frau Wegener, Sie können doch für sich selbst sprechen!«

»Dann werden mein Mann und ich also zu der Gerichtsverhandlung kommen.« Ich mahlte mit dem Kiefer und ballte die Fäuste. Diese Frau Goranka sollte uns mal kennenlernen!

»Das geht leider nicht, Frau Wegener. Die Pflegeeltern sind dort nicht vorgesehen.«

»Was? Aber dann wird das ja eine völlig einseitige Geschichte!«

»Ich kann Sie beruhigen, Frau Wegener: Das Jugendamt wird anwesend sein. Wir vertreten die Interessen des kleinen Jonas.«

»Dann sind Sie jetzt also sein Anwalt?«

»Wenn Sie so wollen ...«

»Herr Kröger, wissen Sie, was? Ich schreibe Ihnen eine ausführliche Stellungnahme für das Gericht, in der ich erläutere, warum ein Kontakt zwischen Vesna Goranka und Jonas nicht förderlich ist. Und Sie tragen das dann vor.«

»Frau Wegener, genau das wollte ich Ihnen gerade vorschlagen! Auf den Mund gefallen sind Sie ja wahrhaftig nicht ...«

»Wann höre ich von Ihnen, Herr Kröger?«

»Sofort nach der Gerichtsverhandlung.«

»Versprochen?«

»Großes Kröger-Ehrenwort.«

Kaum hatte ich aufgelegt, stand Zola im Zimmer. Wir hatten sie vor Kurzem endlich ganz feierlich beim Familiengericht adoptieren dürfen. Es war eine richtig ergreifende Zeremonie gewesen, die Richterin hatte sie förmlich gefragt, ob sie von uns adoptiert werden möchte, und sie hatte unter Tränen genickt und deutlich Ja gesagt. Ein bisschen wie bei einer Hochzeit. Die Richterin hatte mit einem Hämmerchen auf die Tischplatte geklopft und verkündet, dass sie nun mit allen Rechten und Pflichten beiderseits unsere Tochter sei. Dann hatte sie uns herzlich gratuliert. Wir hatten Fotos gemacht, und hinterher waren Paul, Zola und ich ganz schick in Köln am Alten Markt essen gegangen.

Sie hatte ein weißes Kleid angehabt und ganz bezaubernd ausgesehen, als sie die Mappe mit ihren Adoptionsunterlagen feierlich vor sich hergetragen hatte wie ein Heiligtum. Paul hatte ihr einen Blumenstrauß überreicht, und ich hatte sie einfach nur ganz doll gedrückt. Wir alle hatten ordentlich geweint vor Glück. Niemand würde uns Zola mehr entreißen können, auch keine Ausländerbehörde.

Nun hatten wir fünf Adoptivkinder, und Jonas sollte das sechste und letzte sein. Um diesen kleinen Jungen würden wir ebenfalls kämpfen. Noch war er auf dem Papier »nur« unser Pflegekind, und noch hatte die Mutter theoretisch Zugriff auf ihn.

»Alles klar, Mama?« Zola sah mich mit ihren großen, dunklen Augen besorgt an. »Weinst du etwa?«

»Nein, nein, mir ist da nur was ins Auge gekommen.« Ich klopfte neben mich auf die Bank. »Was kann ich für dich tun?«

»Hilfst du mir mit den Bewerbungsunterlagen?« Zola legte eine Klarsichtmappe auf den Tisch. »Ich muss erst mal einen Lebenslauf schreiben, und ich weiß jetzt nicht ...«

»Komm her, Liebes, ich helfe dir.« Ich zog das große Mädchen auf meinen Schoß, musste sie aber sofort wieder runterschieben. Sie wog inzwischen sicher mehr als ich.

Kopf an Kopf vertieften wir uns in die Bewerbungsunterlagen und verschickten schließlich dreißig Bewerbungen für einen Ausbildungsplatz an großen Unikliniken in ganz Deutschland. Zola hatte die mittlere Reife mit Bravour geschafft und wollte nach wie vor Krankenschwester werden. Es machte Freude, jemand so Motiviertes zu begleiten.

Wenn ich da an Moritz dachte, der durch nichts zu motivieren war! Unser Sorgenkind war gerade in einem Realschulinternat. Der letzte, verzweifelte Strohhalm, nach dem wir gegriffen hatten, um ihn schulisch irgendwie aufzufangen. Er war beim Kiffen erwischt worden, hatte uns immer wieder Geld geklaut und war mit zwielichtigen Typen gesehen worden. Da hatten Paul und ich schweren Herzens in den sauren Apfel gebissen und ihn erstmals in fremde Hände gegeben, weit weg von den negativen Einflüssen, denen er sich offensichtlich aus eigener Kraft nicht entziehen konnte. Vorher hatte Senta wieder einmal mit ihm gepaukt wie verrückt, damit er wenigstens den Hauptschulabschluss schaffte. Vergeblich. Das Internat war jetzt der letzte Ausweg und gab ihm trotz seiner schlechten Noten die Chance auf einen Realschulabschluss. Was danach kommen würde, stand in den Sternen.

Justus und sein Cousin Ben waren zwar auch keine Streber, aber sie gaben einander Halt und hatten die gleichen Interessen. Auch wenn sie völlig unterschiedliche Gene und Hintergründe hatten und sich nicht besonders ähnlich sahen – Justus war dunkel und kräftig, Ben blond und schmal –, hingen sie wie Kletten aneinander.

Charlotte dagegen, die Tochter der Modedesignerin, war einfach nur lieb, ruhig, hilfsbereit und fleißig, ein ausgeglichenes Kind, das uns nur Freude machte.

Und mein Noralein war nun auch in die Schule gekommen, zusammen mit Sentas iranischer Tochter Maryam.

Wir waren schon ein sehr spannend gemischtes, doppeltes Kuckucksnest. Senta und ich sprangen immer kurzfristig füreinander ein, wenn eine von uns Hilfe oder Entlastung brauchte. Und unsere Männer, die ja gemeinsam in Pauls Firma arbeiteten, waren echte Felsen in der Brandung und sorgten für unseren Lebensunterhalt.

Wegen meines ganz normalen Familientrubels hatte ich eigentlich gar keine Zeit, ständig über den Gerichtstermin mit Jonas' kroatischer Mutter nachzudenken. Aber als Herr Kröger zuverlässig am Stichtag anrief, schlug mir doch heftig das Mutterherz.

»Wie ist es gelaufen?« Meine Hand am Hörer war schweißnass.

»Alles in Ordnung, Frau Wegener. Ich habe Ihr Statement vorgelesen, und das Gericht hat es sofort eingesehen.«

»Echt?« Mein Herz machte einen Purzelbaum vor Freude. »Was hat der Richter gesagt?«

»Eine Richterin. Es soll erst mal kein Kontakt erfolgen. Jonas soll sich in Ruhe bei Ihnen weiterentwickeln können.«

»Oh, Herr Kröger, danke ...«

»Daför nech.« Herr Kröger ließ wieder das Nordlicht durchscheinen. »Trotzdem, Frau Wegener, es muss Ihnen klar sein, dass die Frau Goranka auch weiterhin jederzeit die Möglichkeit hat, einen Besuchsantrag zu stellen.«

»Ja, wir sind gewappnet«, sagte ich. Als ich den Hörer auflegte, atmete ich tief durch.

Auch diese Hürde war geschafft.

27

SENTA

September 2009

»Ja, mein Schatz, du hast mich gerufen?«

Leyla saß tief über ihre Hausaufgaben gebeugt. Die Neunjährige musste einen Aufsatz schreiben. Einige krakelige Zeilen hatte sie schon zu Papier gebracht, mit weiteren kämpfte sie. Ihr spitzer Bleistift hatte sich wie ein Messer ins Papier gegraben und drohte Spuren auf dem Schreibtisch zu hinterlassen. Die schwarzen langen Haare hingen ihr wie ein schwerer Vorhang vors Gesicht.

»Ich kann keinen Scheißaufsatz schreiben.«

»Aber liebes Kind! Der Anfang ist doch schon mal toll! Und das Sch-Wort sagen wir nicht.«

»Wohl, Scheißaufsatz! Scheiß, Scheiß, Scheiß, Scheiß!« Sie riss die Seite aus ihrem Heft, knüllte sie zitternd vor Wut zusammen und fegte anschließend alles vom Schreibtisch, was nicht niet- und nagelfest war. Leylas erster Wutanfall. Wie darauf reagieren? Rausgehen? Schimpfen? Schreien? Grenzen setzen? Ja, schön. Aber wie?

Noch wusste ich nicht, wo Leylas »Ausschaltknopf« war.

Na toll!, dachte ich. Das kann ja heiter werden.

Mit Felicitas und Ben hatte ich auch jeden Tag das Theater mit den Hausaufgaben. Beide hatten »absolut keinen Bock«, wie sie sich auszudrücken beliebten, und ich musste sie oft stundenlang überreden, überhaupt damit anzufangen. Das zog sich schon wie Kaugummi und brachte mich oft an den Rand des Wahnsinns. Besonders an sonnigen Tagen wie heute, wo wir doch so schnell wie möglich raus an die frische Luft wollten.

Ich beneidete alle Mütter, deren Kinder Spaß am Lernen hatten. Es sollte ja Sprösslinge geben, die sich freiwillig Nachmittag für Nachmittag in ihre Bücher vertieften und ständig Einser und Zweier mit nach Hause brachten.

»Was hast du denn sonst noch auf?«, fragte ich gespielt fröhlich.

Leyla schleuderte mir ein Heft entgegen, das ich gerade noch auffangen konnte.

»Bringe in Erfahrung, welche Ereignisse der letzten hundert Jahre unser Dorf besonders geprägt haben, und trage sie mit Datum in eine Tabelle ein«, las ich vor.

Leyla starrte mich unter ihren buschigen Augenbrauen an, als hätte ich ihr vorgeschlagen, zu Fuß den Kaukasus zu überwinden und von dort einige seltene Schnecken mitzubringen.

Die Denkblase über meinem Kopf wies einige Blitze, Flüche und Totenköpfe auf, aber ich lächelte stoisch: »Das ist doch eine ganz spannende Aufgabe, Leyla!«

»Hä?«, machte meine Tochter und zog ihre Augen zu schmalen Schlitzen zusammen

»Tja, also, dann lass uns doch mal beim Gemeindeamt anrufen. Die verraten uns bestimmt, was unser Dorf besonders geprägt hat in den letzten …« Ich suchte die Stelle.

»Hundert Jahren«, ätzte Leyla.

»Na gut. Da warst du noch nicht auf der Welt und ich auch nicht …«

Federnden Schrittes lief ich die Treppe hinunter, gefolgt von einer übelst gelaunten Leyla.

Mist. Beim Gemeindeamt war dauerbesetzt. Bestimmt bombardierten die anderen sechzehn Muttis unserer Zwergenschule gerade die einzige Mitarbeiterin.

»Was können wir schreiben?« Ich wollte Leyla freundlich zu mir aufs Wohnzimmersofa ziehen, aber sie wehrte mich ab und hielt sich die Ohren zu.

»Zumindest die Familien Wegener und Prinz haben diesen schönen Ort sehr geprägt«, setzte ich an, »wenn nicht sogar in seinen Grundfesten erschüttert.«

Leyla hatte keinen Sinn für meinen Humor. »Scheißschule, Scheißlehrerin, Scheißmama.«

»Leyla, das will ich nicht hören!«

»Mamaaaaa!«, kam es aus überkieksenden Jungenkehlen.

Ich überließ Leyla ihrem Frust und eilte in die Küche. Ben und Justus, die ungleichen Zwillinge, saßen wie narkotisiert am Tisch, zwischen ihnen ein grüner DIN-A1-Karton, den ich natürlich besorgt hatte, und kauten an ihrem Referat.

»Industriestandorte Deutschlands und ihre typischen Merkmale.«

»Ja, ihr Lieben! Das ist doch spannend, dann lasst uns doch mal ins Internet …«

Ich schloss den hochheiligen Laptop aus Steffens Zimmer an den Drucker an. »So, jetzt könnt ihr die Informationen gleich ausdrucken und auf diesen Karton kleben, das macht doch Spaß …« Ich glaubte selbst nicht, was ich da sagte. Die beiden wollten Fußball spielen und sonst gar nichts.

Gut, dass Moritz jetzt nicht auch noch hier war, sondern im Internat. Der hätte den Karton im Ofen verfeuert und den Laptop gleich mit.

»Hier, wie findet ihr das, BMW. Das müsste euch doch interessieren, und der Standort ist in München! Da gibt es Bayern München, das ist doch toll!«

Ich ertappte mich dabei, ihr Referat zusammenzubasteln, während die beiden Bengel lustlos in der Küche hockten, Nägel und Kaugummi kauten und Leyla im Wohnzimmer beunruhigende Laute ausstieß.

»He, was machst du da? Bist du verrückt geworden?«

Leyla riss soeben ein von mir liebevoll gestaltetes Fotoalbum kaputt, in dem auch kleine Tagebuchnotizen, Erinnerungen an die Spielscheune, die Oma, der Onkel mit dem Tattoo, Nasrins Besuche und Zeichnungen von ihr verewigt waren.

»Leyla! Das darfst du nicht!«

»Lass mich in Ruhe! Ich will jetzt spielen gehen!«

»Nein, erst machst du deine Hausaufgaben.«

»Ich hab voll keinen BOCK!« Das hatte sie sich von den Jungs in der Küche abgeschaut.

»Okay, im Gemeindeamt rufe ich an, wenn ich das Referat von Ben und Justus fertig habe. Aber den Aufsatz schreibst du selbst.«

»Nein!« Leyla stampfte bereits aus dem Zimmer, setzte sich im Flur auf den Fußboden und zog sich die Schuhe an. Die Schnürsenkel ließ sie offen und latschte einfach so zur Tür hinaus.

»Leyla, komm zurück! Erst die Hausaufgaben, dann das Spiel!«

»Ich gehe jetzt zu den Pferden!«

»Nein!« Obwohl ich gerade die BMW-Ausdrucke in Händen hielt und die Bengels in der Küche jammerten, wann denn ihr Referat endlich fertig sei, hechtete ich in Pantoffeln hinterher und packte sie am Schlafittchen. Wehret den Anfängen! Grenzen setzen und Grenzen einhalten. So hatte ich es mit Felicitas auch immer gehalten.

»Du gehst jetzt auf dein Zimmer und schreibst den Aufsatz.«

Ich lotste die unwillige Leyla freundlich, aber bestimmt die Treppe hinauf in ihr Zimmer.

Doch in dem Moment brannte bei ihr irgendeine Sicherung durch. Das Kind explodierte förmlich. Leyla riss all ihre Kleidungsstücke aus dem Schrank und trampelte darauf herum. Ehe ich wusste, wie mir geschah, hob sie einen Bügel auf und schleuderte ihn nach mir. Ich konnte gerade noch den Kopf einziehen und die Tür hinter mir schließen. Dann hörte ich, wie sie ihr ganzes Zimmer demolierte. Sie trat gegen die Tür, drosch mit dem Bügel auf Bett und Schrank ein, riss Bilder von den Wänden und schüttete sämtliche Schubladen aus. Es klirrte, splitterte und krachte dermaßen, dass ich mir nicht anders zu helfen wusste, als Sonja anzurufen. Mit zitternder Stimme berichtete ich ihr, dass oben ein Orkan wütete, gegen den ich nicht mehr ankam. Es war, als wäre aus heiterem Himmel ein Tornado aufgezogen, der alles in seiner Umgebung zerstörte.

Sonja kam sofort, umarmte mich und raste die Treppe hinauf.

»Leyla, ich bin's, Tante Sonja. Darf ich reinkommen?«

Zu meinem grenzenlosen Erstaunen ging die Tür auf, und eine kleinlaute, zerzauste Leyla öffnete ihr. Zitternd vor Schreck ließ ich mich auf eine Treppenstufe sinken.

Und hörte, wie Sonja mit fester Stimme auf Leyla einredete und diese schließlich in Tränen ausbrach.

Es tat mir weh, dass mir dieses Beruhigungsmanöver nicht gelungen war.

»Eh, Mama, können wir jetzt weitermachen?« Ben stand genervt in der Küchentür und rührte Kakaopulver in eine Tasse mit Milch. Justus turnte im Hintergrund auf der Bank herum.

O Gott, wie gern hätte ich die zwei streng riechenden Kälber in diesem Moment vor die Tür gesetzt! Aber ich setzte mein allerfreundlichstes Lächeln auf, klebte die BMWs und den Standort München mit all seinen Merkmalen wie Oktoberfest, Frauenkirche und schneebedeckten Alpen auf den Karton und schrieb in schönster Schreibschrift »Referat von Ben Prinz und Justus Wegener« darunter. Dabei zitterten mir die Finger, und mein Mund war wie ausgedörrt. Ben und Justus sahen mir desinteressiert dabei zu und schlürften ihren Kakao. »Können wir jetzt endlich gehen?«

»Na, meinetwegen. Die Sonne ist sowieso schon fast weg.«

Erschöpft fiel ich auf die Küchenbank. Und bekam letztlich für dieses Referat eine Drei.

»Frau Prinz, hier Schubert, Leylas Lehrerin. Haben Sie mal 'ne Minute?«

Oje. Wenn jemand solche Fragen stellte, kam mit Sicherheit etwas sehr Unangenehmes.

»Leyla schafft die Klasse nicht. Sie hat große Defizite, kann sich nicht konzentrieren, und auch im Rechnen liegt sie weit hinten. Ich denke darüber nach, sie in die Sonderschule zu überstellen.«

»Das kommt ja überhaupt nicht infrage«, brauste ich auf. »Einmal Sonderschule, immer Sonderschule!«

So wie Sonja um ihren Moritz gekämpft hatte, würde ich jetzt um Leyla kämpfen.

»Frau Schubert, Sie kennen Leylas Geschichte. Sie durfte nie richtig spielen, hat nie gelernt, richtig loszulassen. Umgekehrt kann sie sich schwer konzentrieren, auch nicht aufs Lernen. Bitte geben Sie ihr Zeit!«

»Na gut, Frau Prinz. Dann schlage ich vor, dass wir sie nach den Sommerferien wieder in die dritte Klasse einschulen.«

Das ließ mich zwar trocken schlucken, war aber allemal besser als die Sonderschule.

Ich brachte Leyla während des nächsten halben Jahres zu einer speziellen Lerntherapie bei einem Kinderpsychologen, der am Heumarkt seine Praxis hatte. Die Fahrt dorthin dauerte fast eine Stunde und die Parkplatzsuche eine halbe, sodass zwei Nachmittage in der Woche von pädagogisch wertvollem Figurenaufstellen und Farbeklecksen blockiert waren. Der Kinderpsychologe, ein sehr geduldiger Mensch in den frühen Sechzigern namens Nimmergut, ließ mich während dieser Therapie im Wartezimmer sitzen. Meinem heimlichen Schielen auf die schönen Geschäfte in der benachbarten Schildergasse machte er gleich ein Ende: »Bei Rückfragen sollten Sie immer in Rufweite sein.« Na toll! Ich konnte also noch nicht mal schnell einen Kaffee kaufen. Geschweige denn Schuhe oder ein Kleid.

Die Therapie kostete siebenhundert Euro im Monat. Immerhin zahlte Frau Schlesinger-Eisentor, also das Jugendamt, diesen Spaß beziehungsweise diese Tortur. Leider brachte sie keine nennenswerten Ergebnisse. Jedoch wurde festgestellt, dass Leyla nur 25 Prozent Sehkraft hatte, sie war quasi blind wie ein Maulwurf. Auch deswegen hatte sie sich immer am Treppengeländer festgehalten und sich nie richtig auf einen Kinderfilm konzentriert, nie zu einem Buch gegriffen. Sie tat mir so leid!

Auch mit ihren Ohren stimmte etwas nicht, deswegen schaltete sie einfach ab!

Jetzt fielen Termine beim Logopäden an. Na toll! Ein weiteres halbes Jahr gurkte ich mit ihr zweimal wöchentlich in die Innenstadt. Manchmal dachte ich beim Überqueren der Zoobrücke daran, wie ich damals mit Markus hier geweint hatte, weil ich keine Kinder bekommen konnte. Wie ich neidisch in jedes Auto geschaut hatte, in dem Kinder saßen.

Jetzt ertappte ich mich manchmal bei dem Gedanken, wie viel Freiheiten ich heute hätte, wenn ich nicht einen bunten Strauß an Kindern adoptiert hätte. Doch dann riss ich mich immer wieder ganz schnell zusammen. Ich hatte es so gewollt.

Wie sagte Sonja immer so schön? Wer A wie Adoption sagt, muss auch B wie Bewährungsprobe sagen.

Maryam hingegen war inzwischen acht Jahre alt und lernte mit Leichtigkeit. Konflikte mit ihrer älteren Schwester waren da vorprogrammiert. Eines Tages eskalierte die Situation und brachte mich wieder an den Rand der Verzweiflung.

Maryam hatte flugs ihre Hausaufgaben erledigt und hielt sich bereits mit Felicitas und Ben in der Küche auf, wo die

Geschwister schon alles für einen Spielenachmittag aufgebaut hatten. Sie warteten nur noch auf Leyla. »Mensch ärgere dich nicht«, riefen sie nach oben.

Leyla ärgerte sich aber sehr wohl. Sie sollte nur einen kleinen Text abschreiben, gerade mal eine Heftseite lang. Das war doch wirklich nicht zu viel verlangt! Leyla malträtierte ihr Heft und schrie, sie könne das nicht und wolle jetzt endlich zu ihrer Freundin Laura spielen gehen. Ich stand daneben und bestand darauf, dass sie das durchaus könne, wenn sie nur wolle. Der geduldige Herr Nimmergut hatte gemeint, ich solle immer konsequent, aber freundlich bleiben.

Manchmal dachte ich: Du hast gut lachen, alter Mann! Du kriegst Geld dafür, und wenn du nach Hause kommst, hat deine Frau gekocht und aufgeräumt. Mich dagegen kostet es bloß Nerven, und gekocht und aufgeräumt hat in der Zwischenzeit auch keiner.

»Leyla, nur diesen kleinen Text. Das hast du in zehn Minuten erledigt, und dann kannst du spielen gehen. Meinetwegen auch zu Laura, obwohl deine Geschwister auf dich warten.«

Leyla pfefferte ihren Ranzen in die Ecke, leerte ihn wutentbrannt aus und trampelte auf ihren neuen Büchern und Heften herum.

»Du bist eine ganz doofe und gemeine Mama!«

»Leyla, ich verbiete dir, so mit mir zu sprechen!«

»Ich sage, was ich will«, brüllte Leyla hinter ihrem schwarzen Haarvorhang. Ich wollte ihn ihr mit einer Spange aus dem Gesicht binden, aber sie schlug nach mir: »Fass mich nicht an!« Sie glühte wie im Fieber, und ihre Augen schickten mir tödliche Blicke.

»Leyla, ich will dir doch nur helfen ...«

»Ich hasse dich!« Zum ersten Mal hatte ich richtig Angst vor ihr. Aber das durfte ich ihr nicht zeigen. Sie forderte Grenzen ein, und die sollte sie haben! Während ich noch versuchte, mein Herzrasen unter Kontrolle zu bringen, und überlegte, was ich konkret tun konnte, hatte sie bereits nach ihrem langen Holzlineal gegriffen und schlug wutentbrannt nach mir. Ich hörte es richtig durch die Luft sirren.

»So, jetzt reicht's.« Ich versuchte ihre beiden Fäuste festzuhalten, und sie spuckte mir ins Gesicht.

Ich musste mich schwer beherrschen, ihr nicht reflexartig eine zu kleben. Dafür schrie ich sie an: »Spinnst du? Das machst du nicht noch mal!« Leyla trat nach meinen Kniescheiben, und ich hatte nicht die Kraft, das tobende Kind in Schach zu halten.

Felicitas, Ben und Maryam standen fassungslos in der Tür. Mit großen Augen beobachteten sie verstört unseren Ringkampf. So weit war es mit uns noch nie gekommen!

Auch dass sie mich am Ende meiner Kräfte vorfanden, verstörte die Kinder. Bisher hatte ich immer alles spielend oder wenigstens lachend gemeistert.

Mir hingen die Haare wild ins Gesicht, das knallrot war, und meine Stimme bebte vor Zorn und Fassungslosigkeit. Maryam brach in Tränen aus.

»Lass sofort die Mama los!«

»Ich gehe jetzt zu Laura! Die habe ich viel lieber als euch!«

Leyla riss sich los und galoppierte die Treppe hinunter.

»Du gehst nirgendwohin.«

Ich hechtete hinter ihr her, packte sie und geriet ins Straucheln. So taumelten wir durch den Flur, wo sie versuchte, sich eine Jacke anzuziehen. Ich ließ das nicht zu und hängte die Jacke zurück an den Garderobenhaken.

»Ich will zu Laura, ich hasse euch alle!«

»Du bleibst hier und machst deine Hausaufgaben!«

In der Küche fegte sie die Mensch-ärgere-dich-nicht-Figuren

vom Tisch und riss Tassen und Teller aus dem Schrank, um sie gegen die Wand zu schleudern.

Noch während ich versuchte, sie erneut zu packen, griff sie plötzlich nach einem Messer, das in der Küche auf der Arbeitsplatte lag, und hielt es mir drohend unter die Nase.

Sie hatte mittlerweile richtig Schaum vor dem Mund.

»Ich stech dich ab, wenn ich jetzt nicht zu Laura gehen darf!«

Jetzt war es mit meiner Fassung endgültig vorbei. »Leg sofort das Messer weg, verstanden?« Meine Stimme überschlug sich, und mein Gesicht war von hektischen Flecken übersät. Freundlich und bestimmt war das schon lange nicht mehr. Ich umklammerte ihre Handgelenke so schmerzhaft, dass sie das Messer losließ und es zu Boden fiel. Sofort bückte sich Ben danach und brachte es in Sicherheit.

Maryam heulte laut weiter, und Felicitas drückte sie an sich.

»So, Leyla. Du gehst jetzt in dein Zimmer und bleibst da drin, bis ich dir erlaube, wieder rauszukommen.«

Ich wollte sie packen, aber sie schlug um sich, biss und kratzte, trat und spuckte erneut nach mir. Ein Vulkan war ausgebrochen und ließ sich nicht mehr bremsen.

»Deine Verabredung mit Laura ist abgesagt! Du kannst sie wieder besuchen, wenn du dich beruhigt und bei uns allen entschuldigt hast!« Unser Ringkampf dauerte immer noch an. Ich war schweißgebadet und sah mir selbst dabei zu, wie ich hilflos versuchte, Schadensbegrenzung zu betreiben. Erziehung konnte man das nämlich nicht mehr nennen.

Wir zogen und zerrten aneinander, und ich bekam einen blauen Flecken nach dem anderen. Schließlich gewann ich knapp die Oberhand und bugsierte Leyla die Treppe hinauf. Beide hielten wir uns am Geländer fest und kämpften um jeden Zentimeter. Das Geländer wackelte bedenklich, und mehrere Bilder fielen von der Wand.

Endlich gelang es mir, Leyla unter Aufbietung all meiner Kräfte in ihr Zimmer zu verfrachten und blitzschnell von außen abzuschließen. Sie warf sich wie ein wütendes Tier von innen dagegen, pfefferte Lampen und Bücher gegen die Wände und schien alles zu Kleinholz zu machen, während ich heulend vor Erschöpfung und Enttäuschung auf dem Treppenabsatz zusammenbrach. Die anderen Kinder schmiegten sich zitternd an mich.

»Ich rufe jetzt das Jugendamt an«, sagte ich schließlich mit wackeliger Stimme. »Geht bitte alle auf eure Zimmer.«

»Frau Schlesinger-Eisentor, ich brauche Hilfe, jetzt sofort.«

»Also da gebe ich Ihnen am besten mal den Herrn Kröger.«

»Ja. Aber zeitnah, und ohne wenn und also.« Von Sonja wusste ich, dass Herr Kröger ein ruhiges Nordlicht war, das ihre Interessen in Bezug auf Jonas sehr besonnen und mit Erfolg vertreten hatte.

Herr Kröger hörte sich meinen verzweifelten Lagebericht aufmerksam an.

»Das ham Sie ganz toll gemacht, Frau Prinz. Sie müssen Leyla jetzt zeigen, dass Sie nicht zurückweichen. Das heißt, dass Sie ihr in aller Schärfe verbieten müssen, sich so zu benehmen.«

»Ja, toll. Und was nützt das?« Ich saß schachmatt im Wohnzimmer auf dem Boden und spielte nervös mit dem Telefonkabel. Dabei strömten mir die Tränen nur so über die Wangen. Herr Kröger hörte mich schniefen.

»Verhält sie sich bei Ihrem Mann auch so?«

»Nee. Bei Steffen traut sie sich nicht.«

»Okay. Die Position der Mutter ist für Leyla negativ besetzt.«

»Wie meinen?«

»Leyla ist von ihrer leiblichen Mutter nur verletzt worden.«

»Ja, das weiß ich, Herr Kröger. Ich versuche seit vier Jahren, das zu kitten.«

»Sie hat ein grundsätzliches Problem, die Mutterrolle positiv zu besetzen.«

»Okay. So weit zur Theorie. Aber im Moment habe ich Angst, dass sie aus dem Fenster springt.«

»Holen Sie sie aus ihrem Zimmer und bringen Sie sie auf die Terrasse.«

»Ich soll sie aussperren? Quasi aus dem Haus werfen? Ich fürchte, das bringe ich nicht fertig …«

»Tun Sie genau, was ich Ihnen sage. Leyla soll so lange im Garten bleiben, bis sie bereit ist, sich wieder zu benehmen.«

»Und wenn sie mich erneut attackiert?«

»Halten Sie sie, so fest Sie können. Und schreien Sie, so laut Sie können. Hören Sie? Schreien ist ausdrücklich erlaubt!«

»Das ist mir fremd …«

»Es geht jetzt darum, dass Leyla eindeutig merkt, dass Sie als Mutter die Führung übernehmen. Sie braucht ihre Grenze, und die soll sie haben.«

»Aber ich habe doch versucht … Freundlich, aber bestimmt, wie der Kinderpsychologe Herr Nimmergut mir geraten hat …«

»Frau Prinz. Machen Sie es. Jetzt oder nie! Ich warte am Telefon.«

»Okay.« Mit neuem Mut stapfte ich nach oben, wo Leyla immer noch randalierte. Ich öffnete die Tür, und bevor sie sich wie ein wütender Löwe auf mich stürzen konnte, packte ich sie an den Armen, zerrte sie die Treppe hinunter, rang mit ihr im Wohnzimmer und schubste sie durch die Terrassentür nach draußen.

»Da bleibst du jetzt, bis du bereit bist, dich zu benehmen!«
Ich schaute ihr fest in die Augen, als wollte ich sie hypnotisieren. Mädchen, das MUSS ich jetzt tun, damit du lernst, dass du dich auf mich verlassen kannst. Ich werde nämlich nicht flüchten und mich aus der Verantwortung stehlen.

Dabei tat es mir in der Seele weh, dass Leyla nur Strumpfhosen und ein T-Shirt anhatte.

Mit letzter Kraft verriegelte ich die Terrassentür und sank wieder auf den Fußboden, wo ich zum Hörer griff.

»Was macht sie?«, fragte Herr Kröger.

»Sie tritt gegen die Tür.«

»Das höre ich.«

»Sie wirft die Gartenstühle um und schleudert sie gegen die Hauswand.«

»Stark bleiben.« Herr Kröger zündete sich eine Zigarette an. »Ich bleibe bei Ihnen. Wir haben Zeit.«

»Jetzt knickt sie die Blumen um.« Ich verzog schmerzverzerrt das Gesicht. Die schönen Sonnenblumen und Astern waren mein ganzer Stolz!

»Ihr Kind ist wichtiger.«

»Jetzt kippt sie Blumenerde auf die Terrasse.«

»Sehen Sie, sie schwächelt schon.«

»Aber jetzt läuft sie noch mal zu Hochform auf.« Ich schniefte. »Sie wirft die Fahrräder in die Hecke.«

»Stark bleiben.«

»Mama, ich halte das nicht mehr aus ...« Felicitas stand mit der schluchzenden Maryam in der Tür. »Wollen wir sie reinlassen?«

»Nein. Wir sind hier nicht auf einer Karnevalssitzung. Das ziehen wir jetzt durch.«

»Ben ist voll sauer! Sein schönes Mountainbike!«

»Ich weiß, mein Schatz. Aber Leyla ist wie eine Dampflok.

Die muss so lange Feuer spucken, bis kein Treibstoff mehr da ist. Dann wird sie leer und müde sein, und der ganze Spuk ist vorbei.«

»Ich hab Hunger«, jammerte Maryam. Es dämmerte bereits.

Also nahmen wir das Telefon mit Herrn Kröger mit in die Küche, und ich fing an zu kochen.

»Was gibt's denn Schönes?«, fragte Herr Kröger.

Gut, dass er nicht der Vormund war. Der hätte gleich mit triefenden Lefzen auf der Matte gestanden.

»Speckpfannkuchen.«

»Sie sind eine gute Mutter.«

»Meinen Sie?« Schniefend wischte ich mir mit dem Handrücken über die Nase.

»Ja. In spätestens einer halben Stunde klopft sie kleinlaut an die Tür. Sie werden schon sehen.«

Ich lud Herrn Kröger virtuell zum Essen ein, indem ich den Hörer auf den Tisch legte.

»Widdewiddewitt, guten Appetit. Jeder esse, was er kann, nur nicht seinen Nebenmann.«

Ich kam mir gemein und schäbig vor. Den Kindern ging es genauso. Es wollte uns einfach nicht schmecken.

Lustlos mampften wir unsere Speckpfannkuchen im Schein der Küchenlampe, mit Herrn Kröger als unsichtbarem Gast, während Leyla irgendwo da draußen im Dunkeln herumtobte und überlegte, was sie noch alles zu Kleinholz machen konnte.

Irgendwann klopfte es zaghaft an die Scheibe. Die Kinder starrten mich ängstlich an.

»Herr Kröger? Sie hat geklopft.«

»Dann gehen Sie hin und fragen, was sie will.«

Ich schritt zur Terrassentür. Mein Herz zog sich mitleidig zusammen: Da stand eine kleinlaute, verfrorene, verweinte

Leyla, deren Wut verflogen war, und bat mit leiser Stimme: »Darf ich wieder rein?«

Ihr Näschen witterte bestimmt, dass wir inzwischen was Leckeres gegessen hatten. Ohne sie.

»Wenn du alles wieder aufgeräumt hast, ja. Es ist auch noch ein Speckpfannkuchen für dich übrig.«

»Okay, Mama. Entschuldigung. Es tut mir leid.«

Am liebsten hätte ich ihr geholfen, und auch ihre drei Geschwister wollten schon hinausstürmen. Aber Herr Kröger meinte, das müsse sie nun auch noch allein zu Ende bringen. Diese Lektion müsse sie einfach lernen.

Mit mühsam zurückgehaltenen Tränen sah ich zu, wie Leyla die Gartenstühle wieder aufstellte, die Fahrräder ordentlich parkte und die Blumenerde ins Beet fegte. Nur die abgeknickten Blumen konnte sie nicht wieder aufstellen. Sie ließen nach wie vor die Köpfe hängen. Aber das galt auch für Leyla. Sie sammelte sie ein und bastelte daraus einen traurigen Blumenstrauß.

»Für dich, Mama. Es tut mir leid.«

Endlich ließ ich sie rein. Sie war ganz durchgefroren. Ich nahm sie fest in die Arme, wobei uns beiden die Tränen liefen.

»Ich hab dich so lieb, Mama!«

»Ich dich auch, Leyla!«

Erschöpft setzte sie sich an den Tisch und aß ihren Speckpfannkuchen.

Herr Kröger saß unsichtbar daneben. Das gab mir den Mut zu sagen: »So, und jetzt gehst du in dein Zimmer und räumst das auch noch auf. Und wenn du damit fertig bist, machst du deine Hausaufgaben.«

Das tat sie! Sie hatte einfach keine Kraft mehr für Protest. Und ich war stark geblieben! Stark und konsequent. Erst viel später sollte mir klar werden, dass diese Machtprobe ihr für immer ein Gefühl von Sicherheit gegeben hatte: Ich war keine Mutter, die kniff.

Doch im Moment war ich einfach zu kaputt für solche Erkenntnisse.

»Herr Kröger, ich glaube, ich brauche Sie jetzt nicht mehr«, sagte ich erschöpft und trug ihn zum Ladegerät ins Wohnzimmer.

»Das haben Sie gut gemacht, Frau Prinz.«

»Ja. Mit Ihrer Hilfe. Danke, Herr Kröger, und noch einen schönen Abend.«

»Ach, Frau Prinz?«

»Ja?«

»Sie müssen das Pflegeverhältnis nicht aufrechterhalten, wenn es Ihnen zu viel wird.«

»Wie bitte?« Mir fiel fast der Hörer aus der Hand.

»Sie müssen das Pflegeverhältnis nicht aufrecht...«

»Herr Kröger!«, blaffte ich ins Telefon. »Sie glauben doch nicht ernsthaft, dass ich auch nur eine Sekunde darüber nachgedacht habe, das Pflegeverhältnis zu beenden?«

Ich schnaufte wie ein Stier in der Arena von Pamplona. Hatte der sie noch alle?

Jetzt hatte der zwei Stunden bei mir auf dem Küchentisch gelegen, um am Ende so einen bekloppten Vorschlag zu machen!

»Warum IST denn Leyla so? Weil sie zweimal von ihrer Mutter verlassen wurde«, brüllte ich mit einer Lautstärke, die er mir selbst empfohlen hatte. »Soll ich das jetzt ein drittes Mal tun? Und ihre Seele endgültig zerstören? Ich bin echt schwer enttäuscht von Ihnen!«

»Ich dachte nur, dass Sie vielleicht überfordert sind...«

»Wenn Sie das glauben, werde ich Sie nie wieder um Hilfe bitten. Wir lieben Leyla, und sie ist unverbrüchlich unser Kind!«

»Da bin ich aber sehr froh, dass Sie so um sie kämpfen.«
Herr Kröger zog hörbar den Kopf ein, und ich legte auf.

»Eierloch!«, murmelte ich fassungslos.

Später am Abend ging ich rauf zu Leyla und setzte mich zu ihr ans Bett. Sie lag in ihren Trümmern, hatte aber alles notdürftig wieder zusammengeflickt.

»Leyla. Wir werden dich nie verlassen. Du bist und bleibst unser Kind.«

Leyla antwortete nicht. Aber ihre Augen sprachen Bände.

28

SONJA

Sommer 2010

»Sie kommt!«

»Oh, Leute, Zola ist da!«

Lautes Trappeln auf der Treppe. Alle Geschwister stürmten der großen Schwester entgegen, die inzwischen an der Berliner Uniklinik ihre Ausbildung machte. Sogar Moritz bequemte sich aus seinem Zimmer. Auch das eine Jahr im Internat hatte nicht zum von uns ersehnten Ziel geführt. Er kiffte zwar nicht mehr und trieb sich auch nicht mehr mit dubiosen Leuten herum, aber er hatte nach wie vor keinen Schulabschluss. Durch Beziehungen hatte er eine Tischlerlehre angefangen, aber auch die wieder abgebrochen. Am nächsten Tag würden wir einen Vorstellungstermin beim örtlichen Elektriker haben. Wenn Moritz den auch vergeigte, na dann gute Nacht!

Aber jetzt kam erst mal meine afrikanische Sonne zurück!

Alle standen Spalier: Moritz, Justus, Charlotte, Nora und mein kleiner Jonas.

»Zola! Willkommen daheim!«

Unsere große Tochter schälte sich aus dem Auto und streckte die Glieder. Sie sah vollkommen fertig aus.

Zola hatte natürlich längst den Führerschein und besuchte uns alle paar Wochen mit dem kleinen Auto, das ihr großzügiger Papa Paul ihr zum Geburtstag geschenkt hatte.

»Da bist du! Erwachsen siehst du aus, große Tochter!«

Das sagte ich, obwohl sie einen ganz verhuschten Eindruck machte. Bestimmt war sie müde von der langen Reise. Was für eine Anstrengung, ganz allein die weite Strecke zu fahren!

Zola ließ die stürmische Begrüßung vonseiten ihrer Geschwister regungslos über sich ergehen. Höflich beugte sie sich zu uns herunter, deutete eine Umarmung an und klopfte uns mechanisch auf den Rücken.

»Wie geht es dir in der großen Stadt?«

Wir wollten natürlich sofort alles wissen. Am liebsten noch im Vorgarten, so wie es unsere Art war.

»Wie lange kannst du bleiben?« Aufgeregt nahm ich meiner Neunzehnjährigen die Tasche ab.

»Ich hab zwei Wochen Urlaub genommen!«

»Oh, das ist ja großartig! Komm in die Küche, ich hab Kuchen gebacken ...«

Schnatternd umrundeten wir den Ankömmling und geleiteten Zola ins Haus.

»Soll ich gleich eine Waschmaschine anschmeißen?« Schon wühlte Charlotte hilfsbereit in ihren Taschen.

»Das hat doch Zeit, setzt euch erst mal! Kaffee, Liebes?« Besorgt musterte ich Zola, die trotz ihrer dunklen Hautfarbe blass und fahl wirkte.

»Mir egal.«

»Wir haben uns so auf dich gefreut!« Nora strich ihr zärtlich übers Haar. »Wir wollen dir unser neues Sofa zeigen!«

»Und ich muss dir unbedingt meinen Lieblingsfilm auf YouTube vorspielen ...«

»Jetzt lasst sie doch erst mal ankommen!«

Das Geplauder und Geschnatter ging noch eine ganze Weile so weiter, bis wir mit Kaffeetrinken und Kuchenessen fertig waren.

»Charlotte und Nora, seid ihr so lieb und macht hier klar Schiff?« Ich spürte, dass etwas mit Zola ganz und gar nicht in Ordnung war. Das hier war mehr als nur Müdigkeit nach einer langen Fahrt.

Liebeskummer!, schoss es mir durch den Kopf. Natürlich. Sie hat in Berlin einen Mann kennengelernt, und der hat ihr den Laufpass gegeben. Oder Prüfungsstress? Ist sie einsam?

»Zola, komm, wir gehen ins Wohnzimmer.« Behutsam schob ich meine Große vor mir her. »Hast du Sorgen?«

Zola, zuckte mit den Schultern und kniff die Lippen zusammen. Ihre Augen füllten sich mit Tränen. Bestürzt griff ich nach ihrer Hand.

»Liebes! Was ist? Brauchst du Geld?«

Sie schüttelte heftig den Kopf. Erste dicke Tränen rollten ihr über die weichen dunklen Wangen.

»Ach, Süße, komm mal her!« Ich drückte sie. »Wirst du gemobbt?«

Schaurige Bilder tauchten vor meinem inneren Auge auf. Wehe, wenn einer aus der rechten Szene meiner farbigen Tochter etwas zuleide tat!

»Wie kann ich dir helfen?«

Zola schluchzte in meinen Armen.

»Aber Liebes! Was hast du denn?«

»Ich weiß nicht, Mama, ich bin einfach nur traurig. Es hat doch alles keinen Zweck mehr ...«

»Aber das macht die Umstellung – nein?«

»Ich möchte am liebsten nicht mehr leben ...«

»Zola!« Ich hielt sie auf Armeslänge von mir ab und schaute ihr fest in die Augen. »Das darfst du nicht einmal denken!«

Sie weinte jämmerlich. »Ständig kreisen diese grauenvollen Gedanken in meinem Kopf herum ...«

»Welche Gedanken?« Ich schüttelte sie leicht. »Sag es mir!«

»Ich kann nicht, Mama! Es ist einfach nur schrecklich. Ich kann nicht darüber sprechen!«

Es schüttelte sie, und ich konnte nichts anderes tun, als ihr sanft über den Rücken zu streichen.

Erinnerungen. An ihre Flucht damals? Mit diesem – Mann? Hatte sie mir noch etwas verschwiegen? Holte die Vergangenheit sie wieder ein? Ich schloss die Augen und schluckte schwer. Es wäre ja auch zu schön gewesen, um wahr zu sein, mit diesem unkompliziert wirkenden Mädchen, das immer Spaß am Lernen hatte und in die große weite Welt hinauswollte. Oft hatte ich mir heimlich gewünscht, Moritz würde sich eine Scheibe von seiner großen Schwester abschneiden.

»Mama, ich will nicht nach Berlin zurück!« Zola wischte sich über die Augen und sah mich flehend an. »Bitte. Ich will wieder zu euch!«

»Aber deine Ausbildung, Liebes! Du hast doch schon zwei Drittel geschafft!«

»Ich kann einfach nicht! Ich hab solche Angst!«

»Zola, kannst du mir sagen, wovor du genau Angst hast?«

»Nein!« Jetzt schluchzte sie wieder los. »Vor dem Leben! Vor dem Alleinsein! Ich bin so einsam dort in Berlin!«

»Aber deine Kolleginnen! Du hast doch schon oft von deinen Freundinnen erzählt.«

»Ich wollte nur, dass ihr euch keine Sorgen macht! Aber in Wirklichkeit habe ich dort keine Freunde!«

»Sind sie nicht nett zu dir? Ist es – wegen deiner Hautfarbe?«

»Nein, Mama, das ist es nicht. Aber – ich habe Heimweh!«

Wieder sank das große Mädchen an meine Schulter und weinte, wie ich noch nie einen Erwachsenen hatte weinen sehen.

Sie hatte keine Kindheit gehabt, keine Geborgenheit, keine Sicherheit. Sie war herumgeschubst worden und musste in der Angst leben, verstümmelt zu werden, bis sie endlich bei uns ankam. Und selbst dann hatten wir sie noch nicht adoptieren können, sondern einen jahrelangen Behördenkampf ausfechten müssen.

Wie sehr musste ihr das zu schaffen gemacht haben! Sie hatte immer die Starke gemimt, die das alles locker wegsteckt. Mit vierzehn war sie zu uns gekommen, kurz vor ihrem siebzehnten Geburtstag hatten wir sie endlich adoptieren können. Aber ihre Ängste und verdrängten Erinnerungen holten sie immer wieder ein.

Sie brauchte nach wie vor ein warmes Nest! Auch wenn sie schon neunzehn war: Geborgenheit hatte sie noch lange nicht genug bekommen.

In dem Moment betrat Paul das Wohnzimmer. Er war extra früher aus der Firma nach Hause gekommen, um seine große Tochter zu begrüßen.

»He! Was ist denn hier los!« Bestürzt ließ er die Tasche aufs Sofa fallen und ging vor Zola in die Hocke. »Liebes! Die Mama muss ja gar nicht mehr feucht aufwischen, so wie du weinst...«

»Sie ist unglücklich in Berlin, Paul. Sie will wieder nach Hause.«

Paul setzte sich neben uns und ließ sich von der schluchzenden Zola alles erzählen.

»Ihr fehlt mir so! Ich hatte doch nie Eltern, und jetzt hab ich endlich welche. Das ist mir erst klar geworden, als ich weg von euch war. Bitte lasst mich zurück zu euch!«

»Dann ziehst du selbstverständlich wieder nach Hause! Das ist doch kein Ding!«

In Zolas Augen glomm ein kleiner Funke Hoffnung auf. »Echt? Darf ich? Muss ich nicht zurück nach Berlin?«

»Nur um deine Sachen zu holen.« Paul sah sie aufmunternd an.

»Ich würde dich ja begleiten, Zola, aber was soll ich mit den anderen fünf Kindern machen?« Ratlos knetete ich meine Hände.

»Ich trau mich aber nicht, mit dem Auto noch mal die weite Strecke zu fahren …« Zola weinte schon wieder. »Ich pack das einfach nicht mehr.« Sie stand kurz vor dem Burnout.

»Und wenn du noch mal drüber nachdenkst? Du hast zwei Wochen, um dich zu erholen«, regte Paul an, der wusste, wie sehr die Zeit für einen arbeiten konnte.

»Nein! Ich will nicht zurück nach Berlin! Die Stadt frisst mich auf! Ich will zu euch!« Sie heulte sich die Seele aus dem Leib. »Ich geh da kaputt!«

»Dann musst du mit deiner Ausbilderin sprechen«, mahnte ich. »Einfach so wegbleiben kann man nicht.«

»Lieber heute als morgen! Mir würde ein riesiger Stein vom Herzen fallen!«

Ratlos schaute ich Paul an, aber der griff bereits zum Telefon und hielt es ihr hin.

Zola brauchte einen Moment, bis sie sich beruhigte. Dann wählte sie mit zitternden Fingern die Nummer.

Wir lauschten gebannt und nickten ihr ermutigend zu, während sie ihrer Vorgesetzten mit stockender Stimme sagte, dass sie die Ausbildung abbrechen wolle.

Die machte ihrem Unmut lautstark Luft. »Unfassbar ... Ausbildung einfach so abbrechen ... Wer übernimmt jetzt die Nachtschichten ... Wirklich unerhört ... Zimmer im Schwesternwohnheim morgen früh ausräumen ...«

Zola weinte schon wieder.

Kurz entschlossen nahm Paul ihr den Hörer aus der Hand. »Ja«, hörte ich nur. »Ja. Und nochmals Ja. Morgen. Meine Tochter leidet wie ein Tier, das muss ein Ende haben.« Mit diesen Worten legte er auf und drehte sich zu unserer Tochter um. »Zola. Wenn ich dir für morgen früh einen Flug buche.« Er sah sie über seinen Brillenrand hinweg fragend an. »Und für morgen Abend zurück. Schaffst du es dann, deine Sachen zu holen? Traust du dir das zu?«

Zola schaute schluchzend zwischen Paul und mir hin und her.

Paul warf die Hände in die Luft. »Ich kann nämlich auch nicht aus der Firma weg!«

Zola starrte ihn aus tränennassen Augen an. »Ja, Papa. Das will ich versuchen.« Dankbar umarmte sie uns beide. »Ihr seid die besten Eltern der Welt!«

»Na, die einen sagen so, die anderen sagen so ...«, stapelte Paul tief. Er war sichtlich ergriffen von ihrer Anhänglichkeit und Liebe.

Sofort setzte er seinen Plan in die Tat um, buchte den Flug und für den nächsten Morgen in aller Herrgottsfrühe ein Taxi. Der Flughafen war zum Glück nicht weit entfernt.

»Jetzt geh einfach schlafen, Zola. Ich kümmere mich um

deine Wäsche«, beruhigte ich sie. »Und für morgen früh stellst du dir den Wecker.« Sie musste schon um fünf Uhr raus. »Schaffst du das?«

»Ja, ich glaube schon.«

»Aber diesmal nach deutscher Pünktlichkeit, Zola. Nicht nach afrikanischer.« Lächelnd bezog ich ihr Bett. Zola hatte vieles gelernt, aber mit Pünktlichkeit hatte sie es immer noch nicht so.

Ich brachte ihr noch einen heißen Kakao und wartete, bis sie eingeschlafen war. Dann schlich ich zu den anderen, die ratlos in der Küche saßen.

Charlotte sagte herzenswarm: »Arme Zola. Ich wusste gar nicht, dass es ihr so schlecht geht!«

Nein, das hatten wir alle nicht gewusst. Aber es war die Einsamkeit, die sie plagte. Mit der Ausbildung an sich war sie gut zurechtgekommen.

Sie sollte an der Kölner Uniklinik weiterstudieren. Wir würden das schon hinkriegen.

Als ich am nächsten Morgen in die Küche kam, um meinen Schulkindern und Paul das Frühstück zu machen, war Zola schon weg.

»Na bitte. Sie hat nicht verschlafen.« Lächelnd küsste ich Paul, der mit Jonas die Treppe hinuntergekommen war. »Nimmst du ihn mit in den Kindergarten?«

»Ja, klar. Und heute Abend versuche ich, Zola vom Flughafen abzuholen. Sie hat sicher schwere Sachen dabei, ihre ganzen Bücher und Klamotten und so …«

»Ich mache mir solche Sorgen, ob sie das in ihrem labilen Zustand alles schafft …« Ich schenkte Paul Kaffee ein und band Jonas ein Lätzchen um, bevor er sich mit Kakao vollschlabberte. Justus, Charlotte und Nora saßen bereits am

Frühstückstisch und schmierten sich Nutellabrötchen, während Moritz mal wieder durch Abwesenheit glänzte. Ich würde ihn nachher zu seinem Bewerbungsgespräch fahren und war vermutlich nervöser als er. Während ich die Tupperdosen mit Schulbroten füllte, schielte ich immer wieder auf die Küchenuhr.

»Sie müsste jetzt gerade einchecken.«

»Sie schafft das, Sonja. Sie hat sich ausgeschlafen und ist wieder stabil.«

»Sie hatte gestern solche Panik ... Und sie ist noch nie allein geflogen!«

»Liebes, mach dir keine Sorgen. So, Kinder, los, Abmarsch, euer Schulbus wartet nicht!«

Paul gab mir einen Kuss und hob Jonas von seinem Kinderstuhl. »Komm, kleiner Mann. Der Kindergarten ruft.«

Endlich waren alle weg. Ich stand gedankenverloren am Küchenfenster und winkte ihnen nach. Der Küchentisch sah wie immer aus, als hätte eine Bombe eingeschlagen. Normalerweise hätte ich jetzt schwungvoll damit begonnen, Ordnung in das Chaos zu bringen und die Spülmaschine vollzuladen, aber ich war wie gelähmt.

Komisch. Irgendwie spürte ich, dass Zola meine Hilfe brauchte.

Sie war noch nie allein geflogen. Der erste und einzige Flug in ihrem Leben war der mit dem unbekannten Schlepper gewesen. In eine unbekannte Zukunft. Sie war doch völlig traumatisiert! Bestimmt verging sie vor Angst.

Dass wir gestern daran nicht gedacht hatten!

Ich wählte ihre Handynummer. Wenn sie dranging, würde ich ihr einfach einen guten Flug wünschen und nichts dramatisieren.

Es klingelte durch. Einmal, zweimal, dreimal. Die Mailbox sprang an.

»Liebes, ich wollte dir nur sagen, dass ich dir die Daumen drücke … Hallo, Moritz, auch schon wach? Zieh dir bitte ein Hemd an, wir fahren gleich zu …«

»Mama?!«

»Zola!«

»Mamaaaaaaa!« Ihre Stimme war fast nicht wiederzuerkennen, so sehr weinte sie.

»Liebes, was ist los? Du solltest jetzt langsam zum Gate gehen …«

»Mama, ich kann einfach nicht!«

»Du kannst nicht?!«

»Ich kann da nicht einsteigen, ich habe solche Angst …«

»Aber Liebes, was machen wir denn jetzt?« Verzweifelt sah ich auf die Uhr. Moritz lehnte ratlos in der Tür. Ich machte ihm Zeichen, dass er sich beeilen sollte. Um den musste ich mich jetzt dringend kümmern! Ganz zu schweigen von Jonas, der in drei Stunden wieder auf der Matte stehen würde, vom Chaos hier einmal abgesehen! Ich musste außerdem noch einkaufen und kochen … Mir brach der Schweiß aus.

»Mamaaaa! Ich schaff es nicht! Ich kann jetzt nicht zum Gate gehen, ich habe eine Panikattacke, ich kriege keine Luft mehr!« Im Hintergrund hörte ich, wie ihr Flug aufgerufen wurde. »Alle Passagiere nach Berlin begeben sich jetzt bitte zu Gate B 13. Halten Sie die Bordkarten bereit und lassen Sie Familien mit kleinen Kindern zuerst einsteigen!«

»Ich hab Angst, Mama, ich will sterben!«

»Zola. Atme jetzt ganz ruhig ein und aus.« Ich atmete laut in den Hörer, als würde ich Wehen veratmen. »Ein – und aus … Und ein – und aus!« Moritz glotzte mich verständnislos an. Ich scheuchte ihn hinaus. »Zieh dich an, Moritz, wir fahren in zehn Minuten!«

Zola atmete. »Bitte lassen Sie Ihr Gepäck nicht unbeaufsichtigt!«, quatschte die Stimme aus dem Lautsprecher dazwischen.

»Zola? Gut machst du das. Wo bist du genau?«

»Ich weiß nicht, ich sehe nur noch Sterne, ich kann es nicht lesen!«

»Setz dich auf einen Stuhl. Hast du gehört? Setz dich ganz ruhig hin. Und atme. Ich ruf dich in fünf Minuten wieder an.«

Ich überlegte. Selbst zum Flughafen fahren? Ging nicht. Ich hatte Moritz. Den konnte ich schlecht bitten, Jonas vom Kindergarten abzuholen, einzukaufen und zu kochen. Geschweige denn allein zu dem Bewerbungsgespräch zu gehen.

Senta, natürlich! Wer denn sonst.

Ich rief sie auf dem Handy an und hatte sie glücklicherweise sofort am Apparat. »Schwesterherz, es brennt mal wieder. Wo bist du?«

»Auf dem Weg zum Supermarkt. Soll ich dir was mitbringen?«

»Nee. Umgekehrt. Bitte fahr zum Flughafen und schau, ob du Zola findest. Die dreht durch.« Ich erklärte ihr kurz, was Sache war. »Und ich schnappe mir Moritz, fahre zum Vorstellungstermin, danach für uns zum Supermarkt, hole Jonas ab und bringe dir auf dem Rückweg die Kinder vorbei. Geht das klar?«

»Natürlich.« Ich hörte, wie Senta mit quietschenden Reifen wendete. »Ich bin gleich am Flughafen!«

Wieder einmal segnete ich den Umstand, eine so wundervolle Zwillingsschwester zu haben, und schielte dauernd aufs Handy, während ich mit Moritz zum Elektriker nach Bergisch Gladbach fuhr.

»Bitte, Moritz, lass mich reden, ja?«

Welch sinnloser Vorschlag. Er redete ja sowieso nicht. Jedenfalls nicht von selbst.

»Wenn du gefragt wirst, was du kannst, dann sag, wie gern du Dinge auseinanderschraubst und wie gern du tüftelst und bastelst.«

Moritz saß stumm auf dem Beifahrersitz.

»Und bitte erzähl dem neuen Lehrmeister nicht, dass du vor Kurzem ganz Kippekausen mit schwarzer Sprühfarbe beschmiert hast, sei so nett! Dass die Polizei schon bei uns vor der Tür stand und du das Ganze sogar noch geleugnet hast, als man Sprühfarbe unter deinem Bett gefunden hat. Bitte erwähne auch nicht das Baustellenklo, das du angezündet hast. Oder dein Gruselzeugnis von der Hauptschule mit nichts als Vieren und Fünfen, unter dem in großen Buchstaben ›Nicht bestanden‹ steht und bei Betragen eine glatte Sechs. Du bist unser erstes Kind, Moritz Wegener, und wir lieben dich wirklich sehr. Aber wir haben auch sehr unter dir gelitten. Wir haben immer alles für dich gegeben, dir Höflichkeit, Freundlichkeit, Rücksichtnahme und Fürsorge vorgelebt. Wir haben alle möglichen Therapien für dich organisiert – von Ergo- über Psychotherapie bis hin zu Kinesiologie. Wir haben bei allen möglichen Firmen Klinken geputzt, um dir einen Ausbildungsplatz zu verschaffen, und jetzt können wir trotz der Aufbietung allen weiblichen Charmes froh sein, wenn man uns überhaupt noch die Tür aufmacht. Warum tust du uns das an, Moritz?«

Er saß da und schaute geradeaus, als führen wir gerade zu McDonald's oder zum Baggersee.

Andererseits konnte er nichts dafür, dass er Moritz war. Und erst recht nicht, dass er irgendwann mal Normen gewesen war. Es kam mir vor wie gestern, dass wir den kleinen Drops mit dunklen Ringen unter den Augen und sichtbaren Spuren vom Alkohol- und Nikotinmissbrauch der Mutter aus dem Kinderheim geholt hatten.

Vielleicht kommt ja unsere Zeit noch, mein Großer!, dachte ich, während ich den Blinker setzte. Ich werde nie aufhören, Hoffnung und Liebe in dich zu investieren. Du bist es wert. Wie alle unsere Kinder.

29

SENTA

2010

»Frau Zola Wegener! Bitte begeben Sie sich umgehend zu Gate B 13! Der Flug wird geschlossen!«

Kaum hatte ich den Kölner Flughafen betreten, schallte mir diese Durchsage entgegen.

Mein Adrenalinspiegel stieg in ungeahnte Höhen. Okay, jetzt also ein bisschen James Bond für Arme.

Ich galoppierte durch Halle A und dann durch Halle B, wobei ich sämtliche Bänke und Nischen nach einem schwarzen Mädchen absuchte. Und plötzlich sah ich sie: Zusammengekauert hockte sie auf einem Sitz und wiegte den Oberkörper vor und zurück.

»Zola!«

»Mama?!«

»Nee, Süße, ich bin's, Senta.«

Ich ließ mich neben meine große Nichte sinken und nahm sie in den Arm. »Mama kann gerade nicht, die hat doch das Vorstellungsgespräch mit Moritz, beim Elektriker in Bergisch Gladbach.« Ich überlegte kurz, ob es zielführend wäre, Zola zu erklären, dass dieser Elektriker vor zwanzig Jahren mal ganz doll in mich verknallt gewesen war und ich deshalb noch den

Hauch einer Chance sah, Moritz einen Ausbildungsplatz bei ihm zu verschaffen.

Mit einem Blick auf ihr verheultes Aussehen schied das augenblicklich aus.

»Frau Zola Wegener, bitte begeben Sie sich umgehend zu Gate B 13! Der Flug wird geschlossen!«

»Du wirst aufgerufen!«

»Ich hab solche Angst, Tante Senta!«

»Hallo? Sind Sie Zola Wegener?« Eine Bodenstewardess mit einem Klemmbrett unter dem Arm kam angelaufen. »Sie werden aufgerufen, hören Sie das? Wollen Sie jetzt mitfliegen oder nicht? Haben Sie Gepäck aufgegeben … Sonst müssen wir es wieder ausladen, aber ich weiß nicht, ob …«

Sie ging in die Hocke und sah, dass ich bereits auf das Mädel einredete wie auf einen kranken Esel. »Oh. Ich sehe, Sie kümmern sich bereits. Kann ich irgendwie helfen?«

»Frau Dreier«, las ich von ihrem Namensschild ab. »Können Sie mir ganz schnell auch noch ein Flugticket besorgen?«

»Und Sie sind …?«

»Ihre Tante, Senta Prinz. Es macht wohl Sinn, wenn ich mitfliege.«

»Ja, ich meine, wenn Sie kein Gepäck haben …?«

»Habe ich nicht.« Ich zeigte meine Handtasche mit der Einkaufsliste. »Das ist alles.«

»Und heute Abend zurück?«

»Genau. Wie meine Nichte.« Bei dem Wort Nichte zuckte ihr Blick zwar für den Bruchteil einer Sekunde zwischen uns hin und her, aber sie wahrte Professionalität.

»Das kriegen wir hin …« Sie rannte, in ihr Walkie-Talkie sprechend, vor uns her. »Wie zahlen Sie, Karte oder bar?«

Anstelle einer Antwort wedelte ich mit dem Einkaufsbeutel. »Bar!«

»Tante Senta, kommst du etwa mit?«

Ich zuckte mit den Schultern. »Klar, warum nicht? Ich war schon ewig nicht mehr in Berlin!«

»Aber deine Kinder?«

»Holt deine Mama ab.«

Der Stein, der von Zolas traumatisiertem Herzen fiel, war in der ganzen Abflughalle zu hören. Wir galoppierten hinter der freundlichen Bodenstewardess her, die mir flugs meine Bordkarte in die Hand drückte, wobei sie Zola ebenfalls eine neue ausstellte und die alte zerriss. Drei Minuten später saßen wir im Flieger nach Berlin.

»Los, rufen wir deine Mama an. Dass alles gut ist.«

Ich kramte gerade in der Handtasche, als das Handy auch schon klingelte. In Erwartung einer besorgten Sonja rief ich aufgeräumt: »Alles supi, wir zwei fliegen gerade nach Berlin und machen uns 'n Schlitz ins Kleid!«

»Frau Prinz?«

Oh. Eine Männerstimme. Eine ernste.

»Herr Kröger?«

»Störe ich?«

»Auch nicht mehr als sonst.«

»Bitte schalten Sie jetzt Ihre Mobilfunkgeräte aus und schnallen Sie sich an«, sprach die Stewardess und winkte in meine Richtung.

»Ich muss mich kurz fassen, Herr Kröger, was gibt es denn?«

»Reza Kerman möchte Leyla treffen.«

»Wie? Wer?«

»Leylas Vater. Er hat sich über einen Anwalt beim Jugendamt gemeldet.«

»Wie bitte? Dieser Mann hat Leyla seit zehn Jahren nicht mehr gesehen!«

»Hallo! Würden Sie bitte das Handy ausschalten!«

»Tante Senta, die Stewardess ist schon voll sauer.« Zola stieß mich nervös in die Rippen. Die Haare standen ihr zu Berge, so schlimm war ihre Flugangst. Ich musste mich jetzt um sie kümmern! Darum war ich hier.

»Herr Kröger. Sagen Sie ihm, dass das nicht geht!«

»Er hat aber ein Recht darauf, Frau Prinz. Schließlich sind Sie mit Leyla immer noch im Pflegeverhältnis. Außerdem muss ich Ihnen leider mitteilen, dass er versucht hat, beim iranischen Konsulat einen Reisepass für Leyla zu beantragen.«

»Bitte was? Aber Leyla hat doch einen gültigen ... Süße, sofort! Schnall dich schon mal an, ja?«

»Ich schließe nicht ganz aus, dass er mit ihr in den Iran fliegen will, um sie dort zu verheiraten.«

Mein Herz raste so schnell, dass die ganze Maschine wackelte und drohte, von allein abzuheben, wäre nicht diese Stewardess fordernd vor mir gestanden.

»Stellen Sie bitte JETZT Ihr Handy aus!«

»Ja, gleich, du Kuh ... Äh, Herr Kröger?« Ich atmete tief durch und hypnotisierte die Stewardess, die mit ausgestreckten Händen vor mir stand – mit einem Blick, den ich mir für Leylas Wutanfälle antrainiert hatte.

»Ich KANN jetzt nicht, Herr Kröger. Können wir das morgen diskutieren?!«

»Herr Kerman hat einen Brief an Leyla geschrieben. Den leite ich Ihnen schon mal weiter ...«

Meine weitere Reaktion fiel der Stewardess zum Opfer, die kurzerhand das Handy ausmachte.

»Wir wollen jetzt starten.«

»Sorry.« Ich presste die Lippen aufeinander und warf das Handy in die Handtasche, die die rechthaberische Stewardess auch gleich noch in dem Gepäckfach über uns verstauen musste, was sie nicht mehr sehr rücksichtsvoll tat. Sie knallte die Klappe zu.

»Sie sitzen an den Notausgängen, da ist Handgepäck nicht erlaubt ...«

Während sich die Propeller bereits drehten und die Maschine über die Startbahn raste, hielten Zola und ich uns an den Händen. Sie klammerte sich an mich und atmete so, wie ich ihr das vormachte, denn auch ich musste mich dringend beruhigen. Was erlaubte sich der iranische Erzeuger von Leyla da?

Ich zwang mich, mich voll und ganz auf Zola zu konzentrieren, die mit geballten Fäusten und zugekniffenen Augen neben mir saß.

Eine Stunde lang atmeten wir Hand in Hand konzentriert ein und aus, dann landeten wir endlich in Tegel. »Siehst du, war doch gar nicht so schlimm!«

In Berlin sprangen wir in ein Taxi, fuhren zum Schwesternwohnheim und hatten nach zwei Stunden alles eingepackt. Die wichtigsten Dinge hatten wir kurzerhand in mehrere Aldi-Tüten gesteckt, den Rest räumten wir in Kisten, die wir zur Post trugen und nach Kippekausen schickten. Das Porto dafür kostete genauso viel wie unser Hin- und Rückflug. Wie gut, dass ich für meinen geplanten Großeinkauf so viel Bares dabeigehabt hatte!

Dann begleitete ich die erschöpfte Zola noch zum Abschiedsgespräch mit der Ausbildungsleiterin. Diese zeigte sich erneut äußerst befremdet, dass Zola ihre Ausbildung so abrupt abbrechen wollte.

»Und was sagen Sie als Mutter dazu?«
»Ich bin die Tante.«
»Letztes Mal waren Sie noch die Mutter.«
»Nein, das war meine Zwillingsschwester.«

»Mit so billigen Tricks brauchen Sie mir gar nicht zu kommen!« Sie schüttelte verächtlich den Kopf. »Solange die Miete und die Semestergebühr bis zum Jahresende bezahlt werden, soll mir der Rest egal sein. Zola, ich wünsche dir viel Glück.«

Aufatmend saßen wir wieder im Taxi und fielen Paul und Sonja zwei Stunden später am Kölner Flughafen in die Arme. Sie standen bei unserer Ankunft ganz vorn in der Halle und taten so, als wären wir ein Jahr in Amerika gewesen.

»Senta, du bist die Beste!«

»Kann ja gar nicht sein. Du bist ja schon die Beste!«

Im Auto setzten wir Schwestern uns nach hinten und fingen sofort an zu schnattern.

»Wo willst du Zola jetzt unterbringen? Wie ist es mit Moritz gelaufen?«

»Ich hab schon im Kreiskrankenhaus Bergisch Gladbach vorgesprochen.« Sonja zog ein Augenlid herunter. »Wir waren ja mehr oder weniger vor Ort. Und zu deiner anderen Frage: Der Elektriker hat sich sehr gefreut, dich nach so langer Zeit wiederzusehen, und meinte, du sähst immer noch verdammt gut aus.«

»Warst du geschminkt?«

»Natürlich! Und ich hatte das Grüne an.«

»Das ist voll unfair! Während du dir für mich bestimmte Komplimente abgeholt hast, habe ich in Turnschuhen Kisten gepackt!«

»Eins zu null, Schwesterherz!«

»Ja und? Hat Moritz den Ausbildungsplatz?«

»Auf Probe, ja. Aber nur weil du dem Elektriker ein Küsschen auf die Wange gegeben und in Aussicht gestellt hast, öfter vorbeizukommen.«

»Wie?«, fragte Paul, der den Hals reckte und in den Rückspiegel schaute. Bis jetzt hatte er Zola zugehört und sich ihrer Sorgen angenommen.

»Ach, nix.«

»Und jetzt hab ich schon wieder eine andere Baustelle«, sprudelte es aufgebracht aus mir hervor.

»Noch ein Kerl?«

»Aber hallo!«

»Herr Kröger?«

»Indirekt: Leylas Vater hat sich gemeldet, Reza Kerman. Er will seine Tochter sehen. Und wenn wir Pech haben, will er sie in den Iran entführen und dort verheiraten.«

»Nee, ne? Immer wenn ich denke, bei mir brennt gerade der Hut, setzt du noch einen drauf.«

»Aber nur, damit du dich nicht langweilst, Schwesterherz.«

»Hallo, dahinten? Habt ihr immer noch Energie, oder ist es jetzt mal gut?«

Paul zeigte auf Zola. Sie war eingeschlafen.

Als der Brief von Leylas Erzeuger eintraf, war ich mir sicher, dass Herr Kerman ihn nicht selbst verfasst hatte. Er war fehlerfrei und mit dem Computer geschrieben. Darin stand, wie sehr Reza Kerman seine Tochter Leyla liebe und wie sehr er sich danach sehne, sie zu sehen.

Ein Foto von ihm lag auch dabei. Okay, er war kein James Bond. Ein kleiner dünner Mann in wenig attraktiven Joggingklamotten.

»Leyla«, tat ich meine Pflicht. »Dieser Mann ist dein leiblicher Vater. Möchtest du ihn sehen?«

»Nö.«

»Und wenn er dich sehen möchte?«

»Sein Pech.«

Steffen war auch dabei, und ich sah regelrecht, wie es in ihm brodelte. Mit finsterem Blick starrte er auf das Foto, als zeigte es seinen Rivalen. Wie süß war das denn! War Steffen etwa eifersüchtig? Ich warf Leyla einen vielsagenden Blick zu.

Da stahl sich doch so etwas wie weibliche Intuition in Leylas schwarze Augen. Sie ging zu Steffen, der leise murmelnd auf dem Sofa saß und das Foto widerwillig betrachtete, legte ihm den Arm um den Nacken und sagte: »Ich hab schon einen Vater. Ich brauch keinen anderen.«

In diesem Moment hätte ich sie küssen können!

»Aber wir werden wohl nicht drum rumkommen, ihn zu treffen, Leyla.«

»Kein Bock.«

Diese Wortwahl ließen wir ausnahmsweise mal so stehen.

Lange gelang es uns, die Sache hinauszuzögern. Und als das nicht mehr ging, trafen Steffen und ich den Mann erst einmal allein. Im Jugendamt. Im Beisein von Herrn Kröger, dem nüchternen Nordlicht.

Da stand ich nun mit den drei Männern in einem Besucherraum, dessen Sofas und Beistelltischchen vergeblich versuchten, eine angenehme Atmosphäre zu vermitteln.

Der baumlange Herr Kröger links, der kleine dünne Iraner, der Leylas Vater war, rechts und mein gerade richtiger Steffen in der Mitte.

»Hallo.« Wir gaben einander höflich die Hand. Steffen brachte sogar noch ein verbindliches Lächeln zustande. Ich wunderte mich, wo der gefräßige Vormund blieb. Andererseits gab es in diesem Raum nichts zu essen. Auch vor der geschwätzigen Frau Schlesinger-Eisentor hatte Herr Kröger uns verschont. Der Mann wurde mir immer sympathischer.

»Setzen Se sech!« Herr Kröger zeigte großzügig auf die Ledersofalandschaft.

Wir nahmen Platz, und Herr Kerman versank fast vollständig darin. Ich hatte die wildesten Fantasien von Entführungen und anderen Übergriffen, sah vor mir, wie er mit dem Dolch im Gewande und einer verhüllten Leyla durchs wilde Persien ritt, um sie irgendeinem undurchsichtigen Halunken zu übergeben. O nein, nicht mit mir! Meine zehnjährige Leyla würde ganz bestimmt NICHT im Iran zwangsverheiratet werden! Um das zu verhindern, zog ich alle Register und legte auch meine angeborene Freundlichkeit ab.

»Schöner Brief.« Ich zog den Schrieb aus meiner Handtasche. »Haben Sie den selbst geschrieben?« Vielleicht war meine Stimme eine Idee schneidender als sonst.

Herr Kerman senkte den Blick. »Anwalt hat gemacht.«

Ha! Hatte ich's doch gewusst! Herr Kerman konnte weder lesen noch schreiben, das hatte Nasrins Mutter auch gesagt!

»Und wieso wollen Sie nun auf einmal Kontakt?« Ich rieb mir nervös die Schläfen und sah zu Steffen hinüber, der unmerklich den Kopf schüttelte. Herr Kröger übernahm die Moderation.

»Herr Kerman hat vor Kurzem eine Deutsche geheiratet und lebt jetzt rechtmäßig in Köln. Nech, Herr Kerman?«

Ich vermutete, dass das eine Scheinehe war. Das würde ich noch mit Herrn Kröger besprechen. Welche Deutsche wollte denn freiwillig dieses Männlein heiraten?

Sprechen Sie Deutsch?, wollte ich Herrn Kerman fragen, aber er kam mir zuvor.

»Sprechen Sie Farsi?« Herr Kerman zeigte mit seinem dürren Zeigefinger auf Steffen und mich.

»Ähm … Nein …?«

»Sie Farsi mit Leyla sprechen!«, radebrechte er sich in Fahrt. »Ab sofort jedes Wochenende kommt Leyla zu meine Familie!«

»Ähm … Wieder nein?!« Hilfe suchend sah ich Herrn Kröger an. Ich war kurz davor, in einen Blutrausch zu geraten! Vor meinen Augen tanzten Sterne, Säbel und Fackeln! In Herrn

Krögers Augen stand ein mitleidiges Lachen. Gott sei Dank galt es Herrn Kerman.

»Nee, nee, mal sachte, Herr Kerman. Höchstens viermol im Johr.«

»Aber Leyla trägt meine Nachname?!«

»Auch nicht, Herr Kerman. Wiedä leidä nain.«

Oh, ich liebte Herrn Kröger!

»Also jetzt hören Sie mal gut zu, Herr Kerman«, plusterte ich mich auf wie eine Henne, die ihr Küken bis aufs Blut verteidigt. »Leyla wächst bei uns auf. Sie hat eine Familie. Sie vermisst nichts und niemanden. Sie hat Eltern und Geschwister. Sie wird bei uns groß werden – da können Sie ein Ei draufschlagen!«

»Nu ma sachte, Frrau Prrinz.« Herr Kröger musste sich ein Lachen verkneifen.

Herr Kerman brabbelte sich in Fahrt. Er hatte den Text anscheinend im Vorfeld auswendig gelernt.

»Ich liebe aber Leyla so sehr, und Leyla soll bei mir und mein Frau leben. Und Farsi sprechen, kein Schweinfleisch essen, Koran lesen und Kopftuch tragen …«

»Nää, nää, Herr Kerman. Das können Se sech abschmänken.«

»Das fällt Ihnen aber früh ein, Herr Kerman!«, unterstützte mich nun Steffen. »Warum haben Sie sich denn in den letzten Jahren nicht um Ihre ach so heiß geliebte Tochter bemüht?«

»Ja, warum nicht? Das ist doch hier ein abgekartetes Spiel, ist das doch.« Ich ging ab wie ein Zäpfchen und funkelte Herrn Kerman böse an.

Darauf bekam ich keine Antwort.

Steffen, der mich beruhigen wollte, bekam von mir nur ein giftiges »Ist doch wahr!« an den Kopf geworfen.

»Frau Prinz, lassen Sie Herrn Kerman Leyla einfach nur sehen.« Herr Kröger nahm zwar nicht meine Hand, sah mir aber fest in die Augen. »Es ist sein gudes Rrächt.«

Ich verdrehte die Augen und seufzte. Schließlich sagte ich friedfertig: »Okay. Die Spielscheune in Solingen. Nächsten Freitag, fünfzehn Uhr.«

30

SONJA
Januar 2012

»Und jetzt ich?!«

»Nein, jetzt ich! Du warst doch schon dran!«

»Aber noch nicht richtig!«

»Doch, Jonas, du hast doch schon dein ...«

»Ach Kinder, was haltet ihr davon, wenn ihr dem Alter nach die Geschenke überreicht? Also der Jüngste zuerst, und dann geht's aufwärts bis zu Moritz?«

»Der hat sowieso nix.«

»Doch, Moritz hat auch ein Geschenk, nicht wahr, Großer?«

»Wollen wir warten, ob Zola noch kommt?«

»Die hat's wohl heute wieder nicht so mit der deutschen Pünktlichkeit.«

»Nein, das stimmt nicht! Die muss arbeiten, auch am Wochenende!«

Die Wegener'sche Großfamilie war in ein Frühstückskaffee eingefallen, um Pauls sechzigsten Geburtstag zu feiern.

Mein Herz wollte schier überlaufen vor Glück, als wir in der »Lieben Sünde« bei Croissants, Kakao, knusprigen Brötchen und Cappuccino im »kleinen« Rahmen feierten.

Ganz dezent, ruhig und gesittet. Also wie immer. Die Kellnerin hatte wahrscheinlich schon eine Krankmeldung eingereicht, und die anderen Gäste schauten zu uns herüber, als wären wir Aliens.

Alle unsere Sprösslinge buhlten um die Gunst ihres großzügigen, lieben Papas beziehungsweise Onkels.

Jonas hatte sich gerade ein Lob für sein liebevoll gemaltes Bild abgeholt.

»Nun lasst Nora!«

Unsere schwarzhaarige, temperamentvolle Tochter platzte fast vor Ungeduld. Sie schmiegte sich an Paul und las ihre selbst verfassten Zeilen vor. Sie war jetzt zehn Jahre alt und würde im Herbst aufs Gymnasium kommen.

Paul blinzelte gerührt ein paar Tränen weg. »Das hast du toll gemacht, danke, Nora.«

»So, jetzt Charlotte.« Ich schob unsere Dreizehnjährige nach vorn. Sie war schlank und sportlich und trug einen langen Zopf. Das hatte sie sich von ihrer Cousine Felicitas abgeschaut. Mit ihrer bescheidenen, lieben Art machte sie Paul und mir nur Freude. Sie ging in die siebte Klasse Gymnasium, spielte Klavier, ritt ihr eigenes Pferd und war einfach – unser Sonnenschein. Schnoddrig ausgedrückt hätte man auch sagen können »pflegeleicht«.

Charlotte hatte einen sehr langen Text geschrieben, den sie aber auf keinen Fall laut vorlesen wollte.

»Das ist doch auch okay.« Paul drückte sie liebevoll an sich. »Nachher, wenn ich alleine bin, lese ich das in Ruhe. Ich freue mich schon darauf. Danke, meine große Tochter.«

Dann kam Justus an die Reihe, der einen coolen Rap vortrug und eine schrille Collage gefertigt hatte. Justus war künstlerisch begabt und wollte später einmal in der Werbung arbeiten – und wer weiß, vielleicht sogar einmal in Pauls Firma?

Zu guter Letzt überreichte der wortkarge Moritz seinem

Vater eine spartanische Botschaft. Ihm lag das Schreiben nach wie vor nicht, und seine Zeilen waren krakelig und einsilbig. Aber die Message kam an: Moritz liebte Paul, der mit ihm oft alleine segeln ging, und vergötterte ihn.

»Und wo bleibt Zola?«

»Nicht da! Leider!«

»Die kommt schon noch, leider konnte sie ihre Schicht im Krankenhaus Bergisch Gladbach nicht mehr tauschen ...«

»Ja, sag mal, wie geht's ihr denn da?«

»Ihr geht's wirklich super, und ich glaube, sie hat sogar einen coolen Burschen kennengelernt ...«

»Zola ist voll verknallt!«

»Jonas, so was posaunt man nicht in der Gegend rum.«

»Leyla, reichst du mir bitte noch mal das Brotkörbchen?«

»Ist noch von dem Schinken da?«

»Jetzt lasst doch mal Leyla was sagen!«

»Und Maryam war auch überhaupt noch nicht ...«

»Sag mal, Charlotte, weinst du?«

Bestürzt nahm ich wahr, dass Charlotte schluchzend in den Armen ihrer Cousine Felicitas lag. Die beiden Zopfmädels hatten offensichtlich ein Problem.

Weil alle durcheinanderquatschten, lachten, stritten, mit Tellern klapperten und sich um die letzten Kuchenstücke zankten, war mir ihre Niedergeschlagenheit erst jetzt aufgefallen.

»Liebes!« Überrascht stand ich auf und versuchte ihre Hand zu nehmen. »Was ist denn?«

Charlotte weinte lautlos, aber heftig, ihre Schultern zuckten.

»Ist es, weil du deinen Text nicht vorgelesen hast? Aber du wolltest doch, dass Papa ihn ganz alleine liest ...«

»Nein, Sonja, lass mal, sie hat was anderes. Felicitas, was ist los?«

Felicitas sah uns nur mit ihren grünen Augen an und schüttelte stumm den Kopf. Sie war sichtlich mitgenommen vom Gefühlsausbruch ihrer Cousine.

Alle Gespräche erstarben, und dreizehn Augenpaare waren besorgt auf Charlotte gerichtet. Mal ganz abgesehen von den fremden Augenpaaren, die uns von den Nachbartischen anstarrten. Meiner armen Tochter war diese Aufmerksamkeit sichtlich unangenehm. Sie vergrub den Kopf an Felicitas' Schulter.

Paul und ich wechselten besorgte Blicke. Wenn unsere ruhige, ausgeglichene Charlotte so weinte, und das vor der gesamten Großfamilie, musste etwas sehr Schlimmes passiert sein. Ich ließ mir durch den Kopf gehen, was ein junges Mädchen in der Pubertät alles aus der Fassung bringen kann. Von Mobbing in der Schule bis unglücklich verliebt. Von schlechten Noten bis zur gemeinen Bemerkung einer Klassenkameradin, von Pickel bis Menstruationsbeschwerden, ja, von einer Krankheit ihres Pferdes bis zur unerfüllten Schwärmerei für eine Boygroup war eigentlich alles drin.

Hilflos musste ich mitansehen, wie meine dreizehnjährige Tochter weinte wie aus Kübeln. Mitten am Geburtstagsmorgen.

»Wisst ihr, was?«, regte Senta an. »Ihr Eltern geht jetzt mit Charlotte nach Hause und sprecht euch in Ruhe aus. Steffen und ich bleiben mit den anderen hier und helfen, unseren Ruf zu ruinieren.«

Die Kellnerin hatte nicht nur einen genervten Blick auf die laute Schar geworfen, sondern auch das Handtuch. Sie wurde gerade abgelöst.

»Ich will mit!« Jonas streckte die Arme nach seinem Vater aus. Er war wahnsinnig anhänglich und ließ uns nirgendwohin gehen, schlief mit seinen fünf Jahren nach wie vor bei uns im Ehebett und hatte panische Angst, verlassen zu werden. Besonders an Paul klebte er wie eine Briefmarke.

»Süßer, jetzt ist mal Charlotte dran. Komm, ich zeig dir was ...« Senta lenkte den kleinen Burschen mit einem Bilderbuch geschickt ab, und so verließen wir mit Charlotte und ihrer Unterstützerin Felicitas das Café.

Zu Hause angekommen schoben wir die Mädels in die Küche, schlossen die Tür und setzten uns an den Tisch.

»Liebes. Bitte, lass dir von uns helfen ...«

»Hat es was mit meinem Geburtstag zu tun?«, fragte Paul. »Machst du dir etwa Sorgen, dass ich bald abkratzen könnte?«

»Paul, bitte!«

Heftiges Kopfschütteln vonseiten Charlottes, Schluchzen, Weinen, Stammeln.

»Wie? Was hat sie gesagt? Wir können sie nicht verstehen.«

»Sie hat Sehnsucht nach ihrer Mutter«, sagte Felicitas. Sie war blass und wirkte genauso schutzlos wie Charlotte.

Fast hätte ich gesagt: Aber Charlotte, wolltest du neben mir sitzen? Oje, das habe ich nicht gemerkt! Doch in derselben Sekunde wurde mir klar, von wem sie sprach. Sie meinte ihre leibliche Mutter. Die Änderungsschneiderin.

Blass lehnte ich mich auf meinem Küchenstuhl zurück. Paul holte Mineralwasser und verteilte es auf vier Gläser.

»Sie hat Angst, euch damit wehzutun«, erklärte Felicitas tapfer. »Sie liebt euch so und findet es unmöglich, Paul den Geburtstag damit zu verderben.«

»Aber das tust du doch nicht!« Paul strich über Charlottes Schultern, die immer noch nicht aufgehört hatten zu beben. »Wir nehmen deinen Kummer sehr ernst, Charlotte.«

»Es tut mir so leid«, wimmerte sie und sah uns zum ersten Mal richtig an. Ihr Gesicht war tränenüberströmt, und der Rotz lief ihr aus der Nase. »Ihr seid die liebsten Eltern, die man nur haben kann, und ich blöde Kuh kann einfach nicht aufhören, mir meine richtige Mutter vorzustellen. Ständig denke ich darüber nach, warum sie mich damals abgegeben hat … Ich werde noch wahnsinnig darüber! Dabei will ich doch nur bei euch sein und bin dankbar, dass ich euch hab. Und jetzt das hier, ausgerechnet an Papas Geburtstag.« Sie schluchzte laut auf. »Ihr müsst mich dafür hassen!« Sie schnäuzte sich in ein Küchentuch, das Paul ihr wohlweislich gereicht hatte.

»Oh, Charlotte!« Überwältigt zog ich meine liebe Tochter in die Arme. Auch mir liefen inzwischen die Tränen. »Natürlich verstehen wir dich!«

»Deine Ehrlichkeit ist sogar ein ganz besonderes Geburtstagsgeschenk«, sagte Paul bewegt.

»Oh, Liebes, ich habe ein ganz schlechtes Gewissen, dass ich deine Traurigkeit gar nicht bemerkt habe, deine Seelenqualen …«

»Sie ist schon länger niedergeschlagen«, sagte Felicitas ernst. »Und ich kann sie verstehen.«

Natürlich. Schließlich saßen unsere Kinder alle in einem Boot. Alle machten sich Gedanken über ihre leiblichen Eltern: Warum sie von ihnen verlassen worden waren. Warum sie es nicht wert waren, dass man sie behielt. Warum sie abgegeben, aussortiert worden waren wie ein altes Kleidungsstück. Ein kaputtes Haushaltsgerät. Ein ausgelesenes Buch. Solche Phasen, in denen sie sich komplett wertlos fühlten, gab es bei jedem unserer Sprösslinge. Senta, unsere Männer und ich waren uns einig, dass wir all unseren Kindern den Kontakt zu ihren leiblichen Eltern ermöglichen wollten. Wenn sie ihn denn wollten.

»Wir sind nur etwas überrascht, dass es dich jetzt schon so überrollt«, sagte Paul sanft und sachlich.

»Wir werden uns natürlich sofort ans Jugendamt wenden«, versprach ich ihr.

»Echt? Das würdet ihr machen?« Sie hob hoffnungsvoll das Gesicht.

»Ja, natürlich! Wir wollen dir deine Mutter doch nicht vorenthalten!«

»Meine Mama hat damals voll den Detektiv in sich entdeckt!«, meinte Felicitas lächelnd. »Sie hat Himmel und Hölle in Bewegung gesetzt, um meine leiblichen Eltern zu finden.«

Ja, ich erinnerte mich an Annette Nackenbrodt und an Pascal Schmalfuß, der Sternekoch geworden war. Senta hatte mich ja stets auf dem Laufenden gehalten.

Das war echt spannender als ein Krimi gewesen.

»Und, geht es dir damit jetzt besser, Felicitas?«

Sie nickte. »Es ist einfach ziemlich cool, wenn man weiß, wer die sind.«

Bei dem Gedanken, mich wieder mit Frau Hohlweide-Dellbrück herumschlagen zu müssen, entfuhr mir ein tiefer Seufzer. Bestimmt würde sie stur darauf beharren, Charlottes achtzehnten Geburtstag abzuwarten, und sich weigern, vorher irgendwelche Informationen über Charlottes leibliche Mutter herauszugeben.

Nervös saß ich am Telefon und wählte ihre Nummer. Der Terrier in mir zerrte schon an der Leine und fletschte die Zähne. Die zähe Jugendamtleiterin würde ich auch noch weichkläffen! Aber zu meiner Überraschung war sie inzwischen von einer jungen Sozialarbeiterin abgelöst worden, die sich am Telefon als Anja Tischler vorstellte und genauso dynamisch und hilfsbereit klang wie damals Nicole Winterkorn, Zolas nette Lehrerin. Ich spürte sofort, dass die junge Frau jemand zum Pferdestehlen war.

»Natürlich werde ich sofort zu Charlottes Mutter Kontakt aufnehmen«, versprach die unverbrauchte Anja Tischler. »Allerdings muss ich Sie darauf hinweisen, dass sie das Recht hat, jeden Kontakt zu Charlotte zu verweigern.«

»Das werde ich meiner Tochter dann beibringen müssen.«

»Sie könnte inzwischen verzogen sein, gut möglich, dass es eine Weile dauert ...«

Unsere Kinder könnten auch verzogen sein!, dachte ich wortklauberisch. Sind sie aber nicht.

»Frau Tischler, Hauptsache, Charlotte fühlt sich ernst genommen. Dann geht es ihr schon viel besser.«

»Ich hoffe, wir können Licht in ihre Herkunft bringen«, verabschiedete sich die kooperative Frau Tischler mit fast biblischen Worten.

Und wenn nicht, würde ich eben genau wie meine Schwester Senta zur Meisterdetektivin werden.

Doch es ward Licht ...

An einem grauen Märztag stürmte Charlotte in die Küche und warf ihre Schultasche in die Ecke.

»Hast du schon aus?« Überrascht drehte ich mich zu ihr um. Ich hatte gerade erst die Lasagne in den Ofen geschoben und noch gar nicht mit ihr gerechnet.

»Die fünfte und sechste Stunde fallen aus. Mama, ich hab gerade den Briefträger getroffen ... Ich glaub, ich spinn!« Sie warf einen dicken braunen Umschlag auf den Küchentisch, als enthielte er eine Briefbombe. »Meine Mutter hat mir geschrieben!«

Geistesgegenwärtig schob ich mein vor Aufregung leichenblasses Kind ins Wohnzimmer. »Sieht ziemlich dick aus, was?!«

»Entweder sie hat einen Roman geschrieben oder ...«

»Fotos?«

»O Gott, Mama, ich schaff's nicht ... Würdest du ihn für mich aufmachen?«

»Nein, Charlotte. Die Post ist für dich.« Ich legte den Arm um sie.

Dabei schlug mir das Herz bis zum Hals.

Natürlich hatte ich mir inzwischen in Erinnerung gerufen, was Frau Hohlweide-Dellbrück mir damals erzählt hatte, als Paul und ich unseren Urlaub abgebrochen hatten und mit dem kleinen Moritz und dem noch kleineren Justus bei ihr im Jugendamt eingefallen waren.

Die Mutter war Modedesignerin und hatte einen gut gehenden Shop für Mollige. Vielleicht konnte sie deshalb ihre Schwangerschaft verheimlichen und hatte die neugeborene Charlotte, die damals Louise hieß, gleich beim Jugendamt vorbeigebracht.

Ob sie damals eine Affäre gehabt hatte oder ihr Mann Charlottes Vater war, ging aus den Unterlagen nicht hervor. Diese Frau kam auf jeden Fall nicht aus sozial schwachen Verhältnissen. Und Charlotte hatte alle guten Eigenschaften der Eltern geerbt, war intelligent, sozial und im klassischen Sinne gut aussehend.

»Okay, wir zählen bis drei, ja?«

»Mama, bitte vergiss nicht, dass ich dich ganz doll liebe.« Charlottes hellgrüne Augen ruhten mit einer Intensität auf mir, dass ich ganz überwältigt war.

Ich winkte ab und schaute zur Decke, um die Tränen zurückzuhalten. »Du musst dich nicht fühlen, als würdest du Verrat begehen.« Ich reichte ihr die Schere.

»Dann ist ja gut.«

»Also: eins, zwei, drei!« Ich hörte das Ratschen und öffnete die Augen.

Ein Brief vom Jugendamt purzelte heraus. Er war am Computer geschrieben worden und wies allerhand Stempel auf. Dabei lagen drei Fotos. Die schnappten wir uns zuerst.

Sie zeigten Charlottes Mutter und drei junge Frauen in Abendkleidern: Charlottes Schwestern.

Die Bilder waren auf der Hochzeit einer der Schwestern aufgenommen worden. Diese trug ein raffiniert geschnittenes Brautkleid, das offensichtlich einen Babybauch kaschieren sollte. Die Braut war schwanger?

Die Brautmutter hatte die Glückliche ausgestattet. Viel Tüll und Spitze, ein zwei Meter langer Schleier und ein Kränzchen, dazu zwei Brautjungfern in Zartlila, gerüschte Seide. Mittendrin: die Mutter. Die Meisterin der Verhüllung. Die Wegzauberin von Problemzonen. Ebenfalls im eleganten Abendkleid.

Charlotte und ich starrten gefühlte zwei Stunden auf die Fotos.

Mit angehaltenem Atem suchten wir nach Ähnlichkeiten zwischen der eher herben Frau und der lieblichen, weiblichen, freundlichen Charlotte.

»Uff.«

»Allerdings.«

»Drei Schwestern habe ich also.«

»Sieht ganz so aus.«

»Die sind ja ziemlich viel älter als ich.«

»Zwischen vierzehn und achtzehn Jahre älter als du, ja.«

»Dann war meine Mutter echt schon alt, als sie mich gekriegt hat.«

»Achtundvierzig.«

»Und sie hat mich – versteckt?«

»Vielleicht hat sie sich in einen anderen Mann verliebt oder wollte mit fast fünfzig kein Kind mehr.«

Charlotte nickte nur.

Endlich waren wir in der Lage, den Brief zu lesen.

Die freundliche Frau Tischler hatte ihn geschrieben. Nicht die Mutter.

»Sehr geehrte Frau Wegener« stand da unter »Betreff:

Kontaktaufnahme zur leiblichen Mutter von Charlotte Wegener«.

»Ich freue mich, Ihnen mitteilen zu können, dass Charlottes leibliche Mutter auf mein Anschreiben reagiert und sich mit mir telefonisch in Verbindung gesetzt hat.

Sie war gern bereit, einige Bilder zuzusenden.

Da sie jedoch Angst hat, ihren eigenen Computer zu benutzen, der auch von ihren Töchtern und ihrem Mann eingesehen werden kann, und absolute Anonymität wahren will, hat sie mich gebeten, in ihrem Namen Folgendes auszurichten:

Sie hat sich sehr über die Kontaktaufnahme gefreut. Sie denkt viel an ihre Tochter.

Das Mädchen soll nicht den Eindruck haben, dass es vergessen worden ist. Es soll so lieb und freundlich bleiben, wie es ist.«

An dieser Stelle warf mir Charlotte einen fragenden Blick zu.

»Mama, hast du denen gesagt, dass ich lieb bin?«

»Na ja, ich hab schon ziemlich von dir geschwärmt.«

Charlotte schmiegte sich an mich. »Lieb. Aha. Das ist ja interessant.«

Wir lasen weiter.

»Charlottes leibliche Mutter berichtet über sich, dass sie einen gut gehenden Laden in der Kölner Innenstadt betreibt, in dem sie Damenmode in Übergrößen herstellt. Auf den Fotos sind ihre weiteren Töchter zu sehen, die alle drei schwanger sind.«

»Ups!«

Wieder ließ ich den Brief sinken.

»Boah, die Frau kann was.«

»Also bei der Braut sieht man es, aber bei den anderen?«

»Guck mal hier, wie geschickt das über dem Bäuchlein gerafft ist ...«

»Nachher ist sie selbst auch noch schwanger? Die hat so Plisseefalten …«

»Mama!«

»'tschuldigung. Makabrer Scherz. Okay, also weiter.«

»Die jüngste Tochter ist die Blondine und heißt Astrid. Sie ist Anwaltsgehilfin und mit einem Diplomingenieur verlobt. Die Braut ist die mittlere Tochter Meike. Sie hat bis vor Kurzem als Stewardess gearbeitet und lebt mit einem Piloten zusammen. Und die älteste Tochter heißt Sigrid. Sie arbeitet im Laden mit und hat Betriebswirtschaft studiert. Deren Mann ist Mitinhaber eines Autohauses.

Sie selbst ist seit dreißig Jahren glücklich verheiratet mit einem Nachrichtenredakteur vom WDR. Auf keinen Fall will sie Charlotte als Fehltritt bezeichnen, sie denkt Tag und Nacht an sie und schickt ihr liebevolle Grüße. Sie will die Vergangenheit aber ruhen lassen, ihr Mann ist mittlerweile sehr labil und würde sicher unglücklich werden. Deshalb bittet sie herzlich um Diskretion und Verständnis.

Bei Rückfragen können Charlotte und Sie sich jederzeit an mich wenden.

In der Hoffnung, Ihnen mit diesen Informationen weitergeholfen zu haben, grüßt Sie herzlich

Anja Tischler, Diplomsozialpädagogin.«

Wir legten den Brief beiseite und schauten uns an. Charlotte hatte rote Flecken im Gesicht, und ihre Augen hatten einen seltsamen Glanz, wie im Fieber. Dann sagte sie etwas Unglaubliches.

»Mama, wie geht es dir jetzt damit?«

Meine kleine dreizehnjährige Charlotte hatte in diesem für sie so wichtigen Moment nur einen Gedanken: wie es MIR damit ging! Sie wollte mich mit ihrer Sehnsucht nach der leiblichen Familie und den Schwestern auf keinen Fall traurig machen.

»Aber Schatz, das ist doch völlig unwichtig, wie es MIR geht!« Mir schossen Tränen in die Augen. »Viel wichtiger ist doch, wie es DIR geht!«

»Mama, mir geht es wunderbar. Weil ich jetzt weiß, wie sehr ich dich liebe.«

Wir nahmen uns fest in die Arme und harrten lange so aus, als wollten wir unsere Liebe zueinander für immer besiegeln.

31

SENTA

2012

»Leyla, wir packen das. Bist du bereit?«

Schulterzucken auf der Rückbank.

»Also los. Ich glaube, da steht er schon.«

Zum unseligen Treffen mit Herrn Kerman in der Spielscheune hatte ich meine Schwester Sonja als Verstärkung mitgenommen.

Der kleine, dünne Mann staunte nicht schlecht, als er uns plötzlich doppelt sah. Dann stürzte er sich wie auf Knopfdruck auf Leyla, die sich gerade scheu aus dem Auto schälte.

Er umarmte sie stürmisch und küsste sie ab.

»He, lassen Sie mal gut sein, Herr Kerman. Sie kennt Sie ja gar nicht mehr.«

»Aber wird wiedererkennen. Leyla, Liebling, weißt du, wer ich bin? Dein Vater!«

Leyla zog ihre buschigen Augenbrauen hoch. »Ich habe schon einen Vater.«

Sonja und ich machten heimlich High five.

»Gehen wir doch rein.«

»Hm, hier riecht es aber lecker.«

Ich befürchtete schon, der dicke Vormund würde doch noch erscheinen, aber es war diesmal wirklich nur Herr Kerman, der uns beehrte.

Der Duft nach frischen Waffeln durchzog das gemütliche Café. Wir setzten uns zu viert an einen runden Tisch in der Ecke.

»Tja.« Ich rieb aufmunternd die Hände. »Was bestellen wir denn?«

»Rübenkraut soll ja total lecker sein«, half mir Sonja. »Und du, Spatz?«

Der Spatz wollte schweigen, den Kopf aufstützen und Herrn Kerman möglichst nicht ansehen.

Der wollte aber das Spatzenkind entführen. »Komm, meine Kleine, gehen wir spielen!«

Fragend schaute uns Leyla an. Kein Wunder, schließlich war sie inzwischen zwölf, und da war es unter ihrer Würde, mit Kleinkindern in einer Spielscheune herumzutollen. Aber wenn Herr Kerman meinte … Beide Mamas nickten synchron. »Klar, Leyla. Geh ›spielen‹. Weißt du noch? Mit Onkel Ali hat das doch auch Spaß gemacht.«

Folgsam rutschte Leyla von der Bank und dackelte mit dem fremden Mann in den Garten, wo das Trampolin stand. Der kleine, dünne Iraner kletterte mühsam hinauf und zog Leyla hoch. Sie hüpften. Was nicht hüpfte, war mein Mutterherz.

»Was will der eigentlich?« Sonja streute Puderzucker auf ihre Waffel und biss herzhaft hinein.

»Seine Beweggründe sind mir nicht ganz klar.« Ich konnte nichts essen, rührte aber dafür laut klirrend in meiner Kaffeetasse. »Herr Kröger sagt, Ball flach halten. Wenn er Leyla ein paarmal gesehen hat, lässt sein Interesse bestimmt nach.«

»Wie bei den meisten Kerlen«, unkte Sonja mit vollem Mund. »Außer bei unseren natürlich.«

»Ja. Solche wie Steffen und Paul kannst du mit der Lupe suchen.« Ich bedeutete ihr, dass sie Sahne im Mundwinkel hatte.

Sie wischte sie weg. »Jetzt iss doch mal was, Senta! Solche Waffeln kannst du auch mit der Lupe suchen.«

»Ich hab keinen Appetit. Wenn ich einen fresse, dann den da draußen.«

»Still doch mal. Redet der etwa Farsi mit Leyla?«

»Die versteht nur Bahnhof!«

»Jetzt füttern sie die Schweine.«

»Darf dat dat?«

»Füttern ja. Essen nicht.«

»Erklärt er ihr wohl gerade.«

»Wenn der wüsste, wie gern Leyla Würstchen isst! Mit scharfem Senf.«

»Achtung, sie kommen wieder rein.«

Die beiden kamen Hand in Hand zurück an unseren Tisch und ließen sich auf die heimelige Ofenbank fallen.

»Na, war's schön?«, fragte ich zuckersüß.

Leyla nickte schweigend. Ich schob ihr die Kakaotasse hin.

Herr Kerman aß Kuchen und sagte zwischen zwei Bissen: »Leyla und ich lieben uns. Nicht wahr, meine Tochter?«

Leyla schlürfte ihren Kakao und sah mich Hilfe suchend an.

»Wir uns jetzt öfter sehen. Ich holen Leyla jeden Freitag von Schule. Und dann sie bleibt über Wochenende.«

»Ähm ... Nein?!«

»Kann sie auch von euch abholen.« Er grinste goldzahnig. »Weiß ich ja nun Adresse. Kippekausen. Schönes Dorf.«

Sonjas und meine Augenbrauen schnellten synchron in die Höhe. Hatte das liebe Kind etwa unsere Adresse verraten? Das liebe Kind versteckte sich hinter seiner Waffel mit Vanillezucker. Woher sollte es auch wissen, dass es das nicht durfte! Schließlich hatten wir all unseren Kindern unsere Adresse eingebläut, für den Fall, dass sie sich irgendwo verliefen.

»Sie werden nichts dergleichen tun, Herr Kerman.«

»Dann ich Klage einreichen.« Herr Kerman erwiderte tapfer unseren entschlossenen Blick. »Ja! Brauchen gar nicht böse gucken. Habe ich Anwalt und weiß meine Rechte.«

»Was WOLLEN Sie denn von Leyla?«

»Iran. Leyla gehört in Iran.«

Mir fiel das Herz in die Hose.

»So, ich denke, wir lassen das jetzt ...«

»War nett, Sie kennenzulernen, Herr Kerman«, log Sonja und zog Leyla von der Bank. Ängstlich ließ sie es geschehen. Sie hatte Tränen in den Augen und ganz viel Puderzucker im Gesicht.

Ich wischte ihr beides liebevoll ab und drückte sie tröstend an mich.

»Nein! Lassen Sie mich noch mit Leyla spielen!«

Herr Kerman änderte seine Taktik. »Jugendamt hat bestimmt zwei Stunden! Und die sind noch nicht vorbei!«

Mit einem genervten Blick auf die Uhr setzte ich mich wieder.

Das ganze Treffen zog sich hin wie Kaugummi.

»Aber diesmal bleiben Sie hier. Ich will hören, was Sie reden.« Ich verschränkte die Arme vor der Brust.

Nun hockten wir da: zwei kölsche Glucken, ein persischer Auerhahn und ein verwirrtes Küken. Der Kaffee war längst kalt geworden. Er schmeckte abgestanden und bitter.

Der Auerhahn hackte auf unseren Nerven rum.

»Da vorne ist Flippergerät! Kommst du mit?«

Sie wollte nicht flippern. Brave Leyla.

»Guckst du, Leyla, habe ich Videospiel auf meinem Handy ...«

Widerwillig schaute sich unser Kind die bunten Männchen an, die Herr Kerman mit seinen behaarten Fingern wegballerte.

Sonja und ich fixierten den großen Zeiger der gemütlichen Standuhr und verdrehten die Augen. Warum wollte der faule Kerl nur so gar nicht weiterwandern?

Tick, tick, tick.

»Spielen wir Tischfußball? Da vorne ist Tischfußball.«

»Nee, lieber Tischtennis.«

O ja! Nichts ist nerviger, als mit einer Zwölfjährigen Tischtennis zu spielen: Da hast du Rücken. Herr Kerman musste sich ziemlich oft bücken, und ich gönnte es ihm von Herzen.

Das nervtötende Klickklack des Bällchens tönte zu uns herüber.

»Meinst du, er gibt auf?«

»Ich weiß immer noch nicht, was der eigentlich will. Will der nur spielen, oder will der beißen?«

Um Punkt fünf sprangen wir auf, rafften unsere Handtaschen und unser Kind an uns, zahlten und gingen zum Auto.

»Wir sehen uns!«, rief Herr Kerman. Er wollte Leyla umarmen, aber die entwand sich unwillig seinen behaarten Händen.

»Wir denken eher nicht«, riefen wir zurück.

Wütend bugsierte ich unseren Familienkombi aus der Parklücke. »Der soll mein Kind nicht anfassen!«

»Nicht mit Wut fahren!«, ermahnte mich Sonja. Sie drehte sich um. »Wie geht es dir, Leyla?«

»Ich will den nicht wiedersehen. Der macht mir Angst.«

»Liebes, wir sehen das genauso. Aber es könnte sein, dass es zu einem Gerichtsprozess kommt. Dann müsstest du dasselbe vor dem Richter sagen.«

»Ist mir egal.«

»Echt? Traust du dich?« Ich reckte den Hals und suchte ihren Blick im Rückspiegel.

Leyla schaute zum Fenster hinaus.

»Weißt du, was? Schreib ihm doch einfach einen Brief.«

Sie horchte auf. Normalerweise war Schreiben nicht gerade ihre Lieblingsbeschäftigung. Von wegen Aufsatz und so. Aber mit dieser Idee schien ich ins Schwarze getroffen zu haben. Noch am selben Abend überreichte mir Leyla einen Brief, den sie an ihren Erzeuger geschrieben hatte.

»Lieber Reza, ich habe schon einen Papa, den ich sehr liebe. Ich habe auch eine Mama, die ich sehr liebe, und eine Tante und sehr viele Geschwister, die ich alle sehr liebe. Meine Familie liebt mich auch. Mir geht es gut, und ich brauche dich nicht. Ich will nicht mehr mit dir spielen, und ich möchte, dass du mich nicht mehr besuchst. Schöne Grüße, Leyla.«

Ich war gerührt und drückte meine tapfere Tochter an mich. »Da hast du klar Stellung bezogen. So, das schicken wir jetzt an Herrn Kröger. Der leitet den Brief dann weiter.«

Tage-, ja wochenlang beäugte ich misstrauisch jedes Auto, das in unseren Wendehammer fuhr, und immer stand Sonja oder ich mit Argusaugen vor der Schule. Leyla wurde bewacht wie im Zeugenschutzprogramm. Ihren Pass hatte ich tief unter meiner Matratze versteckt. Am liebsten hätte ich ihn zerschnitten. Steffen mäßigte mich, aber noch immer malte ich mir schreckliche Entführungsszenarien aus.

Man las ja so viel in der Zeitung! Wenn ein leiblicher Vater sein Kind in sein Heimatland verschleppte, hatte schon die leibliche Mutter kaum eine Chance. Was sollte ich als Pflegemutter da erst machen?

Es blieb verdächtig still in Kippekausen. Braute sich da etwas in der Kerman'schen Birne zusammen? Plante er etwas und rottete Helfer zusammen? Oder kehrte er einfach seine übersichtlichen IQ-Punkte auf einen Haufen, in der Hoffnung, dass daraus ein Plan reifen würde?

Darauf wollte ich lieber nicht warten. Und beschloss, den Mann da abzuholen, wo er war: Ein klärendes Gespräch sollte die Wogen glätten. Ich bat Herrn Kröger um Kermans Handynummer. Herr Kröger gab sie mir bereitwillig.

»Sie machen das schon, Frau Prinz!«

Mutig räusperte ich mir einen dicken Kloß von den Stimmbändern. »Hallo, Herr Kerman, wie geht es Ihnen?«

»Nicht gut. Ich will Leyla!«

»Passen Sie auf, Herr Kerman. Ich glaube, wir haben einfach Verständnisschwierigkeiten. Mein Farsi ist ja leider bei null, und Ihr Deutsch ist auch nicht so leicht zu verstehen. Hätten Sie nicht jemanden, der dolmetschen kann? Dann sprechen wir beide uns mal so richtig aus.«

Rauschen im Hörer. Die blonde Terrierfrau, die es leider doppelt gab, schwenkte die weiße Fahne. Damit hatte er nicht gerechnet.

»Aisha, kommste mal eben?«, fragte er auf Farsi. Also, ich ging mal davon aus, dass er so was in der Art von sich gab.

Wer auch immer gerade in seiner Nähe war, kam an den Hörer.

»Hallo, ich bin Aisha. Hab schon von Ihnen gehört, Frau Prinz. Sie sind ja 'ne ganz Patente. Wie kannisch denn jetz behilflisch sein?«

»Ähm, hallo, Aisha. Sie sprechen ja aktzentfrei Deutsch.«

»Ja, ich bin Deutsche. 'scheiße eigentlisch Uschi. Aber der

nennt misch Aisha.« Sie lachte heiser und verschluckte sich an ihrem Raucherhusten. »Reza, schubs mal den Waldi da wech! Der soll getz nich aufm Soffa!«

Ein unwilliges Kläffen zeugte davon, dass Reza ihrem Vorschlag gefolgt war.

»Isch war schon dreimal mit 'nem Iraner verheiratet, und dat is getz mein vierter«, informierte mich Scheiße-Uschi rauchend. »Deshalb spresch isch auch die Sprache. Waldi, jetz ISSES aber gut. Wir hatten das besprochen. Du sollz nich aufm Soffa!«

»Also, um es kurz zu machen, liebe Uschi. Wir, mein Mann und ich, sind seit sieben Jahren Leylas Pflegeeltern. Leyla ist glücklich bei uns. Sie hat an ihren leiblichen Vater keinerlei Erinnerungen und fühlt sich durch sein plötzliches Auftauchen massiv unter Druck gesetzt. Er ist für sie ein fremder Mann. Sie kann auf Knopfdruck keine Gefühle für ihn entwickeln und hat regelrecht Angst vor ihm. Können Sie das Ihrem Mann bitte so sagen?«

»Klar, machisch«, sagte sie und erklärte ihm rauchend auf Farsi, was ich gesagt hatte.

Reza erwiderte etwas, und der Dackel erwiderte auch etwas. Alles in allem eine angeregte Diskussion.

»Also, mein Mann hofft, dass Leyla ihn eines Tages lieben wird«, informierte mich Uschi.

Ich informierte sie dahingehend, dass das sicher nicht passieren würde. Wie denn auch!

»Ihr Mann soll sich bitte überlegen, ob er ein zwölfjähriges Mädchen vor Gericht zerren will. Leyla hat schon ziemlich viel mitgemacht. Und wenn er sie wirklich liebt, erspart er ihr das.«

Steffen, der gerade nach Hause gekommen war, stand in der Tür und hob anerkennend den Daumen. Ja, mein kluger Diplomat war ganz auf meiner Seite.

»Dat sachich ihm dann so«, versprach Uschi. »Waldi, du sollz et lassen!«

»Es tut uns wirklich leid, dass wir keine besseren Nachrichten für ihn haben – mein Mann ist gerade reingekommen und hört jetzt mit, aber ich finde, wir sollten jetzt alle an Leyla und ihre Zukunft denken. In diesem Sinne – liebe Grüße an Reza.«

»Reza sacht gerade, er will dat von Leyla selber hören!«

Steffen und ich wechselten einen erschrockenen Blick. Mein Herz begann zu rasen. Bis jetzt hatte ich mich gut im Griff gehabt.

»Reza sacht, wenn er dat aus ihrem Mund gehört hat, dann lässt er se in Ruhe.«

Steffen holte Leyla aus ihrem Zimmer. Sie war schon im Schlafanzug und hatte gerade ein Hörspiel gehört. Verwirrt schaute sie uns an. Steffen wies mit dem Kinn auf das Telefon: »Leyla, das ist Reza. Er möchte aus deinem Mund hören, was du ihm zu sagen hast.«

»Aber ich hab ihm doch einen Brief geschrieben?«

»Er glaubt es erst, wenn du es ihm persönlich sagst.«

»Okay?!« Fragend sah sie uns an. Ich spürte, wie es in ihr arbeitete.

Sie sah so rührend aus in ihrem rosafarbenen Pyjama, mit den frisch gebürsteten, langen schwarzen Haaren, die im Schein der Lampe glänzten, und ich befürchtete, sie würde gleich überfordert in Tränen ausbrechen.

Aber ich erlebte ein gefestigtes junges Mädchen, das tapfer für sich selbst einstand.

»Hallo? Also, hier ist Leyla. Guten Abend, Reza. Ich möchte dir sagen, dass ich meinen Papa sehr, sehr lieb habe und keinen anderen Papa mehr brauche.«

Sie schaute zu Steffen auf, der sich vor lauter Rührung abwenden musste, damit sie seine Tränen nicht sah.

»Und ich will dir sagen, dass du mich nicht mehr besuchen sollst. Ja. Das musst du bitte verstehen.« Sie schluckte und rieb sich die Stirn. »Du bist ein fremder Mann für mich. Also nicht mein Papa.«

Sie sah mich fragend an. Ich nickte ihr aufmunternd zu, wobei ich selbst einen riesigen Kloß im Hals hatte.

»Also, dann möchte ich jetzt bitte Tschüs sagen. Tschüs und nicht auf Wiedersehen.«

Sie gab mir den Hörer wieder, und Steffen brachte sie gerührt in ihr Zimmer.

»Hallo, Reza? Haben Sie das gehört?«

»Isch binnet wieder, et Uschi. Also, der Reza hat dat getz verstanden. Er is im Moment am Boden zerstört, aber Sie können janz jetrost sein, er wird Leyla getz in Ruhe lassen.«

»Richten Sie ihm meinen Dank aus – und Ihnen beiden für die Zukunft alles Gute!«

»Sie sind en prima Mädschen«, krächzte Uschi noch, bevor sie Waldi wieder darauf hinwies, er dürfe nicht aufs Sofa. Waldi war eindeutig uneinsichtiger als Reza. Er gab immer noch spitz kläffend Widerworte, während Leylas leiblicher Vater die Segel gestrichen hatte.

Am nächsten Tag rief ich Herrn Kröger an und teilte ihm mit, dass das Kapitel Reza Kerman ein gutes Ende gefunden hätte. Er würde sich nicht mehr melden.

Herrn Kröger entfuhr ein verdutztes Schnauben.

»Wie haben Sie das denn hingekriegt?«

»Ich habe ganz vernünftig mit ihm geredet. Also mit seiner Frau.«

»Also kein Gerichtsprozess?«

»Nee.« Ich war nun mächtig stolz auf mich. »Alles im grünen Bereich. Sie können die Akte schließen.«

»So 'ne Pflegemuddä wie Sie hab ich noch nie erlebt!« Herr

Kröger war richtig bewegt und lachte glucksend. »Sie sind ja 'ne richtige Powerfrau!«

Ich wurde rot vor Freude. »Sie sollten mich mal erleben, wenn ich so richtig in Fahrt bin, Herr Kröger.«

»Nee, da sei Gott vor! Lieber nech!« Herr Kröger legte lachend auf.

Ich mochte den Mann. Wirklich.

32

SONJA
Ende 2012

»Also, Charlotte. Möchtest du zu Karstadt, zu H&M, oder sollen wir einfach mal in den Boutiquen gucken gehen?«

»Ach, Mami, eigentlich will ich nur mit dir bummeln.«

Charlotte hatte sich bei mir eingehakt. Im Gleichschritt marschierten wir die Schildergasse entlang und bahnten uns einen Weg durch die Massen. Es war schon wieder Advent, und die Weihnachtsbeleuchtung erstrahlte in voller Pracht. Es roch nach Röstkastanien, Glühwein und Zimt. Schneeregen blieb auf unseren Schultern liegen.

»Wollen wir über den Weihnachtsmarkt schlendern?« Charlotte strahlte mich von der Seite an. Ihre Nase war genauso rot wie ihre Wangen. Sie sah aus wie ein Apfel: zum Anbeißen.

»Aber du brauchst doch neue Jeans und einen Wintermantel!«

»Das Gefühl, dich mal einen ganzen Nachmittag für mich zu haben, wärmt mich viel mehr!« Ihre Augen glänzten wie Christbaumkugeln. Gott, war dieses Kind dankbar und lieb. Sie stellte sich auf die Zehenspitzen.

»Weißt du eigentlich, dass ich jetzt fast so groß bin wie du?«

»Echt?« Ich hielt an und drehte uns so, dass wir uns in einem Schaufenster spiegeln konnten. »Tatsächlich. Du bist in letzter Zeit unglaublich gewachsen!«

Im Schaufenster dekorierte gerade eine junge Frau zwei Schaufensterpuppen. Sie lächelte uns an, als sie sah, wie wir uns auf die Zehenspitzen stellten, um größer als die jeweils andere zu sein. Links waren zwei weiße Brautkleider zu sehen, die an üppigen Puppen prangten. Mir persönlich war das alles etwas zu madamig.

»Wenn ich mir vorstelle, dich irgendwann hier einzukleiden ... Würdest du in Weiß heiraten wollen?« Ich wollte Charlotte schon weiterziehen, doch sie blieb stehen und schaute ins Fenster.

»Weißt du, Mami, eigentlich bräuchte ich ein Kleid für meinen Tanzstundenball!«

Ich stutzte. »Wirklich? Ist es schon so weit? Mein kleines Mädchen, das gestern noch im Sandkasten gespielt hat, will ein Abendkleid?«

»Na ja, es ist noch ein paar Monate hin, aber wo wir schon mal hier sind ...« Sie stupste mich an. »Wann hast du sonst jemals richtig Zeit für mich?«

Ja, das stimmte. Meist hetzten wir im Sechserpack durch die Stadt, wenn es galt, Klamotten zu besorgen. Mindestens. Oft war noch das ein oder andere Kind von Senta mit dabei, das auch irgendwas brauchte. Oder wir hatten eine ellenlange Einkaufsliste abzuarbeiten.

»Also sollen wir mal reinschauen?«

»Ja, Mami, aber das ist bestimmt schweineteuer ...«

»Lass uns nur mal gucken!« Wenn der Abschlussball auch tanzende Eltern vorsah, könnte ich mich bei der Gelegenheit doch auch mal nach einem schicken Fummel umschauen. »Gehen denn die Debütantinnen alle in Weiß?«

»Keine Ahnung ...« Wie von Geisterhand gezogen, steuerte Charlotte auf den Eingang zu.

Ein Glöckchen klingelte, und warme Luft schlug uns entgegen.

»Also in Wien gehen sie alle in Weiß.« Ich kannte die Fernsehübertragungen vom Opernball. »Aber für Köln ist das, glaube ich, eine Nummer zu dicke.«

Die Dekorateurin sprang gerade aus dem Fenster in den Laden zurück. Sie hatte einen blonden Pferdeschwanz und war schwanger. Sie lächelte uns freundlich an. »Kann ich Ihnen helfen?«

»Wir wollen nur mal schauen.«

»Aber bitte, gerne. Wenn Sie Fragen haben: Ich bin hier hinten.«

Sie verzog sich in ein Hinterstübchen, wo man sie mit einer anderen Verkäuferin plaudern und lachen hörte. Eine Nähmaschine surrte.

Fein. Sie ließen uns in Ruhe stöbern.

Wir waren ganz beeindruckt von den wunderschönen Ball- und Abendkleidern, die von Strahlern festlich beleuchtet wurden. Leider waren keine Preise dran. Wahrscheinlich sauteuer, der Schuppen. Ein angenehmer Duft erfüllte den Laden, dazu lief leise Weihnachtsmusik. Hier bin ich Mensch, hier darf ich's sein!

Wir fühlten uns wie Alice im Wunderland.

Charlotte strebte wie verzaubert auf eine Kreation in Rot zu, hielt sie sich an und betrachtete sich damit im Spiegel. Sie spitzte die Lippen und drehte sich hin und her.

»Das ist einfach pompöööööös!«

Sie sah so rührend aus, wie sie in ihren sportlichen Jeans plötzlich die Dame in sich entdeckte! Kokett klimperte sie mit den Wimpern. »Ich hätte gern ein Glas Champagner und mein Riechsalz, bitte!«

Ich lachte. »Süße, das Ding ist doch viel zu tantig für dich. Du brauchst was mit Spaghetti-Trägern, was Duftiges, Leichtes, Tülliges, eher so in Richtung Sterbender Schwan ...«

Die Dekorateurin lehnte im Hintergrund an der Wand und schaute sich das Schauspiel amüsiert an. Gedankenverloren strich sie sich über den Bauch.

»Tüll wäre dahinten.«

»Oh, danke. Lassen Sie sich nicht stören. Wir wollen nur mal schauen.« Hoffentlich redete die uns jetzt nicht rein. Nichts ist ätzender als eine Verkäuferin, die einem was aufschwatzen will. Und der Laden hier war wirklich nicht unsere Kragenweite. Aber auch ich fing an, Geschmack an Luxus zu finden. Ich wühlte mich durch einen ganzen Ständer mit Cocktailkleidern in Pastellfarben.

»Guck mal. Würde mir so was stehen?« Ich hielt ein bonbonfarbenes Zelt mit Rüschen hoch und wäre fast unter dem Gewicht der tausend Pailletten zusammengebrochen.

Halb hustete ich, halb musste ich lachen.

»Aber Mami, das ist doch viel zu matronenhaft.« Charlotte grinste. »Ich glaub, das hier wäre auch viel zu groß für mich!«

»Wieso stehen da keine Größen dran?«, wunderte ich mich. »Und keine Preise?«

»Das sind alles maßgeschneiderte Kreationen, Sonderanfertigungen.« Plötzlich stand eine Frau um die fünfzig vor uns und musterte uns etwas erstaunt. »Soll das für Sie sein?«

»Na ja, eventuell für meine Tochter. Wir sind uns noch nicht schlüssig, sie hat bald Abschlussball ...«

»Für welche Tochter?«

»Na, für diese hier.« Lachend schüttelte ich den Kopf. »Eine andere habe ich nicht mitgebracht.«

»Aber das Mädchen braucht uns doch gar nicht!«

Wieso kam mir die Frau so bekannt vor? Wo hatte ich die denn schon mal gesehen?

In meinem Kopf ratterte es. Plötzlich durchzuckte mich ein aberwitziger Gedanke. Nein. Das war doch nicht ... Das konnte doch nicht sein. Wir waren doch nicht rein zufällig ... Ich machte den Mund auf und ganz schnell wieder zu. Ich musste trocken schlucken.

»Sie braucht doch kein maßgeschneidertes Kleid!« Die Frau ließ ihren Blick über Charlotte gleiten. »Sie hat doch höchstens Größe 38 und die Mami doch auch?« Sie lachte. »Wenn nicht 36, Sie junges Reh!« Sie nahm Charlotte bei den Schultern und musterte sie. »Wie alt sind Sie denn, wenn man fragen darf?«

»Vierzehn«, sagte Charlotte und wurde rot. Beide starrten wir die Frau an. Irgendwie stellten sich alle meine Körperhärchen senkrecht. Mein Herz setzte einen Schlag aus. Auf einmal wusste ich genau, wo wir gelandet waren.

Charlotte griff nach meiner Hand und trat zwei Schritte zurück. Sie schien sich plötzlich in ihrer Haut nicht mehr wohlzufühlen. Wir warfen uns hilflose Blicke zu.

»Lass uns gehen, Mama.«

»Eine Sekunde noch, Liebes.«

»Also, ich will Sie hier nicht vertreiben. Sie können sich natürlich in Ruhe umschauen, aber Sie sind hier einfach an der falschen Adresse.«

Plötzlich schien die Zeit stillzustehen. Charlottes Mutter. Wir standen vor Charlottes Mutter!

Durch ZUFALL. Oder war es eine innere Stimme, die uns automatisch vor dieses Schaufenster geführt hatte?

Ich kniff die Augen zusammen. Auf dem Foto hatte sie anders ausgesehen, herber, angespannter. Diese Frau hier hatte längere Haare, die in weichen Wellen ihr Gesicht umrahmten, sodass es voller wirkte.

Sie war sehr sympathisch. Sehr – mütterlich. Die Fotos waren vielleicht schon etwas älter?

In meinen Ohren rauschte das Blut.

Die Dekorateurin dahinten, das war doch nicht – Charlottes Schwester?

Sigrid arbeitete im Laden mit. Der Name hatte doch in dem Brief gestanden! Kam das hin?

Hatte Charlotte was gemerkt?

Ich griff nach ihr und wusste nicht, wie ich nun reagieren sollte. Mir war schwindelig.

Die Ladeninhaberin musterte Charlotte und schüttelte den Kopf.

»Wir sind ein Geschäft für Übergrößen, liebes Mädchen.«

»Ach, das hatten wir beim Reingehen gar nicht bemerkt …«
O Gott, mir knickten die Beine weg! »Das war nur so eine spontane Idee …«, krächzte ich.

»Ist Ihnen nicht gut? Brauchen Sie ein Glas Wasser?«

Charlotte sah mich ganz besorgt an. »Mami! Was hast du denn? Ist dir nicht gut?«

Die Frau schob mir einen Stuhl in die Kniekehlen und rief nach hinten: »Sigrid, bringst du mal ein Glas Wasser?«

Sigrid. Sie WAR es!

Ich schüttete es dankbar hinunter und musste husten.

Charlotte fächelte mir Luft zu. »Mami, hast du dich verschluckt?«

»Nein, alles ist gut.« Ich rappelte mich auf und hatte plötzlich das Bedürfnis, dieser Frau die Hand zu geben.

Verwirrt nahm sie sie und sah mich halb belustigt, halb besorgt an. Ich schüttelte sie herzlich. »Vielen Dank, Sie haben hervorragende Arbeit geleistet. Sie haben uns sehr glücklich gemacht.«

»Wie?« Sie lachte irritiert. »Wegen dem Glas Wasser?«

»Wegen DES Glases Wasser«, murmelte Charlotte, schlug dann aber die Hand vor den Mund: »'tschuldigung.«

»Nein, ich meine – wegen der ganzen schönen Kreationen hier.« Ich machte eine weit ausholende Geste, die Charlotte mit einschloss. »Das ist alles so schön und mit Liebe gemacht ... Das Ergebnis ist doch – überwältigend.«

Charlotte war verwirrt. So toll fand sie die Kleider hier nun auch wieder nicht. Sie starrte erst die Frau an und dann mich, die ich mir sitzend Luft zufächelte. Man sah ihr an, wie peinlich ihr mein Auftritt gerade war.

»Mama, lass uns gehen ...«

Sigrid, die schwangere Schwester, schaute uns fragend an.

»Ist alles in Ordnung? Wollen Sie nun etwas kaufen oder maßanfertigen lassen?«

»Ja, nein, wir sind einfach nur ... Es passt ja alles, wie es ist – oder, Charlotte?«

»Ich weiß nicht?« Charlotte legte den Kopf schräg. »Was sollte denn nicht passen?«

Ahnte die Frau etwas? Spürte sie, dass ...? Stellten sich ihre Härchen auf? Zuckte ihr Augenlid, oder bildete ich mir das nur ein?

Entschlossen stand ich auf und räusperte mich. »Ja. Also. Nett, Sie kennenzulernen.«

Die beiden Frauen lächelten. »Gehen Sie zu H&M.«

»Wann ist es denn so weit?«, fragte ich Sigrid, nachdem ich meine Fassung wiedergewonnen hatte.

»In sechs Wochen«, sagte sie stolz. Sie nahm Charlottes Hand und legte sie auf ihren Bauch. »Es bewegt sich. Spürst du es?« Charlotte reagierte wie ein hypnotisiertes Kaninchen.

»Meine Schwestern haben gerade auch beide ein Baby gekriegt«, plauderte Sigrid. »Wir sind eine sehr fruchtbare Familie, und immer werden es Mädchen!«

Jetzt konnte ich mich nicht mehr bremsen. »Heißen die vielleicht Meike und Astrid?«

Charlottes Mutter zuckte zusammen und starrte mich überrascht an.

»Ja! Woher kennen Sie meine Familie?« Sie wurde rot und gleich darauf wieder blass. Ihr dämmerte es wohl auch langsam.

Charlotte beschäftigte sich immer noch mit dem Babybauch. Ich sah sie strahlen.

»Es bewegt sich!«

»Habe ich Ihnen doch schon mal was verkauft?«

»Nicht direkt«, sagte ich gedehnt. »Aber überlassen.« Ich blickte sie vielsagend an. »Und ich danke Ihnen von Herzen.« Ich hypnotisierte sie regelrecht mit meinen Blicken.

»Es tritt und boxt«, freute sich Charlotte, immer noch mit der Hand am Babybauch ihrer Schwester. Nichts ahnend, offensichtlich.

Die Mutter räusperte sich nervös und knetete die Hände. »Was meinen Sie?«

»Es ist schon dreizehn Jahre her«, sagte ich gedehnt. »Sie haben mich mit etwas Kleinem, aber Feinem sehr beglückt. Ich habe es immer noch und erfreue mich jeden Tag daran.«

Wir schauten zu unseren Töchtern hinüber, die einträchtig die Hände auf dem Babybauch hatten und verzückt strahlten.

»Nicht wahr? Das macht meine Mutter mit allen ihren Kundinnen!« Sigrid freute sich. »Sie hat ein unglaubliches Augenmaß und weiß immer genau, was zu wem passt!«

»Es passt.« Ich legte den Arm um Charlotte und zog sie an mich.

»Mein Gott!«, sagte die Frau und schlug die Hände vor den Mund. Spätestens jetzt war bei ihr der Groschen gefallen.

»Louise?«

»Nein«, sagte Charlotte. »Charlotte.«

Schweigen. Starren. Händekneten. Schlucken. Die Frau sah mich fragend an.

Ich nickte unmerklich.

»Das ist jetzt einfach – ganz ungünstig«, sagte die Frau leise und strich Charlotte sanft über den Kopf. Und nickte dann ebenfalls unmerklich.

Charlotte räusperte sich verlegen.

»Ja, dann lass uns mal weiterziehen, Mama. Wir müssen ja nach Hause. Die anderen warten schon auf uns.«

Wir verabschiedeten uns mit den besten Wünschen für Weihnachten und das neue Jahr.

Und dann, als Charlotte schon fast draußen war und das Glöckchen wieder bimmelte, konnte ich nicht anders. Ich lief auf Charlottes Mutter zu und nahm sie ganz fest in den Arm.

»Danke«, flüsterte ich ihr überwältigt ins Ohr. »Sie ist glücklich. Es geht ihr gut. Und ich bin so froh, dass Sie das wissen.«

33

SENTA

2013

»Felicitas! Du kannst ruhig Hallo sagen, wenn du nach Hause kommst!«

Ohrenbetäubender Krach aus ihrer Stereoanlage war die Antwort.

»Felicitas«, brüllte ich gegen den Lärm an. »Bringst du bitte mal den Müll raus?!«

Ich stand in der Küche und hatte die Hände bis über beide Ellbogen in Hackfleisch getaucht. Meine Augen tränten vom Zwiebelschneiden. Mein Rücken schmerzte. Es war wieder einer dieser Tage, an denen ich am liebsten im Bett geblieben wäre: Felicitas war achtzehn, Ben voll in der Pubertät, und Leyla und Maryam waren auch nicht gerade handzahm.

»Hab jetzt echt keinen Bock!« Felicitas knallte die Tür hinter sich zu. Aus ihrem Zimmer dröhnten aggressiv die Bässe.

Das war nun seit Monaten unser Mutter-Tochter-Zweikampf: Sie war erwachsen, genoss aber immer noch das Hotel Mama. Ohne jede Gegenleistung. Ich kroch auf dem Zahnfleisch. Nein, das würde ich so nicht mehr hinnehmen.

Trotz glitschiger Hände riss ich ihre Zimmertür weit auf. »Felicitas. Den Müll, bitte. Ich bin doch gerade beim Kochen.«

»Dein Pech, Mama. Ich war acht Stunden in der Berufsschule, und du hängst den ganzen Tag zu Hause rum!«

»Bitte, WAS?!«

»Ja, du kannst dir deine Zeit doch einteilen. Mach dir doch 'n Plan, wann die Tonnen geleert werden. Oder schick die anderen. Ich bin erst zehn Minuten hier und will jetzt echt chillen.«

Mein Herz zog sich schmerzhaft zusammen.

»DAS muss ich mir von dir nicht bieten lassen!« Wütend baute ich mich vor ihr auf und drehte ihre Stereoanlage leise. Dabei zitterten mir die Finger. »Ich halte das Haus in Ordnung, mache die Wäsche, kaufe ein, koche, putze und mache den Garten.«

»Na und? Dein Pech.«

»Was fällt dir ein! Mal ganz abgesehen von den tausend Stunden Hausaufgaben, die ich mit euch gemacht habe. Sonst wärst du jetzt auf keiner Berufsschule!« Ich schnaufte vor

Empörung. »Weißt du, was, Felicitas, ich bin nicht das Hotel Mama.«

»Reg dich ab.« Ungerührt drehte sie die Musik wieder auf volle Lautstärke. Ich war gezwungen zu schreien.

»Nein. Ich rege mich NICHT ab.« Meine Stimme wurde schrill, was eigentlich nicht meine Absicht gewesen war. »Wenn du nicht bereit bist, deinen Teil zum Familienleben beizutragen, schlage ich vor, du ziehst aus.«

Diese Art von Auseinandersetzungen hatten wir nun seit Monaten. Sie trieben mich an den Rand des Wahnsinns!

Doch Felicitas blieb bäuchlings auf dem Bett liegen und ließ die Beine auf und ab schwingen.

Kaugummi kauend drehte sie sich nach mir um. »Geile Idee.«

Okay. Das ließ ich mir nicht zweimal sagen. Mein Fräulein Tochter beharrte auf ihrem Autonomiebedürfnis. Aber die mütterliche Fürsorge nahm sie doch ganz gern in Anspruch. Wie ein leckeres Abendessen mit knusprigen Frikadellen und selbst gemachtem Kartoffelsalat.

Ausziehen fand sie eine »geile Idee«?

Bitte. Das konnte sie haben. Türenknallend polterte ich wieder in die Küche, stellte den Herd ab und ging erst mal eine Runde spazieren. Draußen weinte ich mir den Frust von der Seele.

Später sprach ich mit Steffen darüber, der ganz auf meiner Seite war.

»Felicitas muss jetzt ihren eigenen Weg gehen. Wir sollten ihr eine Wohnung suchen. Das tut weh, aber sonst wird es zwischen euch immer wieder Reibereien geben.«

Ich schluckte und weinte, konnte mir gar nicht vorstellen, meine ehemals liebe, kleine Tochter loszulassen und in die kalte Welt hinausziehen zu lassen. Ich kam mir vor wie eine Rabenmutter, die ihr Kind aus dem Nest schubst.

Andererseits provozierte sie mich ständig mit ihrem unfairen, respektlosen Verhalten. Ich konnte mich dem nicht mehr länger aussetzen.

Tapfer durchstöberte ich in den nächsten Tagen die Immobilienanzeigen und fand eine bezahlbare Einzimmerwohnung direkt in der Fußgängerzone von Bergisch Gladbach.

»Hier, Felicitas! Die würden Papa und ich für dich bezahlen, solange du in der Ausbildung bist.«

»Ist doch voll geil!«

»Kannst du aufhören, dich so ordinär zu benehmen? Wir haben dir ein anderes Vokabular beigebracht und sind enttäuscht, dass da so gar nichts hängen geblieben ist!«

»Dann schlagen eben meine Gene durch.« Verächtlich knallte mir Felicitas wieder mal die Tür vor der Nase zu, und zwar mit dem Fuß, denn sie lag, wie so oft, bäuchlings auf dem Bett und chillte.

Ich war am Ende. Unser Beziehungskonto war leider stark im Minus. Ich hatte alles gegeben, was ich konnte, und wahrscheinlich noch viel mehr. Felicitas war nicht nur aggressiv, sondern hatte zwischenzeitlich auch immer wieder depressive Phasen, weil sie nach ihren Wurzeln suchte. Das konnte ich auch alles verstehen. Sie ging seit drei Jahren zu einer Psychotherapeutin, um das Defizit aufzuarbeiten, das Annette Nackenbrodt in ihrer Seele hinterlassen hatte. Wenn sie ihre Wut und ihren Zorn an der Person auslassen würde, die sie auch verursacht hatte, würde es ihr vielleicht besser gehen. Und mir auch.

Kurz entschlossen rief ich Annette an. Wir hatten jahrelang nichts mehr voneinander gehört, aber sie hatte immer noch dieselbe Handynummer und arbeitete nach wie vor im Märzenbräu in Tattenkofen.

»Felicitas geht es schlecht«, kam ich gleich zur Sache. »Ich wünsche mir, dass du Felicitas besuchst und ihr euch endlich kennenlernt.«

»Escht jetzt?«, kam es erstaunt zurück. »Isch bin ja vorheiradet und hab inzwischen zwee Kindor, da muss isch mal guggn, ob isch das hingriege.«

»Das wär echt toll, Annette.«

»Netti. Alle nennen mich Netti.«

»Wir holen dich auch am Bahnhof ab, und du kannst gerne für ein paar Tage bei uns wohnen.«

»Äääscht? Das is ja subor«, kam das Sächsische wieder in ihr durch. »Ehrlisch gesaacht, isch gann en baar Taache Urlaub gut gebrauchen!«

Das wird kein Urlaub, Netti!, wollte ich noch sagen, das wird harte Arbeit, ließ es dann aber bleiben.

Sie war bereit zu kommen. Sie wollte Felicitas endlich kennenlernen. Das war schon sehr viel.

Steffen und ich halfen Felicitas beim Umzug. Sie war nervös und komplett durch den Wind, seit sie wusste, dass ihre leibliche Mutter kommen würde.

Halb wünschte sie sich nichts sehnlicher, halb fürchtete sie sich vor der Begegnung.

Mal war sie so anhänglich, dass ich kaum noch Luft bekam, so sehr klammerte sie, dann wieder abweisend wie eine Kaltfront. Ich liebte dieses Kind, wusste aber, dass wir beide kaputtgehen würden, wenn wir weiter unter einem Dach wohnten.

Und so richteten wir zusammen ihre Einzimmerwohnung ein. Sie hängte Familienbilder auf, damit sie immer wusste, dass es uns gab, und bezog ihr Bett, während ich ihr den Kühlschrank füllte.

»Eh, is ja gut jetzt, Mama!«

Felicitas komplimentierte mich nicht gerade galant aus ihrem neuen Reich. Mein Mutterherz blutete. Einerseits war es völlig normal und in Ordnung, dass sie sich nun abnabelte. Andererseits wusste ich, wie sehr sie uns alle noch brauchte. Mussten wir so auseinandergehen?

»Wann kommt die noch mal?« Felicitas stand im dunklen Treppenhaus, in dem es nach Bohnerwachs und Einsamkeit roch, und knipste die Flurbeleuchtung wieder an, die automatisch ausgegangen war.

»Wer die?« Ich war schon einen Stock tiefer und kämpfte mit den Tränen.

»Na, meine Mutter. Also die – Annette Nackenbrodt.«

»Nächsten Samstag. Um neun. Am Kölner Hauptbahnhof.«

»Dann holen wir sie also ab?« Felicitas schlang die Arme um ihren schmalen Oberkörper und schien plötzlich zu frösteln. Sie sah so zerbrechlich aus.

»Wenn du möchtest, dass ich mitkomme ...« Schon stieg ich die Stufen wieder rauf.

»Eh, Mama! Na hör mal, DU hast die schließlich eingeladen!«

»Damit es DIR besser geht.«

»Wenn du Streit willst, kannst du ihn gerne haben.«

»Ich will nur, dass du dein Leben in Ordnung bringst, Felicitas.«

»Boah eh, wenn ich das schon höre!«

»Felicitas, lass uns jetzt nicht wieder streiten. Es ist für mich auch nicht leicht.«

»Okay, dann also bis Samstag um neun.« Die Wohnungstür fiel ins Schloss. Hinter der Tür hörte ich sie laut schimpfen, dass sie nun nicht mal ausschlafen könne, obwohl doch Wochenende sei. Und was für eine Scheißidee das wieder mal von mir gewesen sei.

Ich flatterte an diesem Abend hilflos durchs ganze Haus und vermisste mein ältestes Küken fürchterlich. Steffen war für mich da, schenkte mir ein Glas Wein ein und legte vor dem Kamin liebevoll den Arm um mich. »Lass sie! Gib ihr Zeit, uns zu vermissen. Das Kratzbürstige ist reine Verunsicherung wegen des bevorstehenden Besuchs ihrer Mutter.«

Ich vergrub mein Gesicht an seiner Schulter und inhalierte seinen vertrauten Duft. Ohne Steffen wäre ich in dieser Situation bestimmt weinend zusammengebrochen.

»Die ist bestimmt gar nicht gekommen.« Felicitas trippelte nervös auf dem Bahnsteig auf und ab. Ihr Blick huschte über die Menschenmassen, die aus dem Intercity gestiegen waren und langsam in den Unterführungen verschwanden. Die Menge lichtete sich bereits, nur vereinzelte Passagiere tröpfelten noch aus dem Zug.

Auch ich war angespannt. War es richtig gewesen, diese Frau einzuladen? Hätten wir unsere familiären Probleme nicht selber lösen können? Nach achtzehn Jahren jemanden aus der Versenkung holen, der mit uns nichts zu schaffen hatte? Andererseits platzte auch ich vor Neugier. Wie würde sie sein, die Frau, die meine Felicitas zur Welt gebracht hatte?

»Jetzt warte mal ab.« Ich rieb mir fröstelnd die Hände. »Nicht zu fassen, wie viele Leute samstagmorgens nach Köln reisen.«

Der Intercity aus München hatte nun sämtliche Passagiere ausgespuckt. Wir drehten uns immer noch rastlos im Kreis, Felicitas und ich. Fast ertappte ich mich dabei, erleichtert zu sein. Sie war nicht gekommen. Auch gut.

Dann würden Felicitas und ich jetzt Arm in Arm nach Hause ziehen. Und es uns so richtig gemütlich machen.

Plötzlich tippte jemand Felicitas von hinten auf die Schulter. Oh. Oje.

Eine kleine verhärmte Frau stand vor mir, die auf den ersten

Blick viel älter aussah als siebenunddreißig. Felicitas wirbelte herum und fiel in eine Art Schockstarre.

Die kleine Frau entblößte eine Reihe schiefer Zähne, die wahrscheinlich lange keinen Zahnarzt gesehen hatten. Das sollte wohl ein Lächeln sein.

Sie trug eine graue Jeans, einen verwaschenen Rollkragenpullover und eine graue Jacke Marke »Nicht schön, aber praktisch«. Ihre hochhackigen Stiefel waren mit Nieten übersät und erinnerten ein bisschen an den Beruf, den sie früher mal ausgeübt hatte.

Okay, Senta, dein Auftritt. Du hast es so gewollt.

»Willkommen, Annette!« Spontan umarmte ich das zerbrechliche Wesen, wozu ich mich bücken musste.

»Netti«, sagte sie, wobei mir kalter Rauch entgegenwehte. Sie hatte auf erschreckende Weise Ähnlichkeit mit Felicitas, war eine Art extrem gealtertes Zerrbild von ihr.

O Gott, dachte ich, während ich tapfer zum Domparkhaus voranschritt. Aus den Augenwinkeln sah ich das Entsetzen in Felicitas' Gesicht, die mit einigem Abstand neben ihr herschritt, die Hände tief in den Manteltaschen vergraben. Den billigen Koffer aus Kunststoff zog Netti polternd hinter sich her.

Im Auto setzten sich Mutter und Tochter nach hinten, um sich ein wenig zu beschnuppern. Das hatte ich angeregt. Auch wieder falsch. Ich immer mit meinen bescheuerten Ideen! Felicitas' Nasenflügel bebten. Sicher war der kalte Rauch ihr unangenehm. Ich erklärte munter den Dom, den Rhein und die Zoobrücke, während Netti tatsächlich Felicitas' Hand hielt und streichelte.

In ihren Augen stand das pure Glück, während in Felicitas' Augen die nackte Angst stand.

»Wie fühlt sich das an, Netti?« Ich reckte neugierig den

Hals. »Ein Kind als Baby wegzugeben und es erst als erwachsene junge Frau wiederzusehen?«

»Subor!«

Dass Felicitas das kein bisschen super fand, brauchte ich nicht aus ihr herauszukitzeln. Ihr Gesicht sprach Bände. Das ist also meine Mutter, stand darin geschrieben. Diese kleine verhärmte Frau mit den fettigen Haaren, den ollen Klamotten und den schiefen Zähnen.

Tapfer und mit sehr gemischten Gefühlen fuhr ich das wiedergefundene Mutter-Tochter-Glück nach Hause.

Steffen und die Kinder begrüßten unseren Besuch herzlich. Ben trug sofort gentlemanlike Nettis Koffer ins Gästezimmer. Leyla stand wie immer abwartend in der Diele und schaute unter buschigen Augenbrauen hervor, während Maryam lebhaft um unseren Besuch herumtänzelte. Felicitas grämte sich einfach nur.

»Wollt ihr frühstücken?«, flötete ich aus meiner Flötottoküche.

»Isch bin ja viel zu aufgeregt«, ließ Netti sich vernehmen, und auch Felicitas war der Appetit gründlich vergangen.

»Dann macht doch einen Spaziergang«, schlug ich vor und tat so, als würde ich Felicitas' Dolchblicke nicht sehen. Sie sollte ihre Mutter einmal ganz für sich haben. Die beiden sollten einander jetzt mal aushalten. Die kleine Frau tat mir ein bisschen leid.

Die beiden zogen verlegen ab, wobei Netti sächselte und Felicitas sich fremdschämte.

Währenddessen saß der Rest der Familie am Frühstückstisch.

»Wie sieht die denn aus!«, sagte Ben verächtlich und klopfte sein Ei auf. »Voll assi irgendwie!«

»Ben!«

»Aber die stinkt, jetzt echt mal«, meinte Maryam und rümpfte ihr Näschen.

Leyla schaute unter ihren buschigen Augenbrauen hervor und sagte nichts. Bestimmt erinnerte sie sich gerade an Reza Kerman, der auch kein Volltreffer gewesen war.

»Wie lange bleibt die?«, fragte Ben kauend.

»Drei Tage. Morgen trifft sie sich mit Felicitas und Markus zum Mittagessen.«

»Markus?«

»Ja. Du weißt schon, ihr offizieller Adoptivvater.«

»Ach ja, stimmt ja. Dann hat sie sozusagen drei Väter. Mir reicht einer!« Ben grinste Steffen einvernehmlich an, und diesmal mochte ich ihn nicht zurechtweisen.

»Netti soll ihn kennenlernen.«

»Na, der wird sich bedanken!«

»Ben, bitte.«

»Das ist Felicitas doch bestimmt voll peinlich! Allein, was die anhat!«

»Und die Haare«, ekelte sich Maryam inbrünstig. »So schlecht gefärbt, und dann dieser rausgewachsene dunkle Haaransatz. Das geht gar nicht!«

Das fand ich zwar auch, hütete mich aber, etwas in der Art zu sagen. »Gute Friseure sind teuer, das kann sich eben nicht jeder leisten«, sprang ich für Netti in die Bresche.

Maryam verdrehte nur die Augen.

Nach dem Frühstück verkrümelten sich alle auf ihre Zimmer, und ich hatte wie immer das Nachsehen. Eine erschöpfte Felicitas kam vom Spaziergang mit ihrer Mutter zurück und teilte mit, dass sie sich jetzt gern in ihre eigenen vier Wände zurückziehen würde. Wie, die junge Dame machte sich vom Acker, und ich hatte Netti am Hals? So hatte ich mir das erweiterte Familienwochenende nicht vorgestellt!

Andererseits wollte ich Felicitas nicht länger quälen. Dafür liebte ich sie schließlich viel zu sehr. Mein Mutterherz schmolz, als ich Felicitas zur Tür begleitete. Ein besserwisserischer Kommentar meinerseits erübrigte sich voll und ganz.

Netti bezog unterdessen begeistert sächselnd das Gästezimmer. Unser Haus gefiel ihr ausgesprochen gut, und auch Felicitas hätte sich toll gemacht!

Ich kam mir vor wie eine Internatsleiterin, die einer Mutter das fertig erzogene Kind nach achtzehn Schuljahren zur Begutachtung präsentiert. Führerschein hatte es auch. Schöne Zähne, Kontaktlinsen, Tanzabzeichen, Frei- und Fahrtenschwimmer, Reitunterricht, Berufsausbildung: alles bestens.

»Du bist doch sicher müde«, sagte ich hoffnungsfroh. »Und möchtest nur noch schlafen.«

»Nee. Isch bin viel zu uffgereescht.«

»Ja, dann ...« Panisch überlegte ich, womit wir den Tag noch füllen konnten. In dem Moment klingelte mein Handy.

»Wie ist sie?«

»Oh! Hallo, Sonja! Ja, das ist eine gute Idee! Treffen wir uns also alle zum Mittagessen!«

»So schrecklich?«

»Vierzehn Uhr beim Italiener passt perfekt!«

»Ach Gott, du Arme.«

»Ganz locker, völlig leger, nicht groß in Schale schmeißen bitte!«

»Sag, sieht sie so daneben aus?«

»Also, dann bis gleich!«, flötete ich und zeigte Annette die Dusche. Die Mädchen zogen automatisch weiße Blusen an, Ben und Steffen ein Hemd.

Wenn wir auswärts essen gingen, war das bei uns selbstverständlich.

Ich führte Netti in unser Bad, in dem alle Kacheln glänzten, kein Härchen den Abfluss verstopfte und Meister Proper von jeder Fliese grinste.

Netti begrüßte es sehr, sich frisch machen zu können. Als sie nach zwanzig Minuten wieder rauskam, sah sie genauso aus wie vorher. Nur dass ihre Haare nun nass und hoffentlich bald luftgetrocknet waren.

»Na, bravo …«, dachte ich stumm.

Wir fuhren zum Italiener.

Die Wegeners hockten bereits gespannt wie acht Flitzebögen an dem langen, für uns reservierten Tisch. Ihnen fiel ziemlich synchron die Kinnlade runter, als sie Annette gewahr wurden.

Trotzdem fiel Sonja ihr sofort herzlich um den Hals. Zola, Moritz, Justus, Charlotte, Nora und Jonas, alle in gebügelten weißen Hemden und Blusen, begrüßten sie höflich, indem sie aufstanden, ihr die Hand reichten und ihre Vornamen sagten.

Paul wies ihr galant einen Platz am Tischende zu, damit sie die ganze Meute überblicken konnte. Felicitas musste natürlich neben ihr sitzen, ob sie wollte oder nicht. Verlegen nahm sie neben ihrer Mutter Platz.

Wir bestellten und halfen Netti bei der Auswahl. Sämtliche Kinder aßen manierlich mit Gabel und Löffel und rollten die Spaghetti zu mundgerechten Portionen auf.

Annette beugte sich tief über den Teller und saugte die Nudeln laut schmatzend ein. Sie hatte Ähnlichkeit mit einem struppigen Kind. Die Serviette blieb unangetastet neben dem Teller liegen. Mundwinkel und Kinn waren voller roter Soße, sie sah zum Fürchten aus. Sonja und ich sandten uns schockierte Blicke, und auch die Kinder starrten sie mit einer Mischung aus Faszination und Ekel an.

Nachdem Annette den letzten Bissen mit einem kleinen Bier hinuntergespült hatte, ging sie zum Rauchen vor die Tür.

Alle zehn Kinder starrten ihr entgeistert hinterher.

»Voll die Assitante«, wiederholte Ben.

»Kinder, bitte. Sie ist Felicitas' Mutter. Und kann nichts dafür, dass sie nicht aus solchen Verhältnissen kommt wie ihr.«

»Passt schon«, murmelte Felicitas und verzog sich auf die Toilette.

»Wollen wir ihr nachgehen?« Sonja und ich wechselten einen besorgten Blick.

»Ja. Es geht ihr im Moment echt nicht besonders gut.«

Wir folgten ihr hastig. »Hat sie Felicitas schon gesagt, dass sie mal als Prostituierte gearbeitet hat?«, zischte Sonja mir auf der Treppe zu.

»Nein! Pssst! Wenn sie es ihr nicht selber sagt, erfährt sie es auch nicht!«

»Hallo, Liebes!« Wir trafen Felicitas vor dem Waschbecken, wo sie sich kaltes Wasser ins Gesicht spritzte und fassungslos in den Spiegel starrte.

»Seh ich echt so aus wie die?«

»Aber nein, Felicitas. Du bist eine kleine Schönheit. Sie hat sich einfach nur nie gepflegt!«

»Was hat sie dir denn auf dem Spaziergang erzählt?« Neugierig baute sich Sonja an der Wand auf und zupfte in einer Übersprungshandlung Papier aus dem Spender.

»Och, eigentlich nicht viel. Dass sie damals sehr jung war und dass es mit ihrem … also mit meinem … mit dem Koch, der damals noch kein Koch war …«

»Was war der denn damals?«

»Sonja! Lass sie doch mal ausreden!«

»Der hat irgendwie mit ihr in der Gastronomie gearbeitet, aber mehr so auf einem Campingplatz. Ja, und die waren beide noch zu jung, und als das Jugendamt meinte, sie hätten schon eine Familie gefunden, die mich nimmt, hat sie zugestimmt, ohne zu wissen, wie sehr sie diesen Schritt später bereuen wird.« Felicitas wandte sich ab, nahm Sonja ein paar Blatt Papier ab und wischte sich die Augen.

»Liebes, wir können die Annette gut verstehen. Sie hat dich immer vermisst, und für sie ist dieses Wiedersehen ganz großes Kino«, versuchte ich eine Zwischenmoderation. Sonja nickte im Takt.

»Für mich doch auch, eh!« Felicitas stieß einen hilflosen Schluchzer aus. Sie ließ den Kopf hängen wie ein Blümchen, das nicht genug Sonne bekommen hat.

Sofort nahm ich meine Tochter fest in die Arme, und Sonja umarmte gleich das ganze Paket. So standen wir aneinandergeschmiegt da, als plötzlich die Tür aufging und eine nach Rauch riechende Annette den Toilettenvorraum betrat. Bevor sie etwas sagen konnte, nahmen Sonja und ich sie einfach auch noch in den Arm. So standen wir vier Frauen beim Italiener in der Toilette und lachten und weinten durcheinander. Und weil wir im Sensorbereich des Händetrockners standen, gab der auch noch seinen warmen Wind dazu.

Abends zogen sich wieder alle in ihre Höhlen zurück, und auch Felicitas war wie von der Tarantel gestochen in ihre Wohnung geflüchtet. So gesehen war es wieder an mir, mich um Annette zu kümmern. Natürlich. Während mein geliebter Steffen sich schweigend am Kamin zu schaffen machte und so tat, als wäre es das Normalste von der Welt, dass eine Wildfremde mit Tomatenflecken auf dem Pulli abends bei uns auf dem Teppich saß, guckte ich mit ihr alte Fotoalben an.

»Hier war Felicitas als Sandmännchen verkleidet, beim Kindertheater im Altenheim, und hier ... Ja, dieser kleine Nackedei hier in den Dünen, das war auf Sylt ...«

Wir blätterten. Netti roch nach Rauch und ein wenig nach

Schweiß, wahrscheinlich war sie nervös, die Arme. Ihre Finger waren gelblich, die Nägel abgekaut. Wenn ich da an Felicitas' gepflegte Hände mit den ovalen Fingernägeln dachte ...

»Und hier war ihr erster Schultag. Siehst du? Der Junge neben ihr ist Moritz.«

»Moritz?«

»Den hast du doch heute auch kennengelernt.«

»Ach, der witzische Dyp, der die Pierteckel mit Gola undorn Düsch gegleebt hat?«

»Was? Ich dachte, der hätte sich heute mal benommen«, rief ich aus.

»Egal, lass uns weiderplättorn!« Annette war ganz hingerissen von den schönen Felicitas-Fotos und meiner liebevollen Beschriftung.

»Da war sie vierzehn«, moderierte ich ein Bild an, auf dem sie im weißen Tennisdress in die Sonne blinzelte.

»Fürzn«, freute sich Netti und trank mehrere Schluck Rotwein auf ex. »Äscht subor.«

Ich sah sie von der Seite an. Jetzt hatte sie passend zu den roten Tomatensoßespritzern auch noch einen roten Schnurrbart. Frau!, hätte ich beinahe gesagt. Tut dir das denn nicht weh, dass deine Kleine so schön aufgewachsen ist – aber ohne dich?

»Isch war fürzn, als isch mit der Brostidution angefangen habe«, verkündete sie plötzlich übergangslos.

Steffen hustete in die Funken und meinte, er müsse dringend ins Bett.

»Ich hab ja morgen früh einen wichtigen Termin! Also, gute Nacht, die Damen.«

Nun war ich endgültig allein mit Netti und ihren unerquicklichen Jugenderinnerungen. Und wusste nicht, wohin mit meinen Gefühlen.

Eben noch hatte ich gebetet, sie möge endlich Müdigkeitserscheinungen zeigen, auch wenn ich mich vor einem allzu herzhaften Gähnen fürchtete. Denn der Gedanke, mich zu Steffen ins Schlafzimmer zu verkrümeln, war doch sehr verlockend. Aber nun war ich plötzlich wieder hellwach.

Sie wollte reden. Dann wollte ich ihr zuhören. Dazu war sie schließlich hier. Schnell holte ich noch eine Flasche Wein. Beide lehnten wir nun an dem Sofa und hatten die Beine ausgestreckt. Der Wein stand zwischen uns. Wie zwei alte Freundinnen, dachte ich. Außer, dass sie mich echt runterzog.

Nach einem weiteren Glas fing Felicitas' Mutter an zu erzählen: Sie war ein Heimkind und hatte ihre Eltern nie gekannt. Mit vierzehn fing sie an, die Schule zu schwänzen. Sie trieb sich herum, trank Bier und rauchte Gras. Dann verliebte sie sich in Pascal, einen Jungen vom Gymnasium, dessen Vater eine Druckerei besaß und dessen Mutter Ärztin war.

Die beiden jungen Leute trieben sich nun gemeinsam herum, was den Eltern von Pascal ein Dorn im Auge war. Daraus machten sie natürlich keinen Hehl, was den Jungen erst recht in Nettis Arme trieb. Die riss aus dem Heim aus, und gemeinsam nahmen sie sich einen billigen Wohnwagen – auf einem Gelände, auf dem sie erstaunlich toll aussehende junge Frauen trafen, die alle traumhafte lange Haare hatten, hochhackige Schuhe, Schmuck und Schminke. Der Couchtisch bog sich unter Schaumwein und Buletten, Schnittchen und Bier. Die Sofas waren mit rotem Satin überzogen, und es lagen Dutzende von weichen Kissen darauf. Es gab auch weiche Bademäntel und flauschige Handtücher, die zum Verweilen einluden. Man war allgemein sehr nett zueinander und hatte sich sehr lieb.

Das wollte Netti auch, der die Heimvergangenheit tief in den Knochen steckte: Mit sieben anderen Mädchen in einem

Zimmer schlafen, in Stockbetten, mit nichts als einer kratzigen Wolldecke ...

Ein kleines, verbotenes Paradies tat sich für sie auf!

»Darf ich auch mal?«, fragte Netti damals, deren dünne Haare ihr am Kopf klebten, und setzte eine dieser Perücken auf.

Eine sehr langbeinige, coole Mändi hängte ihr einen strassbesetzten Fummel an den Leib, malte ihr die Lippen rot und steckte ihre Füße in Lacklederstiefel mit hohen Absätzen.

Netti erkannte sich gar nicht wieder! Aus dem Aschenputtel war eine Prinzessin geworden! Jetzt sah sie aus wie Mändi und wollte auch den gleichen Job machen!

Pascal schlief mit ihr und sagte ihr, wie sehr er sie liebe. Zum Beweis ließ er sich ihren Namen an eine intime Stelle tätowieren: Annette.

Na gut, im Normalzustand stand da nur so etwas wie Netti, der Rest hatte sich vornehm verzogen.

Von daher, so lachte sie neckisch hinter vorgehaltener Hand, ihr Spitzname, auf den sie noch heute großen Wert legte.

Jetzt wurde mir so einiges klar: Pascal war ihre erste und vielleicht einzige große Liebe gewesen. Die beiden wurden beruflich wie privat ein erfolgreiches Paar, und als aus dieser Beziehung Chantal hervorging, versuchte das junge Glück zwar, ein normales Leben zu führen, doch irgendwie gelang das nicht. Die guten Einkünfte blieben aus, und das Jugendamt meinte, einem so jungen Pärchen aus dem Milieu kein Kind zutrauen zu können, und bot sofort Ersatzeltern an. So kam eins zum anderen – und Felicitas schließlich zu uns.

Am Ende dieser Erzählung umarmte ich Netti noch einmal herzlich und bedankte mich, dass sie mir so viel Klarheit über die Herkunft meiner Felicitas gegeben hatte.

»Morgen triffst du dich ja mit Markus und Felicitas in Köln, nicht wahr?«

»Ja, der Adoptivvador will mir den Dom und den WeeDeeÄrr zeigen.« Sie kicherte aufgekratzt. »Der spielt da ja in 'nem Orchäsdor und nimmt misch zu 'ner Brobe mit. Isch bin schon ganz uffgereescht.«

Tja, dachte ich, das wäre ich an deiner Stelle auch.

Tatsächlich war Markus seit Neuestem zurück in Köln, die Beziehung zu der Kreuzfahrtdirektorin war anscheinend in die Brüche gegangen.

»Dann schlaf mal gut. Bis morgen!«

»Du auch, und danke du, das is alles furschbar nätt hior!«

Ich für meinen Teil schlief überhaupt nicht gut.

Felicitas würde vor Scham sterben, wenn sie in diesen Kreisen, wo jeder sie kannte, die ungepflegte Netti im Schlepp hätte! Selbst wenn ich es Markus gönnte, sich mit so einer Frau blicken zu lassen – Felicitas gönnte ich es nicht. Ich warf mich von einer Seite auf die andere.

Damals im Wohnwagen hatte das mit dem Verkleiden doch schon mal geklappt. Was Mändi konnte, konnte ich auch.

Ich würde aus Netti morgen eine Dame machen. Ob sie wollte oder nicht!

Nach dem Frühstück, als Steffen und die Kinder aus dem Haus waren, weckte ich sie.

»Guten Morgen! Heute geht es in die große Welt der Kultur!«

»Hmpf?«

»Richard Strauss steht auf dem Programm – Rosenkavalier, zweiter Akt.«

»Gennischnisch.«

»Aber, liebe Netti, es wird Zeit, dass du dich schön machst!«

»Ogeeh!«

»Ich mach schon mal Kaffee, wie hättest du gern dein Frühstücksei?«

»Isch nehm nur 'n Gaffee!«

Sie duschte. Nach zwanzig Minuten kam sie mit der gleichen Nassfrisur wie am Vortag in die Küche, nur dass ihre Klamotten noch muffiger rochen als zuvor. In den Nietenstiefeln mit den hohen Absätzen sah sie einfach nur traurig aus.

Aus Liebe zu meiner Tochter fasste ich mir ein Herz.

»Du, Netti, darf ich dich mal was fragen?«

»Was 'n?!« Sie stand rauchend am Fenster und pustete in ihren Gaffee. Rein verdauungstechnisch ging es bei ihr wohl nicht anders.

»Hast du zufällig noch andere Sachen mit? Ich meine, außer diesem – ähm – Rollkragenpullover, der grauen Jeans und diesen – Stiefeln?«

»Nö, wieso?«

»Weil du ... Wie soll ich sagen ... Weil du ja heute zum Rundfunksinfonieorchester gehst, in die Philharmonie, und da zieht man sich schon – etwas feiner an.«

»Wieso? Is doch nur 'ne Brobe?«

»Ja, schon, aber ...« O Gott!, dachte ich. Senta, jetzt vorsichtig und taktvoll sein! Erst denken und dann reden, ermahnte mich Steffen immer, aber das war noch nie meine Stärke gewesen, und so platzte ich wie ein Elefant in den Porzellanladen.

»Die Klamotten gehen GAR nicht.«

Netti wurde knallrot. Sie schnippte die Asche aus dem Fenster und drückte ihren Glimmstängel aus, als wollte sie mich gleich mit vernichten. Dann giftete sie: »Du gannst aus mir geene andere Frau mehr machen! Entwedor isch passe eusch odor nich!«

Okay, durchzuckte es mich heiß wie ein Blitz. Jetzt hilft nur noch zurückrudern.

Ich zog Netti vor den Flurspiegel.

»Was siehst du?«

»Misch?«

»Was, glaubst du, machst du für einen Eindruck, wenn du so in den Rundfunksaal kommst? Und was glaubst du, wie Felicitas sich dabei fühlt?«

Ihre Röte vertiefte sich. »Nu, in ihren Augen seh isch wahrscheinlich nisch besondors gepflägt aus?!«

»Nicht nur wahrscheinlich, Netti. Mit Sicherheit. Und? Möchtest du ihr das antun?«

»Hab ja nischt anderes mit.« Trotzig kniff sie die Lippen zusammen. »Bin halt geene von eusch.«

Mit Selbstmitleid war uns nicht geholfen.

»Schau mal, mit der Kleidung ist es so wie mit einer Ritterrüstung«, rang ich mir eine pädagogisch wertvolle Erklärung ab. »Dein Umfeld muss ja nicht wissen, wie du dich fühlst. Denn so machst du dich angreifbar, Netti.« Ich sah mich neben ihr im Spiegel stehen wie im Bilderbuch »Die Struwwelliese« bei der Vorher-nachher-Version und versuchte ein mildes Lächeln.

»Bäschmarie und Klücksmarie«, kommentierte Netti.

»Schau, du kannst doch im Vorfeld vermeiden, dass die Leute dich in eine bestimmte Schublade stecken und dich schlecht behandeln oder hinter deinem Rücken tuscheln. Und du kannst auch vermeiden, dass Felicitas sich für dich schämt.«

Oje. Das waren klare Worte. Ich wollte ihr nicht wehtun, aber ich wollte Felicitas schützen.

»Ja, und wie soll isch jetzt …?« Netti wurde nachdenklich. Zum ersten Mal schien sie sich mit den Augen anderer zu sehen. Vielleicht mit den Augen von Felicitas.

»Wenn du einverstanden bist, style ich dich vor dem Treffen mit Markus und Felicitas noch ein bisschen um«, hörte ich mich anbieten. »So wird niemand auf die Idee kommen, was für eine Vergangenheit du hast. Du wirst sehen, die Leute werden positiv auf dich reagieren!«

»Meinste wirklisch?« Skeptisch betrachtete sich Netti im Spiegel und riskierte ein Schnüffeln unter ihren Achseln.

Begeistert zog ich sie ins Bad.

»So. Jetzt hauen wir erst mal diese Sachen hier weg, einschließlich des ollen Schlüppers.« Sie trug seit ihrer Ankunft einen pinkfarbenen Tanga, der immer unter ihrer Jeans hervorblitzte, wenn sie sich bückte und unerwünschte Einblicke in ihre Poritze gab. Was unseren Jungs Stielaugen bescherte. Nee, nee, nee. Das musste im WDR nicht sein.

Jetzt war ich so richtig in Fahrt.

Bewaffnet mit einer soliden Ausrüstung dezenter Baumwollunterwäsche, einer weißen Bluse, einer schwarzen schlichten Hose, schwarzen, flachen Stiefeln und einer Warmluftrundbürste nahm ich die Operation Netti in Angriff.

»So. Zieh das mal an. Das schenke ich dir.«

»Äscht jetzt?«

Gehorsam schlüpfte sie in die Sachen.

»Gut. Das war schon mal ein Anfang. Und jetzt stillhalten ...« Ich rückte ihr mit Kamm und Bürste zu Leibe und föhnte ihre dünnen Strähnen zu etwas ansatzweise Modischem, schminkte sie dezent mit einem Hauch von Rouge, Wimperntusche und Lipgloss. Das fing an, mir richtig Spaß zu machen! An mir war ganz klar eine Avon-Beraterin verloren gegangen! Ich sprühte ihr einen Hauch Chanel No. 5 um die Ohren. Zum Schluss zupfte ich ihr noch ein paar Ponyfransen zurecht und reichte ihr schlichte Ohrringe, die sie sich verwundert in die Ohrläppchen steckte.

»Na?«

»Wer is das denn?«, fragte Netti sichtlich verlegen, aber auch ein bisschen erfreut.

»Netti in Ritterrüstung!«

»Geene Bäschmarie mehr! Ich seh ja so rischtisch schick normal aus!«

»So soll es sein, Netti. Du siehst aus wie die nette Frau von nebenan, die sich für ein nettes Mittagessen mit ihrer Tochter und deren Vater verabredet hat.«

Mein Herz zog sich in warmer Liebe für Felicitas zusammen. So konnte ich Netti in die Öffentlichkeit lassen.

Unten im Flur nahm ich spontan noch meinen schwarzen Lieblingsmantel vom Bügel und hängte ihn Netti um. »Den schenke ich dir auch. Jetzt bist du perfekt angezogen.«

»Äscht jetzt? Wirklisch?« Netti drehte sich begeistert vor dem großen Spiegel und bleckte die Zähne. Schade, dass ich ihr auf die Schnelle nicht noch ein neues Gebiss schenken konnte.

Als wir zehn Minuten später vor Felicitas' Wohnung vorfuhren, stand die schon gramgebeugt an der Straßenecke. Fast so, als fürchtete sie sich davor, mit ihrer Mutter vor der Haustür gesehen zu werden. Also mit ihren beiden Müttern. Ihre Augen leuchteten dankbar auf, als sie die neue Netti sah.

»Mami, du bist die Beste, ich hab dich ganz doll lieb!«, flüsterte sie mir erleichtert ins Ohr. Ich setzte die beiden in die S-Bahn und wünschte ihnen einen schönen Tag.

Am späten Nachmittag rief Felicitas mich an.

»Na, Süße, wie war's?«

»Es war okay, Mami. Ich dank dir noch mal ganz dolle, dass du meiner ... ähm, dass du Netti – die Sachen geliehen hast.«

»Geschenkt.«

»Du bist die beste Mutter der Welt, und ich will keine andere. Das weiß ich jetzt.«

»Das hab ich doch gerne gemacht, Schatz. Wie fühlst du dich?«

»Ich weiß nicht. Papa hat Netti gleich nach dem Essen zum Zug gebracht. Sie wollte irgendwie doch nicht mehr in Köln bleiben. Und ich will sie auch nicht wiedersehen.«

»Und ihr Gepäck? Das liegt doch noch bei uns rum!«

»Sie sagt, du sollst es weghauen.«

»Okidoki«, sagte ich. »Wird gemacht.«

Große Erleichterung machte sich in mir breit.

34

Sonja

2013

»Nora?« Ich klopfte an die Zimmertür meiner jüngsten Tochter.

Doch die daneben öffnete sich.

»Sie ist nicht da, Mama.« Charlotte steckte den Kopf hervor. »Ich will ja nicht petzen, aber sie ist überhaupt nicht in der Schule gewesen.«

»Sie ist WAS nicht?«

Charlotte trat sichtbar verlegen von einem Bein aufs andere. Meine vierzehnjährige Tochter ging gemeinsam mit der störrischen, früh pubertierenden Nora aufs Gymnasium in Bergisch Gladbach und nahm deshalb jeden Morgen mit ihr den Bus.

»Nora hat gesagt, sie bringt mich um, wenn ich es dir sage.« Charlotte war dunkelrot angelaufen und sah mich betrübt an. »Aber ich glaube, das ist jetzt irgendwie nicht mehr petzen. Sie fährt einfach mit der S-Bahn nach Köln rein und hat da wohl 'ne Clique am Bahnhof.«

Ich fühlte, wie alles Blut aus meinem Gesicht wich. Meine Beine wurden zu Pudding. Kraftlos sank ich auf Noras Bett.

»Seit wann geht das so?«

»Angefangen hat es schon nach den Sommerferien. Sie hat deine Unterschrift gefälscht und sich krankgemeldet.«

Ich spürte, wie es in meinen Schläfen pochte.

»Mit wem … Ich meine, kennst du jemanden von ihrer – Clique?«

»Mama, sie bringt mich um, wenn ich dir das sage.« Charlottes Augen füllten sich mit Tränen.

Ich nahm meine Tochter liebevoll in den Arm.

»Liebes, Nora ist in größter Gefahr! Sie ist noch nicht mal zwölf!«

»Sie sagt, ihr seid nicht ihre Eltern, und sie kann machen, was sie will. Sie scheißt auf die Schule.« Verlegen steckte Charlotte die Hände in die Jeanstaschen. Mit sichtlichem Unbehagen rückte sie schließlich heraus: »Sie hat einen Freund.«

Ich verschluckte mich. »Sie hat WAS?«

»Er heißt Marvin. Und geht wohl auch nicht in die Schule!«

Ich sprang auf. »Wo wohnt der?«

»Keine Ahnung, Mama, ich weiß nur, dass er am Kölner Hauptbahnhof mit seinen Freunden abhängt.«

»Charlotte.« Ich packte sie an den Schultern und sah sie eindringlich an. »Kannst du heute Nachmittag auf Jonas aufpassen?«

»Natürlich, ich wollte zwar zum Reiten gehen, aber …«

»Bitte, Charlotte. Bleib einfach hier bei Jonas. Zola hat Spätdienst, Justus ist bei Ben, und Moritz kann ich für Notsituationen wie diese nicht gebrauchen. Bitte, meine Große!«

»Natürlich, Mama.«

Ich raufte mir die Haare und drehte mich sinnlos im Kreis. Paul anrufen!, war mein erster Gedanke. Aber er war in seiner

Firma, mitten in einer Konferenz. Ich konnte und durfte Paul nicht ständig aus seiner Arbeit herausreißen. Schließlich verdiente er das Geld, von dem wir alle lebten.

Ich griff zum Handy. Senta, wer sonst!

Meine Schwester hatte nach der ganzen Sache mit Netti bei Felicitas noch was gut. Und die versprach, bei Leyla und Maryam zu bleiben und mit ihnen Hausaufgaben zu machen, damit Senta mich nach Köln begleiten konnte.

Suchend irrten wir eine Stunde später durch den Hauptbahnhof, musterten jeden Halbwüchsigen, der auf den Stufen zum Dom herumhing, rannten hinter jedem Mädchen her, das von hinten aussah wie Nora, inspizierten Kleiderhaufen auf Kartonpappen, durchsuchten nach Urin stinkende Gänge bei den Gepäckaufbewahrungsfächern, rannten die Bahnsteige rauf und runter, durchforsteten Schnellrestaurants, Shops und dubiose Etablissements.

Nichts.

Mir brach schier das Herz, wenn ich mir vorstellte, dass meine kleine Nora ihre Tage hier zubrachte, zwischen all den Pennern und Bettlern, Drogendealern und Kleinkriminellen. Wie hypnotisiert starrte ich auf das Drehkreuz zu den Toiletten. Sie würde sich doch nicht dort unten ... Nein, diesen Gedanken ließ ich gar nicht erst zu.

»Wir lassen eine Durchsage machen!« Senta hatte die zündende Idee.

Schon zog sie mich zum Informationsschalter, und kurz darauf kam eine blecherne Stimme aus sämtlichen Bahnhofslautsprechern:

»Nora Wegener, bitte zum Informationsschalter in die Bahnhofshalle! Nora Wegener bitte!«

O Gott, ich kam mir vor wie in einem schlechten Film. Jeden Moment würde ich in Ohnmacht fallen! Senta war genauso kreidebleich wie ich, während wir wartend an der Wand des Reisezentrums lehnten.

Nein, ich musste jetzt stark sein. WIR mussten stark sein. Wir waren MÜTTER.

»Wenn sie das nicht verschreckt!«

»Vielleicht haut sie jetzt erst recht ab!«

Wir standen da, und mir war total schlecht. Mein Blick streifte suchend die Menschen, die sich an uns vorbeischoben. Keine Nora.

»Würden Sie Ihre Durchsage bitte noch mal wiederholen?«

»Nora Wegener«, hallte es nun schon drohender. »Bitte SOFORT zum Informationsschalter in die Eingangshalle!«

Plötzlich stand ein dicklicher, pickliger Kerl mit verkehrt herum aufgesetztem Käppi und Skateboard unterm Arm vor uns.

»Suchen Sie die Nora?« Er sah fragend zwischen Senta und mir hin und her. Wahrscheinlich hatte er nicht mit Müttern in doppelter Ausführung gerechnet.

»Nee, wir lösen gerade 'ne Fahrkarte nach Altenbeken! Mensch, was weißt du von ihr?« Ich wollte ihn schütteln, konnte mich aber gerade noch beherrschen.

»Die hängt immer mit dem Marvin ab.«

»So weit waren wir auch schon!« Senta und ich wechselten einen nervösen Blick.

»Und wo, wenn's keine Umstände macht?«

»Bei Marvin zu Hause.«

O Gott. Das durfte doch nicht wahr sein!

»Wo wohnt denn der Marvin?«

»Am Eigelstein.«

Na super. Der Eigelstein war ein Schmelztiegel aller möglichen Nationen und Religionen. Eigentlich ein wunderbar buntes Viertel – für Erwachsene! Und für Kinder, die dort aufgewachsen waren. Aber unsere Nora war ein Landei! Wir folgten dem Dicken, der sich als Dustin vorstellte, auf die Rückseite des Bahnhofs und rannten hinter ihm her, während er erstaunlich wendig auf seinem Skateboard vor uns herkurvte und lässig rauchte.

»Hier.«

Er zeigte auf ein fünfstöckiges, schäbiges Haus mit schmuddeligen Kacheln, wo ich nicht als tote Katze über dem Zaun hängen wollte. Plastikmüll lag überall herum, ein leerer Einkaufswagen stand zwischen kränkelnden Sträuchern, und Unkraut wucherte aus allen Ritzen.

Auf der Straße davor tummelte sich das Leben, tief verschleierte Frauen huschten zum Einkaufen, Kinder spielten zwischen den Mülltonnen, und in schummrig beleuchteten Spelunken sah man Männer auf Plastikstühlen sitzen und auf kleine flimmernde Fernseher starren. Es roch nach allen Gewürzen des Orients, jedoch auch nach Urin und Abgasen.

»Wie heißt denn der Marvin mit Nachnamen?« Angestrengt starrte ich auf die drei Dutzend Klingelschilder.

»Schmitz.«

Senta leuchtete mir mit ihrem Handy, und es verging gefühlt eine Stunde, bis ich endlich ganz oben rechts ein handgeschriebenes krakeliges »Schmitz« neben einem anderen unleserlichen Namen entziffern konnte.

Wir drückten beide gleichzeitig auf den klebrigen Klingelknopf. Senta reichte mir wortlos ein Desinfektionstuch aus ihrer Handtasche.

Es dauerte eine Ewigkeit, bis schließlich eine Männerstimme unwillig fragte: »Wer stört?«

»Ähm, Prinz und Wegener, entschuldigen Sie bitte, aber wir würden gern kurz mit Ihnen reden …«

»Wenn ihr vom Jugendamt seid, verpisst euch!«

»Nein, nein, wir suchen nur unsere Tochter!«

»Aber nicht hier!«

»Wenn Sie der Vater von Marvin sind, vielleicht doch ...?«

»Also, wir wollen das Jugendamt ja nicht extra bemühen müssen ...«, drohte Senta auf Zehenspitzen stehend über die Gegensprechanlage, »... aber wir können auch anders!«

Kommentarlos schnarrte der Türöffner. Gleich darauf fanden wir uns in einem dunklen, muffigen Hausflur wieder, dessen Wände mit Graffiti besprüht waren.

»Ähm, braucht ihr mich noch?« Dustin kippelte verlegen auf seinem Skateboard herum.

»Du hast uns sehr geholfen, vielen Dank.«

»Ja. Der Alte kann nämlisch escht voll aggro werden, und da happisch kein Bock drauf.«

Wir waren uns auch nicht so sicher, ob wir Bock auf Herrn Schmitz hatten, aber da mussten wir nun durch. Keuchend arbeiteten wir uns die fünf Stockwerke hoch. Vor jeder Wohnungstür standen die verschiedensten Gegenstände – Kinderwägen und Schuhe, aber auch Mülltüten und Gerümpel. Oben angekommen, wurden wir Herrn Schmitz' ansichtig. Voll das Klischee: ein bulliger, kahl geschorener Kerl um die vierzig, dessen Schmerbauch sich unter einem Rippenhemd über die Jogginghose wölbte. In der einen Hand hielt er eine Zigarette, in der anderen eine Flasche Kölsch. Auf seinen fleischigen, behaarten Armen war zwischen den ganzen Tätowierungen kaum noch ein freies Fleckchen Haut zu finden. Seine rechte Augenbraue zierte ein Piercing.

»Eh, isch glaub, ich spinn. Komma, Hilde, ich seh schon allet doppelt.«

Hilde erschien im spärlich beleuchteten Flur. Sie war dick wie ein Fass, ihre blondierten Haare waren hochgesteckt, sodass der schwarze Haaransatz zu sehen war, und außer einer Zigarette hielt sie auch noch eine fette Katze im Arm.

Sie trug zur Feier des Tages einen silberfarbenen Jogginganzug mit Leuchtstreifen, der farblich genau zu ihren tellergroßen Ohrgehängen passte.

»Jau«, entfuhr ihr mit heiserer Raucherinnenstimme. »Dat is dat doppelte Lottchen.«

»Bitte entschuldigen Sie die späte Störung ...«, versuchten wir es erst mit unserer guten Erziehung.

»Wir kaufen nix.« Hilde war anscheinend ahnungslos. Herr Schmitz brachte sie auf den neuesten Stand: »Nee, die kommen wegen dem Marvin.«

»Sind Sie vom Jugendamt?«

»Nein, wir sind Noras Mütter. Ach, Blödsinn. ICH bin Noras Mutter, und das ist meine Schwester, Noras Tante.«

»So sehn Se aber gar nich aus. Die Nora is doch 'ne kleine Schwatte.«

»Sie ist meine Adoptivtochter.«

»Ja, wenn dat so is, kommense rein, is aber gerade nich aufgeräumt.«

Das hatten wir auch nicht erwartet.

Erleichtert schoben wir uns in die rauchgeschwängerte Wohnung, nachdem das nette Ehepaar uns großzügig hereingewinkt hatte. Mehrere Katzen wurden von der Wolldecke gescheucht, die auf dem speckigen Sofa lag.

»Setzt euch, Mädels.«

Hilde schob geflissentlich einen Wäscheständer aus dem Weg, auf dem allerlei Handtücher, Unterhosen und Socken mehr standen als hingen. Sie machten jedenfalls keinen weichgespülten Eindruck.

Auf der Fensterbank und auf dem fleckigen Teppich stapelten sich leere Bierdosen, Zigaretten- und Pizzaschachteln. Ein beißender Gestank nach Katzenpisse, Essensresten, Schweiß, Rauch und Alkohol lud zum gemütlichen Verweilen ein.

Ich schob unauffällig mit dem Fuß etwas zur Seite, das wie ein getrockneter Katzenköttel aussah. Es konnte aber auch ein festgebackener Lockenwickler sein.

»Wat wollt ihr trinken?«

»Wat hasse denn noch da, Liebelein?«, fragte Herr Schmitz, um Auflockerung der Atmosphäre bemüht.

»Bier, Bier und Bier. Hahahaha«, lachte das Liebelein rau, aber herzlich und drückte jeder von uns eine Pulle Kölsch in die Hand. »Musse nachher nomma nachm Büdsche hin, Kalle.«

Kalle kratzte sich den speckigen Nacken. »Also dann, erst mal auf gute Zusammenarbeit. So 'ne lecker Mädsche kommen ja auch nit alle Tage zu uns, wat, Hilde?«

Senta und ich tranken in Ermangelung eines Glases einen Höflichkeitsschluck aus der Flasche und wechselten vielsagende Blicke. Wir waren nicht so sicher, ob wir an einer Zusammenarbeit mit diesen Herrschaften interessiert waren.

»Wir wollen eigentlich nur wissen, wo Nora ist.«

»Ja. Wir machen uns Sorgen. Sie ist doch erst zwölf.«

»Also der Marvin ist fünfzehn, aber der geht noch für zwölf durch. Sonne Kindskopp.«

Kalle machte eine Handbewegung, als wollte er den Kindskopp mal kräftig in den Nacken hauen. Wahrscheinlich tat er das auch oft und gern.

»Seit wann sind die beiden denn … ähm …« Das Wort »zusammen« oder gar »liiert« wollte mir einfach nicht über die Lippen kommen. Deshalb setzte ich lieber noch mal die Bierflasche an und trank mir Kalle und Hilde schön.

»Och, die kennen sich seit en paar Wochen, ne, Liebelein? Is ja 'n nettes Mädsche, dat kleine Schwatte.«

»Janz jut erzojen! Sacht bitte und danke – und Tschö mit ö.«

»Ich bin nur leider gar nicht damit einverstanden, dass Nora sich hier in der Bahnhofsgegend herumtreibt!« Jetzt musste doch mal Klartext gesprochen werden!

»Nee, der Marvin kricht nachher auch 'n Aaasch voll«, versprach Kalle hilfsbereit. »Der hat sich im Dunkeln au nich mehr draußen rumzutreiben.«

»Wo könnten die beiden denn sein?«

»Im Paaak?«

»Da isses doch getz dunkel!«

Boah, war die Frau helle!

»Tu den doch ma anrufen, Kalle. Ob er sich wohl meldet.«

Ihre Ideen wurden ja immer genialer!

Wütend hieb Kalle auf sein Handy ein, aber bei seinem Sohn klingelte es durch.

Das Gleiche hatten Senta und ich ja auch schon x-mal bei Nora probiert. Entweder ließ sie es absichtlich klingeln, oder ihr war wirklich etwas zugestoßen. Ich wusste nicht, was schmerzvoller war.

»Na, dem zieh ich ordentlich die Hammelbeine lang!« Kalle war jetzt nicht mehr zu Scherzen aufgelegt. »So. Ich geh den getz suchen. Muss eh nomma runter zum Büdchen, von wegen Nachschub. Wat is? Kommta mit, Mädels?«

Das ließen wir uns nicht zweimal sagen.

»Ich geh aumit!« Hilde wuchtete sich aus dem Sessel und schmiss sich in einen Leopardenkunstpelz.

Gemeinsam stampften wir die vielen Treppen wieder runter. Unten im Hof ließen wir alle unsere Handys aufleuchten und suchten damit sämtliche Winkel ab.

»Marvin! Nora!«, riefen wir. »Kommt, ihr Lieben, es ist doch kalt!«

Und Kalle Schmitz: »MARVIN! NORA! Isch bresch eusch

alle Knochen, wenn isch eusch erwische, und zwar so, datter de Sterne zählen könnt!«

Aus den Augenwinkeln sah ich Dustin, der wie eine Ratte im Rinnstein davonhuschte.

Inzwischen hatten auch andere Bewohner dieses sozial schwachen Brennpunkts mitgekriegt, dass hier Nachbarschaftshilfe angesagt war.

Ein ganzer Pulk rottete sich zusammen und half bei der Suche.

»Eh, isch weiß, wo die sind!«, meldete sich schließlich ein Halbwüchsiger mit Flaum auf der Oberlippe. »Die hängen dahinten unterm Mazda ab!«

Ich traute meinen Augen nicht, als Nora plötzlich im Schein verschiedener Taschenlampen unter einem parkenden Auto hervorkrabbelte.

Trotzigen Blickes kam sie auf uns zu. Von Reue oder Wiedersehensfreude keine Spur. Blanker Hass stand in ihren schwarzen wilden Augen. Dabei sah sie in ihrem roten Anorak doch noch genauso aus wie heute Morgen! Sie war mein kleines Mädchen, dem ich noch Paprikaschnitze und ein Brot mit Vollwertaufstrich in der Tupperdose mitgegeben hatte!

Es war, als hätte jemand meine kleine Nora verhext.

»Nora! Bist du verrückt geworden? Was machst du hier? Wir suchen dich schon seit Stunden!«

Ich packte sie am Arm. Dabei wollte ich sie eigentlich nur umarmen.

»Lass mich, ich hasse dich, du bist nicht meine Mutter!« Nora riss sich los und spie mir diese unglaublichen Worte ins Gesicht. Meine Wangen brannten vor Scham.

Senta sprang mir hilfreich zur Seite und versuchte, Nora am Anorakärmel zu ziehen. Aber auch sie bekam schlimmste Schimpftiraden und Schmähungen ab. Nora schubste mich.

Nie hatten wir in unserer Familie je solche Worte benutzt wie die, die gerade aus Noras Munde kamen. Geschweige denn, dass wir handgreiflich geworden wären!

Wir bedankten uns bei Marvins Eltern und schoben die bockige Nora vor uns her.

Dabei war bockig noch untertrieben. Hasserfüllt oder mordlüstern traf es besser. Ich erkannte sie nicht wieder. Von wem stammte sie ab? Welche Gene hatte sie? Und warum rastete sie jetzt auf einmal so aus?

Sie wehrte sich, als wären wir zwei Entführerinnen und nicht ihre Mutter und ihre Tante! Mit vereinten Kräften bugsierten wir unser tobendes Früchtchen ins Auto.

Auf der ganzen Rückfahrt trat sie mit voller Wucht gegen meinen Fahrersitz. Längst standen mir die Tränen in den Augen, und auch Senta hatte weiße Flecken im Gesicht. Ohne sie hätte ich meine Tochter gar nicht mehr nach Hause schaffen können.

Ich versuchte tief durchzuatmen.

Einwürfe wie »Was hast du dir nur dabei gedacht?« oder »Bei uns gelten klare Regeln!« gingen in markerschütterndem Gekreisch unter.

Das war nicht mehr unser Kind, das wir da nach Hause brachten.

Zum Glück wusste ich zu diesem Zeitpunkt noch nicht, dass wir erst ganz am Anfang eines schrecklichen Albtraums standen. Aber eines wusste ich sehr wohl: Nora konnte nichts dafür. Und sie brauchte dringend Hilfe …

35

SENTA
2013

»Ben? Hast du etwa gekifft?«

»Nein, Quatsch! Lass mich bloß in Ruhe, eh!«

»Ben! Guck mich mal an!«

»Eh, fass mich nicht an, eh!«

»Ben, du hast riesige Pupillen! Ich bin doch nicht blöd. Deine schulischen Leistungen sind miserabel, du musst die zehnte Klasse wiederholen, deine Lehrer rufen hier alle naselang an, und neulich musstest du bei der Polizei eine Zeugenaussage machen!«

»Ja, aber ich hab nix gemacht!«

»Nein. Du hast nur zugeguckt. Genau wie Moritz: Der war auch immer nur zufällig dabei, wenn andere mit Cannabis gedealt haben. Und Justus ist da auch nicht besser.«

War es denn die Möglichkeit, dass alle unsere Kinder plötzlich wieder in das Milieu zurückdrifteten, aus dem sie ursprünglich stammten? Sollten die vielen Jahre liebevoller, konsequenter Erziehung völlig umsonst gewesen sein?

»Was kann ich denn dafür!«

»Steffen, bitte sieh dir mal deinen Sohn an.« Kraftlos sank ich auf den Küchenstuhl. Mein Mann kam genau im richtigen Augenblick nach Hause.

»Im Zweifel für den Angeklagten.« Steffen zog sich müde die Schuhe aus. »Unser Sohn kifft nicht. Dafür haben wir ihm viel zu oft erklärt, was das mit ihm anrichten würde.«

»Sag ich doch!«, wieherte Ben triumphierend. Doch seine Pupillen sprachen eine ganz andere Sprache.

»Ich würde dir so gerne glauben, Ben. Aber für dumm verkaufen lasse ich mich nicht.«

Ich bohrte und bohrte und gab keine Ruhe, obwohl ich mir selbst schon furchtbar penetrant vorkam. Leyla und Maryam hatten sich vor dem allabendlichen Donnerwetter längst in ihre Zimmer verdrückt. Felicitas lebte längst in ihrer eigenen Wohnung. Ich hätte mich zurücklehnen und den Feierabend einläuten können. Aber als verantwortungsvolle Mutter tut man so was nicht.

»Ben! Du machst dir dein Leben kaputt! Ist dir das denn nicht klar?!«

»Lass mich in Ruhe, Mann!«

»Ich bin kein Mann. Ich bin deine Mutter. Du kannst abhängig werden von dem Zeug, und dann kommst du nicht wieder davon los!«

»Quatsch, eh!«

»Gar kein Quatsch!« Ich plusterte mich vor ihm auf wie eine Henne und stemmte die Hände in die Hüften. »Wir fahren jetzt zu unserem Hausarzt, und ich lasse einen Bluttest bei dir machen!«

»Der hat ja gar keine Sprechstunde mehr«, quietschte das Kalb panisch.

»Dann rufe ich eben den Notarzt an. Die Rettung. Die 110!«

Das war natürlich nur Säbelgerassel, aber Ben fiel darauf rein.

Steffen wollte gerade beschwichtigend die Hand auf meinen Arm legen, als Ben einknickte.

Er ließ den Kopf auf die Tischplatte sinken und fing an zu heulen. Seine Schultern zuckten, und seine Stimme kippte. »Okay, ich geb's ja zu!«

»Was, Ben? Was gibst du zu?«

»Ich kiffe, wenn ihr es genau wissen wollt!« Wütend hob er den Kopf und sah uns aus geröteten Augen an.

Mein Herz raste. Also doch. Ich hatte es gewusst. Automatisch schob ich ihm die Küchenrolle hin und setzte mich neben ihn.

»Ben! Du musst Vertrauen zu uns haben, sonst können wir dir nicht helfen!«

»Ich glaub, ich bin schon abhängig!« Ben schluchzte. »Ich kann gar nicht mehr aufhören! Aber alle kiffen!«, begehrte er auf. »Alle, Justus auch! Ich wollte kein Weichei sein, also hab ich es auch gemacht!«

»Und woher hast du das Geld?« Steffen sah seinen Sohn ernst an.

Von Sonja und Paul wussten wir, dass Moritz sie regelmäßig beklaute. Sie waren wirklich mit ihrem Latein am Ende. Die Elektrikerlehre bei meinem ehemaligen Verehrer hatte Moritz auch nicht durchgezogen und saß nun mit knapp zwanzig wieder arbeitslos zu Hause rum.

»Ben! Willst du dir deine Zukunft genauso verbauen wie Moritz?«

»Du hast doch Pläne, Ben! Du willst doch in die Firma einsteigen. Bei deinem Talent!«

Ben zog nur die Schultern hoch und verzog den Mund zu einem trotzigen Strich.

O Gott. Mein Kopfkino sprang an. Jetzt ging das bei uns also auch los. Wie oft ließ ich meine Handtasche in der Küche stehen. Ich war ja so sicher, dass ich meinen Kindern vertrauen konnte! Die Enttäuschung traf mich wie ein Schlag ins Gesicht. Ben beklaute mich? Trotz all der Liebe, Fürsorge und Geduld, die ich ihm seit vierzehn Jahren entgegenbrachte? Und Steffen? Der ihn noch adoptiert hatte, als er fast drei war? Weil Markus dazu keine Lust mehr gehabt hatte? Steffen, der bedingungslos zu ihm hielt und immer an das Gute in seinem einzigen Sohn glaubte?

Das hatten wir nicht verdient.

Aber was wollte ich anderes erwarten?

Bens Mutter war drogensüchtig gewesen. Ben war davon bereits im Mutterleib in Mitleidenschaft gezogen worden. War es da nicht völlig klar, dass er eines Tages ebenfalls in die Drogensucht rutschen würde? Wie konnte ich nur so naiv und gutgläubig sein!

»Ich rufe sofort unseren Hausarzt an«, wiederholte ich. »Ich hab seine Privatnummer.«

Während Ben in der Küche weiterjammerte und Steffen ihm geduldig zuhörte, erzählte ich Enno, mit dem wir und die Wegeners gut befreundet waren, von Bens Enthüllungen.

»Ihr solltet sofort zu einer Drogenberatung gehen.« Enno diktierte mir bereits die Nummer. »Macht eurem Sprössling klar, dass ihr ab sofort täglich Drogentests bei ihm durchführt und ihn, wenn er weiterkifft, zur Entgiftung in die Suchtklinik einweisen lasst! Geschlossene Abteilung.«

Das sagte ich genau so und in dem gleichen bestimmten Tonfall zu Ben. Sein Gejammer erstarb, und er starrte uns mit großen braunen Augen verängstigt an.

»Echt? Das macht ihr?«

»Das machen wir.« Steffen nickte ernst. Er nahm meine Hand, und ich wusste, dass dieser Mann immer zu mir halten und mich mit der Erziehung unserer vier Sprösslinge nie alleinlassen würde.

Zwei Tage später saßen wir bereits bei der Drogenberatung in Bergisch Gladbach. Steffen hatte sich freigenommen, um Ben zu demonstrieren, wie ernst wir sein Problem nahmen.

Der Drogenberater zärtelte nicht lange mit unserem Sohn herum.

Ben war regelrecht entsetzt, als der Mann ihm Fotos von Drogensüchtigen zeigte. »Na? Möchtest du so enden? Willst du das deinen Eltern antun?«

»Nein! Es tut mir so leid! Ich werde nie wieder Drogen nehmen!«

»Dann beweise es! Hier …« Der Drogenberater gab uns den Test mit. »Von nun an werden deine Eltern täglich deinen Urin kontrollieren. Es wird Wochen dauern, bis du clean bist. Wenn du einen starken Charakter hast, schaffst du es. Wenn nicht, weise ich dich in eine geschlossene Suchtklinik ein. Da bleibst du sechs Monate und kriegst keinen Besuch.«

Das saß. Ben war nur noch ein Häufchen Elend, als wir wieder nach Hause fuhren.

»Aber was soll ich jetzt meinen Kumpels sagen?«, kam es kleinlaut von der Rückbank.

»Gar nichts«, entschied Steffen. »Wir nehmen dich von der Schule.«

»Sonja und Paul machen mit Justus das Gleiche, nur damit du es weißt.«

»Das hier ist kein Kindergeburtstag. Sondern deine allerletzte Chance, noch mal die Kurve zu kriegen, Sohn!«

Ich liebte meinen Mann für seine Entschlossenheit und Konsequenz. Natürlich war es mühsam, eine neue Schule für Ben zu suchen und ihn eine Zeit lang von Justus fernzuhalten. Aber es zeigte unserem Sohn auch, dass er uns das alles wert war.

Es dauerte mehr als vier Wochen, bis der erste Test negativ war und alle Giftstoffe aus Bens jungem Körper hinausgeschwemmt worden waren.

Sonja und ich tauschten uns jeden Abend über unsere Fortschritte aus. Schließlich sollten unsere Jungs einmal in Pauls Firma einsteigen, aber dafür brauchten sie die mittlere Reife. Und von der waren sie noch ein ganzes Schuljahr entfernt.

»Ich will jetzt auch meine leibliche Mutter finden«, eröffnete uns Ben, nachdem er wieder stabil war und in seiner neuen Schule die zehnte Klasse wiederholte.

»Dann mach mal«, ermunterte ihn Steffen. »Kannst sie ja mal auf Facebook suchen. Ihren Namen kennst du schließlich.«

Bens leibliche Mutter hieß Sarafina Tscholpe und stammte aus Döbeln. Das alles wusste ich noch vom damaligen Jugendamt, von Frau Stumpf.

»Seid ihr okay damit?«

»Natürlich. Du kennst mich doch. Bis jetzt habe ich noch alle leiblichen Eltern aus ihren Löchern gescheucht.« Ich grinste meinen fünfzehnjährigen Sohn liebevoll an. »Sie sind alle bei uns herzlich willkommen.«

Über Bens Mutter wusste ich aus meinen damaligen Mitschriften am Telefon, dass sie früher in der rechten Szene unterwegs gewesen war. Ich hatte Bilder von ihr gesehen, von einer untersetzten, trotzig dreinblickenden jungen Frau mit kahl rasiertem Schädel, in Kampfstiefeln und schwarzen Klamotten voller Hakenkreuze und Nazi-Parolen.

Vielleicht hatte sie sich inzwischen zu einer vernünftigen Frau entwickelt?

Mit einem verschämten Grinsen verzog sich Ben an seinen Computer. Ich ließ ihn selbstständig nach seiner Mutter suchen. Anders als bei Felicitas spürte ich, dass Ben mit dieser Sache erst mal allein sein wollte. Und im Internet kannte er sich ohnehin besser aus als ich.

Wenige Tage später bereits hielt er mir ein paar ausgedruckte Seiten unter die Nase.

»Guck mal, Mama. Ich hab sie gefunden.«

Als ich das Foto sah, entfuhr mir ein dumpfes »Oh«.

Bens Mutter war nicht mehr untersetzt. Sondern fett. Sie hatte raspelkurze schwarze Haare und war tätowiert. Neben ihr auf dem Foto war ein noch fetterer tätowierter Mann und ein halbes Dutzend fette Kinder zu sehen, umrahmt von fetten Hunden und Katzen. Das ganze Familienidyll spielte sich in einer schäbigen Küche vor einem Hakenkreuz-Plakat ab.

»Die hatte ich mir anders vorgestellt.« Bens Enttäuschung war nicht zu übersehen.

»Willst du ihr schreiben?«

»Hab ich schon.«

»Und? Will sie uns besuchen?«

Dass ich diese Frau nicht unter meinem Dach haben wollte, musste ich hoffentlich nicht erklären.

»Nee, die geht mir jetzt schon auf den Sack.«

»Ben! Wieso geht sie dir auf die Nerven?«

»Die schreibt mir dauernd auf Facebook, aber voller Fehler, und irgendwie hab ich die Schnauze voll.«

»Ben!«

»Die soll mich mit ihren Nazi-Sprüchen in Ruhe lassen.«

»Dann sag ihr das, Ben.«

»Ich trau mich nicht, Mama. Kannst du das nicht machen?«

»Na, dann muss Muttern wohl mal wieder ran!« Ich umarmte meinen schlaksigen Kerl und strich ihm liebevoll über die modische Borstenfrisur. Er ließ es geschehen.

Am Abend nahm ich mir die dicke Nazi-Mutter per Telefonhörer zur Brust.

Sarafina Tscholpe freute sich riesig, Ben wiedergefunden zu haben, und ließ mich bereitwillig wissen, dass sie jeden Tag ihres Lebens an ihn gedacht habe. Nun sei ihre Familie ja wieder komplett, und das beglücke sie sehr. Offensichtlich schienen alle abgebenden Mütter zu denken, ihre Kinder hätten genauso Sehnsucht wie sie. Dabei war es bei ihnen nichts als Neugier, und wenn die gestillt war, hatten sie ungefähr genauso viel Verlangen nach ihren leiblichen Eltern wie nach einer unangekündigten Mathearbeit.

»Was ist eigentlich mit Bens Vater?«, spielte ich zuerst noch meine Karten aus.

»Ich würde Ben nicht raten, sich mit ihm in Verbindung zu setzen. Er ist schwer heroinsüchtig und saß lange im Knast.«

Okay. Jetzt würde ich es Ben auch nicht mehr raten. Da waren die dicke Mutter und ich uns ausnahmsweise einmal einig.

»Ich war ja vor Bens Geburt auch schwer drogenabhängig und habe wegen Beschaffungskriminalität sechs Monate lang eingesessen«, informierte sie mich freimütig. »Dann habe ich mich allerdings zu einer Drogentherapie durchgerungen, bei der ich meinen jetzigen Mann kennengelernt habe. Mit dem habe ich vier Kinder.«

»Ja, die habe ich schon auf dem Foto gesehen.«

»Mein Mann war auch drogensüchtig.« Ich hörte sie rauchen. »Ja, wir sind eine ziemlich drogensüchtige Familie, mein Kevin ist zwölf und hat auch schon Haschisch in der Tasche.« Sie lachte. »Hasse Haschisch inner Tasche, hasse immer was zu nasche. – Kleiner Scherz.«

Ich räusperte mich und tat so, als hätte ich das nicht gehört.

»Also, der Ben kann gerne herkommen. Seine Geschwister freuen sich schon auf den großen Bruder, und ich bin natürlich auch ganz gespannt, wie der sich so entwickelt hat. Wie seid ihr denn so politisch drauf? Habt ihr auch von Ausländern so die Schnauze voll? Bei uns ist ja ein Asylbewerberheim, aber nicht mehr lange.«

Ich starrte fragend den Hörer an. Hatte sie das gerade wirklich gesagt?

Bevor sie weitere Verabredungen bezüglich einer Familienzusammenführung mit mir treffen konnte, teilte ich ihr freundlich, aber bestimmt mit, dass Ben mich darum gebeten hatte, ihr auszurichten, dass sie ihm keine Mails mehr schreiben sollte.

»Aber wieso denn nicht? Wir haben uns doch gerade erst wiedergefunden!«, hakte sie nach.

»Nein. Gar nichts. Bitte! Lassen Sie Ben in Ruhe erwachsen werden.«

»Aber ich denke, er will mich kennenlernen! Und seine Geschwister!«

»Jetzt nicht mehr. Ihre politische Gesinnung ist mit unserem Menschenbild nicht vereinbar. Wir wünschen Ihnen noch ein schönes Leben.«

Ich legte schnaufend auf.

Auf Facebook fanden Ben und ich dann auch noch den drogenabhängigen Vater.

Schock! Sah der Ben ähnlich! Der war irgendwie überhaupt nicht erwachsen geworden! Ein schlaksiger großer Junge, allerdings mit deutlichen Spuren von Drogenmissbrauch im Gesicht.

Er hätte auf einem dieser Abschreckungsfotos vom Drogenberater sein können.

Ben – Bens Vater. Vorher – nachher.

Ben war sichtlich mitgenommen und starrte auf das Foto seines Erzeugers.

»Wie geht es dir jetzt damit?«, fragte ich ihn sanft.

»Ich will nie so werden wie der, ich schwör!«

»Dann haben wir das Thema also auch besprochen?« Erleichtert lehnte ich mich zurück.

Die Antwort war ein flüchtiger Kuss auf meine Wange. Ich legte verzückt die Hand darauf und nahm mir vor, mich heute Abend nicht dort zu waschen.

36

SONJA
2013

»Mamaaaaaa! Hilfe! Die Nora will mir was tun!«

Jonas' Schrei durchbrach die Abendstille und ging mir durch Mark und Bein. Ich knallte den Topf, den ich gerade von Mittagessensresten befreite, auf die Herdplatte und raste die Treppe hinauf, immer drei Stufen auf einmal nehmend.

Mein Sechsjähriger kauerte im Schlafanzug in seinem Bett und sah sich einer wahnsinnig gewordenen Nora gegenüber, die ihn mit wutverzerrter Miene anbrüllte:

»Ich hasse dich!«

»Nora!«, brüllte ich außer mir vor Schreck. »Lass sofort Jonas in Ruhe!«

»Und dich hasse ich auch, du bist nicht meine Mutter, ihr habt sowieso nur den da lieb!« Dabei durchbohrte sie Jonas mit tödlichen Blicken.

Ging das schon wieder los! Begütigend legte ich ihr eine Hand auf die Schulter, als sie plötzlich herumschnellte und mir mit voller Wucht gegen das Schienbein trat. Ich taumelte zurück, und der Schmerz trieb mir Tränen in die Augen. Was war bloß in Nora gefahren? Vor mir stand eine Wildfremde.

»Charlotte!«, brüllte ich in Panik über die Schulter und zischte Nora zu: »Rühr mir den Kleinen nicht an!« Schützend stellte ich mich zwischen ihn und seine völlig durchgedrehte Schwester, versuchte mit aller Kraft, Nora davon abzuhalten, auf ihren Bruder loszugehen.

»Halt die Fresse!«, fauchte Nora. Ihre Augen sprühten vor Zorn.

»Nora! Hör SOFORT auf damit! Ich erwarte Respekt!«

»Du hast mir gar nichts zu sagen, ich habe keinen Respekt vor dir, du bist nicht meine Mutter! Ich hasse dich, ich werde dich immer hassen!«

Sie klang wie eine hängen gebliebene Langspielplatte. Leider auch wie das Mädchen in »Der Exorzist«: Mit einer bis zur Unkenntlichkeit verzerrten Stimme schleuderte sie mir Dinge entgegen, die aus ihrem tiefsten Innern kamen, als wäre sie vom Teufel besessen. Auch wenn ich wusste, dass sie nichts dafür konnte – ich musste meinen Jonas in Sicherheit bringen. Wie eine Löwenmutter stürzte ich mich auf Nora, die aber in ihrer Rage Bärenkräfte entwickelte. Mein armer Jonas schrie sich die Seele aus dem Leib. Die nackte Angst stand ihm ins Gesicht geschrieben.

»Du gehst sofort in dein Zimmer!« Ich versuchte so schnell wie möglich Herrin der Lage zu werden, aber es gelang mir nicht. Mein kläglicher Versuch, mütterliche Autorität walten zu lassen, löste bei ihr nur eine noch größere Wutwelle aus. Sie trat um sich, während ich ihre Handgelenke im Schraubstockgriff hielt, und drohte, mich zu beißen. Ich war gezwungen, sie loszulassen, versuchte ihre Schläge abzuwehren, doch sie war schneller und traf mich mit voller Wucht am Oberarm. Vor meinen Augen tanzten gleißende Sterne. Was passierte hier gerade?

»CHARLOTTE!«, brüllte ich lauter.

Leichenblass stürzte sie herbei und redete auf ihre Schwester ein, erntete dafür aber ebenfalls nur einen kräftigen Tritt gegen das Schienbein.

»Ihr Schweine! Ihr seid nicht meine Familie! Ich will zu meiner richtigen Mutter!«

Gemeinsam rangelten wir mit Nora und schafften es erst nach gefühlten zehn Minuten, sie zu überwältigen. Sie wand sich unter uns und spuckte uns ins Gesicht.

»Mamiiiii!«, brüllte Jonas, dicht an die Wand gepresst.

»Ich hasse euch! Alle! Auch dich, du kleiner Bastard!« Röchelnde, rasselnde Laute kamen aus ihrer Kehle, die nicht zu ihr gehörten. »Ich will zu meiner richtigen Mamiii!!«

»Nora! Komm wieder zu dir!« Ich verpasste ihr ein paar kräftige Ohrfeigen. Das half insoweit, als sie kurz aus dem Gleichgewicht geriet und es uns gelang, sie in ihr Zimmer zu stoßen und von außen abzuschließen. Zitternd sanken wir zu Boden.

Meine arme Charlotte heulte, während Nora auf der anderen Seite wie von Sinnen randalierte. Sie warf Bücherregale um und schlug mit einem Stuhl auf die Tür ein. Wir hielten uns die Ohren zu und klammerten uns aneinander.

Ihr tierisches Gebrüll machte uns so zu schaffen, dass wir erst mal keinen klaren Gedanken mehr fassen konnten.

»Ich hab keinen Respekt vor euch!«, röchelte sie. »Ich will meine Mami! Ich will meine richtige Mami!«

Immer wieder. Doch ihre richtige Mami war uns völlig unbekannt. Im Gegensatz zu den anderen Kindern hatte Nora nicht den geringsten Anhaltspunkt, da sie ja ein Babyklappenkind war.

»Ihr habt mich meiner richtigen Mami weggenommen!« Brüllend warf sie sich gegen die Tür. »Sie wäre wiedergekommen! Sie hätte mich abgeholt! Ihr gottverdammten Schweine!« Ich hörte, wie sie hinter der verschlossenen Tür bitterlich weinte.

Ich begriff, dass Nora in größter seelischer Not war. Aber in meinem mütterlichen Werkzeugkoffer war nichts, absolut nichts, was ihr jetzt helfen konnte.

Schon damals im Krankenhaus, als ich das winzige Würmlein auf der Brust liegen hatte und leise mit ihm sprach, ahnte ich, dass es nicht einfach werden würde, diesem unfertigen Menschlein zu geben, was es brauchte, um glücklich zu werden.

»Denise« hatte auf dem Zettel gestanden, den sie bei sich gehabt hatte. Wer hatte sie geboren und dort abgelegt, vor allem, warum?

In Noras Herz klaffte eine riesige Lücke, die sich gerade in eine einzige klaffende, eiternde Wunde verwandelt hatte.

Seit der Geschichte mit Marvin war sie nicht wiederzuerkennen. Ich hatte ihr das Handy weggenommen und ihr Hausarrest auferlegt. In die Schule ging sie nicht mehr. Tagelang lief sie wie ein Tiger im Käfig hin und her. Wenn ich sie fragte, ob ich ihr helfen könne, zischte sie mir nur Bösartigkeiten zu. Ihre aufgestauten Aggressionen brachen sich in immer kürzeren Abständen Bahn wie eine unaufhaltsame Lawine.

Jetzt hatte dieser Tsunami einen vorläufigen Höhepunkt erreicht. Und ich war am Ende.

Senta hatte Ähnliches mit Leyla erlebt, aber das hier war schlimmer. Mit einem »In den Garten aussperren und austoben lassen« war es nicht mehr getan.

»Mami, ich hab Angst!« Wimmernd presste Jonas sein Gesicht an meine Brust. »Sie hasst mich! Sie hat gesagt, sie wird mir was tun!«

»Charlotte, ruf Senta an! Sie soll sofort Jonas abholen!«

Weinend stolperte Charlotte die Treppe hinunter, und keine drei Minuten später stürmte Senta herein, mit schreckgeweiteten Augen und weißen Flecken im Gesicht. Sofort schloss sie den geschockten Jonas in ihre Arme.

»Du musst einen Krankenwagen rufen«, rief sie mir zu. »Nora muss in die Psychiatrie!«

Wie aus einem brennenden Haus brachte sie Jonas in Sicherheit.

Charlotte und ich waren wie betäubt, während Nora schrie: »Ich will in eine Jugendwohnung! Ihr seid nicht meine Familie! Ihr könnt mich hier nicht festhalten! Ich ruf die Polizei!«

»Ja, Nora. Wir holen Hilfe!«

Zitternd wählte ich die Notrufnummer, und fassungslos nahmen wir nach wenigen Minuten das Martinshorn wahr, mit dem die Rettung in unsere kleine Straße raste.

Charlotte öffnete leichenblass die Tür. Drei weiß gekleidete Rotkreuzhelfer stürmten herein.

»Häusliche Gewalt?«, fragten die Sanitäter, als sie Charlotte und mich weinend auf der Treppe sitzen sahen.

Eine junge Ärztin fragte mich besorgt: »Sind Sie verletzt?« Ich schüttelte den Kopf.

Umso erstaunter waren die drei Helfer, als sie eine völlig verstörte Zwölfjährige vorfanden, die nach Öffnen der Tür auf dem Fußboden kauerte und nur noch röchelte.

»Komm, Nora, wir wollen dir doch nur helfen!«

Nora leistete keinen Widerstand mehr. Gefügig ging sie mit den Sanitätern mit. Aber der Blick, den sie mir noch zuwarf, traf mich heftiger als all ihre Schimpfworte, Schläge und Tritte.

Nora wurde in die Psychiatrie gebracht. Es war einer der entsetzlichsten Momente meines Lebens. Ich durfte sie nicht besuchen. Aber ich hätte es auch nicht geschafft.

Während wir versuchten, die Trümmer im Haus und in unseren Seelen zu beseitigen, erinnerte ich mich an unsere ersten Tage und Wochen mit Nora zurück. Erst als sie zweitausend Gramm wog, durften wir sie damals mit nach Hause nehmen. Wir hatten den Kampf gegen die lebensbedrohliche Infektion gewonnen und waren glücklich.

Aber Nora war es nicht. Nora schrie. Aber nicht wie ein normaler Säugling – das kannten wir ja von unseren anderen drei Kindern. Nein, sie schrie Nacht für Nacht ihre Wut heraus, ein zitternder, dunkelroter kleiner Wurm, dessen Mund ein einziges schwarzes Loch war. Genau in so ein schwarzes Loch war sie gelegt worden, nachdem sie den schützenden Mutterleib viel zu früh verlassen hatte. Nur in ein Handtuch gewickelt, entsorgt wie Müll. Sie hatte schon damals um ihr Leben geschrien, bis sie völlig entkräftet und ihre Körpertemperatur weit unter 36 Grad gesunken war. Bis endlich Hilfe nahte.

Dann waren lauter fremde Menschen um sie herum gewesen, kalte Geräte, grüne sterile Tücher anstelle der warmen Hände einer zärtlichen Mutter. Sie musste schon damals entsetzliche Verlustängste gehabt haben.

Ich zerbrach mir den Kopf. Vielleicht hatte ihre Mutter sie nicht freiwillig hergegeben? Vielleicht hatte man ihr das Kind gewaltsam weggenommen? Oder war die Frühgeburt eine Überraschungsgeburt gewesen? War niemand auf dieses Kind vorbereitet, am wenigsten die Mutter selbst? Vielleicht war sie selbst noch ein Kind gewesen? Oder krank oder behindert? Auf fremde Hilfe angewiesen?

Dieses Trauma hatte Nora schon als zwei Wochen alter Säugling aus sich herausgeschrien. Und diese Ausbrüche zwölf Jahre später, als die Pubertät einsetzte und ihre Hormone verrücktspielten, waren nur eine Fortsetzung davon.

Damals hatte ich sie jede Nacht mehrmals aus dem Bettchen gefischt: »Komm, kleine Nora, ich bin zwar nicht deine Mama, möchte es aber gerne sein. Ich will dir alles geben, was du brauchst, dich behüten und dich lieben, dir alles beibringen, was ich weiß. Solange du mich nur lässt.«

Und genau das wollte sie jetzt nicht mehr.

Nora wurde in der Klinik erst mal ruhiggestellt und von einer Ärztin durchgecheckt. Nach zwei Tagen kam sie wieder nach Hause. Es gab dort keinen Platz für sie!

»Zu ihrer Wut kann noch eine große Trauer kommen«, unterwies mich die Psychiaterin, als sie mir mein Kind wiedergab.

»Und diese Trauer macht uns als Therapeuten mehr Sorgen als die Wut. Denn dann könnte es bei Nora zu einer tiefen Depression kommen, und es gibt so manchen Jugendlichen, der in diesem Zustand Suizid begeht.«

»Und was sollen wir jetzt machen?«, fragte ich verzweifelt.

»Versuchen Sie einen Therapieplatz für Nora zu bekommen. Aber ich weiß, dass es dafür oft lange Wartezeiten gibt«, seufzte sie ergeben. »Und solange Nora das nicht selbst will, kommt das auch nicht infrage.«

Na toll. Das waren ja rosige Aussichten!

Nora wurde nun komplett apathisch. Tagelang lag sie in ihrem Zimmer auf dem Bett und starrte an die Decke. Wenn ich versuchte mit ihr zu reden, schloss sie sich ein. Ich besorgte mir Bücher über seelisch kranke Kinder und Jugendliche, durchforstete das Internet nach allem, was helfen könnte.

Es zerriss mir das Herz, wenn ich wieder vor ihrer geschlossenen Zimmertür stand und versuchte, per Handy Kontakt zu ihr aufzunehmen. Ich schrieb ihr SMS mit Herzen und küssenden Smileys. Sie sollte wissen, dass ich für sie da war, auch wenn sie mich so sehr mit Hass überschüttet hatte.

Aber es wurde nur noch schlimmer: Nora fing an, sich selbst zu verletzen. Sie ritzte sich mit einer Rasierklinge die gesamten Arme auf. Ich hatte entsetzliche Angst, sie könnte sich umbringen. Ich hämmerte an die Tür und flehte sie an, mich reinzulassen.

Manchmal schloss sie auf, und dann riss ich sie in meine Arme, presste sie an mich und wiegte sie wie ein Baby, inhalierte ihren vertrauten Duft und wünschte mir nichts sehnlicher, als dass sie wieder meine kluge, sensible, fröhlich-temperamentvolle Tochter sein würde.

»Ich werde dich nie verlassen, Nora, niemals, und dein Papa auch nicht! Wir und deine Geschwister, wir lieben dich und stehen das jetzt mit dir durch!«, schluchzte ich, während ich ihre Handgelenke festhielt, damit sie sich nicht noch mehr verstümmeln konnte. Nora weinte dann, ließ sich aber nicht von mir trösten.

»Du bist nicht meine Mami, ich will meine richtige Mami!«

»Ich BIN deine richtige Mami, Liebling! Ich habe dich großgezogen, seit du so klein und zerbrechlich warst wie ein aus dem Nest gefallenes Vögelchen!«

»Du hast mich ihr weggenommen!«

Schon stieß sie mich wieder von sich. Zwar hatte sie nicht mehr diese teuflische Aggression, war aber innerlich genauso weit von mir entfernt wie zuvor. »Sie hätte mich abgeholt! Du hättest mich dort lassen sollen!«

»Im Krankenhaus? Aber, Liebling, wir haben ja wochenlang gewartet, bis ...«

»Ich will nicht mehr leben«, schluchzte Nora verzweifelt. Überall fand ich von ihr geschriebene Abschiedsbriefe mit Totenköpfen, Särgen und Kreuzen, in denen sie uns sogar ihr Todesdatum mitteilte.

Ich schlief nicht mehr, schlich nun selbst wie ein Tiger durchs Haus, immer darauf lauschend, was Nora in ihrem Zimmer wieder aushecktе, ständig Todesgefahr witternd.

Paul tröstete und stärkte mich, so gut er konnte, aber auch er sah, dass es unserer Tochter immer schlechter ging.

»Weißt du, was, Sonja? Sie braucht selbst ein kleines Wesen, für das sie sorgen kann. Sie braucht einen kleinen Hund.«

»Ja, das ist vielleicht die Lösung!«

Dankbar sah ich ihn an. »Aber einen kleinen Kuschelhund, den sie überallhin mitnehmen kann. Auch ins Bett. Sie braucht etwas, das nur ihr gehört, nur für sie da ist.«

Im Internet wurden Paul und ich fündig: Ein Zwergschnauzer sollte es sein.

»Schau mal, Nora, Besuch für dich!« Mit dem fiependen Knäuel im Arm stand ich eines Tages vor ihrer Zimmertür und klopfte zaghaft.

»Ich will keinen Besuch.«

»Aber sie will unbedingt zu dir!«

»Die kann mich mal kreuzweise!«

»Dazu müsste sie deinen Allerwertesten aber erst einmal zu fassen kriegen!«

»Ich will nur meine Mama.«

»Die habe ich aber leider nicht. Dafür könnte es sein, dass DU IHRE Mama werden kannst!« Der Hund fiepte. »Sonst müsste ich sie fremden Leuten geben, und das würde ihr sicher sehr wehtun. Ich glaube, wenn das jemand versteht, dann du!«

Die Tür öffnete sich einen Spaltbreit.

Noras Gesicht schob sich aus der Dunkelheit ihres Zimmers. Ihre schwarzen Augen weiteten sich vor Staunen und wurden warm, als sie das hechelnde, haarige Bündel in meinen Armen sah.

Ihre Hände schnellten hervor, das Bündel wurde gepackt, und die Tür schloss sich wieder. Ich sank vor ihrer Tür zu Boden. Mein Herz raste. Sie würde dem kleinen Tierchen doch nichts tun?

Ich lauschte. Nein. Da drinnen wurde zärtlich geredet und leise gelacht. »Du sollst Nelly heißen«, säuselte Nora, und ich hörte, wie das Hündchen mit seinen Krallen über den Boden scharrte und in Soprantönen bellte. Ich seufzte erleichtert.

Unsere anderen Kinder hatten auch keine leichte Vergangenheit. Aber sie hatten eine – so schlecht sie auch immer sein mochte. Wenn sie wollten, konnten sie zu ihren leiblichen

Eltern Kontakt aufnehmen und hatten es teilweise auch getan.

Aber Nora hatte nichts – absolut nichts. Sie würde niemals wissen, von wem sie ihre rehbraunen Augen hatte, ihre fast schwarzen Haare, die in der Sonne rotgolden schimmerten, die vollen Lippen, ihre Mathematikbegabung und unglaublich schnelle Auffassungsgabe, ihr südländisches Temperament.

Dafür hatte sie jetzt ein kleines Wesen ganz für sich allein, mit dem sie alles teilen konnte. Ich schloss die Augen. Ich hatte es richtig gemacht. Nelly war unsere Rettung.

Von da an war die größte Gefahr vorbei. Nora wollte sich nicht mehr umbringen. Sie lief wieder durchs Haus und natürlich auch in den Garten, während ihr das tapsige Hundekind, das ihr treu ergeben war, auf Schritt und Tritt folgte. Die beiden waren ein Herz und eine Seele. Es war, als wüsste Nelly genau, was von ihr erwartet wurde.

Nämlich unserer Nora das Leben zu retten.

Eines Tages verkündete Nora, dass sie sich in der Uniklinik für eine Therapie angemeldet habe. Uns fiel ein ganzes Gebirge vom Herzen: Sollte dieser Albtraum bald ein Ende haben?

Zur ersten Sitzung gingen wir mit. Ein schlanker Arzt mittleren Alters empfing uns und fragte Nora, ob sie wisse, wer er sei.

»Ein Psychologe halt.«

»Nicht ganz. Ich bin Arzt. Ich bin Psychiater.«

»Auch gut.« Nora zuckte mit den Schultern und kraulte Nelly, die sie auf dem Schoß hielt. Ich hatte versucht, den kleinen Hund im Auto zu lassen, aber beide waren in ein solch jämmerliches Geschrei ausgebrochen, als hätte ich versucht, siamesische Zwillinge zu trennen.

Der Doktor hatte den wohlklingenden Namen Dr. Kling. Ich fand ihn auf Anhieb sympathisch.

»Warum bist du hier?« Der Doktor legte die Fingerspitzen aneinander und sah Nora freundlich, aber konzentriert an. »Womit kann ich helfen?«

»Ich habe eine Riesenwut und große Trauer. Ich ritze mich, weil ich mich sonst nicht mehr spüren kann.« Ihre Aufrichtigkeit beeindruckte sowohl den Arzt als auch Paul und mich. Das war großartig. Ich hätte vor Stolz und Liebe platzen können.

Dr. Kling stellte ihr nun mit ruhiger, tiefer Stimme zahlreiche Fragen, die sie alle mit Ja beantwortete. Auch Nelly hechelte Zustimmung. Die Chemie stimmte.

Als Dr. Kling kurz rausging, wirbelte Nora auf ihrem Stuhl zu mir herum und strahlte mich an wie schon seit Jahren nicht mehr:

»Mami, der Mann versteht mich ja!«

»Weil du ein ganz wertvoller Mensch bist«, sagte ich und nickte. »Ich bin so stolz auf dich, dass du den Mut hattest, dich hier selbst anzumelden!«

»Dein Krankheitsbild ist sehr schwer, junge Dame.« Dr. Kling kam zurück und legte ein ausgedrucktes Rezept auf seinen Schreibtisch. »Ich sage dir und deinen Eltern ganz ehrlich, dass es ohne ein Medikament nicht geht.«

»Werde ich schon wieder ruhiggestellt?« Skeptisch schaute sie uns an.

»Nein, Nora. Aber es wird dir helfen, wieder fröhlich und ausgeglichen zu sein. Und das möchtest du doch, oder?«

Auf Noras Gesicht schlich sich ein zaghaftes Lächeln. »Das wär echt cool.«

»Dann könntest du auch wieder zur Schule gehen.« Dr. Kling lächelte zurück. »Denn wie ich dich einschätze, möchtest du Abitur machen, genau wie deine Schwester Charlotte.«

Auf ihrem Gesicht breitete sich ein Grinsen aus. »Allerdings. Ich will Tierärztin werden.«

Dr. Kling nickte. »Das passt zu dir. Dafür braucht man nämlich tiefes Einfühlungsvermögen.«

Hätte ich Paul nicht schon so grenzenlos geliebt, wäre ich Dr. Kling bestimmt auf der Stelle verfallen. So oder so hatte er mein Mutterherz erobert.

Als wir uns verabschiedeten, fiel eine Riesenlast von mir ab. Dieser Mann würde es schaffen. Dieser Mann würde mir mein Kind zurückgeben. Die sensible, fröhliche, hellwache Nora, die wir so sehr liebten.

Genauso kam es auch. Und es war nicht nur Dr. Kling, der uns ein »neues« Kind geben würde. Sondern auch Zola. Sie war schwanger! Von einem Kollegen aus dem Krankenhaus, der ebenfalls aus Kenia stammte! Die beiden waren ein entzückendes schwarzes Pärchen und würden ein schwarzes Baby kriegen! Senta und ich einen schwarzen Enkel!

Mit anderen Worten: Wir würden Großmutter werden!

37

Senta und Sonja
Januar 2016

»Es geht los!«

»Was? Weißt du eigentlich, wie spät es ist?«

»Irgendwas mit kurz vor drei! Senta, es geht los! Zola hat Wehen!«

»Oh! Ist die Fruchtblase schon geplatzt?«

»Ja, Riesensauerei im Bad! Hab's schon aufgewischt.«

»Wie geht's ihr?«

»Bis jetzt noch gut. Sie atmet tapfer.«

»Sie soll hecheln! Nicht pressen!«

»Als wenn du was davon verstehen würdest!«

»Aber du!«

»Okay, wenn du mitwillst, dann komm jetzt in die Hufe.«

»Wenn die Fruchtblase geplatzt ist, kann es ganz schnell gehen.«

»Oder auch nicht! Bei manchen dauert es Tage!«

»Sie soll jetzt liegen. Leg sie auf die Rückbank!«

»Ich glaube, hinten passt sie gar nicht mehr rein!«

»Soll ich den Krankenwagen rufen?«

»Nein! Wir haben gesagt, wir fahren sie, und jetzt fahren wir sie auch!«

»Sie soll ganz ruhig atmen und sich nicht verkrampfen!«

»Los, mach hinne, zieh dich an, ich bin in fünf Minuten vor deiner Tür. – Schaffst du es, Zola, Liebes, oder soll ich dir vom Sofa aufhelfen? Los, Paul, pack mal mit an, zwei Menschen auf einmal schaff ich nicht allein!«

»Ja! Geht schon, danke! Möchte wissen, wie das die Frauen in Kenia ... Au!«

»Nicht reden, Liebes. Nur atmen. – Ah, Senta, da bist du ja, los geht's! Schau nur, wie Paul und Jonas in der Tür stehen und uns nachwinken. Die Mädchen stehen am Fenster und hüpfen in ihren Nachthemden aufgeregt auf und ab. Siehst du, Zola, sie halten dir die Daumen, und Justus steht hinter der Gardine und macht das Victory-Zeichen. Sogar Moritz, der sonst gerne bis in die Puppen schläft, ist hellwach vor Aufregung und drückt die Daumen. Geht's noch, Zola?«

»Ja, Mama. Fahr einfach, okay?«

»Ach weißt du, dafür bin ich viel zu aufgeregt, ich lass lieber Senta ans Steuer.«

»Glaubst du etwa, ich bin nicht aufgeregt? Meine Güte, gleich werden wir beide tatsächlich eine Geburt erleben und in einem Kreißsaal stehen – zum ersten Mal in unserem Leben! Und zusehen, wie ein Kind das Licht der Welt erblickt, ja, Oma werden!«

»Du wirst nicht Oma, sondern Großtaaaaah… Mama wird Oma!«

»Pffff! Wir werden beide Oma! Oder hast du jemals erlebt, dass wir bei solch wichtigen Dingen zwischen mein und dein unterschieden hätten?«

»Wo du recht hast, hast du recht, Senta!«

»Grüße von meinem Nachwuchs und von Steffen. Er wünscht Hals- und Beinbruch!«

»Ich glaube, das sagt man bei einer Geburt nicht.«

»Na, dann eben toi toi toi.«

»Da darf man aber nicht Danke sagen. Und wenn du wüsstest, wie dankbar ich bin übers neue Kinderglück! Aber jetzt rede nicht so viel, sondern setz dich endlich ans Steuer und fahr los, Senta. Aufhören mit dem Haaretoupieren jetzt!«

»Ich toupiere nicht, Sonja, ich zupfe. Aus reiner Nervosität.«

»Kannst du auch im Auto machen! Komm jetzt! Am liebsten würde ich zur Feier des Tages einmal kräftig auf die Hupe drücken. Aber ganz Kippekausen schläft ja noch.«

»Ganz Kippekausen? Nicht mehr, seit du die komplette Familie Wegener und Prinz mit deinem Anruf aus ihrem Dornröschenschlaf gerissen hast!«

»Können wir jetzt endlich loooooosfaaaahren, Tante Senta?«

»Ja. Entschuldige, Zola, Liebes. Wie geht es dir?«

»Wie soll es ihr schon gehen, Senta? Sie hat Wehen! Schau du auf die Straße, ich schaue nach hinten.«

»Ich seh sie auch, im Rückspiegel.«

»Zola, wie oft kommen die Wehen?«

»Ich glaub, die hören gleich wieder auf, wenn ihr mich so zuuuuutextet. Mein Kind hält sich schon im Bauch die Oooohren zu.«

»Wir wollen dich nur ablenken.«

»Dann macht das Raaaadio an.«

»Nein, das halte ich jetzt nervlich nicht aus. Du, Senta?«

»Nein. Das geht gar nicht. Lass uns jetzt in Ruhe die Wehen veratmen. Tut's weh?«

»Nicht im Moment.«

»Aber gleich sicher wieder. Hast du auf die Uhr gesehen?«

»Die Wehen kommen in Abständen von vier Minuten, Schwester, das hab ich schon gemessen.«

»Jetzt sind es nur noch drei … AUUUUUU …«

»Oh, Liebes, ganz ruhig! Aber noch nicht pressen, hörst du? Immer hecheln!«

»Genau, hecheln ist gut. Kommt, wir hecheln alle drei …«

»Könnt ihr mit dem Scheiß aufhören, das macht mich total nervös! Guck auf die Straße, Tante Senta!«

»Na gut, dann zähl rückwärts, Zola, fang bei hundert an …«

»Nein, Senta, das hilft nur bei Schluckauf. – Kannst du nicht was schneller fahren?«

»Die B 264 ist gesperrt, Sonja, aber ich tu, was ich kann …«

»Leise, da vorne, sonst krieg ich noch 'ne Sturzgeburt!«

»Ach was, Zola, das passiert nur in Filmen.«

»Genau, Senta! Meist im Taxi, da guckt der Taxifahrer dann genauso blöd in den Rückspiegel wie du …«

»Der Taxifahrer hat aber immer 'n Turban auf.«

»Aber kurz bevor der Abspann kommt, schaffen sie es immer noch ins Krankenhaus, im Laufschritt wird die Schwangere reingetragen …«

»Oder sie plumpst in letzter Sekunde noch in einen Rollstuhl …«

»Ja, und dann taucht der Erzeuger auf, eilt mit ihr in den Kreißsaal und bekennt sich zu seiner Leibesfrucht …«

»Wenn ihr so langsam fahrt, ist der Vater von meinem Kind lange vorher daaaa …«

»Soll deine Tante vielleicht einen Unfall bauen? So filmreif brauchen wir es dann auch wieder nicht.«

»Apropos filmreif: Die Babys auf der Leinwand sind immer mindestens drei Monate alt, und keines hat mehr Quark im Gesicht.«

»Kennst du den, wo die Schwiegermutter nicht ans Bett tritt, um sich mit der Schwiegertochter zu versöhnen, sondern selbst ein Kind kriegt?«

»Wie? Gleichzeitig mit der Schwiegertochter?«

»Mit der Tochter.«

»Dann ist es also die Mutter.«

»Könnt ihr BITTE aufhören zu quatschen?«

»Pass mal auf, das geht bei dir bestimmt ganz schnell.«

»Nimm doch die Autobahn, Senta! Die ist doch jetzt frei!«

»Nein, ich kenne einen Schleichweg, der ist allerdings ein bisschen kurvig …«

»Festhalten, Zola. Geht's?«

»Vielleicht liegst du da jetzt drei Tage rum, und alles ist falscher Alarm. Alles schon mal da gewesen. Bin ich froh, dass es nicht glatt ist! Oder schüttet wie aus Eimern.«

»Jetzt mach ihr doch keine Angst!«

»Ich will sie doch nur ablenken! Am Wehenschreiber hängen soll ja die Hölle sein.«

»Aber sie hat doch schon Wehen.«

»Die hören auch manchmal wieder auf.«

»Wie gut, dass es richtig rum liegt. Also, 'ne Steißgeburt ist ja immer komplizierter.«

»Notfalls machen sie einen Kaiserschnitt.«

»Den hätte ich auch gern. Dann hätte ich eine Vollnarkose und müsste euch nicht mehr zuhören. Aaaaahhh … Scheiße, tut das weh!«

»Scheiße sagen wir nicht, Zola.«

»Ach komm, Sonja, lass sie doch heute mal. Ausnahmsweise.«

»Na gut. Aber nur heute.«

»Ruuuuuhe!«

»Atmen, Zola! Ja, sehr gut machst du das! Senta, die linke Spur ist frei!«

»Weißt du, was, Sonja? Es IST wie im Film: Zwei aufgeregte blonde Zwillingsschwestern rasen mit einer hochschwangeren, sich vor Schmerzen auf der Rückbank krümmenden Schwarzafrikanerin mit 180 Sachen über die Zoobrücke! Oh, jetzt hat es geblitzt.«

»Verdammt, Senta! Du weißt doch, dass hier 'ne Kamera ist!«

»Meinst du, daran hätte ich jetzt gedacht?«

»Vorsicht, da ist noch eine – zack, schon wieder geblitzt!«

»Zu spät, Sonja!«

»Habt ihr wenigstens gelächelt? AUUUUU …«

»Pass auf, bei der dritten klappt's.«

»Eins … zwei … drei … und LÄCHELN!«

»BLITZ! Na bitte, funktioniert doch. Ich finde, der Polizist, der unsere drei Fotos auswertet, hat ein Lächeln verdient. Das hängt der sich bestimmt in seinen Spind!«

»Die Sonja spinnt! Sag, Zola, hast du dir eigentlich schon einen Namen …«

»Jetzt schau doch mal, der beleuchtete Dom!«

»Und dieser Vollmond! Und der glitzernde Rhein! Ist das nicht ein Traum?«

»Zola, du solltest dein kleines Mädchen Luna nennen.«

»Oder Stella.«

»Venus ist auch schön.«

»Ich nenne sie meinetwegen Milchstraße – wenn ihr jetzt endlich die Klappe haltet!«

Das Plappern verstummte.

Senta dachte daran, wie sie hier vor über zwanzig Jahren im Auto neben Markus getrauert hatte, dass sie niemals Kinder haben würde. Damals hatte der Dom sie getröstet. Und der alte Vater Rhein in seinem Bett auch. Und beide hatten recht gehabt!

Wie hatte sie nur auf diese aberwitzige Idee kommen können! Niemals Kinder? Sie schüttelte ungläubig den Kopf. Hallo? Sie würde gleich ihr erstes »Enkelkind« in den Armen halten! Und aller Wahrscheinlichkeit nach würde es nicht bei dem einen bleiben! Zusammengerechnet zehn Kinder dürften geschätzt bestimmt zwanzig bis dreißig Enkel ergeben. Sie sah sich schon als alte Frau inmitten junger Menschen sitzen, neben ihrer weißhaarigen Zwillingsschwester und umringt von krabbelnden Babys und tobenden Kleinkindern, die Kamera langsam in die Totale zoomend, damit die ganze Kinderschar überhaupt noch ins Bild passte.

Das Auto mit den aufgeregten blonden Zwillingsschwestern und der hochschwangeren Schwarzafrikanerin auf der Rückbank raste weiter auf die erleuchteten Domtürme zu und wurde immer kleiner und kleiner. Musik setzte ein. Bestimmt war es das Kölner Rundfunksinfonieorchester. Wenn Senta die Ohren spitzte, konnte sie ganz leise die zweite Geige heraushören.

Und als Stunden später ein kleines schwarzes Bündel seinen strahlenden weißen Großmüttern in die Arme gelegt wurde und es hinter den Domtürmen langsam hell wurde, bildete der Dampf, der aus dem Schornstein eines Rheinschiffs stieg und sich vom rosa Horizont abhob, mit viel Fantasie das Wort

ENDE

Senta und Steffen adoptierten:
Felicitas (noch mit Markus)
Ben
Leyla
Maryam

Sonja und Paul adoptierten:
Moritz
Justus
Charlotte
Nora
Zola
Jonas

Alle Namen wurden geändert.

Nachwort der Protagonistinnen

Wir, Senta und Sonja, leben nicht wirklich in Köln, sondern in einem kleinen Dorf zwischen Kiel und München.

Wir haben zehn Kinder adoptiert – Senta vier und Sonja sechs. Das ist wahr. So wahr wie unsere besondere Geschichte, die wir im Sommer letzten Jahres aus einer spontanen Laune heraus an Hera Lind geschickt haben.

Hera antwortete sofort, und wir trafen uns kurze Zeit später auf einer Lesung. Es war Sympathie auf den ersten Blick! Wir haben sogar kurzfristig überlegt, Hera zu adoptieren! Die wiederum schleppte uns stattdessen zwei Wochen später durchs Salzkammergut, zeigte uns Totenköpfe in Hallstatt, wanderte mit uns stundenlang bergauf und bergab, lud die Kinder in die Operette ein, und wir durften sogar bei einem Besuch in Salzburg ihre Familie kennenlernen.

Beeindruckt von Hera, ihrer Energie und ihrem Witz, machten wir uns nach einer Woche schweren Herzens wieder auf den Heimweg. Aber mit der Gewissheit im Gepäck, dass niemand anders auf der Welt unsere Geschichte aufschreiben sollte als Hera Lind.

In ihrer einzigartigen, humorvollen Art hat sie es geschafft, aus unseren Aufzeichnungen einen Roman zu machen, der uns manche Träne der Rührung, aber auch des Lachens abgerungen hat. Danke dafür, liebe Hera!

Doch die Geschichte ist ja noch nicht zu Ende. Es geht weiter, jeden Tag. Was ist aus ihnen bisher geworden – unseren Helden aus dem KUCKUCKSNEST?

Moritz, der Zerbrechliche, der wohl – mit seiner Schwester Nora – das schwerste Päckchen zu tragen hat, ist mittlerweile 22 Jahre alt und wird noch lange unsere Fürsorge brauchen. Schritt für Schritt begleiten wir ihn in die Selbstständigkeit. Manchmal einen Schritt zurück und hin und wieder sogar zwei vorwärts. Auch mithilfe eines einfühlsamen Psychologen lernt er, die Bürde seiner Herkunft zu tragen, und wir hoffen, dass unsere Saat eines Tages aufgeht und er ein eigenverantwortliches Leben führen kann.

Felicitas, die kleine Kämpferin, lebt heute mit ihren 22 Jahren mit ihrem Freund ganz in unserer Nähe. Sie ist Augenoptikerin geworden und versorgt die ganze Familie leidenschaftlich mit Sehhilfen. Die schweren Zeiten in der Pubertät haben wir hinter uns gelassen und blicken frohgemut in die Zukunft.

Justus, der kreative Kopf, ist ein hochsensibler junger Mann von 18 Jahren, dessen bester Freund immer noch Ben heißt und der einen guten Draht zu Tante Senta hat. Justus macht eine Ausbildung als Grafiker in einer Werbeagentur und hat seine Berufung gefunden.

Ben, 18, der Stille, redet immer noch nicht gern und findet es megakrass, dass er endlich die Schule beendet hat und nun eine kaufmännische Ausbildung macht. Und wie kann es anders sein – zusammen mit Justus in der Werbeagentur. Ben hat mittlerweile eine Freundin, und wir fragen uns, was die wohl zusammen reden – wenn sie denn reden.

Charlotte, die Fröhliche, liebt ihre beiden Pferde über alles, und es ist eine Freude, sie rotbackig und strahlend aus dem Stall kommen zu sehen. Zurzeit muss sie gerade wieder oft an ihre leibliche Mutter denken, und wir überlegen gemeinsam, ob sie nicht doch noch mal einen Versuch unternimmt, Kontakt zu ihr aufzunehmen. Sie weiß mit ihren 16 Jahren genau, was sie will, und verliert ihr Ziel nie aus den Augen. Ihr großer Traum ist es, später Seite an Seite mit ihrem Papa zu arbeiten. Und wie wir Charlotte kennen, schafft sie das auch!

Nora, die Tiefsinnige, hat die größte Krise ihres 13-jährigen Lebens langsam überwunden. Manchmal gibt es noch kleine Rückschritte, und ihre junge Seele droht unter der Last, ein Babyklappenkind zu sein, zusammenzubrechen. Aber da gibt es ja, Gott sei Dank, ihren tollen Arzt, Dr. Kling – den Retter in der Not. Sie hat wie ihr Bruder Moritz sehr unter ihrer Herkunft gelitten. Seit ein paar Monaten geht sie wieder regelmäßig zur Schule, pflegt Freundschaften und schafft es mittlerweile ganz gut, ihre Gefühle zu kontrollieren. Darüber sind wir sehr froh.

Leyla, die Fürsorgliche und Introvertierte, liebt es, stundenlang in der Küche zu stehen und zu backen. Sie ist angekommen, und das zeigt sie uns auf ihre ganz eigene, stille Art. Ihr Vertrauen zu gewinnen war ein langer Weg, und jede Umarmung von ihr ist wie ein Geschenk. Mit großer Freude erleben wir ihre Entwicklung vom schwer traumatisierten Mädchen zu einer gefestigten jungen Frau mit festen Werten.

Maryam, die Unbeschwerte, liebt Fantasy-Bücher, Nagellack in allen Farben und kann stundenlang mit ihrer Freundin quatschen. Sie ist immer gut drauf und geht gerne in die Schule. Mit 13 weiß sie schon genau, dass sie später einmal Pathologin werden will. An ihr scheint ihr schwerer Start ins Leben kaum Spuren hinterlassen zu haben. Sie geht mit Optimismus und einer großen Portion Gelassenheit in ihre Zukunft.

Jonas, der Sanfte, liebt seinen Papa ganz besonders und weicht ihm nie von der Seite. Seine Leidenschaft gehört dem Fußball, und als Größter seiner Mannschaft hat er im Mittelfeld alles gut im Blick. Jedes Tor, das Jonas schießt, wird begeistert von der Familie gefeiert. Geduldig wartet er auf seine Pubertät, denn dann ist er alt genug, um seine leibliche Mama kennenzulernen, die er trotz seiner großen Liebe zu uns schmerzlich vermisst.

Zola, die Liebevolle, umsorgt ihre kleine Tochter vorbildlich. Es ist so schön zu sehen, mit wie viel Geduld und Liebe sie für ihr Kind da ist. Durch ihre Tochter kann sie ihre verlorene Kindheit nachholen. Zu unserer großen Freude wird Zola bald zum zweiten Mal Mutter. Wie gesagt, unsere Geschichte geht weiter …

Nachwort der Autorin

Als ich die Geschichte von Senta und Sonja in Händen hielt, machte es sofort »Klick«, und ich wusste: Dieses Buch möchte ich mit ihnen zusammen schreiben.

Sie hatten mir vor einiger Zeit schon einmal begeistert geschrieben, dass ein gemeinsamer Kinobesuch daran scheiterte, dass Senta nicht bereit war, aus der Badewanne zu kommen, in der sie eines meiner Bücher las und schon Schwimmflossen zwischen den Fingern hatte. Das fand ich hinreißend und hatte mich damals schon sehr über ihre witzige Zuschrift gefreut. Ich erwähnte sie sogar in einer Fernsehshow, welche die beiden zufällig sahen. Was wiederum große Freude bei ihnen auslöste.

Jahre später schickten sie mir dann ihre Familiengeschichte.

Aus ihren Aufzeichnungen kamen mir bereits so viel Liebe, Humor und Herzenswärme entgegen, aber auch Respekt vor den Kindern und deren Hintergrund, dass ich die beiden samt ihren Männern und zehn Kindern unbedingt kennenlernen wollte.

Nie werde ich den Moment vergessen, als ich für meine Lesung in die Nähe ihres Wohnorts kam und sie bereits mit ihren Ehemännern Häppchen kauend und plaudernd vor dem Eingang stehen sah. Ohne auch nur ein Wort zu wechseln – sie hatten schließlich den Mund voll –, fielen wir uns einfach so um den Hals. Die Chemie stimmte von der ersten Sekunde an.

Auf meiner Lesung war ich dann richtig aufgeregt, weil die

beiden bildschönen, quirligen Frauen so eine Energie ausstrahlten, dass ich mir ganz langweilig und blass neben ihnen vorkam. Spontan kamen die beiden auf die Bühne und erzählten von unserem gemeinsamen Projekt.

Fast hätte ein voreiliger Reporter, der daraufhin unbedingt eine Homestory mit den Kindern machen wollte, im Vorfeld unser schönes Buch kaputt gemacht. Doch wir wollten die Privatsphäre aller Beteiligten unbedingt wahren, besonders die der Kinder. Sentas und Sonjas besonnene Ehemänner konnten den guten Mann zum Glück ausbremsen, sodass ich den ersten kostbaren Moment des Kennenlernens allein erleben durfte: Die zehn Kinder standen tatsächlich aufgereiht wie die Orgelpfeifen im Hausflur des gemütlichen Fachwerkhauses, und ich kam mir vor wie die Maria aus »Sound of Music«, als sie mir alle artig und wohlerzogen die Hand gaben. Einer spielte sogar Klavier!

Im Garten stand ein riesiger Tisch und darauf eine riesige Schüssel Spaghetti, die wir mit fünfzehn Leuten schneller verputzten als eine Kompanie Soldaten. Na gut, die armen Kinder waren total ausgehungert, weil sie so lange auf mich gewartet hatten: Ich hatte mich in ihrer ländlichen Einöde mit dem Mietwagen, dessen Navi ich nicht bedienen konnte, nämlich total verfahren.

Am liebsten hätte ich alle Kinder sofort mit Fragen gelöchert. Sie waren mir irgendwie vertraut, denn ich kannte ihre Geschichten, gleichzeitig sah ich sie zum ersten Mal.

Unser Nachmittag verging viel zu schnell, und die beiden Großfamilien mit ihren zehn Kindern waren mir so ans Herz gewachsen, dass ich ihnen spontan vorschlug, mich und meine Familie bei uns im Salzkammergut zu besuchen. Die Zwillinge wären nicht die Zwillinge, wenn sie nicht genauso spontan zugesagt hätten! So kam es, dass zwei voll beladene Kleinbusse wenig später vor dem Landhotel vorfuhren, dessen Manager mein Mann ist. Die Kinder hatten vierzehn Stunden im Auto gesessen, was ihrer Wohlerzogenheit allerdings keinen Abbruch tat. Beim Abendessen auf der Terrasse mit Blick auf ein riesiges Bergmassiv empfand ich bereits so etwas wie Stolz auf sie: Sie hatten nicht nur Tischmanieren, die man heute nur noch selten bei jungen Leuten findet, sondern waren auch sonst hilfsbereit, höflich, zuvorkommend und doch von einer natürlichen Fröhlichkeit.

Sie genossen ihre Ferien bei uns sehr, und es machte mir große Freude, ein bisschen den Fremdenführer zu spielen.

In dieser Woche wuchs mir diese Familie noch mehr ans Herz, und ich erfuhr noch eine Menge Einzelheiten.

Senta und Sonja heißen natürlich in Wirklichkeit anders, ebenso wie ihre Kinder. Wir wollten ihre Geschichten erzählen, ohne die Kinder bloßzustellen, deshalb haben wir einvernehmlich alle Namen und Wohnorte geändert. Da ich mich in Köln gut auskenne, habe ich ihre Geschichte einfach nach Köln beziehungsweise in den rechtsrheinischen Fantasieort Kippekausen verlegt. Selbstverständlich sind alle Jugendämter, Kinderheime und die dazugehörigen Angestellten, Psychologen, Ärzte und LehrerInnen komplett ausgedacht. Außerdem habe ich vieles rund um die Adoptionen, die sich in Wahrheit über Jahre hinzogen, zugunsten eines unterhaltsamen Romans gekürzt und zu lebendigen Dialogen verdichtet. Was mich sowohl an der äußerst erquicklichen Zusammenarbeit mit den Zwillingen als auch am persönlichen Zusammentreffen mit ihnen und ihren Familien schwer beeindruckt hat, ist die Erkenntnis, dass Sonja und Senta wohl die besten Mütter sind, die sich ihre Kinder nur wünschen können.

Hera Lind,
Januar 2016

LESEPROBE

Der Zauber des Orients – oder warum ich seine Zweitfrau wurde

Die wahre Geschichte einer Frau, die sich entscheidet,
für die Liebe nach den strengen Regeln des Islam zu leben

ISBN 978-3-453-29186-7
Auch als E-Book erhältlich

Über den Roman
Nach ihrer Scheidung genießt Nadia Schäfer die Unabhängigkeit. So lernt sie Karim kennen, einen gläubigen und gebildeten Moslem. Sie lässt sich auf ihn ein, heiratet ihn sogar, weil der Islam Liebe ohne Trauschein verbietet. Dass Karim bereits Frau und Kinder hat und die Ehe fortbesteht, nimmt sie in Kauf, denn er trägt Nadia auf Händen. Sie ziehen in den Oman, wo Nadia nur tief verschleiert aus dem Haus gehen darf. Sie tut es für Karim – ein fürsorglicher Ehemann, der sich auch noch um seine erste Frau kümmert. Bis er eines Tages Ehefrau Nummer drei mit nach Hause bringt …

1

Fürth, Oktober 1995

Nebenan klingelte das Telefon.
»Jan?«, schrie ich über die Schulter. »Bist du da?«
Nein. Offensichtlich nicht.
Ich war gerade dabei, mir die Fußnägel zu lackieren, und rappelte mich nur ungern vom Bett auf. Jan war mein Mitbewohner in unserer etwas ungewöhnlichen WG – ein attraktiver Holländer und fünfzehn Jahre jünger als ich. Zwischen uns lief nichts. Aber wenn die Leute etwas anderes dachten, sollte es mir recht sein. Dann war es höchstens schmeichelhaft. Ich war vierundvierzig, geschieden, sportlich, attraktiv und lebensfroh. Meine weiblichen Rundungen saßen an den richtigen Stellen.
Mit Wattebäuschchen zwischen den Zehen stakste ich ins Wohnzimmer, wo das schnurlose Telefon zwischen Kissen und alten Zeitungen in der Sofaritze vor sich hin wimmerte.
Jan mal wieder. Wir hatten doch vereinbart, dass es im Ladegerät zu stecken hatte!
»Nadia Schäfer?«
»*Hello, I'm Karim*«, sagte eine tiefe, angenehme Stimme auf Englisch. »Du kennst mich noch nicht. Aber ich hoffe, wir werden uns bald kennenlernen!« Ein melodisches Lachen ertönte.
»Äh, woher haben Sie meine Nummer?«
»Abu Omar hat mir von dir erzählt. Ich würde mich gern mit dir verabreden.«

Der sanfte Bariton des gut gelaunten Anrufers umschmeichelte mein Ohr wie warmer Wind an einem lauen Sommerabend. »Abu Omar? Ich weiß jetzt gar nicht …«

»Der Vater eines gemeinsamen Bekannten!«

Ein Fremder begehrte mich zu sehen. Ein ausgesprochen sympathischer Fremder, wie es schien. Mein Herz machte einen nervösen Hopser.

»Warum?« Ratlos presste ich den Hörer ans Ohr. Nichts gegen nette neue Kontakte, dafür war ich gerade empfänglich. Aber dass ein wildfremder Araber mich einfach so kennenlernen wollte, ging mir jetzt irgendwie doch etwas zu weit.

Seit meiner traumhaften Türkeireise mit meinen beiden Freundinnen Conny und Siglinde letzten Sommer, in dem mein Mann Harald nach zwanzig Jahren Ehe ausgezogen war – er hatte längst heimlich eine Freundin und meinen Segen dazu –, hatte mich der Orient in seinen Bann gezogen. Istanbul! Die blaue Moschee! Die alten Sultanspaläste! Welche Geheimnisse sie wohl bargen? Aber auch das heutige Leben, das so unverfälscht und intensiv war: die exotischen Gewürze, das Gewimmel der Menschen auf den Basaren, der Lärm – und dagegen die stille Pracht der Moscheen, in denen so ein heiliger Friede herrschte.

Gemeinsam mit meinen Freundinnen hatte ich die Fremde genossen, den pulsierenden Orient. Harald, mein damaliger Noch-Ehemann, wäre sowieso nicht mitgefahren, er hegte keine Sympathien für die islamische Welt.

Musste er auch nicht, wir gingen nun getrennte Wege. Ich war frei und konnte tun und lassen, was ich wollte.

Und so besuchte ich nach der Reise aus Neugier arabische Kochkurse, interessierte mich für die faszinierende orientalische Welt, versuchte sogar, Arabisch zu lernen, was wirklich ein abenteuerliches Unterfangen war, und hatte mich mit Ali, meinem Volkshochschullehrer und dessen deutscher Frau

Moni angefreundet. Letztes Wochenende waren wir spontan zu irakischen Freunden von Ali nach Holland gefahren, um die Sprache zu üben und die sprichwörtliche orientalische Gastfreundschaft zu genießen. Omar hieß der Freund, und er und seine Familie überschlugen sich fast vor Freude, mich fröhliche Blondine aus Fürth kennenzulernen. Sie trugen die köstlichsten Speisen auf und fragten mich aus, als ob ich vorhätte, in ihre Familie einzuheiraten.

Alles in allem war es ein spannendes und interessantes Wochenende gewesen. Nicht mehr und nicht weniger. Außer einem Kilo Übergewicht nach all den Delikatessen hatte ich einfach nur das Gefühl zurückbehalten, nette Menschen getroffen zu haben. Zum ersten Mal seit Jahren hatte mich eine Ahnung von Glück angeflogen. Mir war leicht ums Herz gewesen, und diese Stimmung hielt immer noch an.

Und jetzt wollte mich also ein gewisser Karim kennenlernen. Karim mit der elektrisierenden Wahnsinnsstimme. Weil der Vater des Gastgebers ihm von mir erzählt hatte. Mein Herz klopfte ziemlich unrhythmisch in diesem Moment.

»Warum?« Diese Frage stand nach wie vor im Raum. Warum wollen Sie mich kennenlernen, Sie fremder arabischer Mann?

Doch der Anrufer schien darüber nicht mit mir diskutieren zu wollen.

Wieder ließ er sein bezauberndes, glucksendes Lachen hören, als wolle er mir klarmachen, dass ich ziemlich schwer von Begriff sei.

»Nadia. Hol mich bitte morgen Nachmittag um vier vom Nürnberger Bahnhof ab. Ich komme mit dem Intercity aus Amsterdam. Bis morgen, ich freu mich!«

»Entschuldigung, aber ich glaube, da liegt ein Missverständnis vor ... Sind Sie noch dran?«

Ratlos starrte ich den Hörer an. Der hatte doch nicht aufgelegt?

Mein Herz klopfte lauter. Hallo? Der war doch nicht ganz dicht! Bestellte mich zum Bahnhof, um ihn abzuholen! Wir kannten uns doch gar nicht! Waren das deren Sitten? Dass man sich mal eben bei Fremden ankündigt? Wollte der womöglich bei mir übernachten? Verwirrt raufte ich mir die Haare und starrte auf meine gespreizten Zehen.

Im selben Moment hörte ich die Wohnungstür ins Schloss fallen.

»Jan?!«

»Hallo, Nadia. Ich war nur gerade beim Bäcker. Wie siehst du denn aus? Alles okay?«

»Mich hat gerade ein fremder Araber zum Bahnhof bestellt.« Ich versuchte zu lächeln.

»Verstehe.« Jan sah mich fragend an.

»Ich soll ihn abholen, und ich glaube, er will – mit zu mir nach Hause kommen.«

»Oh.« Jan kratzte sich am Kopf, Besorgnis stahl sich in seinen Blick. »Mit welchen Leuten hast du dich denn da eingelassen?«

»Keine Ahnung! Ich war doch nur bei Freunden von Ali in Amsterdam, letztes Wochenende, du weißt schon.«

Jan seufzte. »Nadia, Nadia. Und was gedenkst du zu tun?«

»Na ja – stehen lassen kann ich den ja schlecht. Oder?« Hilflos wackelte ich mit den Zehen.

»Was will der Typ denn von dir?« Jan ließ sich in einen Sessel fallen und biss in ein Croissant, das er aus der Tüte gezogen hatte. Ich musste mich zwingen, ihm keinen Teller unterzuschieben.

»Ich habe nicht die leiseste Ahnung.«

»Na, so, wie du von deren Gastfreundschaft geschwärmt hast ...« Jan kaute hungrig auf seinem Gebäckstück herum. »Da erwarten die von dir bestimmt auch so einen Service.«

Nachdenklich sah ich ihn an. Er war ein bildhübscher junger

Kerl, blond, blauäugig, durchtrainiert. Leider waren wir kein Paar. Oder, besser gesagt, zum Glück. Ich hätte sofort angefangen, ihn zu bemuttern. Seine Freundin war vor einem Jahr mit nur einunddreißig Jahren an Krebs gestorben, wie ich von meinem Bruder erfahren hatte. Jan war mal sein Klarinetten- und Saxofonschüler gewesen, fast so eine Art Ziehsohn.

Wir waren beide gerade in einer Art Übergangsphase. Und da hatte sich das mit der gemeinsamen Wohnung einfach so ergeben.

»Meinst du?« Ich biss mir auf die Lippe. »Bestimmt braucht der nur für eine Nacht ein Zimmer oder so. Und wir haben ja bei denen auch gepennt. Die sehen das einfach nicht so eng wie wir.«

Jan grinste. »Ich bin morgen sowieso nicht da.«

»Auf Freiersfüßen?«

»Nichts Festes.«

»Also könnte der Ara... ähm ... der Gast zur Not in deinem Zimmer schlafen?«

»Wenn du danach mein Bett wieder frisch beziehst ...«

Ich lachte erleichtert. »Aber natürlich, Jan. Ist doch selbstverständlich.« Ich erledigte sowieso seine Wäsche und bügelte sie, dafür machte Jan sich handwerklich nützlich. Der blonde Hüne stand auf. Mit einem Blick auf meine nackten Beine und die frisch lackierten Zehen grinste er anzüglich.

»Na dann viel Spaß mit dem feurigen Araberhengst.«

»Jan!«, schrie ich entrüstet. »Was denkst du denn! Die sind alle voll religiös und anständig!«, wollte ich noch hinterherschicken, aber da war Jan schon wieder verschwunden.

2

Nürnberg, Oktober 1995

»Auf Gleis drei fährt ein: der ICE aus Amsterdam. Bitte Vorsicht bei der Einfahrt!«

Der silbergraue Eisenbandwurm schob sich lärmend heran, und ich musste bestürzt feststellen, dass mein Herz schon wieder wummerte wie ein Presslufthammer. Was machte ich überhaupt hier? Was für eine aberwitzige Situation! Da ließ ich mich von einem wildfremden Menschen, der keineswegs akzentfreies Englisch mit mir gesprochen hatte, zum Bahnhof bestellen, um ihn abzuholen? Noch konnte ich einfach gehen. Der Zug hielt quietschend, und Schatten drängten zu den Ausgängen.

Die Türen öffneten sich zischend, und sofort quollen überall Leute mitsamt ihren Gepäckstücken heraus, um sich zu einem Strom gehetzt wirkender Reisender zu vereinen, der rasch dem Ausgang entgegenstrebte. Ich fühlte mich regelrecht davon überrollt, wich den lärmenden Menschentrauben aus und verharrte im Schutz einer mächtigen Säule.

Ach was, ich verzieh mich jetzt auch auf die Rolltreppe, dachte ich kurz entschlossen, und lass mich aus der Gefahrenzone tragen. Ich spinn doch nicht! Wenn der Typ irgendwo schlafen muss, kann er sich ein Hotel nehmen. Andererseits – die viel gepriesene Gastfreundschaft ... Ich wollte nicht unhöflich sein. Und dann war da noch dieses aufgeregte Kribbeln im Bauch.

Zögernd überflog ich die nun schon spärlicher fließende Menge. Überall Menschen, die grüßten, begrüßt wurden, auf Schultern klopften, umarmt wurden, riefen, winkten oder zu Anschlusszügen hetzten. Türen schlossen sich. Nur noch ein paar vereinzelte Gestalten liefen in Richtung Ausgang.

Oh. Da! Da war einer, der sich wie ich suchend umsah. Langsam kam er auf mich zu. Groß, muskulös, korrekt gekleidet, Typ Geschäftsmann mit Aktenkoffer: hellblaues Hemd, Krawatte, Tweedsakko, Bügelfaltenhose und blank geputzte Schuhe. Mein Blick glitt wohlwollend an ihm hinunter. Und wieder hinauf.

Ein dichter, gepflegter Vollbart, schwarz-grau meliert.

Beim Barte des Propheten! Er war ein gläubiger Moslem. Natürlich. Was hatte ich auch anderes erwartet? Sein Gesicht war von orientalisch geprägter Intensität, und mir wurde ganz anders. Reiß dich zusammen, ermahnte ich mich und trippelte nervös auf ihn zu.

Der Mund in der Mitte des Bartes lächelte gewinnend, und schöne ebenmäßige Zähne kamen zum Vorschein.

»Nadia?« Seine samtene Stimme zog mich sofort wieder in ihren Bann.

»Ja?« Jetzt gab es kein Entkommen mehr.

Als sich unsere Blicke trafen, machte es klick! Sofort wusste ich, dass dieser ungewöhnliche Mann noch eine wichtige Rolle in meinem Leben spielen sollte. Eine Hauptrolle.

»*I'm Karim. Thanks for picking me up.*« Ein fester Händedruck, warme weiche Hände.

Das war derselbe melodiöse Bariton wie gestern am Telefon.

Warum zitterten meine Beine nur so? Wie sollte ich jetzt von hier wegkommen?

»*You are welcome*«, hörte ich mich artig sagen. »*How was your trip?*«

Oje, jetzt würde ich die ganze Zeit Englisch mit ihm reden

müssen. Nicht dass das ein Problem für mich war, aber mein Schulenglisch war durchaus ein wenig verstaubt.

Ich schenkte ihm einen freundlichen, aber auf keinen Fall allzu vertraulichen Blick. Eher so wie eine Reiseleiterin: neutral, aber stets zu Diensten.

Seine braunen Augen wiesen karamellfarbene Sprenkel auf, und ich drohte förmlich dahinzuschmelzen. Ich wandte den Blick ab und schritt tapfer voran.

Der geheimnisvolle Fremde stand hinter mir auf der Rolltreppe, und ich spürte seinen warmen Blick im Nacken. Hastig strich ich mir über den Hinterkopf. Nichts ist peinlicher, als wenn die Haare dort platt gedrückt sind oder der Haaransatz dunkel hervorblitzt.

Natürlich hatte ich mich vorhin zu Hause mit Rundbürste und Seidenglanzhaarspray noch ein bisschen zurechtgemacht: Wie du kommst gegangen, so wirst du auch empfangen, pflegte meine Mutter stets zu sagen.

Ach. Umgekehrt. Ich empfing ja ihn! Warum eigentlich? Weil er einfach umwerfend war?

»*My car is parking in the garage.*« Angestrengt wies ich ihm den Weg durch die Menge. Hoffentlich merkte er nicht, wie zittrig mir zumute war. Ich wollte seine Gesellschaft. Aber ich wollte mich nicht überrumpeln lassen. Gleichzeitig wollte ich nichts falsch machen.

Es war kurz nach vier, Berufsverkehr hatte eingesetzt. Grau und bleiern hing die regenschwere Luft über der Innenstadt.

Der geheimnisvolle Fremde stieg bei mir ein. Während ich den Wagen aus der Parklücke manövrierte, riskierte ich einen Blick auf seine Hände. Sie gefielen mir. Kräftige gepflegte Männerhände, die kurzen Nägel waren rund und glatt wie orientalische Halbmonde. Mein Blick fiel bei Männern immer sofort auf die Hände. Nägelkauer hatten bei mir keine Chance. Auch die Ohren wurden gleich kontrolliert. Wären Haarbüschel daraus hervorgequollen, hätte ich ihn schon an der nächsten Ampel rausgesetzt. Aber er sah tadellos aus. Und er roch gut. Dezent, aber sehr orientalisch. Männlich süß. Eine seltsame Mischung, die ich noch nie zuvor gerochen hatte. Anziehend. Ich spürte, dass ich mich mit ihm in meiner kleinen Schüssel sehr wohlfühlte. Kein bisschen bedrängt oder so.

Es war eine Vertrautheit, die mich ruhiger werden ließ. Ich nahm die Autobahn und fuhr nach Fürth. Wir machten etwas Small Talk, und er ließ mehrmals sein warmes Lachen hören. Er platzte nur so vor Lebensfreude. Oder war er auch ein bisschen nervös?

Nach zwanzig Minuten hielt ich schwungvoll in unserer Einfahrt. Mit einem unauffälligen Seitenblick stellte ich fest, dass Jans Auto tatsächlich nicht da war. Sturmfreie Bude!

»Hier wohne ich.«

Wir stiegen aus. Karim holte seinen Aktenkoffer aus dem Kofferraum. Da passt unmöglich Kleidung für mehrere Tage hinein, beruhigte ich mich. Der wird sich schon nicht bei dir einquartieren! Hoffentlich stand keine Nachbarin am Fenster und beobachtete uns.

Der glutäugige Araber betrachtete mit freundlichem Interesse das weiße Mietshaus mit den blumenbewachsenen Balkonen und dem gepflegten Vorgarten. Ein Dreirad und ein Kinderwagen standen im Treppenhaus. Deutsche Spießigkeit.

»Erster Stock links, bitte.«

»Nach dir.« Höflich bedeutete er mir vorzugehen. Wie immer roch es sauber und frisch. Wir hielten alle unsere Kehrwoche ein. Wir waren ein ehrenwertes Haus. Schon wieder musste ich vor ihm hergehen, diesmal hatte er sicher ausreichend Gelegenheit, mir auf den Hintern zu schauen.

Es war nichts geschehen, dennoch fühlte ich mich jetzt schon unter Druck. Ich wollte doch meine Freiheit! Aber er war so männlich, anziehend und charmant! Ich spürte seinen Atem in meinem Nacken, während meine Hand zitternd den Schlüssel ins Schloss steckte. Gott!

»So bitte. Hier geht's lang.«

Ich machte Licht im Flur. Als ich mich zu ihm umdrehte, sah ich so etwas wie Entsetzen in seinem Blick. Die Sprenkel in seinen Augen schienen zu explodieren.

»Ist alles in Ordnung?«

»Wohnst du nicht allein, Nadia?«

»Wie? Ach so, du glaubst ... Nein, ich wohne mit einem Freund zusammen.«

Seine Lippen wurden zu einem schmalen Strich. Jetzt, nachdem die Wohnungstür hinter uns geschlossen war, setzte Unbehagen bei mir ein.

»Jan ist nur ein guter Freund, eigentlich der Freund meines Bruders, es hat sich so ergeben. Er ist Holländer und kommt zufällig auch aus Amsterdam! Wir sind kein Paar, wir sind nur eine Art Zweck-WG. Vorübergehend«, schob ich hinterher. Als wenn ich ihm eine Erklärung über meine Wohnverhältnisse schuldig wäre! Er zog die buschigen Augenbrauen hoch und runzelte die Stirn. Ich merkte, dass er mir kein Wort glaubte. Sein Blick glitt unwillig über Jans Klamotten an der Garderobe, seine Turnschuhe, den Hockeyschläger und die Sporttasche, auf der ein Männerdeodorant lag.

Warum legte ich hier überhaupt Rechenschaft ab? Ich konnte doch wohnen, mit wem ich wollte! Ich konnte auch schlafen, mit wem ich wollte, das ging den doch gar nichts an! Schwungvoll öffnete ich die Tür zu Jans Zimmer.

»Hier kannst du schlafen, Karim. Fühl dich bitte wie zu Hause.«

Zögernd trat er ein. Sein Blick glitt über die Fotos auf Jans Nachttisch: Jan mit seiner Freundin, Jan beim Bergsteigen, Jan beim Skifahren, Jan beim Fallschirmspringen, Jan beim Saufen mit seinen Kumpels.

»Und wo schläfst du?«

»Am anderen Ende des Flurs. Und in der Mitte ist das Wohnzimmer.« Ich bemühte mich um ein Lächeln.

»Hm, das riecht aber gut.«

Endlich glätteten sich die Züge meines Besuchers wieder. Ich öffnete die Küchentür. »Möchtest du eine Tasse Tee?«

Er nahm meine Hand. »Gern«, sagte er, und ich spürte seine Wärme, spürte, wie mein Körper ihm fast sehnsüchtig entgegenstrebte. Spinnst du, schlug eine innere Stimme Alarm. Hastig entzog ich ihm meine Hand und hielt sie in der Küchenspüle unter kaltes Wasser.

»Du kannst gerne hier auf der Küchenbank sitzen. Ich bereite nur noch schnell den Salat vor.«

Das ließ sich mein faszinierender Besucher nicht zweimal sagen. Nach einem kurzen Abstecher ins Bad zum Händewaschen ließ er sich wohlig seufzend auf der Eckbank nieder. Sein Blick glitt interessiert durch mein akkurates Hausfrauenreich.

Ich hatte Arabisch gekocht, so, wie ich es mir bei unseren gemeinsamen Bekannten in Holland abgeschaut hatte.

»Magst du Bamia?« Stolz nahm ich den Deckel von der Pfanne, in der Okraschoten mit Lamm und Knoblauch in Olivenöl brutzelten. Ein betörender Duft breitete sich in der Küche aus, und ich sah, wie meinem Gast das Wasser im Munde zusammenlief. Er strahlte mich dermaßen entwaffnend an, dass ich mich verlegen an meinen Töpfen zu schaffen machte. Geschäftig warf ich meine schulterlangen Locken nach hinten. Ich musste das Ganze nur noch mit Brühe aufgießen, Tomatenmark unterrühren, etwas köcheln lassen und mit Zitrone abschmecken.

»Du kannst arabisch kochen, Nadia!«

Lachend sah ich ihn an. »Na ja, ich versuche es.« Verdammt, ich wurde doch nicht rot?

»Bist du verheiratet, Nadia?«

»Nein. Das heißt, ich war es mal. Ich habe eine erwachsene Tochter, Diana. Sie lebt mit ihrem Freund Tobias in Nürnberg. Und du?«

»Ich habe eine Frau und drei Kinder. Sechzehn, zehn und sechs.« Das kam zögernd, entschuldigend, fast traurig. So als wollte er zum Ausdruck bringen: Ich Armer! Ich möchte dich nicht damit belasten, aber ich kann mich leider nicht trennen – wegen der Kinder und weil meine Frau von mir abhängig ist.

Erleichterung durchflutete mich. Das wäre also schon mal geklärt.

»Hier, probier mal!« Auf einmal war ich dermaßen entspannt, dass ich gar nicht merkte, welche Vertraulichkeit ich mir herausnahm: Im Nu hatte ich ihm den hölzernen Kochlöffel zwischen die Barthaare gesteckt.

Hallo, Nadia? Geht's noch? Füttere ihn doch gleich, leg ihn trocken und bring ihn ins Bett!

»Absolut köstlich!« Karim strahlte mich begeistert an, und ich stellte fest, dass die Sprenkel in seinen dunkelbraunen Augen rehbraun waren. Nicht karamellfarben. Wie elektrisiert werkelte ich an meinem Salat herum, der aus gewürfelten kleinen Gurken, Tomaten und viel Petersilie bestand.

Dann zauberte ich noch ein weiteres Gericht aus dem Backofen hervor, das ich, falls Plan A nicht munden sollte, als Plan B warm gehalten hatte: Safranreis mit gebratenem Huhn und gerösteten Mandeln. Seine Begeisterung wuchs ins Unermessliche.

»Oh, Nadia, du bist eine begnadete Köchin.« Selig kostete er von allen Speisen, die ich appetitlich auf flachen Tellern angerichtet hatte, und kaute schließlich mit vollen Backen.

»Ja, kriegst du denn zu Hause nichts zu essen?« Lachend goss ich ihm einen Fruchtsaft ein und setzte mich zu ihm. Mit einem Glas Wein konnte ich dem nicht kommen. Er war schließlich gläubiger Moslem.

»Doch, aber – nicht mit so viel Liebe gekocht.«

Im weiteren Verlauf der Mahlzeit hüllte Karim sich in Schweigen. Beziehungsweise in andächtiges Genießen. Zwischen zwei Bissen sagte er immer wieder: »Das hätte ich nicht gedacht, dass du so wunderbar kochen kannst, Nadia.«

Er war einfach selig, und ich freute mich, dass er sich so freute. Natürlich erfüllte es mich auch mit Stolz, so ins Schwarze getroffen zu haben. Die Kochkurse waren also ihr Geld wert gewesen. Ich grinste. Ich wäre sicherlich genauso begeistert gewesen, wenn mir jemand in Kairo aus lauter Gastfreundschaft ein perfektes Wiener Schnitzel mit Preiselbeeren vorgesetzt und als Alternative noch eine Martinsgans mit Rotkohl und Kartoffelklößen aus dem Ofen gezaubert hätte. Wobei, bei den dortigen Temperaturen …

Irgendwann schob mein Gast zufrieden seinen Teller von sich.

»Das war vorzüglich Nadia. Vielen Dank für das großartige Essen.« Dezent betupfte er sich mit der Serviette die Mundwinkel, damit nichts in seinem gepflegten Bart zurückblieb.

»Wollen wir uns rübersetzen?« Ich nahm das Tablett mit der Teekanne und wies ihm den Weg ins Wohnzimmer.

Karim setzte sich etwas verlegen aufs Ledersofa, die Hände unruhig in seinem Schoß.

Ich musterte ihn abwartend. Was jetzt?

»Darf ich mir die Schuhe ausziehen?«

»Aber natürlich!«

Mit Wohlwollen betrachtete ich seine frisch gewaschenen schwarzen Socken.

»Hast du etwas dagegen, wenn wir uns auf den Teppich setzen, Nadia? Du hast gesagt, ich darf mich wie zu Hause fühlen!« Er sah mich entwaffnend an, und wieder erklang diese gütige Stimme voller Herzenswärme, in der diesmal auch ein bisschen Schalk mitschwang.

Ein bewegendes Schicksal – erzählt von Bestsellerautorin Hera Lind

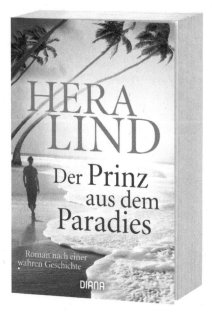

Hera Lind, *Der Prinz aus dem Paradies*
ISBN 978-3-453-35927-7 · Auch als E-Book

Hiltrud lernt Nisha in Sri Lanka kennen. Er nimmt sie mit auf ein Vollmondfest am Meer mit weißen Elefanten, und schon bald ist es um sie geschehen. Zurück in Deutschland, bemüht sie sich um ein Visum für den 27-jährigen Singhalesen und übernimmt trotz begrenzter finanzieller Möglichkeiten eine Bürgschaft für ihn. Sie ahnt noch nicht, dass Nisha sie bitter enttäuschen wird. Dass sie ihm verzeiht, grenzt an ein Wunder. Doch für eine Frau, die tief in die Herzen der Menschen sieht, ist es eine Selbstverständlichkeit. Eine wahre Geschichte, wie sie nur Hera Lind schreiben kann.

Leseprobe unter diana-verlag.de
Besuchen Sie uns auch auf herzenszeilen.de

DIANA